**List** Journalistische Praxis
Herausgeber der Reihe: Walther von La Roche

Walther von La Roche/
Axel Buchholz (Hrsg.)

# *Radio-Journalismus*

Ein Handbuch für
Ausbildung und Praxis
im Hörfunk

6. Auflage
Mitarbeit
Hans-Dieter Hillmoth und Hermann Stümpert

List Verlag München · Leipzig

Umschlaggestaltung: Design Team, München
Grafik Einmann-Studio: Richard Kirst
Grafiken Sendeuhr-Satelliten-Network und
Grundriß Radio Charivari: Tina Rossbach

1997

ISBN 3-471-78040-8

® 1980 Paul List Verlag in der Südwest Verlag GmbH & Co. KG, München
Alle Rechte vorbehalten. Printed in Germany
Satz: Leingärtner, Nabburg
Gesamtherstellung: Ebner Ulm

# Inhaltsverzeichnis

Vorwort     9

Wege in den Funk     13

    Radio-Journalist werden (Walther von La Roche)     13
    Die Radio-Landschaft (Axel Buchholz)     18
    Die Ressorts (Walther von La Roche)     27

Darstellungs- und Sendeformen     39

    Moderation (Axel Buchholz)     39
    Frei formulieren (Ruth Blaes)     50
    Qualitätskontrolle durch Aircheck (Hans-Dieter Hillmoth)     53
    Fürs Hören schreiben (Walther von La Roche)     54
    Das Manuskript (Margot Litten)     68
    Das eigene Manuskript sprechen (Dieter Traupe)     70
    Nachrichten (Josef Ohler)     75
    Nachrichten-Präsentation (Walther von La Roche)     87
    Radio-Report (Hermann Stümpert)     97
    Ein Radio-Report als Beispiel     99
    Kompaktsendung (Roland Machatschke)     102
    Bericht mit O-Ton (Axel Buchholz)     105
    Information ohne O-Ton (Michael Franzke)     119
    Interview (Axel Buchholz)     121
    Gegenstrategien des Interviewpartners (Conrad Ahlers)     135
    Statement (Axel Buchholz)     138
    Umfrage (Karin Helwig)     139
    Reportage (Axel Seip)     140
    Eine Reportage als Beispiel (Sandra Maischberger/
    Axel Buchholz)     151
    Sportreportage (Werner Zimmer)     157
    Kulturberichte im Radio (Frank Johannsen)     163
    Kommentar (Carola Stern)     167
    Glosse (Pit Klein)     169
    Diskussion (Friedrich Franz Sackenheim)     171
    Feature (Ekkehard Kühn)     173
    Mini-Feature (Jochen Heuer)     177
    O-Ton-Collage (Jochen Heuer)     181
    Magazin und Magazin-Moderation (Dieter Thoma)     183

Musik-Moderation (Sabine Neu) 192
Jingle – die Grundlagen (Walther von La Roche) 194
Jingle – die Feinheiten (Mike Haas) 199
Trailer und Comic (Michael Bollinger) 205

Radio-Programme 208

Das Radio-Angebot planen (Gerhard Pörtl) 208
Formate für Begleitprogramme (Hermann Stümpert) 214
Musik in Begleitprogrammen (Hermann Stümpert) 219
Playlist und Programmuhr (Hermann Stümpert) 223
Musik-Computer (Sabine Neu/Axel Buchholz) 226
Dem Begleitprogramm Profil geben (Hermann Stümpert) 230
Ideen für hörernahes Radio (Georg Gafron) 234
Strategien für lokales Radio (Rainer M. Cabanis) 236
Übers Programm informieren (Rolf-Dieter Ganz) 239

Umgang mit dem Hörer 242

Das Publikum mitmachen lassen (Carmen Thomas) 242
Hörer am Studio-Telefon (Axel Buchholz) 248
Radio-Spiele (Jürgen Köster) 252
Radio-Aktionen (Frank Elstner/Axel Buchholz) 256
Medienforschung für den Hörfunk (Hansjörg Bessler) 261

Programmquellen 268

Programm kostet Geld (Hans-Dieter Hillmoth) 268
Programmaustausch (Axel Buchholz) 269
Programm kaufen (Hans-Dieter Hillmoth) 272
Dokumentation und Archive (Wolfgang Hempel/
Eckhard Lange) 276
Archive in kleineren Studios (Hans-Dieter Hillmoth) 280

Werbung 283

Praxis der Hörfunkwerbung (Hans-Dieter Hillmoth) 283
Recht der Rundfunkwerbung, Ausloben von
Preisen, Sponsoring (Dieter Dörr) 288

## Produktion und Technik 293

- Das Selbstfahrer-Sendestudio (Hans-Dieter Hillmoth) 293
- Die übrigen Studio-Räume (Hans-Dieter Hillmoth) 305
- Produktionsstudio ohne Technik (Hans Dieter Hillmoth) 309
- Produktionsstudio mit Technik (Erhard Hafner/ Axel Buchholz) 311
- Sendestudio mit Technik (Erhard Hafner/ Axel Buchholz) 312
- Bänder schneiden (Alexander Kulpok) 314
- Mit dem Telefon arbeiten (Axel Buchholz) 320
- Produktionsregie und Aufnahmeleitung (Ulrich Herzog) 323
- Zusammenarbeit mit Dispositions- und Besetzungsbüro (Henner Faehndrich) 326
- Mit dem Mikrofon arbeiten (Rüdiger Stolze/Manfred Grape) 328
- Arbeitsplatz Ü-Wagen (Helga Montag) 335
- Übermittlungsarten (Hans-Dieter Hillmoth) 339
- Fachsprache im Studio (Bernhard Hermann/ Axel Buchholz) mit Übersetzung in Englisch (Peter Hüllen) und Französisch (Daniel Mollard) 344

## Recht 356

- Medienrecht für Radioleute (Albert Scharf) 356
- Das duale Rundfunksystem (Walther von La Roche) 365
- Honorare und Honorarvertragsrecht (Lothar Knoch) 369
- Beim Privatfunk arbeiten (Michael Klehm) 372

## Aus- und Fortbildung 376

- Ausbildung bei ARD und ZDF (Marlies Hesse) 376
- Ausbildung beim Privatfunk (Michael Klehm) 380
- Radio-Kurse (Walther von La Roche) 382
- Ausbildung in Österreich (Margit Finda) 385
- Ausbildung in der Schweiz (Heinz Rudolf von Rohr/ Robert Kruker) 386
- Fortbildung bei ARD und ZDF (Gertraud Linz) 388
- Fortbildung in Österreich (Margit Finda) 392
- Fortbildung in der Schweiz (Heinz Rudolf von Rohr/ Robert Kruker) 393
- Tips für Auslandsaufenthalte (Axel Buchholz) 395

Fachzeitschriften und Informationsdienste (Marie-Luise Kiefer) 400

Anschriften 402

Autoren 409

Register 414

# Vorwort zur sechsten Auflage

Der Einzug der Digitaltechnik in die Radio-Stationen macht einen Großteil der Aktualisierungen in dieser neuesten Auflage aus: Die Spanne reicht von der digitalen Aufzeichnung bis zum digitalen Schnitt und von der digitalen Übertragung bis zum digitalen Archiv.

Das Selbstfahrer-Studio ist, seiner zunehmenden Bedeutung wegen, nicht nur auf den ersten Platz im Kapitel »Produktion und Technik« gerückt, es ist auch mit der meist digitalen Technik der 90er Jahre ausgerüstet und entsprechend dargestellt.

Außerdem in der sechsten Auflage: Neues über Nachrichten-Formate, neue Musik-Formate, neue Radio-Spiele, Neues von der Hörer-Forschung, neue Regeln für Werbung, Ausloben von Preisen und Sponsoring, Neues von Aus- und Fortbildung in Deutschland, Österreich und der Schweiz, neue Fachliteratur. Was sich in den fünf neuen Ländern entwikkelt hat, schlägt sich im aktualisierten Beitrag »Die Radio-Landschaft« und im erweiterten Anschriftenverzeichnis nieder.

In der ersten Auflage 1980 gab es einen einzigen Beitrag zum Privatfunk von Frank Elstner über RTL in Luxemburg. Damals sendeten in der Bundesrepublik noch keine privaten Radios. Heute sind es etwa einhundertsechzig. Dieser Wandel der Radio-Landschaft veränderte auch die Anforderungen an das Lehrbuch »Radio-Journalismus«. Es berücksichtigt über das rein Journalistisch-Handwerkliche hinaus sowohl die Bersonderheiten, die sich aus der Arbeit beim öffentlich-rechtlichen Rundfunk ergeben, wie die speziellen Anforderungen, denen Journalisten beim Privatfunk gerecht werden müssen.

Journalismus beim Radio – der ist gut oder schlecht, aber nicht privat oder öffentlich-rechtlich. Der Wechsel zwischen den Systemen wird immer mehr üblich. Um so wichtiger ist es, sich in beiden auszukennen. Dazu trägt dieses Buch bei.

Der Radio-Markt in Deutschland ist zunehmend vom Wettbewerb bestimmt, vom Kampf um Einschaltquoten. Der einzelne Mitarbeiter ist deshalb in der Regel über seine journalistische Arbeit hinaus in Probleme der Programm-Konzeption, der Musik-

Auswahl und -Präsentation, der technischen und der wirtschaftlichen Entwicklung seines Senders eingebunden. Was er dafür wissen muß, findet er in diesem Buch.

Vor allem aber will »Radio-Journalismus« an die praktische journalistische Arbeit im Radio heranführen und sie begleiten. So enthält das Kapitel über die Darstellungs- und Sendeformen u. a. Beiträge über Moderation, Nachrichten-Präsentation, Berichte mit O-Ton, Radio-Reports, Kulturberichte im Radio, Mini-Feature und O-Ton-Collage sowie Einsatz und Produktion von Jingles. Das Kapitel »Radio-Programme« informiert ausführlich und praxisnah über Einschalt- wie Begleitprogramme. Dem Umgang mit dem Hörer ist ebenfalls ein ganzes Kapitel gewidmet, u. a. mit einem Grundsatzbeitrag von Carmen Thomas. Das Kapitel »Produktion und Technik« – um noch einen Bereich zu erwähnen – enthält detaillierte Informationen über Ausrüstung und Betrieb sogenannter Selbstfahrer-Sendestudios.

Die Autoren sind fast ausschließlich Radio-Macher. Viele von ihnen unterrichten außerdem an Journalistenschulen, Universitäten und sonstigen Einrichtungen der journalistischen Aus- und Fortbildung. Sie bringen ihre Erfahrungen aus Praxis und Lehre in das Buch ein. »Radio-Journalismus« gehört deshalb seit mehr als dreizehn Jahren zur Grundlage für die Ausbildung angehender Radio-Journalisten.

»Der Hörer, der Journalist«, da fehlt natürlich das weibliche Gegenstück: »die Hörerin, die Journalistin«. Redet, wer »der Journalist« sagt, nur von Männern? Früher mag das durchaus so gewesen sein. Heute meint dieser Sprachgebrauch den Hörer und die Hörerin, den Journalisten und *und* die Journalistin. Es wäre verkrampft und umständlich (auch für den Leser/die Leserin), wollte man jedesmal die Doppelform schreiben. So gilt für dieses Buch: *Der* Radio-Journalist meint (unerwähnt und selbstverständlich) genauso *die* Radio-Journalistin, *der* Hörer ist der Sammelbegriff für unser Publikum, die Hörerinnen eingeschlossen. Wo ein Autor/eine Autorin in seinem/ihrem Beitrag die Doppelform bevorzugte, findet sie sich im Buch wieder.

»Radio-Journalismus« ist in mehr als einem Jahrzehnt zum Standard-Lehrbuch geworden. Aber ebenso wie die Anforderungen an Radio-Journalisten, an Radio-Technik und an Radio-Programme hat es sich dabei ständig weiterentwickelt. Und so soll es auch bleiben: von Auflage zu Auflage dem modernen Radio-Machen auf der Spur.

München/Saarbrücken im Mai 1993

Walther von LaRoche                                   Axel Buchholz

# Wege in den Funk

## Radio-Journalist werden

In Berlin hatte er Abitur gemacht. Dann begann er auf Wunsch seiner Eltern das Jura-Studium. »Ich hab' mich parallel für die Journalistenschule beworben, weil mich der Beruf interessiert hat.« Als er zu seinem Erstaunen die Aufnahmeprüfung in München bestand, mußte er sich zwischen Studium und Journalistenschule entscheiden. »Da hab' ich mich dann ganz schnell für die Schule entschieden.«
Während der Journalistenschule arbeitete er als Bote im Sportfunk: »Ich hatte da einfach mal angefragt, ob die nicht jemand brauchten. Ich durfte immer die Bänder rauf und runter tragen. Nach ein paar Wochen wurden die Bänder immer länger, die ich tragen durfte. Irgendwann wurde dann auch einmal gefragt: Wie lang ist denn das Band genau? Dann wurde gefragt: Wie fängt denn der Reporter an? Und dann wurde auch irgendwann mal hochtelefoniert: Was, der ist drei Minuten?! Sieh mal zu, daß der nur zwei Minuten ist. Und so wuchs ich da langsam rein.«
Nach Journalistenschule und Hospitanz beim Zeitfunk war er zwei Jahre lang Sportredakteur, danach fünf Jahre Moderator und Redakteur beim Zeitfunk, dann zwei Jahre Bonn als Korrespondent des BR, anschließend München, »weil der BR was gegen die privaten Sender aufbauen wollte.« Und dann erst kam das Fernsehen hinzu.
Da war Günther Jauch gerade 29 Jahre alt.
Günther Jauch ist Radio-Journalist. Mehr Popularität und Geld verschafft ihm das Fernsehen, mehr Spaß an der Arbeit das Radio: »Es ist das Medium, in dem ich am stärksten das umsetzen kann, was ich mir gerade im Moment vorstelle. Also: Mir schießt jetzt irgendein Gedanke durch den Kopf oder ich kriege jetzt irgendeine Agenturmeldung. Und sofort kann ich mir sagen: Ruf doch mal den an, red' mal mit jenem, und dann tun wir noch einen O-Ton aus dem Archiv dazu. Und dann habe ich innerhalb einer Stunde eine schöne Geschichte hingekriegt. Das ist sicher nicht die Regel, und das bedeutet auch nicht, daß Radio ein Tummelplatz planloser Chaoten ist – aber es kann zum schnellsten Medium überhaupt werden.«
Bei der Zeitung ist das nicht möglich, weil der Beitrag erst einen

Tag später kommt, beim Fernsehen ist es wegen des Apparates so schwierig: »Und dann schaust Du am Anfang in Kamera zwei. Und wenn Du dann den Film ankündigst, wendest Du Dich nochmal kurz in Kamera drei. Und am Anfang nehmen wir Dich ganz kurz von hinten. Wenn wir dann aber umschneiden, dann zeig bitte auf den Monitor, – und dann hat man nur noch diese ganzen Regieanweisungen im Kopf. Und sieh zu, daß Du diesmal weniger Gel in die Haare nimmst.«

**Journalist beim Radio** zu sein, hat also genauso seine Besonderheiten wie Journalist beim Fernsehen oder bei einer Zeitung. Der Radio-Journalist braucht nicht sympathisch auszusehen, wenn er nur eine sympathische *Stimme* hat. Er muß nicht in Bildern denken wie der Fernseh-Journalist und nicht Überschriften ins Layout einpassen wie der Zeitungskollege, aber *akustisch denken* muß er können. Wie stelle ich es an, daß der Hörer mich zu seinem Partner macht, mir zuhört anstatt abzuschalten, mich versteht anstatt sich überfahren zu fühlen? Wie setze ich mein Thema so radiophon um, daß er *mit den Ohren sieht*?

**Übers Mikrofon führt der einzige Weg zum Hörer.** Wer als Radio-Journalist Erfolg haben will, muß ans Mikrofon. Das gilt nicht nur für den *Interviewer* und den *Reporter*, den *Moderator* und den *Korrespondenten*. Auch der *Kommentator* wirkt (meist) überzeugender, wenn er seinen Meinungsbeitrag selbst spricht. Und selbst der *Redakteur* am Schreibtisch, der vielleicht nur fremde Texte redigiert und fremde Bandbeiträge bearbeitet, muß heute in aller Regel ins Studio: Als »Redakteur am Mikrofon« präsentiert er dem Hörer, was er ausgesucht und gestaltet hat.

**Geschriebene Texte lesen oder den Text frei formulieren?** Beides kann seine Vorzüge haben. Je nach Sachverhalt und Sendeform wird der Radio-Journalist in einem Fall *fürs Hören schreiben,* dann wieder *frei sprechen*. Er sollte heutzutage das eine wie das andere können, und das heißt: beides lernen, beides üben.

**Vorproduzieren oder live sprechen?** Auch das ist eine Scheinalternative; denn modernes Radio (öffentlich-rechtlich wie privat) stellt den Journalisten ständig vor *beide* Situationen: Ein

Beitrag mit O-Ton z. B. ist in aller Regel vorproduziert. Der Berichterstatter muß aber in der Lage sein, über das Ereignis notfalls von der nächsten Telefonzelle aus zu berichten, wenn es für die Rückkehr ins Studio zu spät ist. Und ein Fachredakteur, der sonst seine Beiträge auf Band aufnimmt, muß live etwas erläutern und erklären können, wenn der Magazin-Kollege ihn darum bittet.

**Platz für Spezialtalente** ist genug. Bisher war nur von den Fähigkeiten die Rede, die *jeder* Radio-Journalist heute mitbringen bzw. erlernen sollte. Ein Interview muß jeder führen können, aber neben Interview-Handwerkern gibt es Interview-Talente. Wie man ein Feature macht, läßt sich lernen, aber der eine macht bessere als sein Kollege, der sich vielleicht als livesicherer und obendrein freundlicher, witziger Moderator („Infotainer«) profiliert.
Umgekehrt: Jeder Radio-Journalist muß live eine Sendung moderieren können, aber nicht jeder wird darin so gut sein, daß man ihn als Moderator einsetzt. Vielleicht kann er noch besser Nachrichten präsentieren.

**Auch Umgang mit der Technik** gehört zum Radio-Journalismus. Der Radio-Journalist muß mit seinem Arbeitsgerät vertraut sein, z. B. mit *Kassettenrecorder* und *Tonbandgerät*. Selbst in Funkhäusern, in denen Bänder grundsätzlich von einem Techniker oder einer Technikerin geschnitten werden, sollte der Radio-Journalist *selbst schneiden* können: Wenn im eigenen Haus eben doch mal gerade keine Hilfe da ist oder wenn er von irgendwoher einen Beitrag liefern muß, wo dieser Luxus nicht vorgesehen ist.
Solange der Radio-Journalist Journalist bleiben kann, gibt es keine Standesgrenzen für seinen Umgang mit der Technik, das gilt auch für das *Sendung-Fahren im Selbstfahrer-Studio*. Eine Grenze wäre da überschritten, wo er vor lauter Hantieren nicht mehr zum Denken kommt.

**Wie stellt man fest, ob man fürs Radio taugt?** Günther Jauch empfiehlt da einen zweistufigen Test, der »viele Frustrationen schafft, weil er zunächst meist verheerend ausfällt«.
*Stufe 1:* »Nimm Dir einen Artikel aus der Zeitung, nimm einen

Kassettenrecorder, schließ ein Mikrofon an, und lies diesen Artikel so vor, wie Du ihn im Radio vorlesen würdest. Dabei erfährst Du zweierlei: Erstens, *wie klingt meine Stimme überhaupt?* Zweitens, *kann ich laut vorlesen?* Der Artikel ist zwar nicht in Sprechdeutsch geschrieben, aber wenn man selbst einen Vorleseaufsatz schreiben würde, wäre er wahrscheinlich zunächst auch nicht in Sprechdeutsch. Hauptsache, man hat etwas zum laut Vorlesen. In der Schule hat man das vielleicht zum letzten Mal mit elf Jahren gemacht, seither ist die Fähigkeit, ohne Stokken und Leiern vorzulesen, oft verkümmert. Und dann kannst Du Dich abhören: Habe ich einen Dialekt und wie stark? Habe ich ein s, das wahnsinnig zischt? Oder was Dir sonst auffällt – oder einem Menschen, der mit Dir abhört.«

*Stufe 2*: „Ich nehme eine kleine Meldung, zum Beispiel über einen Verkehrsunfall, fünf, sechs Zeilen in der Zeitung, und versuche, diese Meldung frei nachzuerzählen. Ich stelle mir vor, die Meldung ist gerade hereingekommen, und ich will sie den Leuten erzählen. Wenn ich dann wieder die Cassette abhöre, merke ich auch, welche Probleme Radio bringt. Daß dieses Einfach-vor-sich-Hinreden in Wirklichkeit harte Arbeit ist, wie schwer es ist, etwas präzise und lebendig mitzuteilen, ohne daß man erst beim Abhören feststellt: Oh, da hab' ich ja etwas ganz Wichtiges vergessen, wo genau war der Unfall denn überhaupt?«

**Warum also solch ein Test,** wenn er »zunächst meist verheerend ausfällt«, wie Günther Jauch meint? Und wenn er noch dazu nichts Verbindliches darüber aussagen kann, wer nun fürs Radio geeignet ist und wer nicht – wie der Test-Erfinder selbst einräumt? Jauch: »Man kriegt durch den Test jedenfalls einen groben Eindruck, wie kompliziert das Medium ist, und daß es nicht damit getan ist, seine Platten von zuhause mitzubringen, ein bißchen dufte Musik zu machen, und dann läuft alles automatisch.«

**Wie finde ich Kontakt zum Radio?** Einfach eine Demo-Kassette einschicken und einen freundlichen Begleitbrief dazu, führt in aller Regel zu nichts. Selbst wenn, Seltenheit, die Tonqualität gut, ja professionell wäre, merkt man der Probesendung meist an, daß sie in der Einsamkeit eines Bewerbers entstanden ist, der weder seine konkrete Zielgruppe kennt noch seinen Redakteur. Dann geht man schon besser gleich *zu diesem Redakteur* und

macht ihm *Vorschläge für einen Probebeitrag.* Jetzt weiß der Redakteur, mit wem er es zu tun hat, dem Beitrag hat er zugestimmt, hat ihn in Auftrag gegeben, das ist eine ganz andere Situation: »Meistens erhält man dann schon vor der Produktion des Beitrags viel mehr Hilfe und Tips«, betätigt Günther Jauch. »Und wenn man vom Termin zurückkommt, ist man viel stärker in den Studiobetrieb eingebunden: Zeig' doch mal Dein Manuskript, stell' den O-Ton woanders hin und so weiter. Ohne ›Erste Hilfe‹ eines erfahrenen Kollegen ist aller Anfang verdammt schwer.«
Das gilt für die Wortredaktion einer kleinen Lokalstation genauso wie für das Ressort in einer großen Rundfunkanstalt (vgl. »Die Ressorts« und »Die Radio-Landschaft«).
Ein anderer Weg führt über *Praktikum* bzw. *Hospitanz* zum Funk (vgl. Kapitel »Aus- und Fortbildung«).

**Radio-Praxis** läßt sich überall erwerben, wo Radio gemacht wird, in der Rundfunkanstalt wie beim Privatsender. Die praktische Seite des Mediums sieht überall ähnlich aus. Wer also Radio-Erfahrung sammeln (und später bei einer Bewerbung nachweisen) will, sollte dies dort tun, wo er sich am wohlsten fühlt – und wo man ihn nimmt.

**Ausbildung zum Radio-Journalisten** ist mehr als das Sammeln von Radio-Praxis. Der Radio-Journalist hat es zwar mit einem bestimmten Medium zu tun und muß dessen Techniken beherrschen, aber *zuerst einmal ist er Journalist.* »Sammeln, Prüfen, Auswählen, Bearbeiten, Berichten, Analysieren« bestimmen »vornehmlich« die Leistungen des Journalisten, wie sie im Berufsbild des Deutschen Journalisten-Verbandes (DJV) definiert sind. 1984, als es nur öffentlich-rechtliche Rundfunkanstalten gab, widmete der DJV dem Radio-Journalisten in seinem Berufsbild den folgenden Absatz:
»Aufgrund eigener Recherchen sowie durch Bearbeitung fremder Quellen vermitteln Rundfunkjournalisten Informationen und Meinungen über aktuelle, für die Öffentlichkeit bedeutsame Ereignisse, Entwicklungen und Hintergründe. Daneben gestalten sie Programme unterrichtenden, bildenden und unterhaltenden Charakters ...«
Wie die Radiostation, bei der man arbeitet, ihren Informations-

auftrag erfüllt und ob sie überhaupt einen solchen für sich anerkennt, hat man bald festgestellt. Nicht die *Rechtsform* des Arbeitgebers entscheidet darüber, ob journalistisch solide gearbeitet wird, sondern die jeweils konkrete *Redaktion* und ihr *Programm*. Hier erweist sich auch, ob man die journalistischen Handwerksregeln erlernen und einüben kann, ob man dort vielleicht sogar ein Volontariat absolviert oder aber sich für eine gründliche journalistische Ausbildung woanders umsieht. Welche Ausbildungswege in der Bundesrepublik Deutschland, in Österreich und der Schweiz angelegt sind, beschreibt die »Einführung in den praktischen Journalismus« (List Journalistische Praxis).

**Studienabschluß?** Wenn Günther Jauch von einem Nachwuchskollegen danach gefragt wird, ob er weiterstudieren soll, obwohl er doch erst im fünften Semester ist und jetzt einen prima Job mit Festanstellung angeboten bekommen hat, antwortet er ihm heute: »Wenn Du wirklich so gut bist, werden sie Dich als Freien weiterbeschäftigen, bis Du fertigstudiert hast. Die Chance einer Festanstellung bietet sich Dir nach dem Examen bestimmt noch einmal, Dir läuft nichts weg. Studium fertigmachen.«

**Radio-Praxis, Journalistenausbildung, abgeschlossenes Studium,** wer diese drei Voraussetzungen erfüllt, ist viele Sorgen los: Er hat größere *Berufschancen*, er wird mehr *Befriedigung* mit besseren Sendungen finden, er wird eher jene innere und äußere *Unabhängigkeit* praktizieren können, auf die es gerade im Journalismus ankommt.

Bernd-Peter Arnold, ABC des Hörfunks (Verlag Ölschläger, München 1991)
Walther von La Roche, Einführung in den praktischen Journalismus. Mit genauer Beschreibung aller Ausbildungswege (List Journalistische Praxis)

## Die Radio-Landschaft

Wer Radio machen will, sollte zuerst einmal Radio hören – aber nicht nur den eigenen Lieblingssender. Wer Radio-Journalist werden möchte, für den sollte die akustische Wanderung durch die Radio-Landschaft zur Gewohnheit werden, zu Hause und auf Reisen. Was er dabei zu hören bekommt, das kann sich hören lassen – zumindest von der Menge her. Längst reichen die Feststell-Tasten an den Radiogeräten für die Vielzahl der Programme nicht mehr aus. Die Radio-Landschaft ist zum Radio-Dschungel geworden, zumindest zum Gestrüpp.

**Zweihundertzehn Radioprogramme** werden in Deutschland produziert, rund 50 öffentlich-rechtliche und etwa 160 private. Anfang 1993 gab es die meisten privaten Stationen in Bayern (51) und in Nordrhein-Westfalen (44). Auch in Baden-Württemberg waren es noch über 40. Bald werden es dort aber nur noch etwa 20 sein. Der Landesgesetzgeber hat diese Reduzierung beschlossen, um die wirtschaftlichen Grundlagen für privates Radio in Baden-Württemberg zu verbessern.
Die deutsche Radio-Landschaft läßt sich nach folgenden Kriterien ordnen:
– rechtlichen (öffentlich-rechtlich oder privat)
– geographischen (welt-, bundes-, landesweit, regional, lokal)
– hörsituativen (Begleit- oder Einschaltprogramme)
– inhaltlichen (Misch- oder Spartenprogramme).
Wer nicht nur Radio hört, sondern dem Radio zuhört, der wird bei seiner Wellen-Wanderung bald jedes Programm entsprechend einordnen können.

**Der öffentlich-rechtliche Rundfunk** ist kein Staatsrundfunk und kein Kommerzfunk. Er ist so organisiert, daß er, von Staat und Wirtschaft unabhängig, seinen in den Rundfunkgesetzen festgelegten Auftrag im Dienst der gesamten Gesellschaft erfüllen können soll.
Das entscheidende Gremium einer öffentlich-rechtlichen Rundfunkanstalt ist der *Rundfunkrat*. Er setzt sich aus Vertretern der gesellschaftlich relevanten Gruppen zusammen. Wer dazugehört, ist gesetzlich – also durch Politiker-Entscheidung – von Land zu Land unterschiedlich festgelegt. Damit ist ein Ansatzpunkt für parteipolitische Einflüsse gegeben. Sie werden allgemein beklagt. In den Rundfunkräten sind alle großen Organisationen wie Kirchen, Gewerkschaften, Kammern und zum Beispiel die Verbände von Arbeitgebern, Frauen, Umweltschutz, Journalisten und Schriftstellern vertreten. Neben Repräsentanten weiterer gesellschaftlicher Gruppen sitzen in den Rundfunkräten in unterschiedlicher Anzahl auch Politiker, meist als Vertreter der Landtagsfraktionen.[1]

Die Rundfunkräte wählen den *Intendanten*, entscheiden über den *Haushalt* und sind in den grundsätzlichen Fragen der *Programmgestaltung* zuständig. Sie können Haushaltsführung und Programmentscheidungen rügen und einen Intendanten als letzte Konsequenz auch abwählen.

**Die Rundfunkgebühren** sind die wesentliche Einnahmequelle des öffentlich-rechtlichen Rundfunks. Über die Höhe entscheiden die Länder. Sie legen die Gebühr in einem Staatsvertrag fest. Durch die Gebührenfestsetzung kann politischer Druck auf die Sender ausgeübt werden.
Weitere Etatmittel bekommen die Anstalten aus den *Werbeeinnahmen*. Diese Mischfinanzierung sorgt für mehr Unabhängigkeit. Die Werbezeiten sind durch einen Länder-Staatsvertrag und durch Gesetze beschränkt, also politisch geregelt und damit parteipolitisch zu instrumentalisieren.

**Öffentlich-rechtlicher Rundfunk ist Länderrundfunk**, da Rundfunk als Teil der Kulturhoheit Ländersache ist. Diese föderalistische Struktur geht auf die Einflüsse der britischen und amerikanischen Besatzungsmächte in der Zeit vor der Gründung der Bundesrepublik zurück.[2] Bis zur Verwirklichung der deutschen Einheit gab es in der Bundesrepublik neun Landesrundfunkanstalten (vgl. »Anschriften«) und die Bundesanstalten Deutsche Welle und Deutschlandfunk, alle zusammengeschlossen in der ARD (Arbeitsgemeinschaft der öffentlich-rechtlichen Rundfunkanstalten der Bundesrepublik Deutschland).
Im wiedervereinigten Deutschland sind als Landesrundfunkanstalten der ORB (Ostdeutscher Rundfunk Brandenburg) und der MDR (Mitteldeutscher Rundfunk als Mehrländeranstalt für Sachsen, Sachsen-Anhalt und Thüringen) hinzugekommen. Mecklenburg-Vorpommern ist dem Staatsvertrag über den NDR (Norddeutscher Rundfunk) beigetreten.
Zwei *nationale* Hörfunkprogramme entstehen neu. Beide sollen über Politik und Kultur informieren, sich in der Programmstruktur aber unterscheiden. Durch Staatsvertrag der Bundesländer wird dafür eine Körperschaft des öffentlichen Rechts in Trägerschaft von ARD und ZDF geschaffen. Darin gehen dann der Deutschlandfunk, RIAS-Berlin (nur 1. Programm, RIAS 2 wurde als r.s. 2 zum Privatradio) und DS-Kultur ein.

**Der Privatfunk** hat die Radio-Landschaft nachhaltig verändert. Zu den öffentlich-rechtlichen Sendern sind seit 1985 die privaten hinzugekommen. Das »duale System« der Organisation von Radio in der Bundesrepublik, das Nebeneinander von öffentlich-rechtlichem und privatem Rundfunk, hat das Bundesverfassungsgericht rechtlich abgesichert (vgl. »Das duale Rundfunksystem«). Seit 1987 war die Geschwindigkeit rasant, mit der immer neue Privatsender entstanden. Immer neue Namen tönen aus dem Äther – und verstummen auch wieder. Häufig haben sie einen geographischen Bezug wie Radio Session Allgäu, Radio Badenia oder Radio Gong Donauspatz. Manchmal kommen sie romantisch daher: Radio Regenbogen, Radio Primavera, Radio Fantasy. Gelegentlich klingt's kess-modern: OK Radio, Radio 2 Day, Star Sat Radio. Zuweilen ist die Frequenz auch der Name (Radio Hundert, 6).

**Werbeeinnahmen sind die Existenzgrundlage** der Privatradios. Sie sind Wirtschaftsunternehmen, mit denen die Anteilseigner Geld verdienen wollen. Das sind in der Regel (wenn auch teilweise nicht allein) Zeitungs- und Zeitschriftenverlage. Anders als die Printmedien sind die Privatsender aber einer öffentlich-rechtlichen Kontroll-Instanz unterstellt. Diese *Landesmedienanstalten* vergeben die Lizenzen und überwachen die Einhaltung der gesetzlichen Vorschriften. Entscheidungsgremium in den Landesmedienanstalten (vgl. »Anschriften« sind Versammlungen, die ähnlich wie die Rundfunkräte in den öffentlich-rechtlichen Rundfunkanstalten zusammengesetzt sind und die gesellschaftlich relevanten Gruppen repräsentieren sollen. Die Zusammensetzung ist in Landesgesetzen geregelt, also von der jeweiligen parteipolitischen Mehrheit in einem Bundesland festgelegt. Dies kann Auswirkungen sowohl bei der Lizenzvergabe wie auch bei der Kontrolle des laufenden Sendebetriebs und den Personalentscheidungen haben. Auch der Privatfunk ist nicht frei von parteipolitischem Einfluß.

**Die unterschiedlichen Formen des Privatfunks** sind auf unterschiedliche politische Entscheidungen der Bundesländer (»Kulturhoheit«) zurückzuführen.
Landesweite Privatradios (vgl. »Anschriften«) senden in allen Bundesländern außer in Baden-Würtemberg und Bremen (nur öffentlich-rechtliches Radio).

Nur lokale und regionale Privatsender sind in Baden-Württemberg zugelassen. Lokalen Privatfunk gibt es auch noch in Bayern (neben dem landesweiten Privatsender »Antenne Bayern«) und in Nordrhein-Westfalen, wo ein Teil der Sendezeit von einem landesweiten Mantelprogramm bestritten wird (»Radio NRW«).
Die landesweiten Privatsender sind überwiegend wirtschaftlich erfolgreich und bieten Programmitarbeitern interessante Arbeitsplätze. Lokalradios fristen häufig ein Kümmer-Dasein.

**Das »Zwei-Säulen-Prinzip«** soll in Nordrhein-Westfalen dafür sorgen, daß Privatfunk nicht ausschließlich den Gesetzen des Marktes gehorcht. Die eine Säule eines jeden lokalen Privatsenders ist die *Anbietergemeinschaft*. Sie ist für das Programm zuständig und soll sich aus gesellschaftlich relevanten Gruppen zusammensetzen, also dem Gedanken des »Verbände-Rundfunks« gerecht werden. Die andere Säule ist die *Betriebsgesellschaft*, die für Technik, Verwaltung, Werbung und Produktion (aber nicht das Programm) zuständig ist. An der Betriebsgesellschaft sind die Zeitungen und Kommunen beteiligt.
Mit solchen Zwei-Säulen-Radios sollte auch in Hamburg nichtkommerzielles Privatprogramm gemacht werden. Radio Korah sendete nur einige Monate (bis 1988) auf dieser Basis, und OK Radio arbeitet jetzt gewinnorientiert.
Anderes Radio wollte auch der Berliner Sender Radio 100 machen, der Ende Februar 1991 Konkurs angemeldet hat. In diese Kategorie gehört auch der Alternativ-Sender »Radio Z« in Nürnberg, der mit einem Schwulen-Magazin von sich reden machte und »Radio Dreyeckland« in Freiburg.

**Frequenzsplitting**, also das Aufteilen einer Frequenz nach Zeitabschnitten auf mehrere Programmanbieter, hat sich nicht bewährt. Bei RPR in Rheinland-Pfalz (früher Radio 4), bekam deshalb eine Veranstaltergemeinschaft die Frequenz allein. In Bayern und Baden-Württemberg gibt es Frequenzsplitting weiterhin.

**Zusammenarbeit** von Privatfunk und öffentlich-rechtlichem Rundfunk ist ebenfalls möglich. In Nordrhein-Westfalen und im Saarland hat der Gesetzgeber dafür die rechtlichen Voraussetzungen geschaffen. An dem landesweiten Rahmenprogramm für die Lokalsender »Radio NRW« ist zu 24,9% der WDR beteiligt, an »Radio Salü« mit 20% der Saarländische Rundfunk.

**Radio und Raum.** Radio wird für unterschiedlich große Sendegebiete produziert – von Teilen der Welt bis zur Kleinstadt.
Für das Ausland sendet die *Deutsche Welle* täglich fast 100 Stunden in deutscher und rund 34 weiteren Sprachen, darunter ebenso Hindi und Urdu wie Paschtu und Dari.
Für vier Bundesländer (Schleswig-Holstein, Hamburg, Mecklenburg-Vorpommern und Niedersachsen) ist z. B. das Programm von NDR 2 gemacht. Für jeweils ein Bundesland sind in der Regel die Programme der Landesrundfunkanstalten wie die der landesweiten Privatsender bestimmt. Um Teilbereiche dieser Sendegebiete (Regionen, Subregionen) zu erreichen, werden sowohl im öffentlich-rechtlichen wie im Privatfunk die Senderketten zeitweise auseinandergeschaltet. Da gibt's dann z. B. das Regionalprogramm »Radio Bergstraße« (vom HR aus Bensheim) oder das »Münchner Mittagsmagazin« (vom BR). Mehrere Privatsender und Radio Niedersachsen (NDR) schalten mehrmals täglich für jeweils nur einen Beitrag auseinander.
Eigenständigen Lokal- und Regionalfunk (also nicht nur »Fenster« in landesweiten Programmen) gibt es in Bayern, Baden-Württemberg, Nordrhein-Westfalen (mit Rahmenprogramm von »Radio NRW«) und in Sachsen, aber nur als Privatfunk.

**Zielgruppenprogramme** sind heute alle Radioprogramme, egal ob öffentlich-rechtlich oder privat. Allerdings werden die Zielgruppen unterschiedlich eng definiert. Die Konzentration auf ein Segment der potentiellen Hörerschaft (Festlegung der Zielgruppe) ist Voraussetzung dafür, daß dem Programm ein entsprechendes »Format« gegeben werden kann.

**Begleitprogramme** nennt man die Radio-Programme, die auf »situatives Hören« abgestimmt sind, sich also an Hörer richten, die »nebenbei« Radio hören, sich in der jeweiligen Situation vom Radio begleiten lassen. In einer Akzeptanz-Untersuchung[3] fand Josef Eckardt heraus, daß vor 9 Uhr morgens sieben von zehn Hörern solche Nebenbei-Hörer sind, im weiteren Tagesverlauf bis 18 Uhr dann acht von zehn Hörern. Sie konzentrieren sich nur

»halb aufs Zuhören« oder »eher auf andere Dinge.« Abends steigt der Anteil der Zu-hörer. Nach 21 Uhr hört jeder zweite »ganz« oder »überwiegend« richtig zu. Aber um diese Zeit ist die Schar der Radio-Hörer sehr klein. Wer tagsüber Radio hört, ist also ganz überwiegend ein Nebenbei-Hörer. Und das sind die Hauptbeschäftigungen (Reihenfolge nach Häufigkeit der Nennungen): Hausarbeit, berufliche Aufgaben erledigen, Frühstück, Mittagessen, Ausruhen und Entspannung, Morgentoilette und Gespräche führen.[4]

Wer Radio nebenbei hört, will unterhalten werden (Radio rangiert als Medium zur Unterhaltung auf Platz zwei, nach dem Fernsehen), und er will informiert werden. Bei der Informationsfunktion liegt das Radio nach Tageszeitung und Fernsehen an dritter Stelle.[5] Diesen Erkenntnissen der Hörerforschung entsprechend sind alle Begleitprogramme konzipiert, egal ob private oder öffentlich-rechtliche. Wer Hörer haben möchte, muß sich Hörer-Gewohnheiten mit dem Programm anpassen, muß Hörer-Bedürfnisse befriedigen. Und wie das am besten geht, darin scheinen sich alle einig zu sein: Viel Musik und wenig Wort. Die Unterschiede zeigen sich dann bei der Musikauswahl, der Qualität der Wortbeiträge, der Güte der Programm-Präsentation und dem Geschick bei der Mischung von Wort und Musik.

Begleitprogramme müssen durchhörbar sein, den Hörer also an das gesamte Programm und nicht an einzelne Sendungen binden.

**Einschaltprogramme** sind für solche Hörer konzipiert, die sich bewußt zu bestimmten Sendungen in das Programm einschalten und sich auch darauf konzentrieren. Längere und anspruchsvolle Wort- und Musiksendungen haben hier ihren Platz.

Einschaltprogramme bietet, seinem gesetzlichen Auftrag entsprechend, fast nur der öffentlich-rechtliche Rundfunk. Aber auch das private »Inforadio Berlin« (bis 1993) war ein Einschaltprogramm.

**Spartenprogramme** sind Radio-Programme, die sich in ihrem Angebot auf bestimmte Musikrichtungen oder bestimmte Wort-Inhalte beschränken. Das erste deutsche Spartenprogramm hat der Bayerische Rundfunk mit Bayern 4 Klassik geschaffen. Es bringt ausschließlich E(rnste)-Musik. Nachrichten-Spartenprogramme sind Bayern 5 aktuell, mdr-aktuell und Radioropa (Daun/Eifel). Musik-Spartenprogramme senden die Münchner Jazzwelle plus und Klassik Radio (Hamburg).

**Misch- oder Vollprogramm** ist die Bezeichnung für ein Radioprogramm, dessen Angebot (fast) alle Sparten abdeckt: Solche Programme werden zur Ausnahme.
Der frühere Programmdirektor des Bayerischen Rundfunks und jetzige MDR-Intendant, Udo Reiter, sagte es in einem Zeitungsinterview[6] so: »Weg vom alten Gemischtwarenladen, hin zu Programmen, die ein Profil haben, die man einschaltet und durchhört. Die alten Programme – eine Stunde Schlager, dann ein Hörspiel, dann ein Programm für die Oma, dann etwas für die Kinder – kann man heute nicht mehr an den Mann/die Frau bringen ...«

**Mantelprogramme** sind Programme, die zu bestimmten Zeiten mit lokalen oder regionalen Angeboten (»Fenstern«) ausgefüllt werden. Je nach Aufteilung der Sendezeiten und Hervorhebung von Rahmen oder Fenstern steht der überregionale oder regionale/lokale Charakter solcher Programme im Vordergrund. Beispiele sind im öffentlich-rechtlichen Bereich HR 4 und S4 Baden-Württemberg, im privaten Radio NRW, die Bayerische Lokal-Radioprogramm GmbH (BLR) als Anbieter von Programmteilen und RTL Baden-Württemberg.

**Digitales Satelliten-Radio (DSR)** wird z. Zt. noch selten direkt empfangen. Satelliten-Programme werden aber in Kabelnetze eingespeist. Wer sie hören will, muß sein Radio ans Kabel anschließen. Das tun immer mehr. Deshalb werden bereits viele öffentlich- rechtliche und private Programme über Satellit ausgestrahlt. Noch in den 90er Jahren soll Digital Audio Broadcasting (DAB) mit vielen zusätzlichen Frequenzen kommen: terrestrisch ausgestrahlt, in digitaler Qualität, ohne Kabel überall aus der Luft zu empfangen. Auch zur kostengünstigen Verteilung von Mantelprogrammen werden Satelliten genutzt.

**Radio hat Zukunft.** Eine Langzeitstudie zur Mediennutzung[7] hat dem Radio bescheinigt,
– daß es nach der Zahl der erreichten Hörer und der Hördauer stärker genutzt wird als je zuvor,

- daß der Kreis derjenigen größer wird, die ihre politischen Informationen ausschließlich über das Radio beziehen,
- daß die Vielhörer in allen Altersschichten zunehmen,
- daß es insbesondere für Jugendliche als »Musikmaschine« fast unentbehrlich geworden ist.

Diese Zukunft freilich hat sich das Radio in den Massen-, also Begleitprogrammen mit Zugeständnissen erkauft, die von Radio-Journalisten beklagt werden: Das Wort ist auf dem Rückzug, weil bei den Hörern die Unterhaltungsfunktion der Musik höher bewertet wird. Kritiker sprechen von »Entwortung« des Radios, von »Häppchen-Journalismus« oder auch von »Jockey-Journalismus«. »Konsumables Reduktionsradio« sei entstanden, in dem das Belanglose Saison habe, meint etwa Hans Janke, der frühere Leiter des Adolf-Grimme-Instituts.[8]

Die Macher solcher Programme halten dieser Kritik sinngemäß entgegen, was Henri Nannen so sagte: Was nützt die schönste Predigt, wenn die Kirche leer bleibt?

In den Begleitprogrammen werden also die kleinen Darstellungsformen das tägliche Brot der Radio-Journalisten ausmachen. Nicht *viel* Wort, aber *gutes* Wort wird gefragt sein. Denn wenn überall nach demselben Muster gestrickt wird, kann nur noch die Qualität von Material und Arbeit über den Erfolg entscheiden.

Die Einschaltprogramme der Öffentlich-Rechtlichen werden auch in Zukunft Sendeplätze für längere und anspruchsvolle journalistische Darstellungsformen bieten. In welchem Umfang dies auf Dauer so bleiben wird, darüber entscheidet die Politik mit der Festsetzung der Rundfunkgebühren. Und dafür ist auch von Bedeutung, wie sich die Öffentlich-Rechtlichen mit ihren Massenprogrammen gegen die Privaten behaupten können.

Immer neue Radioprogramme und eine immer schnellere Anpassung der bestehenden Sender an neue Gegebenheiten werden die Radio-Landschaft in den nächsten Jahren weiter verändern und fragmentieren.

**Journalistische Arbeitsplätze beim Radio** werden zusätzlich entstehen, freilich teilweise auch wieder wegfallen, wenn sich Programmangebote am Markt nicht durchsetzen können. Mit dem Wandel der Radio-Landschaft ist auch der Radio-Journalismus im Wandel. Kosten-Überlegungen werden dabei im privaten und (wohl mehr noch) im öffentlich-rechtlichen Radio zunehmend den Ausschlag geben.

[1] Die genaue Zusammensetzung aller Rundfunkräte findet sich im ARD-Jahrbuch, Verlag Hans-Bredow-Institut, Hamburg, erscheint jährlich.
[2] Ausführliche Darstellung der Geschichte des öffentlich-rechtlichen Rundfunks in Hans Bausch (Hrsg.), Rundfunk in Deutschland, Bd. 3 und 4 (Deutscher Taschenbuch Verlag, München 1980)
[3] Josef Eckhardt, Musikakzeptanz und Programmstrategien des Hörfunks, in Media Perspektiven 7/87, S. 405
[4] Jan-Uwe Rogge, Radio-Geschichten, Beobachtungen zur emotionalen und sozialen Bedeutung des Hörfunks im Alltag von Vielhörern, in Media Perspektiven 3/88, S. 139
[5] wie [3]
[6] zitiert nach epd/Kirche und Rundfunk Nr. 98 vom 16. Dezember 1987, S. 5
[7] vgl. Klaus Berg/Marie-Luise Kiefer (Hrsg.), Massenkommunikation III. Eine Langzeitstudie zur Mediennutzung und Medienbewertung 1964-1985 (Alfred Metzner Verlag, Frankfurt am Main/ Berlin 1987)
[8] Hans Janke, So und so, Hörer-Beteiligung im Radio: grundsätzliche Anmerkungen, in epd/Kirche und Rundfunk Nr. 94 vom 2. Dezember 1987, S. 7

Arnold/Quandt (Hrsg.), Radio heute. Die neuen Trends im Hörfunkjournalismus (Verlag IMK, Frankfurt/M. 1991)

## Die Ressorts

Das Ressort ist die produzierende Programmabteilung. Manche Ressorts werden nach dem *Sachgebiet* gebildet (z. B. Politik, Sport, Lokales), manche nach der *Zielgruppe* (z. B. Jugendfunk, Ausländerprogramme), manche nach der *Sendeform* (Hörspiel/ Feature). Wieviele und welche Ressorts eine Radiostation hat, hängt von ihrer Größe und ihrem Programm-Format ab.

**Kleine Privatstationen** kommen oft mit einer Wort- und einer Musik-Redaktion aus. Aber auch in einer solchen allgemeinen Wort-Redaktion gibt es Redakteure mit Spezialaufgaben, z. B. für Lokalberichterstattung, Kommunalpolitik, Sport, Kultur.

**Landesweite Privatsender** haben *Redaktionen* (z. B. Nachrichten, Sport, Magazine, Landesgeschehen) und daneben bestimmte *Sachgebiete*, die von jeweils einem Redakteur mitbetreut werden. Bei Antenne Bayern sind das u. a. Ernährung/Gesundheit, Freizeit, Gesellschaft, Kino, Kultur, Natur und Umwelt, Psychologie, Reise und Touristik, Transport und Verkehr, Verbraucher, Wissenschaft und Technik, Wirtschaft.

**Öffentlich-rechtliche Rundfunkanstalten,** deren gesetzliche Aufgabe *Information, Bildung* und *Unterhaltung* ist, fächern natürlich die Zahl der Ressorts am weitesten auf. Zwar haben auch sie verschiedene Programme unterschiedlicher Formate, Begleitprogramme wie SWF 3 oder NDR 2, Spartenprogramme wie Bayern 4 Klassik usw. (vgl. »Das Radio-Angebot planen«), aber um eben *alle* diese Programme bedienen zu können, braucht die Rundfunkanstalt eine differenzierte redaktionelle Struktur.

Organisatorisch kann das Wort *Ressort* auch als redaktionelle Einheit *innerhalb* einer Abteilung verstanden werden, z. B. ein Ressort Innenpolitik in der *Abteilung* Politik. Zusammengehörende oder wenigstens zusammenpassende Ressorts bzw. Abteilungen werden in *Hauptabteilungen* zusammengefaßt. Beim Hessischen Rundfunk z. B. gibt es die Hauptabteilungen Politik und Zeitgeschehen, Bildung und Erziehung, Kulturelles Wort, Musik, Unterhaltung. Die Hauptabteilung Politik und Zeitgeschehen, geleitet von einem Hauptabteilungsleiter mit dem Titel Chefredakteur, besteht aus den Abteilungen Nachrichtendienste/Hessenrundschau, Politik, Zeitfunk, Sportfunk, Wirtschaftsfunk, Sozialfunk, Landfunk und Büro Bonn.

Fast überall gibt es inzwischen für die Pop- und Service-Programme Wellenchefs mit eigener Redaktion, die für ein einheitliches Format ihres Programms sorgen sollen.

**Der Einstieg in ein Ressort** setzt nicht nur voraus, daß man etwas von dem *Fachgebiet* versteht und gern mitarbeiten möchte. In aller Regel (wenn man also nicht direkt zur Mitarbeit aufgefordert wird oder durch irgendeinen Zufall in Kontakt mit dem Ressort kommt) beginnt die Annäherung an eine Redaktion damit, daß man überhaupt *Radioprogramme hört*, möglichst oft, möglichst lang und möglichst verschiedene. Zwar wird man in aller Regel bereits wissen, welche Sendungen (und damit Ressorts) welcher Radiostationen einen besonders interessieren, aber das »Über-den-Zaun-hören« erweitert den Kreis der Möglichkeiten. Bevor man sich in einer Redaktion vorstellt, hat man *ihre Sendungen* gehört, sich auch *kritisch* mit ihnen beschäftigt und *Ideen* für die eine oder andere Sendung entwickelt. Je mehr Konstruktiv-Kritisches ein Einstiegsuchender dem Redakteur über die Sendung sagen (oder ihn auch dazu befragen kann), je konkretere Themenvorschläge er mitbringt, desto chancenreicher

ist das erste Gespräch. Im günstigen Fall endet es mit dem Satz des Redakteurs: »Na, dann machen Sie mir mal probeweise was über dieses Thema, ohne Obligo natürlich!«
Um überhaupt zu erfahren, welche Sendung von welcher Redaktion gemacht wird bzw. welche Redaktion für welche Sendungen zuständig ist, muß man sich vorher im Funkhaus erkundigen. Man frage nach *Programmheften* und *Organogrammen*, mit deren Hilfe man sich einen Überblick verschaffen kann.
Weiß man erst einmal, in welcher Redaktion man sich um Mitarbeit bewerben will, so fehlt jetzt nur noch, daß man auch den dafür *richtigen Gesprächspartner* herausfindet. Das wird meistens der *Abteilungsleiter*, kann aber auch der für den speziellen Themenbereich *unmittelbar zuständige Redakteur* sein.

**Ressort bzw. Redaktion, Abteilung, Hauptabteilung** – das sind die wichtigsten Zuständigkeitsbegriffe. In manchen Anstalten werden Abteilungen auch als Programmgruppen bezeichnet, Hauptabteilungen als Programmbereiche. Aber egal, was auf den Türschildern steht, in der Sache sind die Ressorts (Fachgebiete) und die zu bewältigenden redaktionellen Aufgaben von Anstalt zu Anstalt im wesentlichen die gleichen.
Von diesen Ressorts ist im folgenden die Rede, vor allem von den Anforderungen, die sie an den Programm-Mitarbeiter stellen.

**Die Nachrichtenredaktion** braucht Radio-Journalisten, die auch unter dem *Zeitdruck* stündlicher oder (z. B. am Morgen) halbstündlicher Sendungen den Überblick und die Nerven behalten. Sie müssen aus der *Materialflut* von pro Tag 1500 Meldungen und mehr von bis zu fünf Agenturen (AFP, AP und Reuter, dazu in der Bundesrepublik Deutschland dpa und ddp, in Österreich APA, in der Schweiz SDA und SPK) die wichtigsten Themen und besten Fassungen auswählen und daraus einen sprech- und hörbaren Text machen, der normalerweise nicht länger als 5 bis 15 Zeilen je Meldung ist (vgl. »Nachrichten«).
Nachrichtenredakteure sind »*Spezialisten fürs Allgemeine.*« Sie brauchen eine gute Allgemeinbildung und die Bereitschaft, sich auch außerhalb des Dienstes auf dem laufenden zu halten.
*Schichtdienst* ist ein weiteres Kennzeichen der Arbeit in einer Hörfunk-Nachrichtenredaktion. Um vom frühen Morgen bis Mit-

ternacht Nachrichten senden zu können, braucht man drei Schichten: eine Frühschicht (Arbeitsbeginn z. B. beim BR um 3.30 Uhr für die erste Sendung um 5.00 Uhr), eine Tagschicht und eine Spätschicht. Wenn die Nachrichtenredaktion auch über Nacht besetzt sein soll, braucht man eine vierte Schicht.
Je nachdem, wie ein Sender seine Nachrichten präsentiert, muß der Redakteur auch selbst ans Mikrofon, muß O-Töne beschaffen, muß sich mit Blitz-Meldungen ins laufende Programm einblenden (vgl. »Nachrichten-Präsentation«).

**Die Zeitfunk- und Magazin-Redaktion** ist, genauso wie die Nachrichtenredaktion, kein Fachressort. Ihre Redakteure und Moderatoren sind, wie die Nachrichtenredakteure, Generalisten. Sowohl in den Magazinen wie auch in den Chronik-Sendungen (vgl. »Kompaktsendung«) spiegelt sich das Weltgeschehen in seiner Vielfalt: Bonn und Boris, Börsenkrach und Blumenschau, Weißes Haus und Wiener Oper.
Die Zeitfunk-Redaktion verwendet nahezu alle Darstellungs- und Sendeformen des Hörfunks; ihre Mitarbeiter müssen deshalb wirkliche *Allround-Radio-Journalisten* sein.

**Service.** Das ist zunächst einmal die *Verkehrsübersicht* vor oder nach den Nachrichten, der »Geisterfahrer«, sobald er der Redaktion gemeldet wird. Das Radio als schnellstes und am leichtesten überall empfangbares Medium, ist Warner und Helfer auch in vielen anderen Situationen. Es sendet *Reiserufe* für Menschen unterwegs (wenn ein unmittelbarer Verwandter des Gesuchten gestorben oder lebensgefährlich erkrankt ist) und *Fahndungsmeldungen* der Polizei, nicht selten auch dieser Art: Wer hat einen 85 Jahre alten Mann gesehen, der seit gestern aus dem Pflegeheim verschwunden ist, wahrscheinlich verwirrt umherirrt und dringend sein Insulin braucht?
Service ist heute in unterschiedlichem Umfang Bestandteil nahezu jedes Radioprogramms. Der Servicebereich ist noch erweiterungsfähig. Josef Otmar Zöller, Begründer der B 3-Servicewelle, sagt voraus: »Verkehr, Tourismus, Breitensport, Minderheitenbedienung bis hin zur differenzierten Beratung von Tierfreunden oder Hobby-Gärtnern – in den USA ist dieser Partiell-Service längst eingeführt – werden künftig die Primäraufgaben für Radio sein.«

**Regional- und Lokalredaktionen** lassen sich nur insoweit eher als Fachredaktionen bezeichnen, als das Berichtsgebiet geographisch sehr viel begrenzter ist, und es viel stärker auf eine *detailgenaue Berichterstattung und Kommentierung* ankommt; der Hörer ist kompetenter und kritischer, weil es *seine Umgebung* ist, aus der die Themen stammen. Diese aber sind nach Sachgebieten so vielfältig wie im Zeitfunk, – nur ist es statt des Bundestags der Landtag oder Stadtrat, statt Boris Becker ein örtliches Tennistalent, statt der Wiener Oper die Premiere im Stadttheater. *Bürgerbeteiligung*, ob am Marktplatz per Ü-Wagen oder per Telefon von daheim oder rund um den Studiotisch, kann ein wesentliches Programmelement des Lokalfunks sein (vgl. »Das Publikum mitmachen lassen«). *Präsentationsformen* sind, genau wie beim Zeitfunk, alle Darstellungs- und Sendeformen des modernen Radios. Ähnlich wie bei der Lokalredaktion der Zeitung besteht auch in den Regional- und Lokalredaktionen der Rundfunkanstalten eine besonders gute Einstiegsmöglichkeit als freier Mitarbeiter; dies gilt genauso für Lokalradios.

**Sport** ist ein Fachgebiet, das trotz des Fernsehens nicht an Bedeutung und Attraktivität für das Radio verloren hat. Die Sportredaktion gestaltet nicht nur ihre eigenen Sendungen, sondern beliefert auch die Nachrichten- und Zeitfunksendungen mit aktuellen Meldungen und Beiträgen. Besonderheiten in der Sportredaktion sind Ergebnisabrufe bei Agenturen und Korrespondenten sowie das Errechnen von Tabellen.
Nicht alle Sportredakteure sind auch Reporter (vgl. »Sportreportage«). Für bestimmte Sportarten sind sie Fachleute, aber *alle* Sportarten sind gegebenenfalls ihr Berichtsgebiet. Zum Ressort gehören auch Sonderthemen wie Breitensport, Schul- und Hochschulsport, Behindertensport, Sportmedizin und Sportpolitik.

**Die Politische Redaktion** ist ein Fachressort, das sich je nach personeller Ausstattung in viele Unterressorts gliedern läßt: *Innenpolitik, Außenpolitik, Landespolitik, Sozialpolitik,* bis hin zu Einzelgebieten wie *Europapolitik* oder *Sicherheitspolitik*.
Die wichtigsten Darstellungsformen der Politischen Redaktion sind: analysierender Bericht (oft eines Korrespondenten), Interview, Kommentar, Diskussion und Feature. Mehrere Beiträge

nacheinander werden fast immer in der komprimierten Chronik-Form (vgl. »Kompaktsendung«) präsentiert, die Magazin-Form ist eine Seltenheit.

**Die Wirtschaftsredaktion** versteht sich zwar als Fachressort, aber mit dem Anspruch, sich in den meisten Sendungen an ein breiteres Publikum zu wenden. Fach-Chinesisch wird weggelassen, übersetzt oder erläutert, scheinbar fernliegende oder schwerverständliche Sachverhalte in Feature-Form populär dargestellt.
»Wichtig ist eine solide fachliche Ausbildung«, meint Udo Kölsch, der Leiter des NDR-Wirtschaftsfunks. Besonders einschlägig: ein *abgeschlossenes Studium* der Betriebswirtschaft oder Volkswirtschaft. »*Praktische Erfahrungen* in der Wirtschaft«, so Kölsch, »verhelfen zusätzlich zu sachgerechter Berichterstattung und Beurteilung.«

**Der Landfunk** sollte, so der langjährige BR-Landfunkchef Dr. Erich Geiersberger, »journalistische Lebenshilfe für Landwirte leisten.« Der Landfunk-Journalist »muß den Landwirten nicht nur zeigen können, wie sie sich im internationalen Wettbewerb als klassische Produzenten von Nahrungsmitteln zu behaupten vermögen«, er muß ihnen auch »neue Beschäftigungs- und Einkommensmöglichkeiten als ›Freizeit-Wirt‹« in der nachindustriellen Freizeit- und Erholungsgesellschaft aufzeigen können. Qualifikation: *abgeschlossenes Studium* der Agrarwissenschaft.

**Die Wissenschaftsredaktion** hat den Auftrag, »die immer unübersichtlicher werdende Welt verstehbar zu machen und die Verunsicherung zu mindern, die aus dem Nichtmehrverstehen kommt« (Johannes Schlemmer, ehemaliger Leiter der SDR-Wissenschaftsredaktion in Heidelberg). Und Karl Wilhelm Barwitz vom Bayerischen Rundfunk konkretisiert: »Themen, die betroffen machen, sollten auch den Inhalt von Wissenschaftssendungen bilden. Was nur neu ist oder lediglich den inneren Kreis der Wissenschaften angeht, gehört nicht in Hörfunk-Programme. Wer die Bereiche ignoriert, die den *Alltag* des einzelnen oder die *gesellschaftliche Entwicklung* beeinflussen, bezieht als Journalist jenen elfenbeinernen Turm, den die Wissenschaftler allmählich räumen.«

**Der Schulfunk** ist Funk, nicht Schule. Weder hören ihm nur Schüler/innen zu, noch beschränken sich seine Themen auf die Lehrpläne. Die Beliebtheit des Schulfunks bei vielen Erwachsenen, so formulierte es einmal der inzwischen verstorbene Rainer Kabel, »erklärt sich aus der bewußt einfachen Aussageform, der Reduktion auch schwieriger Zusammenhänge auf möglichst verständliche, eindeutige Aussagen.« *Grundkenntnisse der Lernpsychologie*, die man vor allem in einem Pädagogikstudium erwirbt, sind hilfreich für den Schulfunkredakteur, dazu »Spaß an der gründlichen Recherche, am Nachprüfen von Tatsachen und Behauptungen in Schulfunkmanuskripten, ständiges Bemühen um den einfachen, aber nicht lehrhaft besserwisserischen Gedankengang und seine sprachliche und funkspezifische Umsetzung.«

**Erwachsenenbildung** ist als »Abend-« oder »Nachtstudio«, als »Bildung und Erziehung« oder sogar (beim WDR) als Abteilung »Schulfunk und Bildungsprogramme« je nach Anstalt verschieden angesiedelt, oft in Nachbarschaft zur Wissenschaftsredaktion oder Kulturkritik.

**Aktuelle Kultur.** Für Redaktionen, die es mit diesem Fachgebiet zu tun haben, gilt dasselbe wie für den Wirtschaftsfunk: ein breites Publikum mit einem Bereich vertraut zu machen, der früher als exklusiv galt. In der Formulierung von Klaus Schulz, Chef der SFB-Redaktion »Kultur aktuell«, bedeutet das: »eine *Themenauswahl*, die nicht nur einen kleinen Kreis von Erleuchteten zufriedenstellt, eine *Sprache*, die Verständnisbarrieren nicht befestigt, sondern einreißt, eine *Darstellungsweise*, die den guten Willen und die Geduld der Zuhörer nicht immer aufs neue strapaziert, sondern die durch Attraktivität und Lebendigkeit Interesse auch da weckt, wo es nicht ohnehin vorausgesetzt werden kann.«

**Hörspiel und Hörbild/Feature** sind beide klassische Bestandteile des Radioprogramms. Besonders hier gilt der ganz allgemein für einen Vorteil des Hörfunks gegenüber dem Fernsehen geprägte Spruch: Fernsehen ist Kino im Kasten, Radio ist Kino im Kopf. Das Verbindende zwischen dem (*fiktiven*) Hörspiel und dem (*dokumentarischen*) Feature sieht Heinz Hostnig, bis 1988 NDR-Hörspielchef, so: »Das sinnlich-spielerische Element des

Hörspiels hat sich längst wieder der Aktualität bemächtigt und schließlich auch seinen Platz im Feature zurückerobert.« In der Praxis sind Hörspiel und Hörbild/Feature meist verschiedenen Ressorts zugeordnet (vgl. »Feature«).

**Literatur.** Das bedeutet Sendungen *von* Literatur, also Lesungen durch Autoren und Sprecher, und Sendungen *über* Literatur, also vor allem Buchbesprechungen und Buchtips sowie Gespräche mit Autoren.

»Eine spezifische Vor- oder Ausbildung des Literaturredakteurs gibt es nicht«, schreibt Reinhard Wittmann, Leiter der BR-Abteilung Literatur, »die Regel ist jedoch ein literaturwissenschaftliches Studium. Eigene literarische, kritische oder publizistische Tätigkeit ist häufig. Umfassende wie detaillierte Kenntnisse der Weltliteratur und des aktuellen literarischen Lebens sind selbstverständlich.«

**Der Frauenfunk/Familienfunk** hat seine *Funktion* und seinen *Themenbereich* in dem Maß verändert, in dem sich die Stellung der Frau verändert hat. Er soll »die vielfachen Aufgaben bzw. den Aufgabenwechsel, der den Lebenslauf der meisten Frauen heute charakterisiert, jenseits von Klischees darstellen und fachkundig analysieren« schreibt Ute Bromberger, die Leiterin der NDR-Abteilung Frauenfunk/Familienredaktion, und nennt u. a. als Beispiele: »die Mehrfachbelastung der Frau zwischen Beruf, Familie und Öffentlichkeit ..., Selbstfindungskonflikte, Frauenbewegung, Partnerprobleme, Lebensbewältigung im Alter und in Krisensituationen (Krebs, Alkoholismus, Gewalt gegen Frauen)«. Präsentiert werden die Themen »in Kurzformen (Magazinbeiträgen, Kommentaren), in Diskussionen und Telefonbeteiligungssendungen sowie in analytischen Features.«

**Die Jugendredaktion** richtet sich an die Sechzehn- bis Ende-Zwanzig-Jährigen. Dazu Wolfgang Truger vom »Zündfunk« (BR): »Programmschwerpunkte sind Orientierungshilfen aus allen Bereichen der Pop-Kultur und des modernen Lebens, kritische Berichterstattung aus Gesellschaft und Alltag (z. B. Schule, Ausbildung, Freizeit) sowie Positionen zu aktuellen Themen wie Fremdenfeindlichkeit und Rechtsradikalismus, Umwelt- und Zukunftsfragen.« Die wesentlichen Sendeformen sind Magazin,

Dokumentation, Disskusion – vor allem aber auch Beteiligungsangebote wie »Phone in«, Talk oder Radiospiel.
Neben den klassischen Jugendfunkredationen (wie im BR, im WDR oder im SDR) gibt es auch »Jugendwellen« (wie im NDR oder im ORB/SFB), und »junge« Musikwellen mit Zulieferungen von Wortjournalisten.

**Im Kinderfunk** (für die 6-14Jährigen) können Nachwuchs-Mitarbeiter wichtige radiophone Formen kennenlernen und ausprobieren: Magazin (mit Interviews und Reportagen), Feature, Hörspiel, Geschichten. Kinder werden aktiv als Interviewpartner und Gesprächsteilnehmer mit einbezogen. Der Umgang mit ihnen vermittelt Erfahrungen und Fähigkeiten, die später die Arbeit in anderen aktuellen oder kulturellen Ressorts erleichtern.

**Der Kirchenfunk** hat Kirche als *Thema;* nur die Morgenandachten und Gottesdienste werden von den Kirchen selbst organisiert und laufen nur bedingt unter Verantwortung der Redaktion. Eike Christian Hirsch, Leiter der NDR-Abteilung »Religion und Gesellschaft« teilt das Kirchenfunk-Angebot in drei Kategorien ein: »Erstens aktuelle Sendungen (kleine Magazine und kirchliche Nachrichten). Zweitens Vorträge über religiöse Themen, zum Beispiel von Theologieprofessoren gehalten, allerdings nicht bei allen Anstalten. Drittens Features, oft mit O-Ton. Die Themen reichen von der Arbeit mit Behinderten bis zum Datenschutz oder spontanen Antworten auf die Frage ›Wer ist Gott?‹. Einige Redaktionen senden auch Betrachtungen für Kranke.«
Religiöse Sendungen, so Hirsch weiter, »wenden sich keineswegs nur an Kirchenchristen oder an ein theologisch vorgebildetes Publikum. Es ist kein Nachteil, wenn der Autor ›von außen‹ kommt und kritisch vermitteln kann.«

**Unterhaltung Wort.** Was Unterhaltung im Hörfunk kann und welche Leute sie braucht, hat in den Vorauflagen des »Radio-Journalismus« Hans Rosenthal beschrieben, der sich auch dann noch seine Liebe zum Radio bewahrte, als er längst zu den Stars im Fernseh-Showbusiness zählte. Seinen Beitrag drucken wir zu seinem Gedenken.
»Man kann keine allgemeingültigen Thesen aufstellen, indem man sagt, dies und das ist ›die Unterhaltung‹. Üblicherweise

gehören zu diesem Ressort: *Wortsendungen mit Musik über ein bestimmtes Thema, kabarettistische Sendungen* – Wort verbunden mit Musik –, *Übertragung von Kabarettprogrammen, Radio-Illustrierte,* akustisch aufgemacht wie bunte Wochenzeitungen, *Quizsendungen* in jeder Form, mit und ohne Publikum, *Porträts* von Schriftstellern, Komponisten usw., *Familiensendungen* – einschließlich Familienhörspiele – in humorvoller Verpackung, *Sendungen für bestimmte Gruppen* wie Senioren, Jubiläen der Feuerwehr, der Polizei usw., *Magazine* ohne ernsten politischen Inhalt, *Reiseberichte* und *Krimis.* Bei einem Sender gestaltet die Unterhaltung sogar ein *Kindermagazin*, das von Kindern moderiert wird. Es will jedoch keine Kinderfunk-Sendung sein, sondern wendet sich ebenfalls an Erwachsene.

Jeder Sender der ARD ist hinsichtlich der Abteilung Unterhaltung anders organisiert. Es kommt auf die Persönlichkeiten an, die den einzelnen Ressorts vorstehen. Der Krimi wird in einigen Stationen von der Hörspielabteilung betreut – während in anderen Sendern öffentliche Veranstaltungen bis zur Schlagerparade von der Musikabteilung produziert werden, obwohl meistens die Unterhaltung zuständig ist.

Was jeder Abteilung Unterhaltung, ob in Hamburg, Köln, in Berlin oder in München fehlt, sind *Autoren.* Einerseits schnappt das Fernsehen jeden renommierten Autor für mehr Geld weg, andererseits fehlt es den leitenden Hörfunkleuten an Zeit, mit jungen Autoren zu arbeiten.

*Ein Rat für junge Schriftsteller:* Autoren sollten unverlangte Manuskripte nicht in Mengen einsenden, weil viele Mühe umsonst vertan wird. Wenn sich jemand mit seinen Arbeiten vorstellen will, dann bitte *kurz und nur Kostproben.*

Folgende Voraussetzungen sind für junge Autoren ratsam: Man muß die Sendetypen der einzelnen Abteilungen kennen, um das Richtige anbieten zu können. Der Anfang sollte deshalb immer ein *Gespräch* mit dem Abteilungsleiter oder dem zuständigen Redakteur sein. Auch hat es sich als gut erwiesen, wenn Autoren nicht sofort vollständige Manuskripte schreiben, denn Änderungen – die es oft gibt – verlangen dann meist die doppelte Arbeit. Man sollte *zunächst ein Exposé* mit den wesentlichen Inhalten anbieten, und dazu soll sich dann der Partner, der Abteilungsleiter oder Redakteur, so oder so äußern.

Diese Arbeitsweise empfiehlt sich auch für *neue Sende-Ideen*, denn jeder Festangestellte will irgendwie doch beweisen, daß er zu einer Sendung, zu einer Sendereihe etwas beigetragen hat. Nehmen Sie einige seiner Anregungen vor der endgültigen Ausarbeitung in Ihr Manuskript auf. Jeder Redakteur ist eitel, er wird – wenn seine Tips berücksichtigt sind – sich für Ihr Werk einsetzen.

In unserem Land gibt es ein *gestörtes Verhältnis zur Unterhaltung*, denn man meint, wo gelacht wird, da fehlt das höhere Niveau. Schließlich eine weitere *Besonderheit der Unterhaltungsabteilung:* Während zum Beispiel die Abteilung Politik die Fakten ins Haus geliefert bekommt, die Literaturabteilung aus dem vorhandenen Angebot wählen kann, müssen die Unterhaltungsleute sich den Knochen selbst schaffen, um den sie dann das Fleisch legen.«

**Musik.** Egal ob Pop, Volkstümliche Musik, Oper oder Symphonie (um bloß ein paar Stichworte aus der nur ungenau und umstritten begrenzbaren Vielzahl von Musikgenres zu nennen) – der *Trend zum Journalismus* in den Musikredaktionen ist unübersehbar. Zwei Indizien: Selbst der reine Diskjockey kann seine Sendung besser verkaufen, wenn er mehr zu sagen hat als die Position des Titels in den Charts, wenn er Musik einzuordnen weiß, wenn er von Interpreten nicht nur die Anekdoten aus den Pressetexten der Plattenfirmen kennt. Zweites Indiz: Der Programmgestalter (z. B. für E-Musik) begnügt sich immer weniger damit, lediglich die Musikstücke zu einem Programm zusammenzustellen und dann durch den Stationssprecher ansagen zu lassen. Der Hörer will auch Informationen über das, was er hört, über den Komponisten, den Dirigenten, das Orchester, die Aufnahme und ihre Besonderheiten. Immer mehr Sender bringen immer mehr Interviews mit Künstlern, Berichte und Kritiken von Konzertereignissen, Hinweise und Vorschauen.

Die Schallplatte bzw. CD ist die am reichlichsten fließende *Programmquelle*. Aber die besondere Farbe erhält ein Programm durch Eigenproduktionen des Rundfunksenders. Dazu bedarf es nicht einmal eigener Klangkörper, wie sie die meisten öffentlich-rechtlichen Anstalten (auch unter dem Gesichtspunkt der Kulturpflege) haben. Bereits die Aufnahme einer lokalen Rockband oder eines Liedermachers aus der Stadt ist eine Eigenproduktion, mit der sich die Station in der Öffentlichkeit präsentieren kann.

*Redaktion* und *Musikproduktion* sind also die beiden Bereiche, mit denen es der Programmmitarbeiter in einer Musikabteilung zu tun haben kann.

Fundierte *Musikkenntnisse* (am besten durch ein Studium), das *Beherrschen eines Instruments, guter Schreib- und Sprechstil* sowie *Organisationstalent* (z. B. für öffentliche Veranstaltungen) sind ideale Voraussetzungen für die Mitarbeit in einer Musikabteilung.

Gottfried Aigner, Ressort: Reise. Neue Verantwortung im Reisejournalismus (Verlag Ölschläger, München 1992)
ARD-Jahrbuch (Verlag Hans-Bredow-Institut Hamburg)
Martin Fraund/Jürgen Goetzmann (Hrsg.), Wie sag' ich's im Radio? Ein Handbuch für die kirchliche Hörfunkarbeit (Gemeinschaftswerk der Evangelischen Publizistik, Frankfurt/M 1988)
Dieter Heß (Hrsg.), Kulturjournalismus. Ein Handbuch für Ausbildung und Praxis (List Journalistische Praxis)
Otfried Jarren/Peter Widlok (Hrsg.), Lokalradio für die Bundesrepublik Deutschland (Vistas Verlag, Berlin 1985)
Thomas Prüfer, Sportberichterstattung im Hörfunk. In: Josef Hackforth (Hrsg.), Sportmedien & Mediensport. Wirkungen, Nutzung, Inhalte (Vistas Verlag, Berlin 1988)
Alois Rummel, (Hrsg.), Unterhaltung im Rundfunk (Verlag Volker Spiess, Berlin 1980)
Stephan Ruß-Mohl/Heinz D. Stückmann (Hrsg.), Wirtschaftsjournalismus. Ein Handbuch für Ausbildung und Praxis (List Journalistische Praxis)
Stephan Ruß-Mohl (Hrsg.), Wissenschaftsjournalismus. Ein Handbuch für Ausbildung und Praxis (List Journalistische Praxis)
Will Teichert, Die Region als publizistische Aufgabe. Ursachen, Fallstudien, Befunde (Verlag Hans Bredow-Institut, Hamburg 1982)

# Darstellungs- und Sendeformen

## Moderation

Das Wort Moderator kam mit Einführung der Magazine Anfang der sechziger Jahre aus den USA in die deutsche Radio-Sprache und bedeutet »Vermittler« oder »Mittelsmann«. Moderatoren »vermitteln« den Hörern das Radio-Programm.

**Zur Moderation gehört oder kann gehören:**

(inhaltlich-*sach*bezogen)

- *Informieren* – vom Wetter bis zur Politik, von der Zeit bis zur Musiktitel-Ansage.
- *Unterhalten* – von der netten Bemerkung bis zum Kalauer oder Gag.
- *Interviews* und *Gespräche* führen.
- Bei *Radiospielen* mit Hörern telefonieren.
- In Ausnahmefällen selbst *Nachrichten* verlesen.

(inhaltlich-*stimmungs*bezogen)

- Für *Höreransprache* sorgen.
- *Höranreiz* schaffen.
- *Hörerbindung* (über die eigene Person an den Sender) gewährleisten.

*(formal)*

- Zwischen Programm und Hörer »vermitteln«.
- Unterschiedliche Programminhalte zusammenhalten.
- Das Radio-Programm personifizieren, ihm sein »menschliches Gesicht« geben.

Bei Privatsendern werden Moderatoren gelegentlich veranlaßt, auch *Werbung* zu sprechen. Das ist eine unzulässige Vermischung von Programm und Werbung, die jeder Radio-Journalist auch im Interesse seiner eigenen Glaubwürdigkeit ablehnen muß.

Ursprünglich gab es die Moderatoren nur in den *Magazinen* (vgl. »Magazine und Magazin-Moderation«). Bald wurden auch *Diskjockeys* Moderatoren genannt, und Moderationen heißen auch die Verbindungstexte in den traditionellen informativen *Nur-Wort-Sendungen* (vgl. »Umschau und Chronik«). Vor allem beim Privatfunk ist der Moderator zum generellen »Begleiter durch das Programm« geworden, der ohne Beschränkung auf bestimmte Inhalte und Ressortgrenzen dem Hörer alles vermitteln soll: von der Verkehrs- und Wettermeldung über die Musikansage bis hin zum politischen Interview.

Was zur Moderation speziell im Zusammenhang mit bestimmten Darstellungsformen oder Sendungsinhalten zu sagen ist, findet sich unter den angegebenen Stichworten. Was hier folgt, gilt allgemein.

**Moderieren heißt, mit dem Hörer reden.** Wer ist denn »der Hörer«, mit dem ich da reden soll? Das fragte sich auch schon Max Heye, der am 13. November 1923 zum ersten Mal am Mikrofon stand, zwei Wochen nachdem der deutsche Unterhaltungsrundfunk in Berlin mit der »Radiostunde« Premiere hatte. »Da ist der Gedanke – mit wem plauderst Du wohl?«, schreibt er in seinen Erinnerungen[1].

Und so stellte er sich vor 65 Jahren seine Plauder-Partner vor: die elegante Familie am Teetisch, in der zweiten Etage das junge Ehepaar, den Junggesellen in der dritten und die beiden Alten ganz oben unter dem Dach.

Heute stellen Sie sich vielleicht so Ihre Hörer vor: früh morgens den Berufstätigen, der Ihnen vor der Arbeit im Badezimmer und am Frühstückstisch zuhört, am Vormittag die Frau bei der Arbeit im Haushalt und die Sekretärin, die im Büro Radio hören kann, über Mittag läßt vielleicht mancheiner das Radio in der Pause laufen, und nachmittags dann der Schüler bei den Schularbeiten. Wahrscheinlich haben alle Ihnen am frühen Morgen zugehört, zusammen mit noch zehn- oder hunderttausend anderen. Zusammen? Zur selben Zeit – ja. Aber nicht gemeinsam. Deshalb:

**Mit dem einzelnen Hörer reden,** das ist moderieren. Moderieren heißt nicht, dem Hörer eine Rede halten.

Aber wie soll ich denn mit dem Hörer reden, wenn ich da allein vor dem Mikrofon sitze, keinen meiner Hörer sehe, kein zustimmendes oder ablehnendes Wort zu mir in die Studio-Einsamkeit dringt? Jeder Redner, jeder, der etwas erzählt, hat ein direktes Feedback seiner Zuhörer. Der Moderator hat es auch, nur kann er es nicht an den Gesichtern seiner Hörer ablesen oder aus Bemerkungen heraushören. Und dennoch »mit dem Hörer reden«?

**Gedanken ersetzen das Fluidum.** »Phantasie haben, denken können«, das sei die »erste Pflicht des Sprechers«, schrieb Max Heye[2]. Moderieren, mit dem Hörer reden, ist also wirklich ein Dialog. Allerdings: Ein Teil dieses Zwiegesprächs, das Feedback, ist nur »gedachte Wirklichkeit«. Die Hörer-Antwort erreicht den Moderator in der Regel nicht tatsächlich. Sie erreicht ihn aber in seiner Vorstellung, in seiner Phantasie.

In seiner Vorstellung spricht der Moderator also immer den *einzelnen* Hörer an, weil das die Hör-Situation ist. So versucht er, alle (einzelnen) Hörer zu erreichen.

In seiner Vorstellung empfängt der Moderator das Hörer-Feedback. Er braucht es, um beim Hörer auch wirklich »anzukommen«.

**Die Vorstellung vom Hörer** steuert das Sprechverhalten. Diese Feststellung ist die Antwort auf die Frage, warum sich der Moderator so genau überlegen soll, *für wen* er spricht und wie der Angesprochene wohl darauf *reagieren* wird. Wenn ich versuche, einen *Einzelnen* anzusprechen,

... dann klingt meine Stimme
automatisch persönlicher.
... dann werde ich ganz von selbst nicht laut,
sondern eher eindringlich sprechen.
... dann werde ich nichts herunterrasseln, sondern
ohne viel darüber nachzudenken, ein Sprech-Tempo
und einen Sprech-Rhythmus finden, der vom
Verstanden-Werden-Wollen bestimmt wird.
... dann werde ich also kleine Zäsuren (Pausen) machen,
mal langsamer, mal schneller sprechen.
... dann werde ich mit der richtigen Betonung
meiner Aussage Nachdruck verleihen.
... dann werde ich natürlich klingen und nicht
gespreizt oder affektiert.

Der bekannteste Reporter der ersten Radio-Jahrzehnte, Alfred Braun von der Berliner Funk-Stunde AG, hat einmal im Zusammenhang mit einer Reportage vom Flugfeld Berlin-Staaken[3] diesen Gedanken-Dialog mit dem Hörer beschrieben:

*Wie Braun zu den Hörern redete:*
»Als ich genau den gleichen Vorgang zu wiederholten Malen geschildert hatte, ...
*Wie Braun sich die Hörer-Reaktion vorstellte:*
... glaubte ich durchs Mikrofon zu spüren, daß meine Zuhörer ungeduldig wurden.
*Wie Braun auf das »gedachte« Feedback reagierte:*
Hilf, Himmel, gab es denn sonst nichts auf dem Flugfeld zu berichten?«

**Das Gespür für die Hörer-Reaktion** kann der Moderator bei sich entwickeln. Dabei helfen spontane Anrufe in der Sendung. Sie geben Gelegenheit, sich die Reaktion des Hörers am Telefon erzählen zu lassen. Außerdem: Sprechen Sie mit wohlmeinenden – aber kritischen – Zuhörern über Ihren Moderationsstil. Suchen Sie sich diese Gesprächspartner in unterschiedlichen Altersgruppen und Milieus. Geben Sie dabei zu verstehen, daß Sie in dieser oder jener Frage selbst etwas unsicher seien und deshalb gern einen Rat hätten.
Bringen Sie das Gespräch unter Bekannten und Freunden mal auf andere Moderatoren. Was an denen kritisiert wird, gehört das vielleicht auch zu Ihren eigenen Schwächen? Und was an Ihren Kolleginnen und Kollegen gelobt wird, gäbe es Grund, das auch bei Ihnen zu loben?

**»Sprich, damit ich Dich sehe«,** sagte Sokrates. Und Sie werden bei solchen Diskussionen tatsächlich merken, welch festgefügtes Bild Ihre (Stamm-)Hörer von Ihnen haben: Ihr »auditives Image«. Pflegen Sie es! Schließlich ist es Ihre Aufgabe, das Programm an den Hörer zu bringen, »zu verkaufen«, wie es im Radio-Jargon heißt. Und wer kauft auf die Dauer schon einem unsympathischen Verkäufer gern etwas ab? Daß Ihre Hörer Sie *sympathisch* finden, Ihnen von Ihrer Art zu reden, von Ihrer Stimme her gern zuhören, ist Voraussetzung dafür, daß Ihnen auch der *Inhalt* Ihrer Moderation abgenommen wird.

**Eine gute Stimme** ist sehr wichtig für die Arbeit als Moderator. Wer sie von Natur aus hat, braucht nicht besonders stolz darauf zu sein, eher dankbar. Wer sie gar nicht hat, sollte sich überlegen, ob er unbedingt in der Moderation sein journalistisches Betätigungsfeld suchen muß. Wer den einen oder anderen Mangel an seiner Stimme feststellt, sollte nicht von vornherein aufgeben. Leichtere Sprachfehler können häufig behoben werden. Zu starke Dialektfärbung kann sich verlieren. Mehr Praxis, mehr Sicherheit und ein größeres Selbstvertrauen führen gelegentlich von ganz allein auch zu einer kräftigeren und volleren Stimme. Stimmen entwickeln sich.

**Sprecherzieher helfen** dabei, Stimme und Sprechverhalten zu verbessern. Manche Sender bieten Sprecherziehung zur Aus- oder Fortbildung kostenlos an. Auch bei Volkshochschulen, anderen Einrichtungen der Erwachsenenbildung oder an Universitäten findet man entsprechende Kurse im Programm. Einzelunterricht kann recht teuer werden.

**Die Stimme technisch »schönen«,** das ist in Amerika ziemlich üblich und inzwischen auch Praxis bei manchen Privatsendern in Deutschland. Mit Hilfe von Geräten wie Equalizer und Kompressor wird dabei die Höhenlage einer Stimme verändert und für einen volleren Klang gesorgt. Bei jedem Moderator werden die Werte der Stimm-Korrektur festgelegt und gespeichert. Vor Beginn seiner Moderation stellt er sie dann per Tastendruck oder mit einer persönlichen Stimm-Check-Karte ein.

**Wie soll er denn nun sein, der Moderator:** Sachlich-seriös oder kalauernd-kess? Was ist gefragt: Wortreiche Anmache oder knappe Ansage, charmante Plauderei oder fetzige Spreche? Wie soll's denn sein: Hochdeutsch, Dialekt oder Jugendjargon? Auf diese Fragen gibt es keine einheitliche Antwort. Denn:

**Moderationsstile sind programmabhängig.** Radio-Programme werden immer mehr für eine definierte Hörer-Zielgruppe konzipiert, sie werden »formatiert«. Wesentlicher Bestandteil des »Formats« (vgl. »Formate für Begleitprogramme«) ist der Moderationsstil. Junge Leute wollen anders angesprochen werden als ältere. Informationsreiche Programme müssen anders moderiert werden als Programme, die fast ausschließlich aus Musik bestehen.
Die Vorgaben für die Moderatorinnen und Moderatoren räumen unterschiedlich viel Spielraum ein. Immer häufiger werden sie in schriftlichen Anleitungen sehr genau festgelegt.

**Die Moderations-Vorgaben** sollen eine einheitliche Hörer-Ansprache sicherstellen – unabhängig von den unterschiedlichen Vorlieben einzelner Moderatoren. In solchen Pflichten-Heften sind nicht nur Anzahl und Zeitpunkt (vgl. »Playlist und Programmuhr«) von Moderationen innerhalb einer Radio-Stunde festgeschrieben. Festgelegt ist auch der Inhalt: Wie stellt sich der Moderator vor? Nur kurz mit dem Sendungstitel und der Information `Am Mikrofon: Christian Oster`. Oder noch knapper: `Am Mikrofon (der) Christian` (wobei das `der` oder `die` vor dem Vornamen sprachlich nicht schön, dafür aber umso mehr »in« ist). Oder soll die Eingangsmoderation verbindlicher sein: der Name und dazu noch eine persönliche Bemerkung oder ein kleiner Scherz? Solche Standards können für nahezu alles festgeschrieben sein: von den Zeitansagen über die Wetter- und Verkehrsmeldungen bis hin zu Musikansagen und An- und Abmoderationen aktueller Beiträge.

**Zwischenmoderationen** unterbrechen im Begleitprogramm die Abfolge der Musiktitel. In den USA werden sie deshalb auch *breaks* genannt. Sie können eine oder mehrere Botschaften enthalten: Zeitansage, Wetter, Verkehrslage, Musik-Ansage, Stationsansage (station-identification, ID) und anderes mehr. Ein »three-element-break« ist also eine Zwischen-Ansage mit dreien solcher Inhalte.

Moderationen können auch durch *Jingles* unterstützt werden. Solche »Aufmerksamkeitswecker« bestehen meist aus kurzen Musikpassagen mit sehr knappen Texten, gelegentlich nur aus Musik-Akzenten oder nur aus Wort (vgl. »Jingle«). Solche vorproduzierten Jingles können mit Live-Moderationen kombiniert werden. Ein Beispiel:

    Jingle        Inhalt: Ankündigung des Wetterberichts
    Moderation  Inhalt: Wetterbericht
    Jingle        Inhalt: Stationskennung

Die Jingles kündigen dabei die Moderationen entweder nur an, sorgen mit einem akustischen Akzent dafür, daß sie sich vom Musikteppich abheben, oder sie transportieren eigenständig eine Botschaft. Solche Moderationen müssen »hart gefahren« werden, das heißt: Die Anschlüsse müssen genau passen. »Löcher« (also kleine Pausen) zwischen Jingles und Moderationen nehmen Tempo und wirken wie peinliche Pannen.

**Moderation über Musik** ist vor allem in Diskjockey-Sendungen ein häufig verwendetes Stilmittel. Meist spricht der Moderator dabei über die Intros (auch ramp = Rampe genannt), die kurzen instrumentalen Einleitungspassagen der Musiktitel.
Kurze Wortpassagen kann man auch über einen Instrumentaltitel lesen, also etwa zwischen den einzelnen Informationen des Reise-Wetterberichts immer wieder kurz die Musik hochblenden. Leise bleibt sie auch unter den Ortsnamen und Temperatur-Angaben hörbar. Diese Präsentation lockert auf und macht Tempo. Der holländische Radio-Experte Ad Roland warnt allerdings vor Moderatoren-Mätzchen: »Eine schnelle Sendung erreicht man nicht durch Sprech-Stakkato, Übertreibungen beim Hoch- und Runterblenden oder gar eine manierierte Betonung. Ob eine Sendung Drive hat, entscheidet sich durch die Art, wie exakt und sensibel sie gefahren wird.«

**Überleitungen nicht um jeden Preis.** Zu den Aufgaben der Moderation gehört es, ein Programm »zusammenzuhalten«, ihm ein einheitliches Gesicht zu geben. Übergänge von Wort zu Musik und von Musik zu Wort können dabei helfen. Aber suchen Sie nicht krampfhaft solche Verbindungen. Gewiß, so manche Textzeile eines Musiktitels bietet sich für lockere Bemerkungen an. Aber wenn sie zu nahe liegen, sind es vielleicht schlicht Platitüden (die sich noch dazu bereits viele andere vor Ihnen nicht verkneifen konnten). Gewiß, von manchem Beitrag findet sich eine Überleitung auf den nächsten Musiktitel. Aber, erstens: Wenn sich solche Assoziationen aufdrängen, dann haben sie bestimmt auch Ihre Hörer – von ganz allein. Und zweitens: Warum eigentlich?
Sie sagen: Weil die Überleitung eine zusätzliche wichtige Information enthält! – Dann machen Sie sie. Sie sagen: Weil die Überleitung wirklich lustig oder originell ist! – Dann machen Sie sie. Aber sonst: Lassen Sie sie!
Besondere Vorsicht ist geboten, wenn Sie auf *fremdsprachige* Musiktitel Bezug nehmen wollen. Nicht jeder Hörer kann z.B. genug Englisch, um die Texte zu verstehen.
Ein gelungenes Beispiel für eine mißlungene Überleitung brachte der Mediendienst epd/Kirche und Rundfunk vom 5. 3. 1988 in einer Kritik des ARD-Olympia-Magazins zu den Winterspielen in Calgary:
    Platte, Gesang:  »Mach die Augen zu ...«
    Moderator:       »Mach die Augen zu ...«,

> ein beliebtes und probates Mittel,
> sich zu konzentrieren, auch beim
> Skispringen, und dazu schalten wir
> um ...

**Allgemeine Moderations-Regeln** lassen sich wegen der unterschiedlichen Funktionen von Moderationen und der unterschiedlichen, vom Programm-Format bestimmten, Vorgaben nur mit Vorbehalten aufstellen. Dennoch gelten folgende weitgehend:

**»Frei sprechen«** ist eine Grundvoraussetzung fürs Moderieren: Der Moderator »redet« mit dem Hörer, er liest ihm nicht vor. Deshalb sollten Moderationen möglichst nicht vorher Wort für Wort aufgeschrieben werden. *Stichworte* sind dagegen sinnvoll.

**Fremde Texte nicht wörtlich übernehmen.** Zu den Aufgaben von Moderatoren kann es auch gehören, Texte zu vermitteln, die andere formuliert haben, etwa An- und Absagen für Beiträge oder Meldungen von Nachrichtenagenturen. Diese »Schreibe« von Kollegen ist aber nur selten die »Spreche« des Moderators. Machen Sie sich die Texte anderer deshalb mundgerecht. Moderation ist eine personengebundene Darstellungsform, der Hörer muß Ihnen persönlich die Botschaft abnehmen, die Sie vermitteln wollen. Das Allermindeste dabei ist: Typische Agenturformulierungen durch Umgangssprache zu ersetzen. Die Nachrichtenagenturen schreiben als Zeitangabe z. B. grundsätzlich den jeweiligen Wochentag in ihre Meldungen, um Irrtümer auszuschließen. Der Moderator macht aus dem »Montag« ein »heute« (wenn heute Montag ist) und aus dem »Dienstag« ein »morgen«. Bandwurmsätze werden in mehrere kurze zerlegt. Bürokraten-Deutsch und Technokraten-Schreibe werden durch Umgangssprache ersetzt.

**Die Geschwätzigkeit** ist eine Hauptgefahr für Moderatoren. Walter Hahn, lange Jahre Moderator im WDR-Mittagsmagazin[4] beklagt die »ausufernde Geschwätzigkeit«. Sie schleiche sich bei fast jedem ein, für den »stundenlange Live-Tätigkeit vor dem Mikrofon zur Routine« geworden sei. In die eigene Stimme verliebt, von der eigenen Bedeutung überzeugt, produziert so mancher einen Wortschwall, der dem Hörer schier endlos erscheint. Moderatoren sollten beachten, was Zeitfunkreporter Otto Willi Gail vom Bayerischen Rundfunk schon vor rund 50 Jahren erkannt hatte: »Die Hör-Minute am Lautsprecher ist durchschnittlich dreimal so lang wie die Sende-Minute am Mikrofon«, schrieb er in seiner Zeitfunkfibel[5]. Beim Zuhören kommt einem die Zeit also viel länger vor als beim Selberreden. Deshalb: In der Kürze liegt die Würze. Eine Stopp-Uhr am Moderatoren-Tisch hilft bei der Selbstkontrolle.

**Verbale Hochstapler** werden schnell durchschaut. Versuchen Sie nicht, Ihre Moderationen künstlich »aufzumotzen«. Grundübel des falschen Stils: »Man will mehr scheinen, als man sein kann und mehr sagen, als man zu sagen hat«, schrieb schon 1931 der Zeitungswissenschaftler Emil Dovifat[6]. Also: Kein leeres Wortgeklingel, keine hochgestochenen Phrasen.

**Deine Sprache verrät Dich.** Wolf Schneider stellt dieses Bibel-Zitat (Matthäus 26/73) seinen Ausführungen zur »Wegwerf-Sprache« voran. Schneider beklagt die »Wortkaskaden«, die Tag und Nacht aus allen Hörfunk- und Fernsehkanälen auf uns »niederschäumen«. Was da im Rundfunk geredet werde, sei »meist Hohlprosa, aus allzu reichem Mundvorrat gespeist«. Widerlegen Sie Schneider: Halten Sie sich an die Ratschläge seiner neuen Stilkunde »Deutsch für Kenner«[7].
Egon Jameson[8] riet den angehenden Reporter-Kollegen ironisch: »Geben Sie Ihren Kampf gegen die schöne deutsche Sprache lieber auf!« Ganz ohne Ironie: Entdecken Sie Ihre Liebe für die deutsche Sprache. Eine gehörige Portion Verantwortung dafür haben Sie als Moderator ohnehin.

**Alles Überflüssige weglassen,** das spart Zeit und erhält die Aufmerksamkeit der Hörer für das Wesentliche.
Sagen Sie nicht: Wie immer hören Sie jetzt . . . . Erzählen Sie etwas, was nicht »wie immer« ist.
Sagen Sie nicht: Und nun Musik . . . . Erstens hört's gleich jeder, und zweitens erwartet es jeder ohnehin.
Sagen Sie nicht: Und jetzt gleich die Nachrichten mit dem Neuesten aus aller Welt. Womit wohl sonst?
Sagen Sie nicht: In der zweiten Stunde unserer Sendung . . . Welcher Hörer zählt schon die Sende-Stunden?

Sagen Sie nicht: In der nächsten Stunde aktuelle Informationen und interessante Beiträge aus dem Zeitgeschehen ... Daß die Informationen aktuell und die Beiträge interessant sind, darf der Hörer doch ohnehin erwarten, oder?
Nennen Sie dann lieber eines der Themen (oder auch mehrere). Ob's interessant ist, werden Ihre Hörer gern selbst beurteilen.

**Ja, jaah, tja.** Ja, da sind wir wieder, sagt der Moderator. Ja, und weiter geht's mit Musik ..., verkündet er. Ja, und damit wären wir wieder mal am Ende unseres Programms, stellt er schließlich fest – der Ja-Sager. Wollen Sie so einer sein, der das Wörtchen Ja zum reinen Überleitungslaut degradiert? Außerdem: Maschen machen Hörer müde, hörmüde. Das gilt ebenso für die stereotype Einleitung von Moderationen mit so oder ja wie auch für das, was in den Beispielen jeweils nach dem »ja« zu lesen ist. Prüfen Sie also stets, ob Sie nicht bestimmte *Floskeln* immer wieder gebrauchen, immer wieder mit denselben Maschen ihre Hörer zu bestricken versuchen.

**Kollegen duzen – auch in der Sendung?** Im Zweifel: nein. Sonst: Ja, wenn es zum Programm-Format und zur Sendung paßt. Diese Regel gilt auch für den Umgang mit Interview-Partnern und Hörern an Mikrofon oder Telefon. Ganz allgemein ist das »Du« unter jüngeren Leuten immer üblicher geworden. Bei »jungen« Radio-Programmen kann es deshalb schlecht anders sein.
Kollegen und Interview-Partner werden *mit Vor- und Nachnamen vorgestellt:* Von der Funkausstellung berichtet Sandra Oster. Bei der *Anrede* bleibt der Vorname aber weg: Frau Oster, was ist die interessanteste technische Neuerung ...? Nicht: Sandra Oster, was ist ....

**Wie redet man die Hörer an?** Mit: Meine lieben Hörerinnen und Hörer? Oder nur mit Liebe Hörerinnen und Hörer? Oder sagt man besser: Meine Damen und Herren? Oder ganz vertraulich: Hallo, Freunde? Was richtig ist, darüber entscheidet auch hier wieder das Programm-Format, der Charakter der einzelnen Sendung – und auch der Typ des Moderators. Persönlich soll sie sein, die direkte Höreransprache. Glaubwürdig muß sie – anbiedernd darf sie nicht sein.

**Weniger ist meist mehr.** Ehe Sie mit dem Hörer reden, überlegen Sie, ob Sie ihm auch wirklich etwas zu sagen haben. Moderationen unterbrechen in der Regel das Musikprogramm. Also wird der Hörer bei jeder Ihrer Moderationen (meist unbewußt) ein Urteil darüber fällen, ob das »Gerede« die Unterbrechung gerechtfertigt hat. Im Zweifel: Musik.

**Lachen Sie ruhig mal,** wenn Ihnen danach ist. Fröhlichkeit steckt an. Aber lachen Sie nicht über Ihre eigenen Witze. Seien Sie überhaupt möglichst natürlich und ungezwungen am Mikrofon, aber hüten Sie sich davor, die Ungezwungenheit zur Masche zu machen. »Sei Du«, empfahl der Lyriker Richard Dehmel seinem Sohn. Der Rat war fürs ganze Leben gedacht. Er gilt auch für die Stunden am Mikrofon.

**Hörer-Reaktionen einbeziehen.** Nicht selten leuchtet das Lämpchen am Telefon kurz nach Moderationen auf: Hörer wollen etwas *sagen* (manchmal Nettes, manchmal weniger Schmeichelhaftes), wollen etwas *fragen* oder auch nur einfach mit dem Moderator *plaudern*. Wann immer Sie Zeit dazu haben, nutzen Sie diese Chance zu einem wirklichen Dialog mit dem Hörer.
Wenn Sie meinen, daß ein Anruf typisch für die Reaktion vieler Hörer ist, dann erzählen Sie über den Sender davon oder sprechen Sie »live« mit dem Hörer. Über ihn als »Stellvertreter« werden Sie viele andere (die nicht angerufen haben) ebenfalls ansprechen.

**Die erste Moderation.** Hier einige Tips, wie Sie sich darauf vorbereiten können:
Üben Sie, *frei zu sprechen.* Suchen Sie jede Gelegenheit bei der Radio-Arbeit, kleinere Passagen frei und live zu sprechen, in Interviews oder Berichten zum Beispiel.
Überlegen Sie, ob nicht ein erfahrener Kollege mit Ihnen zusammen eine *Doppel-Moderation* machen kann.
Setzen Sie sich jedenfalls vorher bei Moderationen zu Kollegen ins Studio und *gewöhnen Sie sich an die Atmosphäre.*
*Proben Sie alle technischen Handgriffe,* die Sie kennen müssen. Bei Selbstfahrer-Studios müssen Sie die Bedienung spielend beherrschen. Ihre Konzentration werden Sie fürs Sprechen brauchen.
Schreiben Sie keine vollständigen Texte auf, aber *machen Sie sich Stichworte,* wenn Sie das sicherer macht.

*Atmen Sie* vor dem Sprechen *tief und gleichmäßig durch,* wenn Sie aufgeregt sind.
Falls Sie mit Technik arbeiten: *Sagen Sie den Kollegen ruhig, daß Sie starkes Lampenfieber haben.* Die Hilfsbereitschaft ist dann bestimmt größer, als wenn Sie sich vor lauter Unsicherheit übertrieben salopp geben.
Seien Sie in Ihren ersten Moderationen *eher zu kurz* als zu lang. Bitten Sie einen wohlmeinenden Kollegen darum, daß er Ihnen zu Hause zuhört und *Sie im Studio anruft.* Während der Sendung können Sie sich noch korrigieren, falls nötig. Falls nicht nötig, wird das positive Feedback Sie beflügeln.

[1] Max Heye, Lustiges aus dem Reich der Unsichtbaren, (Verlag Seidinger u. Co., Berlin 1924), S. 39
[2] a. a. O., S. 41
[3] Alfred Braun, Achtung, Achtung. Hier ist Berlin! Buchreihe des Senders Freies Berlin (Haude & Spenersche Verlagsbuchhandlung, Berlin 1968) S. 14
[4] Walter Hahn in: Hellmut H. Prinz, Das Mittagsmagazin (Asgard-Verlag Hippe, Bonn-Bad Godesberg 1976), S. 23
[5] Otto Willi Gail, Die grüne Flasche mit dem Kabel (Essener Verlagsanstalt, Essen 1939), S. 140
[6] Emil Dovifat, Zeitungswissenschaft II (Walter de Gruyter, Berlin/Leipzig 1931) S. 59
[7] Wolf Schneider, Deutsch für Kenner (Stern-Buch, Hamburg 1987), S. 10
[8] Egon Jameson, Der Zeitungsreporter (Delos-Verlag, Garmisch-Partenkirchen 1958) S. 71 ff.

## Frei formulieren

Freies Sprechen will geübt sein. Dazu braucht der Journalist Fertigkeiten und Hilfen, die er mit wenig Mühe lernen kann. Sie sind auf die Besonderheiten des Zuhörens und des Verstehens abgestimmt.
Alles, was im Radio gesendet wird, muß auf Anhieb aufnehmbar und verstehbar sein. Der Hörer hat keine Möglichkeit, den Satz oder die Passage, die er nicht mitbekommen hat, wieder zu hören. Er muß also konzentriert hinhören.
Dazu ist eine »gemeinsam machende Kommunikationssituation«[1] Vorraussetzung. Kommunikation ist mehr als der bloße Sprachtransport von einem zum anderen; der Sinn, das Thema der Mitteilung muß dem Zuhörer verdeutlicht werden. Dazu gehört eine sinnbezogene sprachliche und sprecherische Gestaltung, die den Hörer einbezieht, damit er folgen kann.

**Eine klare Vorstellung** von dem, was man mitteilen möchte, und ein Ziel, auf das hin man die Worte und Sätze formuliert, sind

Voraussetzung dafür. Bei der Analyse von zig Hörfunkbeiträgen in Seminaren wurde deutlich, daß häufig diffuse und ungenaue Vorstellungen über das *Informationsziel* vorhanden waren. Entsprechend unstrukturiert war der ganze Aufbau. Die Einschätzung der Hörererwartung kommt als weiterer Schritt hinzu. *Wozu* soll der Beitrag dienen, *wen* soll er ansprechen, *was* soll er bewirken? Wenn man die Zielaussage formuliert und aufschreibt wird deutlich, wo Unsicherheiten und Ungenauigkeiten liegen.

**Nicht alles (auf einmal) sagen wollen**, was es zu sagen gilt. Der Zuhörer kann nur eine bestimmte Anzahl von Gedanken aufnehmen und braucht Zeit zum Verarbeiten. Der Sprecher überfordert zudem sich selbst, wenn er bei seinen komplexen Gedankengängen nicht die Spreu vom Weizen trennt und sich nicht auf Wesentliches konzentriert.

**Ordnen der Gedankenschritte** und die Ausrichtung auf das Ziel hin: Der Sprecher muß den Zuhörern den roten Faden liefern, damit sie die Mitteilungen aufnehmen, sich zurechtfinden und die Aussagen einordnen können.[2]

**Wortwahl, Satzlänge, Komplexität der Informationen** richten sich nach dem Zielpublikum, – für ein Serviceprogramm sollte anders formuliert und veranschaulicht werden als für ein Kulturprogramm.

**Der Anfang kommt als letzter dran**, erst dann, wenn Zielaussage und Struktur feststehen. So kann er ad hoc, aus der Situation und für die Situation, überlegt werden.

**Notizen in Form eines Stichwortzettels** helfen dem Sprecher beim Denkprozeß und Formulieren seiner Mitteilungen. Die Stichworte sollten allerdings so deutlich aufgeschrieben sein, daß sie nicht erst mühselig entziffert zu werden brauchen und Konzentration abziehen, die für den Sprech-Denkprozeß notwendig ist. Eine entsprechende *graphische Anordnung* hilft, die Stichworte schnell aufzunehmen, zu ordnen und umzusetzen. Am besten eignen sich Karteikarten, auf denen man in »Lesegröße« schreiben kann.
Normalerweise stehen auf den Stichwortzetteln Substantive. Wer allerdings aufmerksam in Hörfunk und Fernsehen z.B. Re-

portagen lauscht, merkt, daß die Sprecher nicht vor Substantiven, sondern häufig vor Verben stocken, daß Gelenkwörter (Konjunktionen, z.B.: und, oder, aber) nicht so geläufig sind und fehlerhaft angewandt werden.

**Zum Üben eignen sich Zeitungsartikel.** Der Inhalt wird in Stichworte gegliedert, die nach *ihrer Wichtigkeit von links nach rechts abgestuft sind.* Dadurch werden mit einem Blick Hilfen für die Strukturierung des zu formulierenden Inhalts gegeben – vom Wesentlichen zum weniger Wichtigen. Wird z.B. die Zeit knapp, kann das rechts Außenstehende weggelassen werden. Klare, schnell identifizierbare Zeichen helfen zusätzlich beim Strukturieren.
Im folgenden ist ein Stichwortzettel[3] als Beispiel aufgeführt.

Die EG berät über Umweltamt.

Brüssel (Reuter) – Die Umweltminister der Europäischen Gemeinschaft (EG) sind in Brüssel zu Beratungen unter anderem über die geplante Europäische Umweltagentur zusammengekommen. Prinzipiell sind sich die zwölf Mitgliedsländer zwar über den Nutzen des Amts einig, das in erster Linie der Umweltpolitik der Gemeinschaft eine solide Informationsgrundlage geben soll. Über zahlreiche Fragen gibt es aber noch Streit. Das gilt vor allem für den Sitz der Behörde, die bis auf Luxemburg alle EG-Staaten für sich reklamieren. Die Bundesregierung tritt für Berlin ein. Ein weiteres Hauptproblem ist nach Angaben von Diplomaten ein Einwand der Spanier. Sie wollen dem Umweltamt nur die Befugnis geben, national verfügbare Daten zu sammeln. Dagegen soll es diese Informationen nicht so aufbereiten und abgleichen dürfen, daß unmittelbare Vergleiche unter den verschiedenen Ländern möglich wären.

Umweltminister EG
beraten über
Umweltagentur EG
  └ Prinzipiell einig

```
    ┕         ┕ Nutzen
              ┕ solide Infogrundlage
    ┕ Fragen → Streit!
         ┕ Sitz
            ┕ alle reklamieren
            ┕ außer Lux
            ┕ B → Berlin
         ┕ Spanien
            ┕ eingeschränkte Befugnis
                  ┕ nur sammeln
                     ┕ nationale Daten
                     ┕ unmittelbarer Vgl.
```

Jeder muß für sich selbst ausloten, welche Schwierigkeiten bei der Wortwahl oder Grammatik auftreten, und welche Worte für den Aufbau des Stichwortzettels wichtig sind. Nach einigen Übungen wird sich die Anzahl der notierten Wörter und Zeichen bestimmt reduzieren.

**Glaubwürdigkeit.** Die beste Technik der freien Rede im Radio ist umsonst, wenn der Sprecher nicht glaubwürdig ist. Dann wird nämlich niemand wirklich zuhören.
Dazu schreibt Sten Nadolny in »Selim oder Die Gabe der Rede«: »Wer redet, transportiert niemals nur das, was seine Worte bedeuten, sondern auch, was er selbst bedeutet – er erzählt seine eigene Geschichte indirekt mit. Das sollte er nicht fürchten, sondern sogar wollen und zulassen! Nur dann wird er Aufmerksamkeit gewinnen, mehr noch: die Haltung hilft dem Inhalt auf die Beine.«[4]

[1] Geißner, H. (1982) Sprecherziehung, Didaktik und Methodik der mündlichen Kommunikation. Königstein/Ts., S. 11 ff
[2] Zur Übung im argumentationslogischen Denken bietet sich der Fünfsatz an, siehe dazu ebenfalls Geißner, H., S. 154 ff
[3] ders. 1982, S. 148
[4] Sten Nadolny, Selim oder Die Gabe der Rede, 1990, Piper, München, S. 335

## Qualitätskontrolle durch Aircheck

Nicht nur für den Moderations-Anfänger ist dauernde Schulung wichtig, sondern auch für »Profis« am Mikrofon. *Aircheck* nennt sich diese Form des permanenten Moderatoren-Trainings, das vor allem in den USA ausgiebig gepflegt wird. Im Selbstfahrer-Studio ist die Mikrofontaste oder der Mikrofonregler mit einer Tonbandmaschine oder, noch besser, mit einem Kassettenrecorder gekoppelt. Vorteil: Für Kassetten gibt es fast überall eine Abhörmöglichkeit. Die Kassette zeichnet immer dann das laufende Programm (»on air«) auf, wenn das Mikrofon des Moderators offen ist.

**Nach der Sendung** verfügt der Moderator über seinen persönlichen Aircheck, einen Mitschnitt, auf dem seine eigenen Sprechanteile festgehalten sind. Die langen Musikpassagen fehlen.
Jeder Moderator sollte verpflichtet sein, sich durch das kritische Abhören seines Airchecks zu kontrollieren. *Technische* Unsauberkeiten, *sprachliche* Ausrutscher oder Schwierigkeiten beim Live-*Interview* werden deutlich. Wichtig gerade auch für erfahrene Moderatoren: Kleine Fehler und Angewohnheiten, die sich im Laufe der Zeit in die Moderation eingeschlichen haben, können erkannt und korrigiert werden.

**Auch mit dem Studio- bzw. Redaktionsleiter** – oder einfach einem Kollegen- sollte man regelmäßig Airchecks absolvieren. Manche Radiostationen laden zum Aircheck auch Fachleute von außerhalb ein. Redaktionskonferenzen, bei denen generelle Programm-Kritik geäußert oder Fehler der Programm-Planung besprochen werden, können persönliche Airchecks am konkreten Sende-Beispiel nicht ersetzen.
Durch den Aircheck fühlt sich der Moderator mit seiner Moderation nicht alleine gelassen – er wird bestätigt oder zu Verbesserungen angespornt.

## Fürs Hören schreiben

Fürs *Lesen* zu schreiben, lernen und üben wir von der ersten Kinderpostkarte an. Gymnasium und Hochschulseminare oder die Geschäftskorrespondenz verfestigen bei jedem von uns die Vorstellung davon, wie man sich in deutscher Sprache auszudrükken hat. Wenn wir unsere ersten Beiträge fürs Radio schreiben, *also fürs Ohr statt fürs Auge, fürs Hören statt fürs Lesen,* sollten wir eigentlich zunächst einmal stutzen und innehalten. Denn fürs

Hören schreiben, also einen Text verfassen, der leicht gesprochen und gehört werden kann, ist für uns ja etwas Unnatürliches.

**Zum Hörer sprechen.** Daß Sprache von Sprechen kommt, daß wir mit jedem Radiotext zum Hörer *sprechen,* diese eigentlich banale Erkenntnis wird oft nicht genug beachtet. »Die Redenorm des Rundfunks ist noch immer ein Reden-Wie-Gedruckt«, klagt Heinz Hostnig[1] mit Recht. Wenn wir uns statt dessen um ein *Schreiben-Wie-Geredet* bemühen wollen, so hat das nicht in erster Linie mit einer selbstverliebten Perfektionierung unseres Sprechmediums Radio zu tun, sondern schlicht mit dem Wunsch, daß der Hörer das verstehen kann, was wir ihm sagen. Also müssen wir an den Hörer denken, müssen uns seine Situation klarmachen, die so ganz anders ist als die des Lesers.

**Unterschiede zwischen Lesen und Hören**

| Lesen | Hören |
|---|---|
| 1) Der Text richtet sich ans Auge. | Der Text richtet sich ans Ohr. |
| 2) Lesen ist in der Regel Hauptbeschäftigung (höhere Konzentration). | Radiohören ist in der Regel Nebenbeschäftigung (geringere Konzentration). |
| 3) Der Leser hat nur ein Schriftbild vor sich. | Der Hörer begegnet im Radio Menschen mit ihrer Stimme. |
| 4) Der Leser kann sich die Zeit aussuchen, zu der er lesen möchte. | Der Hörer ist abhängig von der Sendezeit. |
| 5) Der Leser kann im Text springen. | Der Hörer muß warten, bis wieder etwas kommt, was ihn interessiert. |
| 6) Der Text wird vor allem durch Schrift und Aufmachung akzentuiert. | Der Text wird durch Betonung und andere akustische Mittel akzentuiert. |
| 7) Beim Lesen helfen Satzzeichen, Anführungszeichen etc. | Auch diese optischen Hilfen müssen durch akustische ersetzt werden. |

| | |
|---|---|
| 8) Der Leser hat ständigen Überblick über den Text und dessen Gliederung. | Der Hörer hat keinen ständigen Überblick über Text und Gliederung. |
| 9) Der Leser kann selbst die Lesegeschwindigkeit bestimmen. | Der Hörer muß mit der Sprechgeschwindigkeit des Sprechers hören. |
| 10) Der Leser kann Nicht-Verstandenes noch einmal lesen. | Der Hörer kann jedes Wort nur einmal hören. |

Weil wir die Situation des Hörers nicht ändern können, müssen wir unseren Schreibstil ändern, ihn anpassen an die unveränderbaren Gegebenheiten des Hörens, genauer: des *Radio*hörens.

**Die Besonderheiten des Radiohörens.** Im Fernsehen und auf dem Versammlungsplatz wird das Verstehen beim Zuhören erleichtert durch die Gesten des Redners, durch Schaubilder etc. Beim Gespräch kommt noch die Möglichkeit der Rückfrage hinzu. Der Radio-Hörer hat dies alles nicht, er ist fürs Verstehen allein angewiesen auf *Stimme* und *Sprache* des Radio-Autors. Wie man mit seiner Stimme umgeht, behandelt der Beitrag »Das eigene Manuskript sprechen«. Jetzt geht es um Regeln für die Radio-Sprache.

Daß der folgende Satz kein Radio-Deutsch ist, darüber läßt sich rasch Einigkeit herstellen:

```
Unter der Telefonnummer 07071-55671 in Tübingen
erhalten Sie weitere Auskünfte.
```

Jeder wird instinktiv etwa so formulieren:

```
Weitere Auskünfte erhalten Sie in Tübingen un-
ter der Telefonnummer 55671, ich wiederhole:
5 56 71. Die Vorwahl von Tübingen ist 07071, -
07071.
```

Weniger sensibel ist mancher Radio-Autor, wenn es nicht um solche Durchsagen, sondern um normale Texte geht.

**Die Grundregel,** die wir bei der Nummern-Durchsage angewandt haben, gilt für *jeden* Radio-Text: *Man muß den Hörer Schritt für Schritt informieren, anstatt ihn zu überrumpeln.* Im verbesserten Beispiel-Text haben wir das dadurch erreicht, daß wir zuerst gesagt haben, was den Hörer erwartet (für weitere

Auskünfte eine Nummer) und dann erst, nachdem sich der Hörer darauf hat einstellen können, mit der Nummer kamen und sie in Portionen wiederholten. In diesem *linearen und portionierten Mitteilen* liegen bereits die weiteren Regeln für gutes Radio-Deutsch begründet.

In der wohlhabenden, 730 Einwohner zählenden Gemeinde Gaukönighofen finden wir die prachtvolle, unter dem Würzburger Fürstbischof Christoph Franz von Hutten von 1724 bis 1730 nach den Plänen von Balthasar Neumann erbaute Schutzengelkirche.

Für den Leser mag der Satz mit Mühe verständlich sein. Aber für den Hörer?

Der Satz ist nicht nur zu lang (er dauert etwa 18 Sekunden), er ist vor allem verschachtelt und überladen. 17 Sekunden muß der Hörer warten, bis er erfährt, wovon in diesem Satz überhaupt die Rede ist: von der Schutzengelkirche. Alle Informationen, die in diesem Satz davor kommen, muß er *speichern,* ohne sie sinnhaft ordnen zu können.

Diesen genügend großen Speicher besitzen wir Menschen gewöhnlich nicht. Der Leser hilft sich damit, daß er in dem langen Satz so oft hin- und herwandert, bis er genug begriffen hat. Der Hörer muß sich den Satz, weil er ihn nicht vor Augen hat, merken. Das kann er nicht, bzw. nur bruchstückhaft.

Obendrein folgt auf diesen Satz, bevor der Hörer ihn von hinten her auflösen und ordnen kann, in der Radiosendung bereits der nächste Satz.

**Der Hörer soll sich nichts merken müssen.** Wir müssen so schreiben, daß er gleich versteht. Bis wir in unserem Beispiel endlich erfahren, daß sich alle Details auf die Schutzengelkirche beziehen, haben wir viele von ihnen schon wieder vergessen. In solch unfreundlichem Satzbau sieht Wolf Schneider[2] einen »Kult der nachhinkenden Gebrauchsanweisung«.

Wie viele Einwohner hat die Gemeinde? Wie hieß der Fürstbischof? Von wann bis wann wurde gebaut? Man mag einwenden, die Details seien gar nicht wichtig. Dann aber kann die Folge nur sein: Wir lassen sie gleich weg und befrachten nicht den Text mit ihnen. Sind sie aber wichtig und behaltenswert, dann müssen wir sie so bringen, daß der Hörer sie beim (ersten und einzigen) Hören begreift.

**Immer eins nach dem andern,** also lineare Information, ohne Vorwegnahmen, Rückbezüge und Einschiebsel:
>   In der wohlhabenden Gemeinde Gaukönighofen finden wir die prachtvolle Schutzengelkirche.

Das ist die *Hauptinformation,* die der Hörer haben muß, um das Folgende – Schritt für Schritt – aufnehmen und verstehen zu können.
>   Sie wurde nach den Plänen von Balthasar Neumann erbaut.

So klingt es schon viel besser, aber Sprechstil ist es trotzdem noch nicht. Denn, wie das deutsche Eigenheit ist, bleibt das Verbum noch vom Hilfszeitwort getrennt:
>   Sie wurde . . . erbaut.

Das hat für den Radio-Text drei Nachteile:

1. Der Hörer erfährt erst im letzten Wort, was da »wurde«, nämlich erbaut. Er muß sich bis dahin wieder etwas merken.
2. Das letzte Wort im Satz, das besonders ins Ohr (und ins Hirn) geht, ist das allgemeinere erbaut statt des spezifischeren Balthasar Neumann.
3. Der Sprecher gerät in Versuchung, das am Satzende stehende erbaut auch noch stärker zu betonen als Balthasar Neumann.

Diese Nachteile sind wir los, wenn wir den Satz so umstellen:
>   Sie wurde erbaut nach den Plänen von Balthasar Neumann.

**Das Verbum nach vorn.** Dieses Zusammenziehen, also Vor-die-Klammer-Stellen des Verbs hat im Radio-Deutsch, das bei einmaligem Hören voll ins Bild setzen muß, besondere Wichtigkeit. »Jeder Satz wird vom Verbum gesteuert, das Verbum enthält die Hauptinformation. Substantive stellen nicht die ›Hauptwörter‹ im Satz dar, wie das eine veraltete Bezeichnung vielleicht suggerieren könnte,« berichtet der Linguist Erich Straßner[3].

Hätten wir im Balthasar-Neumann-Satz nicht gleich die beiden Jahreszahlen mitnehmen können? Ich finde, nein. Denn der Hörer müßte sie sich merken, noch ohne zu wissen, worauf sie sich beziehen und ob sie überhaupt das Merken wert sind. Führt ihn der Name Balthasar Neumann dazu, daß er sich nun doch für die Bauzeit interessiert, sind die Zahlen aber bereits vorbeigerauscht.

**Keine Angst vorm Anhängen.** Wenn der Autor die Jahreszahlen für wichtig hält, kann er sie nur *nach* der Erwähnung Neumanns bringen.
Er kann dafür einen eigenen Satz nehmen, kann aber auch so formulieren:
> Sie wurde erbaut nach den Plänen von Balthasar Neumann, von 1724 bis 1730.

Ein solches *Anhängen von Ergänzungen* kennzeichnet den Sprechstil allgemein, wir sollten es auch für Radio-Texte anwenden. In freier Rede hätte der Erzähler vielleicht sogar ein und zwar als Verbindung eingesetzt. Keinesfalls hätte er die Jahreszahlen zwischen erbaut und Balthasar Neumann gezwängt. Eins nach dem andern.
> Bauherr war der Würzburger Fürstbischof Christoph Franz von Hutten.

Das ist ein guter Radio-Satz; denn er befolgt die Grundregel der Mitteilung in linearen, logischen Schritten und gleicht damit der Nummern-Durchsage vom Anfang: Erst sagen wir dem Hörer, wovon jetzt die Rede ist (vom Bauherrn), dann nennen wir ihn. Daß *diese Regel nicht umkehrbar ist*, beweist ein Blick auf unser Beispiel. Wenn wir nämlich umstellen
> Der Würzburger Fürstbischof Christoph Franz von Hutten war der Bauherr.

muß sich der Hörer diesen ellenlangen Namen merken und erfährt erst hinterher, was es mit ihm auf sich hat (er war Bauherr). Die Formulierung
> Bauherr war der Würzburger Fürstbischof Christoph Franz von Hutten.

ist, für sich genommen, also in Ordnung.
Wenn wir aber bedenken, daß der Hörer bisher nur einmal den Namen der in Rede stehenden Kirche gehört hat, und daß das in der Sendung schon gute zehn Sekunden her ist, werden wir die Schutzengelkirche in Erinnerung bringen und ergänzen:
> Bauherr der Schutzengelkirche war der Würzburger Fürstbischof Christoph Franz von Hutten.

**Zentrale Begriffe wiederholen,** und zwar so oft wie erträglich. Der Hörer hat bei der ersten Erwähnung vielleicht nicht richtig verstanden, weil ihm der Name oder Begriff ungewohnt war, weil er gerade mit seinen Gedanken woanders oder einen Moment

nicht im Zimmer war. Selbst wenn der Hörer aber konzentriert vor dem Apparat sitzt, wird er für die Wiederholung (und Bestätigung) »Schutzengelkirche« dankbar sein.
Wie je nach Sachlage die Wiederholung zentraler Begriffe geradezu *unerläßlich* sein kann, zeigt das folgende Nachrichten-Beispiel:

> Detroit: Vergrabene Chemikalien haben vermutlich in einem Vorort der amerikanischen Industriestadt zu einer ungewöhnlichen Häufung von Krebserkrankungen geführt. Nach Angaben des örtlichen Gesundheitsamts haben inzwischen 44 Menschen in dem aus 52 Häusern bestehenden Wohngebiet Krebs. Ursache ist wahrscheinlich eine undichte Stelle in einem Grundstück, wo hochgiftige chemische Lösungsmittel und radioaktive Stoffe lagern. Die Abfälle stammen aus einem Krankenhaus.

Wer erst ab dem Reizwort
> Krebserkrankungen

der Nachricht genauer zuhört, erfährt in den restlichen 20 Sekunden nicht mehr, von welchem Ort die Rede ist. Fürs Lesen genügt die einmalige Ortsangabe am Anfang, fürs Hören muß sie wiederholt werden, etwa so

> Ursache ist wahrscheinlich eine undichte Stelle in einem Grundstück des Detroiter Vororts, wo hochgiftige . . .

**Vorsicht bei der Varianz.** Der Deutschlehrer ist mit dem folgenden Satz glücklich, der Hörer nicht:

> Für den Gesetzentwurf stimmten 243 Abgeordnete, gegen den Vorschlag der Regierung 117 Parlamentarier.

Der Hörer, der nur einmal hören und nicht im Text zurückgehen kann, wird durch solche Wortvarianten (die Häufung von Synonymen) verunsichert. Ist der Vorschlag der Regierung vielleicht ein anderer als der Gesetzentwurf? Und ein Parlamentarier ist als Begriff zwar einigermaßen bekannt, als Variation zu Abgeordneter erregt er aber für eine Sekunde Zweifel. Diese eine Sekunde, in der unser Hörer von der eigentlichen Sachinformation aus Bonn auf einen Seitenweg abgelenkt ist,

reicht aus, daß er den gerade gehörten oder den nächsten Satz nur halb versteht. Deshalb formulieren wir lieber:
>Für den Gesetzentwurf stimmten 243 Abgeordnete, dagegen stimmten 117 Abgeordnete.

Eleganter wäre es hier sogar, ganz auf Wiederholung zu verzichten und umgangssprachlich zu sagen:
>Für den Gesetzentwurf stimmten 243 Abgeordnete, dagegen 117.

Ist der zutreffende Begriff einmal gefunden, soll man auch bei ihm bleiben. Weißes Gold als Ersatz für Schnee im zweiten Satz ist genauso provinziell wie die Schwaben-Metropole, wenn ein Redakteur sich scheut, zweimal von Augsburg zu reden.

*Zentrale Begriffe nicht variieren, sondern einfach wiederholen,* diese Regel gilt sogar (in Maßen) für das im Schreibdeutsch unangefochtene Personalpronomen:
>Bundesaußenminister Genscher ist zu Gesprächen in Warschau eingetroffen. Er wird ...

Unmißverständlicher ist für den Radio-Hörer:
>... Genscher wird ...

Wissen wir denn, ob der Hörer von Beginn an aufmerksam zugehört hat oder ob ihn vielleicht erst der Name Warschau (wo er im letzten Sommer einen Reise-Flirt hatte) angelockt hat?

Sparsamer Gebrauch des Personalpronomens sei also empfohlen, erst recht bei dieser, jener, (auch schon gehört) letzterer.

*Nicht Abwechslung, sondern Wiederholung schafft Verständlichkeit.* Wenn vom Bundesrat in Bonn die Rede ist, schreiben wir also nicht im zweiten und dritten Satz

>die Länderkammer     sondern: der Bundesrat
>die Vertretung
>der Länder     sondern: der Bundesrat
>das Ländergremium     sondern: der Bundesrat

Falls man erklären will, was der Bundesrat ist, wird man es *als Beifügung* tun, *nicht als Ersatz:*
>Der Bundesrat, die Vertretung der Länder

Wiederholungen zahlen sich noch in scheinbar nebensächlichen Zusammenhängen aus, weil sie verdeutlichen:
>Im Justizministerium, Innenministerium und Verfassungsschutzamt ...

ist weniger deutlich als

> Im Justizministerium, im Innenministerium und
> im Verfassungsschutzamt ...

Wiederholung in der gerade vorgeführten Form der *ergänzenden Wiederholung* (im..., im... und im...) ist ein Stück Redundanz, zu übersetzen mit: notwendiger Überfluß.

**Redundanz** schafft zusätzliche Verständlichkeit, nicht nur bei der Durchgabe von Telefonnummern:

> Weitere Auskünfte erhalten Sie in Tübingen unter der Telefonnummer 5 56 71, ich wiederhole: 5 56 71. Die Vorwahl von Tübingen ist 07 071 — 07 071.

Zur Redundanz, die den Hörtext vom Lesetext unterscheidet, zählt alles, was erklärt, anschaulich macht, einprägen hilft, Verschnaufpausen schafft. »Wer im Telegrammstil redet, provoziert den Irrtum«, lehrt Johannes Schlemmer[4] und berichtet damit jenes oft kolportierte Mißverständnis, ein rechter Hörfunk-Text zeichne sich durch knappe Prägnanz aus. In Wahrheit gilt: *Fürs Hören schreiben ist das Gegenteil von knapp schreiben.* Besonders deutlich wird das in der folgenden Radio-Regel:

**Aussagen dosieren, Begriffe nicht häufen.** Man darf dem Hörer Informationen nicht so komprimiert und dicht aufeinander gedrängt (meist in Gestalt von Begriffen) an den Kopf werfen, daß er angesichts des Begriffe-Hagels nur noch den Kopf einziehen kann. Begriffe kommen als Substantive daher. Je mehr Substantive und je weniger Verben, desto dichter wird der Begriffe-Hagel. Ein noch ganz zahmes Beispiel aus der Radio-Praxis:

> Insbesondere erwarten Beobachter vom Kanzler ein deutlicheres Eingehen auf die sowjetische Militärintervention in Afghanistan als in seiner Neujahrsansprache.

**Den Nominal-Stil meiden.** Verständlicher wird der Afghanistan-Satz, wenn wir das *Substantiv* Eingehen durch das *Verb* eingehen ersetzen und so wenigstens *einen* Puffer zwischen die dicht beieinander stehenden Begriffe einbauen:

> Insbesondere erwarten Beobachter vom Kanzler, daß er deutlicher als in seiner Neujahrsansprache eingeht auf die sowjetische Militärintervention in Afghanistan.

Am schlimmsten im sowieso schon schlimmen Nominal-Stil sind die Wörter auf -ung. In jedem -ung-Substantiv steckt ein Verbum, das sich zurückholen läßt, wenn wir uns die Mühe machen und die Zeit dafür nehmen. Wolf Schneider[5] erweitert die Skepsis gegenüber der -ung-Wörterei zu der Faustregel:
»Es liegt immer im Interesse der Verständlichkeit (und ziemlich oft des guten Stils), sparsam und mißtrauisch mit Wörtern umzugehen, die so enden: -ät, -heit, -ion, -keit, -mus, -ung.«
Im verdichteten und damit informationsüberladenen Nominal-Stil läßt sich zwar mehr Inhalt pro Sendeminute unterbringen als in einem redundanten Stil, der Hörer aber kommt bei diesem Informationstempo nicht mit.
Die Ballung von Substantiven führt außerdem dazu, daß der Sprecher allzuoft hintereinander durch Betonung von Begriffen um Aufmerksamkeit bitten muß; schließlich schlägt eine Akzentuierung die andere tot.

**Möglichst nur eine neue Information pro Satz,** empfiehlt der Schweizer Radio-Fachmann Heiner Käppeli[6] in seinem Plädoyer gegen die Informationsdichte von Radiotexten.
Neben der schon besprochenen Substantivierung nennt Käppeli drei weitere Arten der Informationsverdichtung, die man meiden soll. (Die Beispiele stammen von ihm):
*1. Zusammensetzungen:*
    Wärmehaushaltkonzept
    Haftentlassungsbegehren
    Hauptschadengebiet
    Frankenschwäche
Jeder von uns kennt wohl noch bombastischere Wort-Ungetüme.

*2. Reihung von präpositionalen Fügungen:*
    Der bevorstehende 20. Jahrestag des Mauerbaus
    in Berlin am 13. August 1961 hat führende Politi-
    ker in der Bundesrepublik neben den gewohnten
    Rückblicken auf die Ereignisse von damals zu Be-
    standsaufnahmen und zu Überlegungen über die
    künftige Entwicklung der innerdeutschen Bezie-
    hungen rund zehn Jahre nach Beginn der Vertrags-
    politik zwischen Bonn und Ostberlin animiert.

Jede Präposition für sich allein kann notwendig und verständlich sein

    in — am — neben — auf — von — zu — über — nach — zwischen

Weil aber jede Präposition eine neue Information einleitet

    in Berlin
    am 13. August 1961
    neben den gewohnten Rückblicken
    auf die Ereignisse von damals (usw.),

wird der Satz immer schwerer mit Informationen beladen. In einem englischen Unterrichtswerk[7] fand ich dazu den hübschen Spruch: »A talk is like a fragile boat – overload it and it sinks.«

3. *Die Anhäufung von Adjektiven* hat Käppeli als weiteren Informationsverdichter im Verdacht:

    Mit der Eröffnung der Volkszahnklinik im Jahr 1958 hat der Kanton Zürich eine soziale Institution geschaffen, die der weniger begüterten erwachsenen Bevölkerung eine verbilligte und doch zweckmäßige zahnärztliche Betreuung ermöglichen soll.

Dieses Boot, so fürchte ich, hat nicht nur zu viele Adjektive geladen. Übrigens ist das dazugeladene Wort

    verbilligt

ein Partizip. Und *Partizipe* gehören ebenfalls zu den Informationsverdichtern, wie wir ganz zu Anfang beim 18-Sekunden-Satz über die

    ... erbaute

Schutzengelkirche in der

    wohlhabenden
    ... zählenden

Gemeinde Gaukönighofen gesehen haben. Hier noch ein viel drastischeres Beispiel:

    Professor Wolfgang Roth von der Universität Freiburg erklärte, angesichts der sich verselbständigenden technischen Entwicklung sei eine freiwillige Selbstkontrolle der Hersteller dringend erforderlich. Roth meinte, das überwiegend auf analytische Fähigkeit bauende Elektronik-Spielzeug lasse zunehmend das ganzheit-

liche Denken verkümmern. Dadurch entstehe die Gefahr wachsender Defizite an emotionaler und moralischer Reife bei den Kindern.
Bittere Konsequenz: Wer sich um verständliches Radio-Deutsch bemüht, wird (bei gleicher Manuskriptlänge) weniger Informationen loswerden als sein Kollege von der Zeitung. *Eine Minute Radiotext enthält bis zu einem Drittel weniger Information als 15 Zeilen Drucktext.* Das ist der Preis der Verständlichkeit im Hörfunk.

**Immer wieder orientieren und zusammenfassen;** denn anders als der Leser hat der Hörer ja keinen Überblick über den Text. Wo sind wir gerade? Was hatten wir schon? Was steht noch aus? Wie läßt sich das Ergebnis (oder Zwischenergebnis) des Textes zusammenfassen?
... Das ist der eine Grund: die Menschen in den Industrieländern essen zu viel. Es gibt, wie gesagt, noch einen zweiten Grund.
Hilfreich ist auch eine *einleitende Frage,* weil sie den Hörer hinführt, seine Aufmerksamkeit anregt – und ihm obendrein noch eine kleine Pause läßt.
Wieviel verdient eine medizinisch-technische Assistentin? Das hängt von der Zahl der Berufsjahre ab. Im ersten Berufsjahr kommt sie auf rund ... Mark. Und später? Da steigert sich ihr Gehalt ...

**Unmißverständlich zitieren.** Das Radio kennt keine Anführungszeichen. Was ist Meinung des Radio-Mannes, was Zitat? Wo hört das Zitat auf?
Es genügt nicht, sich im Manuskript Anführungszeichen hinzuschreiben und dann vor dem Mikrofon an dieser Stelle die *Stimme anzuheben,* auch wenn das ein bißchen unterstützt. Eindeutigkeit erreichen wir nur mit *entschiedenen Hinweisen.* Als Einleitung:
Wörtlich sagte Meier ...
... und hier zitiere ich noch einmal Meier ...
Am Ende:
Soweit Meier wörtlich.
Wenn das Zitat länger als ein Satz ist, kann eine Zitiereinfügung verdeutlichen:

    ... Ich zitiere weiter Meier ...
Zitieren in der indirekten Rede ist kein Ausweg. Wohl merkt der Hörer durch den Konjunktiv, daß der Autor hier nur referiert und nicht selbst am Wort ist, aber diesem Gewinn stehen folgende Minuspunkte gegenüber: Den jeweils richtigen Konjunktiv der indirekten Rede zu bilden, ist oft schwer; manche Konjunktive klingen antiquiert (böten, hülfen); die indirekte Rede läßt offen, wie genau sie zitiert; sie ist (wie der Name auch sagt) weniger unmittelbar und damit schwerer verständlich.
Wenn eine Aussage wichtig genug erscheint, daß man sie wörtlich zitiert, dann *lieber in direkter Rede..*

**Den Hörer nicht ablenken.** Aus einer Sendung vom Dienstag, dem 27. Mai:
    Am 29. Mai findet in der Stadthalle ...
Der Hörer, der jetzt erfahren soll, was in der Stadthalle stattfindet, fängt stattdessen zu überlegen an. Am 29. also. Was für ein Datum haben wir heute? Ach ja, den 27. Oder erst den 26.? Heute ist Dienstag, dann ist das also übermorgen, am Donnerstag.
Für fünf Sekunden war unser Hörer abgelenkt. Und wenn er sich nicht ablenken ließ, sondern weiter am Text blieb, müssen wir bezweifeln, ob er am Schluß noch mit Bestimmtheit das Datum weiß.
Diese (je nachdem) Ablenkung oder Verständnisschwierigkeit können wir dem Hörer ersparen, wenn wir sagen:
    Übermorgen, am Donnerstag (dem 29. Mai) findet in der Stadthalle ...
Zwei weitere Beispiele:

| *Nicht* | *Sondern* |
|---|---|
| 34,7 Prozent ... | Ein gutes Drittel ... |
| *Nicht* | *Sondern* |
| (Über einen 1876 Geborenen) | |
| 1899 machte er seinen Doktor | Mit 23 Jahren machte er seinen Doktor |

**Fürs Selber-Sprechen schreiben.** Gleichgültig, ob man den Text für sich selbst oder für einen anderen Sprecher schreibt, man sollte ihn so fassen, wie man ihn selbst sprechen *möchte* und sprechen *kann.*

Texte, die man selbst schon nicht flüssig vortragen kann (weil zum Beispiel der Atem nicht reicht), – wie soll sie der Hörer verstehen können? Deshalb muß man sich den Text *laut vorlesen* und jede Änderung, die sich einem beim Sprechen/Hören aufdrängt, sofort ins Manuskript eintragen.

**Die allgemeinen Verständlichkeitsregeln** (vgl. Literaturhinweise am Ende des Beitrags) gelten auch und ganz besonders für Radio-Texte. Aktiv ist gewöhnlich besser als Passiv, konkret besser als abstrakt, Bejahung verständlicher als (gar doppelte) Verneinung; Wörter der Umgangssprache sind verständlicher als nicht geläufige Fremd- und Fachwörter. Umgekehrt ist vieles von dem, was in diesem Beitrag als Radio-Deutsch-Regel herausgestellt wurde, auch für einen verständlichen und guten Lese-Text einschlägig.

Nur: *Der Leser kann sich zur Not helfen,* wenn er etwas, was ihn interessiert, beim erstenmal nicht versteht. *Der Hörer ist hilflos.* Deshalb hängt alles davon ab, daß wir die radiospezifischen wie die allgemeinen Verständlichkeitsregeln anwenden; zu jeder Minute und in jeder Zeile.

**Nicht für die Kollegen schreiben.** Kollegen hören zwar selten Radio, aber sie lassen sich das Manuskript kommen. Weil wirklich konsequentes Radio-Deutsch sich nicht so brillant liest, wie der Autor auf seine Kollegen wirken möchte, ist die Versuchung groß, im Zweifel lieber fürs Gelesen-Werden zu schreiben.

Aber es gibt nicht nur weniger Kollegen als Hörer. Die Hörer sind auch unsere Auftraggeber, die uns dafür bezahlen, daß wir ihnen unter allen Service-Angeboten zu allererst den Dienst der Verständlichkeit leisten.

---

[1] Heinz Hostnig, Die Sprachlosigkeit des Hörfunks, in: Die Zeit, Hamburg, vom 29. April 1977
[2] Wolf Schneider, Schule der Verständlichkeit, Lehrmaterial der Gruner + Jahr-Journalistenschule Hamburg, o. J., S. 24
[3] Erich Straßner, Zur Verständlichkeit von Sendetexten, in: gep-Texte, Frankfurt, 1/78.
[4] Johannes Schlemmer, Über die Verständlichkeit des gesprochenen Worts im Hörfunk, in: Rundfunk und Fernsehen, Hamburg, Heft 2/1968
[5] Wolf Schneider, a. a. O., S. 14
[6] Heiner Käppeli, Sprache und Sprechen im Radio. Vortrag für die Radiowoche 1981 der Jean-Frey-Journalistenschule (Zürich, Manuskript)
[7] The British Council, Radio Training Kit, London 1975

*Weitere Literatur:*

*Duden, Richtiges und gutes Deutsch. Wörterbuch der sprachlichen Zweifelsfälle, Der Duden Band 9 (Bibliographisches Institut Mannheim/Wien/Zürich)*
*Jürg Häusermann/Heiner Käppeli, Rhetorik für Radio und Fernsehen (Verlag Sauerländer, Aarau/Frankfurt a.M. 1986)*
*Ludwig Reiners, Stilfibel (Deutscher Taschenbuch Verlag München)*
*Wolf Schneider, Deutsch für Kenner. Die neue Stilkunde (Stern-Buch im Verlag Gruner + Jahr, Hamburg 1987)*
*Wolf Schneider, Deutsch für Profis. Handbuch der Journalistensprache – wie sie ist und wie sie sein könnte (Goldmann-Taschenbuch, München 1985)*

# Das Manuskript

Das Manuskript eines Funktextes muß so geschrieben sein, daß die Sprecher, der Regisseur und die Technik damit mühelos zurechtkommen. Achten Sie deshalb auf einige Besonderheiten:

**Die Länge:** *15 Zeilen zu je 60 Anschlägen* ergeben eine Sendeminute, bei durchschnittlicher Sprechgeschwindigkeit. Halten Sie sich an diese Einteilung – nur so kann man schnell feststellen, wie lang das Skript ist, wieviel gekürzt werden muß etc.
Um die Länge exakt bemessen zu können, müssen Abkürzungen, Zahlen, Maßangaben, Titel etc. *voll ausgeschrieben* werden. Generelle Faustregel für jedes Skript: *Besser zu kurz als zu lang! Lieber weniger schreiben als schneller sprechen.*

**Formale Kriterien** müssen beachtet werden, damit der Sprecher das Manuskript so lesen kann, wie sich der Autor/Regisseur das vorstellt:
Bei Korrekturen auf *sofortige Verständlichkeit* achten (z. B. keine Numerierung bei Satzumstellung, kein undeutliches Hineinkritzeln).
Damit der Sprecher bei der Aufnahme die Skriptseiten mühelos und ohne Geräusch ablegen kann, dürfen Sie *kein zu dünnes Papier* nehmen und das Manuskript auch nicht falten. Nur Büroklammern verwenden, nicht Heftklammern.
Fangen Sie *nicht mitten im Satz* eine neue Seite oder *mitten im Wort* eine neue Zeile an.
Beginnen Sie gegen Ende der Seite auch keinen neuen Gedanken mehr. Keinesfalls Rückseite beschreiben.

Wählen Sie einen mittleren Zeilenabstand (ca. 30 Zeilen pro Seite) – das erleichtert das Lesen.
Auf der linken Seite des Skriptes bleibt ein *ca. 4 cm breiter Rand,* auf dem die jeweiligen Sprecher-Einsätze angegeben werden (1. Spr./2. Spr. . . .).
Denken Sie an *je eine Kopie* des Skriptes für die Technik, den Regisseur, den Redakteur und eine, die zur fertigen Aufnahme in die Bandschachtel kommt.

```
HEFTIGER WIND/ LAUB RASCHELT/ EIN MANN GEHT UNRUHIG AUF
UND AB/ ZIEHT NERVÖS AN SEINER ZIGARETTE/ NACH CA. 20
SEK. EILIGE SCHRITTE VON RECHTS:
1. Spr:   (AGGRESSIV)"Da bist Du ja endlich.. seit viertel
          nach sieben steh ich mir hier die Beine in den
          Bauch.."
2. Spr:   (BESÄNFTIGEND) "Sorry, aber war leider nicht früher
          zu machen, die Marie hätt sonst was gespannt..."
1. Spr:   "Na dann mal los, bis acht müssen wirs geschafft
          haben, sonst war alles umsonst, das heißt, wenn wir
          nicht../ SZENE AUSBLENDEN DIE SCHRITTE ENTFERNEN SICH...
Spr'in:   Bevor wir Simon und Schmitz bei der Ausführung ihres
          Plans weiter verfolgen, wenden wir uns erst einmal
          der Frage zu, warum sich so viele Leute auf dieses
          riskante Geschäft einlassen.
3. Spr:   Dazu Oberinspektor Georg Horch von der Bayerischen
          Kriminalpolizei

          ZUSPIELUNG I / BAND Ü/N 68 793              1.25
          "Wir haben ............ nur unsere Phantasie"
          MUSIK "KRIMINALTANGO" - aus der Platte "Crime-time"
          L 87 623 Seite 1/3 - daraus ca. 0.30 Sek.

Spr'in:   Auch das oberste Landesgericht muß sich immer wieder
          mit Leuten wie Simon und Schmitz beschäftigen.
          Richter Alois Göbel:

          ZUSPIELUNG II/ BAND Ü/N 68 572              0.50
          "Eines kann man ...... rechtens ist." (BAND REISST AB/NACH-
                                                         BLENDEN)
```

**Zuspielungen** von Bändern zum Manuskript müssen an der jeweiligen Stelle im Skript angegeben werden. Dazu die Bandnummer, Bandlänge, sowie die Anfangs- und Schlußwörter der Zuspielung.
Vermerken Sie auch, wenn das Band am Ende »abreißt«, d. h. zu hart geschnitten wurde und deshalb ausgeblendet werden muß.
Auch bei Musik-Zuspielungen sind *präzise Angaben* nötig: genauer Musiktitel, Bandnummer bzw. Plattentitel, Länge des Stückes (bzw. des Ausschnittes daraus).
Wichtig bei Features, Dokumentationen, Hörspielen etc. sind auch genaue *Regie-Anweisungen,* deutlich abgesetzt vom übrigen Text und in Großbuchstaben.

**Durchlesen** sollten Sie das fertige Manuskript am Schluß sehr sorgfältig – ein falsch oder nicht gesetztes Komma ergibt bei einem Satz oft einen ganz anderen Sinn.
Und noch etwas: Auch – oder gerade – gute Sprecher bereiten sich auf ihren Text genau vor. Geben Sie deshalb, wenn möglich, Ihr Manuskript nicht erst in letzter Minute ab, und lassen Sie bei größeren Produktionen auch der Technik rechtzeitig eine Kopie zukommen (vgl. »Produktionsregie und Aufnahmeleitung«).

## Das eigene Manuskript sprechen

Ein guter Sprecher ist in der Lage, auch ein mittelmäßiges Manuskript »interessant« zu lesen und damit aufzuwerten. Umgekehrt ist ein schlechter Sprecher imstande, ein inhaltsreiches und wirkungsvoll geschriebenes Skript »kaputtzulesen«: spannungslos, schlimmstenfalls sinnentstellend. Das gilt keineswegs bloß für Berufssprecher, sondern gleichermaßen für Laiensprecher. Der einzige Unterschied zwischen beiden sollte im perfekten Beherrschen der Phonetik bestehen, wie sie die deutsche (Bühnen-)Hochsprache fordert. Sie ist nur für den Berufssprecher selbstverständliche Voraussetzung.

**Dialektale Eigenheiten – ja, Sprech-Schlamperei – nein.**
Beim Laiensprecher sind – da er in der Regel nur eigene Texte interpretieren wird – beispielsweise dialektale Eigenheiten im

Sprachbild *als Teil der Persönlichkeit* durchaus akzeptierbar. Allerdings darf nicht jede Sprech-Schlamperei als individuelle Eigenheit oder persönlicher Stil entschuldigt werden!
Vehrte Hörinnen und Hörer etwa, oder mehre Redner, das *Verschlucken ganzer Silben* also; oder das *Eliminieren von Endsilben,* zwei Berlinerinn, sind Ungezogenheiten dem Zuhörer gegenüber. Darüber hinaus jedoch braucht der Moderator oder Kommentator perfekte Phonetik nicht anzustreben.
Andere Bestandteile einer ausdrucksvollen Sprechweise sind aber jedem im Radio Sprechenden abzuverlangen, da er sich im Vergleich zu seinem Kollegen im Fernsehen in einem entscheidenden Nachteil befindet: Der Zuhörer kann ihn nicht sehen. *Gestik und Mimik als mitgestaltende Faktoren* des Vortrags *entfallen.* Um beim Zuhörer dennoch die gewünschten gedanklichen Assoziationen zu erzielen, sollte sein akustisches Sprachbild *größere Plastizität* besitzen als das des sichtbaren Sprechers. Diese Forderung zu erfüllen, ist gar nicht so einfach, denn ihr entgegen steht die *Warnung vor jeder Übertreibung* gerade beim Sprechen vor dem Mikrofon, das ja leider auch die fatale Eigenschaft besitzt, jeden Fehler übergenau zu registrieren.
*Natürlichkeit* ist beim Sprechen oberstes Gebot, alles Gewollte, Gekünstelte wird vom Zuhörer als unangenehm empfunden.

**Laut üben** ist die einzige Methode, um für seine eigene Sprechweise das rechte Maß zu finden. Es ist grundsätzlich falsch, sich immer nur für den »Ernstfall«, für die Arbeit im Studio also, vorzunehmen: Jetzt muß ich beim Sprechen dies und jenes beachten. *Wenn man vor dem Mikrofon sitzt, darf man nicht mehr an das Wie, sondern nur noch an das Was denken.* Man hat sich voll auf den Inhalt des Textes zu konzentrieren. Zweigt man einen Teil seiner Konzentrationsfähigkeit für Äußerlichkeiten des Vortrags ab, muß es zwangsläufig zu Versprechern und anderen Mängeln geistiger Präsenz kommen.
*Probieren findet im »stillen Kämmerlein« statt,* und danach hat man, mit einiger Geduld vielleicht, darauf zu warten, daß sich das in der Übung Erworbene allmählich und von selbst in den natürlichen Sprachgebrauch integriert.
Die Basis für sinnvolles Üben ist *lautes Lesen.* Man kann keinen Text vorbereiten, indem man ihn nur gedanklich liest. Man muß

die Silben, die Wörter, die Formulierungen wirklich mit den Sprechwerkzeugen gebildet und zumindest mit leiser Stimmgebung gesprochen haben.
Wenn man gelernt hat, *sich selbst zuzuhören,* fallen einem dabei übrigens auch Ungereimtheiten oder schwer verständliche Passagen im eigenen Text auf, die man dann noch korrigieren kann. Auch schlecht Sprechbares, gewisse *Stolper-Fallen* sind nur durch lautes Lesen zu entdecken. Man übt solche Textstellen mehrfach, um sie der Zunge geläufig zu machen.

**Den vollen Stimm-Umfang zu gebrauchen,** sollte jeder Sprechende zuerst lernen und trainieren. Es ist ein Irrtum zu glauben, man täte dies ja sowieso. Jeder wird davon überrascht sein, wieviel mehr in seiner Stimme an Höhen und Tiefen »drin« ist, wenn er erst einmal einen Text unter diesem Aspekt gelesen hat. Man muß dazu eine gewisse Scheu überwinden und *anfangs beinahe schamlos übertreiben,* um zunächst überhaupt frei zu werden. Aber das lohnt sich: mit einem die Stimme voll erschließenden Training lassen sich *völlig neue Töne und Klangfärbungen hinzugewinnen* – die Stimmskala wird breiter, der Sprachausdruck reicher.

**Von der Sprach-»Melodie«** spricht man nicht umsonst. Sie gilt es zu kultivieren. Dafür brauchen wir eigentlich nicht viel mehr zu tun, als die Stimme da, wo es der Text fordert, deutlich *anzuheben* und an anderer Stelle wirklich tief *abzusenken*. Eine ständig wiederkehrende »Melodie« ist dabei zu vermeiden. Der zur Tonhöhe führende Weg der Stimme ist einmal kürzer, dafür der Abstieg länger zu halten und umgekehrt. Die Tonbögen sind in verschiedenen Längen, doch möglichst weit schwingend anzulegen.
Zu kurze und in ihrer Struktur sich stets wiederholende Bögen erwecken den berüchtigten Eindruck des »Leierns« in der Sprechweise. Natürlich darf sich auch die Sprachmelodie nicht verselbständigen, sie hat der logisch klaren Auslegung des Textes untergeordnet zu bleiben.

**Zur Interpunktion** ein paar Bemerkungen: Satzzeichen sind dazu da, uns den *Sinngehalt* eines Textes verstehen zu lassen. Für die *Stimmführung* jedoch gibt uns die Interpunktion nur unvollkommene Hinweise. Ein *Komma* beispielsweise muß keineswegs signalisieren: Stimme anheben. In einer längeren Satzkonstruktion kann es nämlich durchaus sinnvoll erscheinen, auch einmal bei einem Komma »auf Punkt« zu lesen. Allerdings bedeutet auch ein *Punkt* nicht zwangsläufig, daß die Stimme abgesenkt werden muß. Ein weitertreibender Gedanke im Text kann unter Umständen besonders wirkungsvoll herausgearbeitet werden, wenn man sprecherisch einen Punkt kurzerhand ignoriert, also über ihn hinwegliest.

Und das *Fragezeichen?* Verlangt jeder Fragesatz am Schluß das Anheben der Stimme? Nein. Man mache sich durch lautes Lesen von Fragesätzen (besonders politischen Inhalts) klar, wie albern das manchmal klingt. Ein großer Teil der Fragesätze verlangt am Schluß das Senken der Stimme. Dagegen wird durch ein deutliches Heben der Stimme und eine anschließende winzige Sprechpause die besondere Aufmerksamkeit der Zuhörer provoziert.

**Mach mal Pausen,** respektive Zäsuren im Sprachfluß. Sie sind ohnehin *eines der wichtigsten Gestaltungsmittel* bei der Interpretation eines Textes. Sie geben dem Vortrag selbst bei relativ raschem Sprechtempo die nötige Ruhe. Außerdem kann man sich gar nicht oft genug klarmachen, daß der Rundfunkhörer in einer grundsätzlich anderen Situation als etwa der Zeitungsleser ist: Er kann nicht zurücklesen, sich keinen Satz oder Gedanken durch zweimaliges Lesen besonders verdeutlichen. Was gesagt ist, ist gesagt; der Hörer muß auf Anhieb verstehen. Wir haben ihm, je nach Schwierigkeit des zu »verdauenden« Inhalts, mehr oder weniger oft durch Zäsuren Gelegenheit zu geben, das Gehörte zu reflektieren.

**Ein Minimum an Atemtechnik** ist für jeden Sprechenden ein unbedingtes Muß. Pausen erfüllen auch insofern einen notwendigen Zweck für den Sprechenden; sie geben ihm Gelegenheit zum Atmen. Durch regelmäßiges Training ist zu erreichen, *nur dann zu atmen, wenn man es will.* Wir müssen das Luftholen beherrschen, nicht das Luftholen uns – dies ist der ganze Unterschied zwischen Atmen und »nach Luft schnappen«. Wenn dabei die Regel beachtet wird, *jede Gelegenheit zum Auffüllen der Atemreserve zu nutzen,* kann im Grunde nichts passieren, und der Vortragende ist in der Lage, auch eine längere Textpassage »in einem Atem« durchzusprechen. Eine der Möglichkeiten, einen Text kaputtzulesen besteht darin, Sinnzusammenhänge durch Atemholen am falschen Platz zu zerreißen.

*Eine einfache Übung* kann uns helfen, Atemvolumen und Atemeinteilung zu trainieren: Tief einatmen – Luft ohne Druck und ganz gleichmäßig abwechselnd auf s und f entweichen lassen – Pause – erneut einatmen usw. Die zu erzielende *Stetigkeit des Atemstroms* kann man dabei selbst gut kontrollieren, indem man darauf achtet, daß der beim Ausatmen gebildete Konsonant (s oder f) nicht zu »flattern« anfängt.

Um das Atmen an passenden Textstellen nicht zu versäumen, bzw. das Atmen an unpassenden Stellen zu vermeiden, ist es ratsam, sich durch *kleine Striche im Manuskript* die Atmer zu markieren.

**Zum Sprech-Rhythmus** in diesem Zusammenhang noch einiges: *Zu schnelles Sprechen ist zu vermeiden.* Lieber soll man auf ein paar Zeilen verzichten, als einen Beitrag aus Zeitdruck herunterzurasseln. Umgekehrt ist zu langsames Sprechen für jeden Sinngehalt tödlich; *schleppender Vortrag entläßt den Zuhörer aus seiner Aufmerksamkeit.* Kleine Tempo-Variationen beleben – Nebensächliches, Zusatzinformationen dürfen etwas rascher gesprochen werden. Freilich müssen alle Übergänge fließend sein, abrupter Wechsel bringt Hektik in die Interpretation.

Der Redner im Saal vermag seinem Vortrag zusätzliche Wirkung durch wechselnde Lautstärke zu verleihen. Über dieses Gestaltungsmittel verfügt der im Radio Sprechende nicht. Der Rundfunkhörer verlangt, um nicht ständig nachregeln zu müssen, gleichbleibende Lautstärke. Man hat hier lediglich die Möglichkeit, in der *Intensität der Stimmgebung* (Intensität ist ja nicht gleich Lautstärke), in der Eindringlichkeit, Nuancierungen vorzunehmen.

**Das Einlesen** direkt vor der Aufnahme sollte man keinesfalls vergessen. Es macht nicht nur die *Stimme frei,* sondern hilft auch, eine möglicherweise vorhandene Nervosität in den Griff zu bekommen.

Übrigens: man hüte sich bei Patzern vor (mit aufgenommenen!) Kraftausdrücken. Wenn die Zeit zum Schneiden knapp ist, kann es nämlich passieren, daß ausgerechnet dieser Schnitt vergessen wird. Und ein mitgesendeter Ausruf »So ein Scheiß!« stößt bei den Hörern nicht immer auf schmunzelndes Verständnis ...

Winfried Zehetmeier, Richtig sprechen. Atem, Stimme, Aussprache – Lehr- und Übungsbuch zur deutschen Hochlautung (Verlag R. S. Schulz, Percha 1986)

## Nachrichten

»Nachrichtensendungen nehmen im Hörfunk eine Sonderstellung ein«, versichert die Medienforscherin Anne Köhler[1] aufgrund von Studien und Repräsentativerhebungen aus den Jahren 1985/86. Für die Sonderstellung der Nachrichtensendungen nennt sie vier Aspekte:
- Nachrichten stehen unter den *am wenigsten verzichtbaren* Hörfunkangeboten noch immer deutlich an erster Stelle.
- Sie werden *überwiegend aufmerksam* genutzt.
- Sie bilden für einen, allerdings schrumpfenden, Teil der Hörer einen wesentlichen Faktor für deren *Bindung an ein bestimmtes Programm*.
- An den *Nachrichtensendezeiten* orientiert sich noch immer das Einschaltverhalten eines Teils der Hörer.

Wie sollten Radio-Nachrichten gemacht werden? In diesem und im folgenden Beitrag sind Handwerksregeln und Anregungen zusammengestellt.

**Das Wichtigste steht am Anfang.** Das ist das Einmaleins des Nachrichtenredakteurs. Das Wichtigste – den Kern der Mitteilung – herauszuarbeiten und so knapp und genau wie möglich in Worte zu fassen, das ist seine erste und größte Aufgabe: glanzlos, aber anspruchsvoll. Eine AP-Meldung vom 30. November 1987 lautet:

```
Begleitet von Auseinandersetzungen zwischen
dem hessischen Innenministerium und der Lan-
deshauptstadt Wiesbaden ist am Montag die
erste Partnerschaft zwischen einer bundes-
deutschen Stadt und einem in den ehemaligen
deutschen Ostgebieten liegenden, jetzt zu Polen
gehörenden Ort geschlossen worden. Im Wiesba-
```

dener Kurhaus unterzeichneten Oberbürgermeister Achim Exner und sein Breslauer Kollege, Stadtpräsident Stefan Kapski, das Dokument über die Zusammenarbeit zwischen der hessischen Landeshauptstadt und Wroclaw/Breslau.
Exner setzte sich damit über eine Aufforderung des hessischen Innenministers Gottfried Milde hinweg, die Unterzeichnung des Vertrages bis zu dessen völkerrechtlicher Überprüfung auszusetzen. An der Unterzeichnung nahmen keine Vertreter der Wiesbadener CDU und FDP teil, die im Stadtparlament gegen die Mehrheit von SPD und Grünen gestimmt hatten, ... da in der Präambel von »Wroclaw (bis 1945 Breslau)« die Rede ist.

Im Radio würde sich das ganz anders anhören:
Wiesbaden und Breslau haben eine Städtepartnerschaft geschlossen. Der Vertrag wurde in Wiesbaden von den Oberbürgermeistern Exner und Kapski unterzeichnet. Es ist die erste Partnerschaft zwischen einer Stadt in der Bundesrepublik und einer Stadt in den ehemaligen deutschen Ostgebieten, die jetzt zu Polen gehören. Die hessische Landesregierung sowie CDU und FDP im Wiesbadener Stadtrat haben verfassungsrechtliche Bedenken gegen den Vertrag geäußert, weil darin auch der polnische Name von Breslau — Wroclaw — benutzt wird.

Diese Meldung ist einfacher, kürzer, klarer und sogar ein wenig inhaltsreicher als die AP-Fassung. Sie richtet sich nach dem – für den Hörfunk zugespitzten – Leadsatzprinzip: *Im ersten Satz nur das wirklich Wesentliche,* nur das, was der Hörer behalten, wiederholen und – möglichst wörtlich – weitersagen kann.

Auf den amerikanischen Präsidenten ist ein Attentat verübt worden.

Die Mehrwertsteuer wird erhöht.

Wiesbaden und Breslau haben eine Städtepartnerschaft geschlossen.

Das sind gute, knackige Leadsätze. Der Nachrichtenredakteur muß solche Sätze herausmeißeln, auch aus »harten Brocken«. Zugegeben: die Dinge, von denen die Nachrichten handeln, sind oft genug in einem einzigen pointierten Satz nicht auszudrücken. Außerdem geht es vielfach darum, verschiedene kontroverse Äußerungen zusammenzufassen. In diesen Fällen kann der Leadsatz nur zur Hauptsache hinführen:

> Die Diskussion über die Vorschläge des saarländischen Ministerpräsidenten Oskar Lafontaine (SPD) zur Arbeitszeit-Verkürzung dauert an. Der IG-Metall-Vorsitzende Franz Steinkühler hat ... Dagegen sagte der bayerische Ministerpräsident Franz-Josef Strauß ...

**Warum absolutes Leadsatzprinzip?** Traditionsgemäß heißt die Begründung: Weil man nur so die Nachricht bequem von unten her kürzen kann – notfalls so weit, bis nur noch der eine, der Leadsatz übrigbleibt. Wichtiger erscheint im Hörfunk ein anderer Grund, der mit der selektiven Wahrnehmung zusammenhängt. Der Hörer kann seine Aufmerksamkeit auf die Meldungen konzentrieren, die ihn wirklich interessieren. Das Wichtigste kommt ja immer am Anfang. Wenn ihn das nicht fesselt, darf er eine geistige Pause einlegen bis zur nächsten Nachricht.

Von kritischen Lesern wird der Einwand kommen, die oben wiedergegebene Meldung könne – vielleicht sogar attraktiver – auch so gefaßt werden:

> Die erste Partnerschaft ... ist perfekt: Die Oberbürgermeister von Wiesbaden und Breslau ... haben heute den Vertrag unterzeichnet.

Zweifellos wäre diese Version kein Beinbruch. Ihr widerspricht aber der Nachrichtengrundsatz: *Zuerst die Fakten – dann die Faktendimensionierung.* Wer nach diesem Prinzip verfährt, vermeidet von vornherein die Gefahr, ins Kommentieren hinüberzugleiten. Es könnte einer ja auch formulieren:

> Ungeachtet der verfassungsrechtlichen Bedenken von CDU und FDP hat die Stadt Wiesbaden eine Partnerschaft mit Breslau geschlossen.

Inhaltlich nicht falsch, aber doch schon fast eine Wertung, zumindest nicht weit entfernt von der Assoziation: »Diese sturen und naiven rot-grünen Stadträte ...« Und gerät der Redakteur, der diese Meldung geschrieben hat, nicht schnell in den Verdacht, selber wohl eher zum konservativen politischen Lager zu gehören? Also *Vorsicht vor Interpretationen und Koppelungen im Leadsatz.* Das größte Kapital der Nachrichten im Radio ist ihre *Glaubwürdigkeit,* die auf nichts anderem beruht als auf einer *sachlichen, fairen* und *unparteiischen* Darstellung.

**Die Meldung hat eine feste Form.** Dies gilt nicht nur für den Anfangssatz, sondern auch für die Folgesätze: In Anlehnung an Werner Meyer[2] sollte das Grundmuster der Nachrichten so aussehen: Zuerst der *Kern,* im zweiten Satz die *Quelle* (sofern es sich nicht um ein öffentliches Ereignis handelt, z.B. einen Sportwettkampf oder den Empfang eines Staatsgastes), – dann *Einzelheiten,* schließlich *Hintergründe* und *Zusammenhänge.*

Gegen AIDS gibt es noch immer kein Heilmittel (Kern). Darauf hat Bundesforschungsminister Heinz Riesenhuber bei einer Pressekonferenz hingewiesen (Quelle). Riesenhuber sagte, auch ein Impfstoff sei nicht in Sicht. Allerdings mache die AIDS-Forschung Fortschritte. Die Bundesrepublik liege dabei mit den USA und Frankreich an der Spitze (Einzelheiten). Das einzige zugelassene Medikament gegen die Immunschwächekrankheit ist bisher das AZT. Es hemmt die Vermehrung des Virus, hat aber unerwünschte Nebenwirkungen. Weltweit sind nach Angaben der Weltgesundheitsorganisation über 10 Millionen Menschen mit AIDS infiziert (Hintergrund und Zusammenhang).

Die berühmten W's (wer, was, wo? usw.) sind bei einem solchen Aufbau eine Selbstverständlichkeit. Auch auf das »Warum?« erwartet der Hörer in der Regel eine Antwort. Außerdem darf in vielen Fällen die *Vorgeschichte* nicht fehlen. Sie ist oft sogar der richtige Schlußpunkt der Meldung. Es können aber auch andere Aspekte sein, die den Schluß deutlich machen:

– ein *Ausblick* in die Zukunft: In der nächsten Woche wird sich der Bundestag mit dem Gesetzentwurf befassen ...

– ein *Schlenker* weg vom Hauptthema: Darüber hinaus forderte der Redner ...
– der *ausdrückliche Hinweis:* Abschließend heißt es in dem Kommuniqué, ...«

**Die Agenturquellen ergänzen.** Oft reicht das Nachrichtenmaterial auch mehrerer Agenturen nicht aus und muß angereichert werden. In Paris ist ein Anschlag verübt worden, hinter dem möglicherweise kurdische Extremisten stehen. Was wollen die Kurden? Die Agenturen bringen darüber nichts. Also muß das *eigene Archiv* oder wenigstens *ein aktuelles Lexikon* weiterhelfen. Eine der wichtigsten Aufgaben des Nachrichtenredakteurs ist der *kritische Quellenvergleich,* aber manchmal genügt er nicht, *Ergänzungsrecherchen* sind fällig. Wieder ein einfaches Beispiel: Die Agenturen berichten von IG-Metall-Demonstrationen im ganzen Bundesgebiet, erwähnen aber nicht die Industriezentren des eigenen Bundeslandes. Anrufe bei der Gewerkschaft und bei der Polizei dürften genügen, um die ergänzenden Informationen hereinzuholen.

**Verständlichkeit ist wichtiger als Sprachästhetik.** Alles, was Walther von La Roche über das Radiodeutsch im allgemeinen schreibt, gilt auch für die Nachrichten. Im Rundfunk braucht man verständliche Texte: *einfach* – nicht kompliziert, *knapp* – nicht weitschweifig, *ordentlich aufgebaut* – nicht chaotisch, *interessant* – nicht langweilig.
Wenn Nachrichten manchmal schwer verständlich bleiben, liegt das daran, daß gerade hier versucht wird, auf engstem Raum möglichst viel unterzubringen. Was in diesem Fall fehlt, ist der Mut, unwesentliche Einzelheiten wegzulassen. Bei dem Satz: In dem – heute von der Unternehmensleitung veröffentlichten – Geschäftsbericht heißt es ... kann der ganze Einschub wegfallen. Also nur: In dem Geschäftsbericht heißt es ... Auch das Wort heute ist entbehrlich, denn der Radiohörer kann grundsätzlich davon ausgehen, daß die Meldungen von heute stammen. Nur wenn dies nicht der Fall ist, muß der Zeitpunkt des Ereignisses deutlich vermerkt werden (gestern, am Dienstag). Auch andere Verständlichkeitsgrundsätze sind gerade für die Nachrichten wichtig:

- *Keine lexikalische Varianz,* (also nicht Mainmetropole für Frankfurt).
- *Keine doppelte Verneinung,* (also nicht: Ministerpräsident Rau versicherte, er werde nichts unversucht lassen, um neue Betriebe anzusiedeln ... sondern: Rau versicherte, er werde alles versuchen, um ...
- *Nicht zu viele Zahlen* auf einmal, also nicht: Die Zahl der Arbeitslosen ist im Januar um 210.400 oder neun Prozent auf 2,52 Millionen gestiegen. Damit sind derzeit 21.500 Arbeitslose mehr registriert als im Januar 1987. Die Arbeitslosenquote wuchs von 9,2 auf 9,9 Prozent. Die Zahl der Kurzarbeiter stieg um 91.700 auf 310.000 ... Selbst bei konzentriertem Zuhören kann das niemand behalten. Entbehrlich ist zumindest der prozentuale Anstieg, zumal er leicht verwechselt werden kann mit der viel wichtigeren Arbeitslosenquote. Den Vergleich mit dem Vorjahr und den Trend bei den Kurzarbeitern kann man pauschal fassen, auch eine leichte Entzerrung und eine Abrundung der Zahlen tun der Meldung gut, also: Die Zahl der Arbeitslosen ist im Januar auf rund 2,5 Millionen gestiegen. Das sind 210.000 mehr als im Dezember. Die Arbeitslosenquote wuchs von 9,2 auf 9,9 Prozent. Damit ist die Arbeitslosigkeit deutlich höher als vor einem Jahr. Auch die Zahl der Kurzarbeiter ist gestiegen. Sie beträgt etwa 310.000 ...
- *Keine überflüssigen Personen,* also nicht: Wie der Pressesprecher des Ordnungsamtes der Stadt Hannover, Klaus Meyer, mitteilte, ... sondern nur: Wie das Ordnungsamt der Stadt Hannover mitteilte, ... Im übrigen können logische Füllwörter helfen, einen Nachrichtentext transparent und verständlich zu machen: Aber, allerdings, dagegen, dennoch, trotzdem. Sie müssen freilich genau den Sachverhalt erfassen, denn die Grenze zum Kommentar ist leicht überschritten.

**Schreib' wie Du sprichst!** Dieser allgemeine Schriftstellerrat sollte gerade von den Nachrichtentextern beherzigt werden. Selbstverständlich sind die hochsprachlichen Normen zu beachten, aber gleichzeitig sollte man sich an die Struktur der Umgangssprache halten. Das heißt vor allem: Alle Künstlichkeiten sind zu vermeiden.

> Mehr als 500 Stunden Sendezeit haben die Fernsehanstalten ARD und ZDF für die Berichterstattung über die Olympischen Spiele ... eingeplant.

Eine solche *Inversion* – die Umdrehung von Subjekt und Objekt – klingt zwar recht »nachrichtenmäßig«, aber niemand würde sich mündlich so ausdrücken, jeder würde ungekünstelt sagen:

> ARD und ZDF haben für die Berichterstattung ... mehr als 500 Stunden Sendezeit eingeplant.

Andere stilistische Eigenheiten der Schriftsprache sind der vorangestellte Genitiv und der Gebrauch des Imperfekts an Stelle des Perfekts. Also nicht Niedersachsens Umweltminister Werner Remmers ..., sondern Der niedersächsische ..., und nicht Ministerpräsident Strauß traf in Moskau ein, sondern ... ist in Moskau eingetroffen. In längeren Meldungen wird es freilich nicht ganz ohne Imperfekt gehen. Das ständige Perfekt (... ist ... hat ... ist ...) würde gar zu holprig wirken.

**Nachrichten müssen sprechbar sein.** Schon aus Fairneß gegenüber der Sprecherin oder dem Sprecher sollte man die Texte so abfassen, daß sie keine unnötigen atemtechnischen und artikulatorischen Schwierigkeiten machen. Manche Zungenbrecher lassen sich vermeiden, auch Sätze wie dieser:

> »Deutschland braucht einen aktiven, geschlossenen und klug agierenden BdV«, erklärte Koschyk am Mittwoch bei seiner Amtseinführung durch BdV-Präsident Herbert Czaja (CDU) in Anwesenheit von Vertretern der Regierungsparteien und zahlreicher Verbände.

Ein solcher »Nachklapp« ist eine Zumutung für den Sprecher, weil der den ganzen nachgestellten Hauptsatz in einem Atemzug hinausstoßen muß. Umgedreht hat er es viel leichter:

> Bei seiner Amtseinführung ... erklärte Koschyk: »Deutschland braucht ...«

Zur Sprechbarkeit gehört auch, daß der Text in einem vernünftigen *Sprechtempo* gelesen werden kann. Im Funk gibt es dafür die Faustregel: Für eine Minute Sendezeit nicht mehr als 15

Schreibmaschinenzeilen. Je mehr Meldungen eine Sendung enthält, je mehr Pausen der Sprecher also machen muß, umso weniger Zeilen Text dürfen es sein. Eine Fünf-Minuten-Sendung ist dann mit 70 Zeilen hinreichend gefüllt.

**Vorsicht: Propaganda!** Große Gefahr besteht immer dann, wenn es einer interessierten Seite gelingt, die Nachrichtensprache in ihrem Sinne zu »besetzen«, Begriffe zu lancieren, die bedenkenlos von allen akzeptiert werden, obwohl sie parteiisch sind. Nachrüstung war so ein Fall, ein Begriff, der unausgesprochen voraussetzte, daß die östliche Seite vorgerüstet habe, trotzdem unreflektiert benutzt – selbst von rabiaten »Nachrüstungs«gegnern. Wachsamkeit ist geboten, auch vor allen Beschönigungen, vor den Entsorgungsparks, den finalen Rettungsschüssen, der Freisetzung von Arbeitskräften und den sozialen Brennpunkten (früher waren das Obdachlosensiedlungen oder Slums).

Auch ganz allgemein muß sich der Nachrichtenjournalist vor dem falschen Zungenschlag hüten: Beispielsweise kann er das Verb behaupten nur gebrauchen, wenn das, was behauptet wird, eindeutig widerlegt ist. Und das ist äußerst selten der Fall. Besonders bei Strafprozessen darf es also niemals heißen: Der Angeklagte behauptete, er habe mit der Tat nichts zu tun ... Das käme geradezu einer Vorverurteilung gleich. Auch andere Bezeichnungen für den Akt des Sprechens haben jeweils eine eigene Bedeutung: erklären, feststellen, bekräftigen, unterstreichen. Sie sind deshalb keineswegs beliebig verwendbar oder gar austauschbar.

**Sauberes Zitieren.** Jeder, der Nachrichten schreiben will, sollte erst einmal die Regeln des *Konjunktivs* wiederholen. Denn die meisten fremden Äußerungen werden in der *indirekten Rede* wiedergegeben – also im Konjuntiv Präsens: Kohl sagte, er halte nichts von dem Vorschlag ... und nicht etwa: Kohl sagte, er hielte .... Nur in Ausnahmefällen wird in der indirekten Rede der Konjunktiv des Imperfekts benutzt – nämlich dann, wenn im Präsens der Unterschied nicht deutlich wird, weil *Indikativ und Konjunktiv gleich* klingen: Die Tarifparteien haben versichert, sie kämen noch heute

zum Abschluß. Die Präsensform . . . haben versichert, sie kommen . . . ist unbrauchbar.
Salz in der Suppe sind bei dieser faden Konjunktiv-Kost die echten, *wörtlichen Zitate* (Quotes):
> Wörtlich sagte Baum: »Da wir jetzt schon ein Vermummungsverbot haben, fordere ich ein allgemeines Verdummungsverbot.«

Oft sind auch *einzelne Wörter* als Zitat zu kennzeichnen, selbst wenn nur der Einschub so wörtlich dafür übrigbleibt. Vielfach hilft ein winziger Trick – die Benutzung des *unbestimmten* statt des bestimmten *Artikels:*
> Die FDP hat die Überversorgung im Öffentlichen Dienst kritisiert.

Das würde heißen, daß auch der Nachrichtenredakteur von einem solchen Tatbestand ausgeht. Besser also, weil distanzierter:
> Die FDP hat eine Überversorgung . . . kritisiert.

Auch in manchem Leadsatz droht die Gefahr, Äußerungen anderer in die eigene Diktion zu übernehmen:
> Der baden-württembergische Ministerpräsident Lothar Späth (CDU) ist davon überzeugt, bei den Wahlen am Sonntag wieder die absolute Mehrheit zu gewinnen.

Fürwahr eine blauäugige Formulierung! Woher weiß der Redakteur, was Späth glaubt, denkt, hofft oder wovon er überzeugt ist? Werden nicht gerade vor Wahlen Zweckbehauptungen in die Welt gesetzt? Wenn wir's genau nehmen (und das sollten wir Journalisten), dann können wir nur formulieren:
> Späth hat die Überzeugung geäußert, bei . . .

**Was bestimmt den Nachrichtenwert?** Um diese Frage zu beantworten, haben Medienwissenschaftler ganze Listen von *Kriterien* herausgearbeitet: Betroffenheit, Folgenschwere, Konfliktträchtigkeit, Dramatik, Kuriosität und viele mehr. Hier einige Fragen, die der Redakteur im Hinterkopf haben sollte: Was ist *wirklich wichtig* – so wichtig, daß es die Menschen sogar in vier Wochen noch wissen müssen? Was treibt die politische Diskussion weiter, welche Argumente sind *neu?* Was betrifft den Hörer in seinem *persönlichen Leben?* Was gibt ihm *Denkanstöße,* was wird ihn *emotional* bewegen?

**Vieles kann in den Papierkorb:** Meldungen, die nur den *Vollzug eines Rituals* zum Inhalt haben (z. B. das Zusammentreten eines Gremiums), *inszenierte Ereignisse,* die es nicht gäbe, wenn die Medien nicht da wären (z. B. die achtundneunzigste Besteigung eines Kraftwerkschornsteins durch Umweltschützer) und Dutzende von *Jubiläen.* Auch *Terminankündigungen* gehören in diese Kategorie, ebenso *Unglücksfälle,* die man sofort wieder vergißt (25 Tote bei Busunglück in Indien), und viele *inhaltsleere Äußerungen.*

**Der Aufbau der Nachrichtensendung** orientiert sich ebenfalls an dem Grundsatz: Das Wichtigste steht am Anfang. Denn jeder normale Hörer erwartet mit Recht, daß erstklassige Informationen nicht am Ende versteckt sind. Seine Aufmerksamkeit darf folgerichtig etwas nachlassen, wenn schon die ersten Meldungen ihn nicht fesseln können. Allerdings muß *Zusammengehörendes zusammenbleiben,* auch wenn es von unterschiedlicher Wichtigkeit ist; denn gerade das Sprunghafte an den Nachrichten wird oft als verständniserschwerend empfunden.
Die Abfolge der Meldungen orientiert sich also *nicht ausschließlich an der Prioritätenliste.* Eine Nachrichtensendung hat ihre eigene Dramaturgie. Vor allem wichtige Auslandsmeldungen müssen dann nicht selten zurücktreten und mit der vierten oder fünften Stelle vorliebnehmen. Die Sendung besteht also aus mehreren Blöcken, etwa in der Reihenfolge: Inland–Ausland–Inland:
```
Heiße Debatte über Gesundheitsreform — SPD für
Kindergeld statt Freibeträgen — CDU-Delega-
tion in Ostberlin unerwünscht — Kein Fort-
schritt bei Shultz-Schewardnadse-Gespräch —
Annäherung PLO-Syrien — Strafverteidigertag
in Heidelberg — Augenthaler wieder in der Natio-
nalelf.
```
Mancher Redakteur wird auch versuchen, dem Abschlaffen des Hörers entgegenzuwirken, indem er eine besonders aufmerksamkeitsheischende Meldung *in der Mitte der Sendung* plaziert. Das »Vermischte« oder den Sport erwartet der Hörer in der Regel

am Schluß. Es muß schon etwas ganz Besonderes sein, wenn eine Meldung aus diesen Bereichen nach vorn rücken soll.

**Nachrichten zu jeder Stunde:** Das ist einer der wichtigsten Grundsätze der modernen Programmphilosophie. Dieser Stundentakt führt zu einem komplizierten Nebeneinander von jeweils *neuesten Informationen* und *Wiederholungen*. Es wäre nämlich naiv, die stündlichen Sendungen nur mit dem Material zu bestreiten, das in den letzten 60 Minuten auf den Tisch gekommen ist. Niemand hört den ganzen Tag Radio, und wer sein Gerät um 17 Uhr zum ersten Mal seit dem Morgen einschaltet, will wenigstens die wichtigsten Neuigkeiten des Tages und nicht nur die Ticker-Meldungen der letzten Stunde erfahren. Das Rezept kann daher nur lauten: Richtig mischen, das heißt alte Spitzenmeldungen nicht völlig unterschlagen. Meist kann man sie fortschreiben als Geschichten, die sich weiterentwickeln, oder anreichern mit den unausbleiblichen Reaktionen.

Darüber hinaus gibt es in fast allen Programmen Schwerpunkt-Nachrichtensendungen, ob deklariert oder nicht. Sie sind dazu da, die wichtigsten Ereignisse des Tages aufzuarbeiten und zusammenzufassen: in fünf Minuten das Wesentliche von dem, was morgen in der Zeitung steht.

**Wie ein Thema durch den Tag wandert,** zeigt die Inhaltsangabe einiger Nachrichtensendungen des Saarländischen Rundfunks vom 20. April 1988. Herausragendes Thema war an diesem Tag die Befreiung von 31 Geiseln in Algier, die 16 Tage in einer entführten kuweitischen Boeing 747 festgehalten worden waren.

*7.00 Uhr:*

| | |
|---|---|
| Geiseln in Algier frei | neu |
| Weltsicherheitsrat zu Palästina | neu |
| Vorwahlsieg für Dukakis | Wiederholung von 6.00 |
| De Mita legt Regierungsprogramm vor | Wiederholung von 6.00 |
| Hannovermesse eröffnet | Wiederholung von 24.00 |
| CDU gründet Senioren-Union | neu |
| Boris Becker ausgeschieden | neu |

*11.00 Uhr:*

| | |
|---|---|
| Geiseln frei | Thema alt – neu formuliert |

Vorwahlsieg für Dukakis                Wiederholung von 6.00
Fehrenbach für Große Koalition         neu
Hannovermesse öffnet Tore              Thema alt – neu formuliert
                                       (mit neuem Material)
Flucht über die Ostsee                 neu
Tanklastwagenunglück bei Kassel        neu
Erste Niederlage für Tischtennis-
meister ATSV Saarbrücken               neu

*16.00 Uhr:*
Burda-Brüder verkaufen an Springer-
Erben                                  neu
Bonn erleichtert über Geisel-
freilassung                            neu, Vorgeschichte alt
Eduard Heußen neuer SPD-Sprecher neu
AIDS-Infizierter verurteilt            neu
FC Bayern entläßt Pfaff                neu

*17.00 Uhr: (Tageszusammenfassung)*
Geiseln frei                           Thema alt – neu formuliert
Palästinenserführer beigesetzt         neu
Iranische Rakete auf Kuweit            Wiederholung von 15.00
Burda-Brüder verkaufen an Springer Kurzfassung von 16.00
Kohl erläutert CDU-Leitanträge         Thema alt – neu formuliert
Senioren-Union gegründet               Thema alt – neu formuliert
                                       (mit neuem Material)
Streit um Bundeswehrdienstzeit         neu
Vorwahlsieg für Dukakis                Kurzfassung von 11.00
ARD überträgt Pokalspiel               neu

---

[1] Anne Köhler, Nachrichten im Hörfunk: Gibt es Alternativen? in Media Perspektiven, Heft 11/86, S. 718
[2] Werner Meyer, Journalismus von heute (Verlag R. S. Schulz, Percha am Starnberger See, Loseblattausgabe), Kapitel Nachricht-Bericht, S. 8

*Weitere Literatur:*

Bernd-Peter Arnold, Sie hören Nachrichten – Schlüssel zur Information (Hessischer Rundfunk, Frankfurt o. J.)
Peter Bargstedt/Ralph Weiß, Die Morgennachrichten im Hörfunk. Themen – Akteure – Nachrichtenstile (Verlag Hans Bredow Institut, Hamburg 1987)
Axel Buchholz, »Klassische Nachrichten« in der Defensive. Der O-Ton-Nachrichten-

Trend aus der Sicht eines Praktikers; in: Bucher/Klingler/Schröter (Hrsg.), Perspektiven der Hörfunkforschung. Radioprogramme in Forschung und Praxis (Nomos Verlagsgesellschaft, Baden-Baden 1993)

Andreas Emmerich, Nachrichtenfaktoren: Die Bausteine der Sensationen. Eine empirische Studie zur Theorie der Nachrichtenauswahl in den Rundfunk- und Zeitungsredaktionen (Saarländische Beiträge zur Soziologie 5, Verlag der Reihe, Saarbrücken 1984)

Rudolf Fest/Wolfgang Lumma/Josef Ohler, Radio-Nachrichten. Ein Arbeitsheft für Redakteure, Volontäre und Studenten; verfaßt im Auftrag der Hörfunk-Nachrichtenchefs der ARD in Zusammenarbeit mit der Zentralstelle Fortbildung Programm 3. Auflage (Norddeutscher Rundfunk, Hamburg 1987)

Hansjoachim Höhne, Report über Nachrichten-Agenturen (Nomos Verlagsgesellschaft, Baden-Baden 1984)

Benedikt Lutz/Ruth Wodak, Information für Informierte. Linguistische Studien zu Verständlichkeit und Verstehen von Hörfunknachrichten (Verlag der Österreichischen Akademie der Wissenschaften, Wien 1987)

Wolf Schneider, Deutsch für Profis (Goldmann-Taschenbuch, München 1985)

Wolf Schneider (Hrsg.), Unsere tägliche Desinformation. Wie die Massenmedien uns in die Irre führen (Stern-Buch im Verlag Gruner + Jahr, Hamburg 1984)

Erich Straßner (Hrsg.), Nachrichten – Entwicklungen, Analysen, Erfahrungen (Wilhelm Fink Verlag, München 1975)


# Nachrichten-Präsentation

Nachrichten kann ein Berufssprecher lesen oder der Nachrichtenredakteur selbst; man kann sich auf einen geschriebenen Text beschränken oder O-Töne verschiedenster Art dazwischensetzen; man kann Nachrichten »trocken« präsentieren oder mit Jingles oder sogar über Musik. Von diesen und weiteren Präsentationsformen (auch ihrem Für und Wider) wird hier die Rede sein.

Die erste Frage aber, die sich die Nachrichtenredaktion stellen muß, lautet: Welche Präsentationsform will ich *dem Text selbst* geben?

**Eine Nachricht beginnt** mit einem Lead-Satz oder mit einer Schlagzeile oder mit einem Stichwort oder mit einer Ortsmarke.

**Den Einstieg mit einem Lead-Satz** behandelt ausführlich der Beitrag »Nachrichten«. Sein Vorteil ist die für den Hörer verläßlich ablaufende Information in ganzen Sätzen. Wenn man keine (beabsichtigten) Brüche in der Sendung haben will (wie sie bei einem Schlagzeileneinstieg bei jeder Meldung durch den Wechsel von Normaltext zur nächsten Schlagzeile entstehen) ist der seit

Jahrzehnten auch im Radio erprobte Lead-Satz-Anfang durchaus angebracht.
Damit das *Ende* der einen und der *Anfang* der nächsten Nachricht deutlich zu unterscheiden sind, muß nicht nur der Sprecher eine *Pause* machen, bereits der Nachrichtenredakteur muß auf *deutliche Schlüsse und Anfänge* achten. Das klappt aber nicht immer, vor allem wenn die auf einzelne Blätter geschriebenen Nachrichten erst unmittelbar vor der Sendung »gelegt«, d. h. in eine Reihenfolge gebracht werden.
Beispiel: Die Meldung über Pläne für eine Krankenhausreform endet mit den Worten:
```
   ... vor allem eine rasche Versorgung von Unfall-
   opfern.
```
Die nächste Meldung, über ein Erdbeben in den Anden, beginnt:
```
   Die  Zahl  der  Toten  und  Verletzten,  die
   das ...
```
Zumindest für einen Moment ist der Hörer unsicher, bleibt der Wechsel von Ort und Thema undeutlich.

**Die Ortsmarke,** dem Lead-Satz vorangestellt, verhindert solche unscharfen und manchmal mißverständlichen Übergänge von einer Nachricht zur nächsten.
Wenn bisher von Hannover (Krankenhaus-Reform) die Rede war, signalisiert die Ortsmarke Lima dem Hörer, daß jetzt über ein neues Thema berichtet wird. Und wenn das Erdbeben schon länger in den Nachrichten ist, assoziiert man mit der Ortsmarke Lima: Erdbeben.
Falls es zum selben Thema noch eine andere Meldung gibt, wird der Redakteur *beide Meldungen zusammenziehen* und ihnen die zwei einschlägigen Orte als *gemeinsame Ortsmarke* voranstellen.
Die zusammengezogene Meldung über kontroverse Erklärungen von FDP und CSU leitet man also mit der gemeinsamen Ortsmarke
```
   Bonn/München:
```
ein, wenn sich die FDP in Bonn, die CSU in München geäußert hat. Einen sowjetischen Vorschlag, zu dem es auch schon eine Stellungnahme der USA gibt, wird man mit der Ortsmarke
```
   Moskau/Washington:
```
melden.

In jedem Fall führt die Ortsmarke den Hörer geografisch an das Thema der nächsten Meldung heran und erleichtert ihm so das Verstehen (vgl. »Fürs Hören schreiben«). Im Radio ist deshalb die Ortsmarke noch wichtiger und hilfreicher als in der Zeitung.

**Die Schlagzeile** führt den Hörer (wie eine Überschrift in der Zeitung) ebenfalls an das Thema heran und erleichtert ihm so das Verstehen. Auf die Schlagzeile, die bereits den Kern der Nachricht enthält, folgt die volle Nachricht in ganzen Sätzen.
Schlagzeile: Benzin teurer.
Text: Die Mineralölkonzerne in der Bundesrepublik versuchen erneut, die Benzinpreise anzuheben. Nach BP gestern erhöhten heute auch Aral, Texaco und Esso den Preis um drei Pfennig pro Liter Super. Diesel wurde um zwei Pfennig pro Liter teurer. Shell wird morgen nachziehen. Begründet wird die neue Preisrunde damit, daß der letzte Versuch einer Verteuerung vor drei Wochen nicht gelungen ist.
Schlagzeilen lassen sich *auf verschiedene Weise* gestalten. Mehr dazu im Abschnitt »Nachrichten in Schlagzeilen«.

**Die Themenmarke** wird als Mittel der Trennung und Hinführung immer häufiger eingesetzt. Sie ist schwieriger zu finden als die meist eindeutig feststehende Ortsangabe und schwerer zu formulieren als die Eingangsschlagzeile, die mehr Platz läßt.
Als Stichwort nimmt man entweder den reinen *Sachbegriff,* der den Inhalt der Meldung am ehesten abdeckt
Quellensteuer: Der CSU-Vorsitzende Strauß hat erneut gefordert, daß gemeinnützige Organisationen...
oder aber einen *interpretierenden* Begriff, der die neue Entwicklung in den Zusammenhang einordnet
Mahnschreiben: Der CSU-Vorsitzende Strauß hat...
(Daß man dabei in die Gefahr des für Nachrichten verbotenen Kommentierens gerät, ist offensichtlich.)
Das kann eine attraktive Abfolge von Stichworten ergeben. Damit der Hörer diese Reihe erkennt, darf der jeweils folgende

Nachrichtentext nicht lang sein. Höchstens zwei Sätze, dann muß das nächste Stichwort kommen. Für Sendungen mit ausführlichen Meldungen eignet sich der Stichwort-Anfang also nicht, weil die Stichworte in der Sendung untergehen.

**Kurznachrichten** sind entweder kurze Nachrichten *in einer kurzen Sendung* oder *Ergänzung einer längeren Nachrichtensendung,* die mit ausführlichen Meldungen beginnt und mit Kurznachrichten fortgesetzt wird. In diesem Fall würde der Kurznachrichten-Block in der Nachrichtensendung angekündigt:
    Und jetzt Kurznachrichten
oder
    Und jetzt Nachrichten in Kürze
Die Kurznachricht hat nicht mehr als zwei bis drei Sätze, ist nicht länger als 20 Sekunden:
    Die österreichische Schriftstellerin Hilde Spiel erhält für ihr Gesamtwerk den Großen Literaturpreis der Bayerischen Akademie der Schönen Künste. Der mit 30-tausend Mark dotierte Preis soll am 18. Mai in München verliehen werden.

**Nachrichten in Schlagzeilen** sind entweder eine eigene Sendungsform (beim BR eine Minute lang) oder dienen als Einleitung oder Zusammenfassung einer größeren Sendung (dann aber mit nur einem Satz pro Thema).
Der erste Satz ist *wie eine Überschrift,* also so kurz wie irgend möglich, formuliert:
    In der Stahlindustrie gibt es mehr Freizeit.
*Detail-* und *Zusatzinformationen* im zweiten Satz:
    Tarifpartner vereinbaren 36,5-Stunden-Woche und Lohnerhöhungen von zunächst zwei Prozent.
Der Reiz einer Schlagzeilen-Sendung liegt darin, das jeweils gewählte *Überschriften-Prinzip* in der ganzen Sendung *durchzuhalten.* In unserem Beispiel ist es das Prinzip Ortsangabe – Prädikat – Subjekt/Objekt.
    In Panama verliert der Präsident.
    In der Stahlindustrie gibt es mehr Freizeit.
    Im Bundestag geht es um Strauß.

In Wien bleibt Waldheim Thema Nummer Eins.
Aufs Ende zu kommt der Redakteur in Not:
Im Kampf der Eisprinzessinnen ist noch alles offen.
Und die Wetter-Schlagzeile lautet dann:
In Bayern schneit's weiter.
Verspielt, aber zumindest nicht kommentierend, ist die folgende Konstruktion für eine Schlagzeilen-Sendung:
Die Schuld des Wiener Präsidenten.
Der Streik der deutschen Taxis.
Der Abschied des kleinen Königs.
Das Fanal der sauren Bauern.
Der Dreck der frühen Jahre (Behörden entdecken immer mehr alte Müllkippen.)
Der Bericht des Wetteramts.
Und natürlich folgt immer der Satz mit den Informationen, manchmal auch zwei Sätze, manchmal unvollständige Sätze, wie im Beispiel Der Bericht des Wetteramts: Schnee- und Regenschauer, Sturmböen aus West.
*Von Sendung zu Sendung* kann das *Konstruktionsprinzip* wechseln. Möglichkeiten gibt es ja genug, zum Beispiel auch:
Gipfelstürmer Kohl.
Friedensplaner Arafat.
Beschuldigter Waldheim.
Zeuge Schmidt.
Verliererin Thatcher.
Pessimist Wetteramt.
*Innerhalb der Sendung* (siehe unsere Beispiele) sollte das Konstruktionsprinzip durchgehalten werden. Nicht nur, weil das mehr Spaß (und Mühe) macht und der Sendung Profil gibt, sondern auch wegen der besseren Verständlichkeit für den Hörer: Er kann sich von der ersten Schlagzeile an auf ein durchgehendes Konstruktionsprinzip einstellen und wird nicht durch ständig wechselnde Konstruktionen überrascht.

**Meldungen in einem Satz** lassen sich wie Kurznachrichten in einem eigenen Block dem ersten Teil mit längeren Nachrichten anfügen.
Vorteile: Die Sendung gewinnt an *Struktur* und kann *mehr Themen* berücksichtigen. Nachteile: Nur wenige Sachverhalte sind

so *einfach,* daß sie sich in einem einzigen Satz darstellen lassen, nur wenige so *unwichtig,* daß für sie ein einziger Satz genügt. Am ehesten sind so knappe Formulierungen noch zu rechtfertigen, wenn die Meldung in früheren Sendungen schon ausführlicher lief, so daß es sich jetzt für die Mehrheit der Hörer nur noch um einen *Erinnerungsposten* handelt.

**Sonstige Bestandteile** einer Nachrichtensendung können sein: Die *Zeitansage* zu Beginn, evtl. auch am Ende der Sendung, die *Begrüßung* und die Angabe des *Datums* (Guten Morgen, heute ist Mittwoch, der vierte Oktober), die *Vorstellung von Sprecher und Redakteur* zu Beginn oder am Ende der Sendung, die *Übersicht* über wichtige Themen der Sendung zu Beginn oder als Wiederholung am Ende oder am Beginn *und* am Ende.
Einen *Wetterbericht* enthält jede Sendung, eventuell sogar doppelt: kurz am Anfang, ausführlicher am Schluß.

**Welche Dramaturgie** man wählt, d. h. *welche Sendungsbestandteile* man *in welcher Reihenfolge* als verbindliches *Sendungsgerüst* zusammenfügt, hängt davon ab, was man mit der Sendung anstrebt. Weil sie sich jedenfalls von den Nachrichtensendungen der Mitbewerber unterscheiden soll, wird man auch die Dramaturgie der Konkurrenzsendungen analysieren.
Die Struktur der Nachrichtensendung darf also niemals zufällig, muß immer überlegt sein: Riskiert man, daß nachrichtenuninteressierte Hörer abschalten (zumindest innerlich), wenn bereits die Übersicht verrät, daß eigentlich nichts Weltbewegendes vorliegt? Oder schätzt man den möglichen Anreiz zum Dranbleiben höher ein, der von einem solchen Blick auf die Speisekarte ausgeht? Riskiert man, daß einige Hörer empört anfragen, für wie dumm die Station sie eigentlich hält, wenn das, was sie gerade in Langfassung gehört haben, kurz danach in einer Zusammenfassung wiederholt wird
Und hier noch einmal das Wichtigste in Schlagzeilen
oder denkt man mehr an jene Hörer, die, weil sie vielleicht zu spät eingeschaltet haben, für den Überblick dankbar sind?

**Wer soll die Nachrichten sprechen?** Ein Berufssprecher oder ein Nachrichtenredakteur? Für beide Präsentationsweisen gibt es gute Gründe. Die Frage stellt sich nicht, wenn schon aus Kostenüberlegungen der Redakteur selbst ans Mikrofon muß.

**Der Berufssprecher** ist auch heute noch bei den Rundfunkanstalten (und bei einigen Privatradios) der Präsentator der Wahl. Anders als beim Moderieren kommt es, so argumentiert man, beim Nachrichtenlesen nicht so sehr auf die *persönliche* Art, sondern viel mehr auf eine *neutrale* Präsentationsweise an. Man versucht, damit auch *akustisch* dem zu entsprechen, was *inhaltlich* von den Nachrichten gefordert wird: Sachlichkeit, Unparteilichkeit und das Bemühen um Objektivität. Allerdings, so wie in den *Texten* der amtliche Verlautbarungsstil abgebaut wird, brauchen auch die *Sprecher* ihre Texte nicht mehr zu verlesen, als stammten diese direkt aus einer Verlautbarungszentrale.
Ein guter Berufssprecher ist einem ungeübten Redakteur am Mikrofon in jedem Fall überlegen, weil das Publikum bei Nachrichten mehr Perfektion erwartet und im Verhaspeln keinen Charme entdecken kann.

**Der Redakteur am Mikrofon** wird in aller Regel erkennen lassen, daß er Journalist, nicht Sprecher ist. Er vermittelt den Eindruck, daß er selbst für Auswahl und Formulierungen verantwortlich ist und gibt damit den auch in einer Nachrichtenredaktion unvermeidlichen Rest von Subjektivität zu erkennen. Schwieriger wird es allerdings, wenn der Redakteur am Mikrofon nicht alle Texte selbst bearbeitet und zusammengestellt hat. Er ist dann über weite Teile der Sendung doch nur Sprecher fremder Texte, allerdings ein laienhafter.
Nachrichtenredakteure müssen also *mikrofonsicher* sein und eine möglichst perfekte Präsentation anstreben, wenn sie ihre Texte so transportieren wollen, daß der Hörer sie ihnen abnimmt.

**Zwei Redakteure im Wechsel** können dazu beitragen, daß bei einer reinen Manuskriptsendung die Aufmerksamkeit des Hörers bis zum Ende anhält. Für den Wechsel gibt es zwei Dramaturgien:
1. Ein Mann und eine Frau lesen hintereinanderweg *jeweils eine Nachricht,* ohne daß den beiden Sprechern bestimmte Themen oder Funktionen zugeordnet sind.

2. Der Sprecherwechsel bestimmt sich *nach der Funktion:* Einer liest z. B. den Schlagzeilen-Anfang jeder Meldung, der andere den Volltext; oder:
Einer liest die Fakten, der andere liefert die Faktendimensionierung, also Vorgeschichte, Zusammenhänge, Hintergrund. Beispiel für eine nach dem Schema Ereignis/Hintergrund geschriebene Meldung:

1. Spr. Der wegen Hochverrats und Spionage zu achtzehn Jahren Haft verurteilte israelische Atomtechniker Mordechai Vanunu hat beim Obersten Gerichtshof in Jerusalem Berufung eingereicht. Ein Gerichtssprecher sagte, über die Eingabe könne wegen der Überlastung der Richter möglicherweise erst in mehreren Monaten beraten werden.

2. Spr. Vanunu war für schuldig befunden worden, einer britischen Zeitung geheimes Material über das nukleare Forschungszentrum in Israel gegeben zu haben. Aus dem Material ging auch hervor, daß Israel bereits seit zwanzig Jahren Atombomben baut. Dies wird von der Regierung in Jerusalem stets bestritten.

Die beiden Sprecher stellen sich vor bzw. verabschieden sich jeder für sich selbst, nicht (wie oft gehört) einer den anderen.

**O-Töne** machen die Nachrichtensendung lebendiger, als es eine reine Manuskriptsendung sein kann, und wirken auf den Hörer authentischer (vgl. »Bericht mit O-Ton«). Es gibt *drei Arten* von O-Tönen:

1. Das *Statement* (vgl. dort) der handelnden Person, also der Ausschnitt aus einer Rede des Politikers oder einem Interview mit dem Sportler oder Künstler usw.
2. Der *Bericht* des Korrespondenten oder Reporters vor Ort.
3. Der *Kurzbeitrag* eines Redaktionskollegen (z. B. über den Inhalt eines geplanten Gesetzes), von diesem selbst gesprochen (sog. redaktioneller O-Ton).

**O-Ton-Nachrichten** sind *Nachrichten,* kein Mini-Zeitfunk und kein Radio-Report (vgl. dort). Die O-Töne dienen lediglich der akustischen Bebilderung dessen, *was sowieso in den Nachrichten kommen würde.* Der Nachrichtensprecher moderiert also nicht den jeweils nächsten O-Ton an, sondern liest Nachrichten, die durch O-Töne *ergänzt* und *veranschaulicht* werden. Das bedeutet auch, daß Textmeldungen, zu denen man keinen O-Ton hat, in jener Länge gelesen werden, die der Bedeutung des Themas entspricht. Das heißt vor allem, daß man Themen nicht bloß deshalb in die Sendung nimmt, weil man einen O-Ton hat.

Statt im Text zu *zitieren,* was der Bundeskanzler gesagt hat, bringt man diesen Satz oder diese Sätze im O-Ton. Statt im Text *zu schildern,* wie es an der Unglücksstelle aussieht, fügt man dem Nachrichtenkern 30 Sekunden Reporterbericht an. Statt im Text zu *erklären,* welche Punkte des neuen Gesetzes für den Bürger wichtig sind, überläßt man diese Aufgabe dem Erklärstück des Redaktionskollegen.

**Jingles** gibt es in Nachrichtensendungen als Thema-Jingle (zu Beginn der Sendung) oder als Trenn-Jingle (z. B. vor dem Wetterbericht) und als Musikakzent zwischen den einzelnen Meldungen, (vgl. »Jingle – die Grundlagen«).

Der *Thema-Jingle* kündigt die Nachrichtensendung an. Er enthält vielleicht ein Zeitzeichen, so daß der Sprecher mit der Zeitansage beginnen kann.

Wer einen *Trenn-Jingle* vor dem Wetterbericht verwendet, nimmt diesem einiges von seinem amtlichen Charakter und läßt das Wetter insgesamt freundlicher erscheinen, selbst wenn es regnet. Es gibt Stationen, die unterschiedliches Wetter sogar unterschiedlich anjingeln, nur mit »schön« oder »schlecht« oder sogar mit »Regen« (und entsprechendem Prasseln), »Badewetter« (Plantschen) usw. Grenzen setzt in diesem Spiel allein der Geschmack, insbesondere das Bemühen, keinen Bruch entstehen zu lassen zwischen der Präsentationsweise der Meldungen und der des Wetterberichts.

Ob man zwischen die einzelnen Meldungen einen Trenn-Jingle setzt, muß gut überlegt werden. Bei einer von nur einem Sprecher gelesenen reinen Manuskriptsendung kann der Musikakzent akustisch beleben, bei einer Sendung mit zwei Sprechern oder mit O-Tönen ist er vielleicht schon des Guten zuviel. Trenn-Jingles müssen knapp und eher zurückhaltend sein, damit sie hinter jede Meldung in gleicher Weise passen, auch hinter eine Todesnachricht.

**Musik oder Geräusche** (z. B. das Ticken des Fernschreibers) als Hintergrund eignen sich, wenn überhaupt, nur für kurze Sendungen, also Schlagzeilen oder Kurznachrichten. Sehr viel länger als eine Minute läßt sich ein Hintergrundgeräusch nicht anhören, zumal es die *akustische* Verständlichkeit des gesprochenen Worts erschwert und vom Verstehen des *Inhalts* ablenkt. Entscheidet man sich für eine Musik (»Musikbett«), so muß diese (wie der Musikakzent) für jede Art von Meldung passen, darf aber andererseits nicht zu seicht sein. Musik bzw. Geräusch haben Signet-Charakter, müssen also immer die- bzw. dasselbe sein. Über irgendwelche wechselnden Instrumentaltitel die Kurznachrichten zu lesen, bringt nichts.

**»Die Nachricht hat ihre eigene Würde«.** Mit dieser Feststellung begründet Tagesthemen-Moderator Hanns-Joachim Friedrichs[1], was er nicht machen möchte: eine Sendung vertingeln. Dieser Einschätzung eines erfahrenen Journalisten entspricht die Einschätzung durch die Hörer selbst: »Die prinzipielle Seriosität von Nachrichten darf allerdings nicht in Frage gestellt werden«, resümiert Anne Köhler[2], nachdem sie vorher über die Kritik der Hörer am »Verlautbarungsstil« konventioneller Nachrichten berichtet hatte und über deren Sympathie für »jedwede Auflockerung in dieser Hinsicht«, seien es »kürzere, weniger komplizierte Sätze und die Vermeidung von Fremdwörtern, oder seien es mehrere alternierend lesende Sprecher (in einer Sendung) oder sei es die Einspielung von Korrespondentenberichten«. Die prinzipielle Seriosität von Nachrichten darf nicht in Frage gestellt werden.

Anne Köhler kann sich für ihre These auch auf eigene Studien stützen: »Wie entsprechende Modelltests gezeigt haben, werden satirische Anspielungen, ›vergagte‹ Formulierungen, persönliche Kommentare innerhalb der Nachrichtensendungen seitens der Hörer nicht akzeptiert. Nachrichten dienen aus der Sicht der Hörer nicht der Unterhaltung. Das folgt auch aus dem Zwang zur zeitlichen und sachlichen Konzentration auf das ›Wichtige‹. In dieser Beziehung läßt sich die Einstellung gegenüber Nachrichten als relativ ›konservativ‹ bezeichnen.«

Bernd-Peter Arnold[3], der stellvertretende Chefredakteur des Hessischen Rundfunks und dort lange Jahre Leiter der Nachrichtenredaktion, faßt in einem Satz zusammen, worauf es ankommt: »Attraktive Formen und seriöser Inhalt können und müssen zusammengehen.«

[1] zitiert nach »Worte zum Samstag« in der Wochenendbeilage der Süddeutschen Zeitung vom 12./13. März 1988
[2] Anne Köhler, Nachrichten im Hörfunk: Gibt es Alternativen? in: Media Perspektiven, Heft 11/86, S. 723
[3] Bernd-Peter Arnold, Stündlich frei Haus. Hörfunknachrichten heute. In: ARD-Jahrbuch 87, S. 48

# Radio-Report

In den USA, Großbritannien und Frankreich ist das Hörfunkmagazin als aktuelle Standardform des populären Radios kaum bekannt. Vor diesem Hintergrund ist es verständlich, daß sich dort die *Nachrichtensendungen* formal anders entwickelten als bei uns. Während im deutschsprachigen Rundfunk, so Günter Marquard[1], »Nachrichten als Erstinformation« dienen, sind »News« vor allem im kommerziellen Radio Amerikas oft das *einzige* informative Element.
In diesem Beitrag soll das Format der Nachrichtensendungen angloamerikanischer Art dargestellt werden, das auch deutschen Sendern zunehmend als Vorbild gilt. Da es keinen deutschen Fachbegriff gibt, wird der Begriff »Radio-Report« verwendet.

**Alle journalistischen Formen,** über die der Hörfunk verfügt, sind in ihrer kürzesten Form auch im Radio-Report denkbar: Meldung, Reportage, Interview, Statement, Umfrage, O-Ton-Bericht – bei entsprechender Kennzeichnung sogar Kritik und Kommentar.
Gelesen wird die Sendung nicht vom Sprecher, sondern vom *Redakteur,* der sie auch schreibt.
In drei bis fünf Minuten entsteht so Stunde für Stunde eine kleine »Tagesschau im Radio«.

**Kunst der Kürze:** Für Report-Einblendungen aller Art gilt Goethes Erkenntnis, sich kurz zu fassen, koste Zeit. Was im Magazin in drei Minuten spontan und locker formuliert werden kann, muß – auf das wirklich Wichtige gestrafft – vom Report-Berichterstatter, jedes Wort wägend, in dreißig bis sechzig Sekunden gepackt werden. O-Töne sind auf plakative, beispielhafte Sätze zu beschränken.

**Ihr hoher Aufwand** ist der Nachteil der Report-Form. Neben den üblichen zwei bis vier Agenturen, deren Tickerausstoß zu bearbeiten ist, steht das eigene Reporter- und Korrespondentennetz, das zu lenken und dessen akustische Beiträge zu bearbeiten sind. Außerdem betreibt die Redaktion Eigenrecherche, die zu Telefoninterviews und -statements führt.

**Die Report-Form bietet mehr Höranreize,** sie ist dadurch »spannend«. Das ist ihr *Vorteil*. Überdies wirkt sie durch die Vor-Ort-Berichte und die Originalaussagen der handelnden Personen authentischer. Sie kann im Zweifelsfall auch *schneller* sein als die klassische Nachrichtensendung – durch Live-Schaltungen noch während des Ereignisses.

**Einwände** erheben vor allem die Verfechter der »klassischen« Nachrichten. Durch die Einblendungen litten Klarheit und Übersichtlichkeit. Daneben gibt es Bedenken, die Eigenberichte der Reporter wirkten subjektiver und wertender als die gelesene Nachricht.

**Die Befürworter** verweisen auf nachrichtengemäße Reportervorgaben – im wesentlichen also die gleichen Regeln, die für das Formulieren klassischer Nachrichten gelten (vgl. »Nachrichten«). Außerdem mache die Identifikation mit der berichtenden Person eine Nachricht ehrlicher, weil sie eher als journalistisches Produkt erkannt und weniger leicht als offiziöse Verlautbarung mißverstanden werden könne.

**Auswahl und Aufbereitung** der Themen richten sich nach dem Hörerinteresse. Das klassische Beispiel dafür stammt von Rick Sklar[2], dem legendären Programmdirektor von WABC New York:
Wer eine News-Sendung mit der Meldung beginnt: `Eine Flutkatastrophe hat große Teile des brasilianischen Hinterlandes verwüstet und die nächste Kaffee-Ernte weitgehend vernichtet` – der wird die Ratings seiner Station nicht steigern können. Geht die Story aber so los: `Ab`

nächsten Monat werden Sie mehr für den Kaffee bezahlen müssen, weil in Brasilien die Kaffee-Ernte vernichtet wurde. WXXX News sprach mit Manuel Gomez vor Ort. Er berichtet, da unten sehe es nach der Sturmflut schlimm aus – dann erreicht man nicht nur das Ohr des Hörers. Man verbindet auch den Namen des Senders mit der Meldung. Ergebnis: Höhere Einschaltquote!

»**Exklusiv**« ist für Report-Sendungen kein Fremdwort. Eigenrecherchierte Nachrichten und schlagzeilenträchtige Interviewaussagen sind gut für Renommée und Reichweite der Station. Das Prinzip, *primäre Nachrichtenquellen* zu erschließen, bietet mehr Chancen für Exklusives, als sie die klassische Nachrichtenredaktion hat. Zum Ehrgeiz der Report-Redaktion gehört natürlich, daß sie mit ihrer Meldung in anderen Medien unter Quellenangabe zitiert wird (»Wie Radio XYZ meldet ...«)

**Verbreitung:** Solange in Deutschland (vor dem Aufkommen der privaten Sender) noch relativ wenig Wettbewerb herrschte, wurde der Radio-Report nur als gelegentliche Ergänzung eingesetzt. Mittlerweile gibt es den Radio-Report nicht nur in Privatstationen, sondern auch in Programmen der Rundfunkanstalten. Der Radio-Report ist etwas anderes als eine Nachrichtensendung mit O-Tönen; er ist ein eigenständiges Format, das mehr und mehr als gleichberechtigte Alternative zu klassischen und O-Ton-Nachrichtensendungen betrachtet wird.

[1] in den Vor-Auflagen von »Radio-Journalismus«
[2] Rick Sklar, Rocking America – How The All-Hit Radio Stations Took Over (St. Martin's Press, New York 1984)

## Ein Radio-Report als Beispiel

Ansage Moderator:
    13 Uhr 55.
    Der RSH–Report, mit Michael Wiese.
Jingle: »Report-Opener«
Wiese:

In diesem Report: Dohnanyi tritt zurück
**Jingle »Trenner«**
RSH hat es vor einer halben Stunde erstmals gemeldet: Zum 1. Juni tritt Hamburgs Erster Bürgermeister Klaus von Dohnanyi, SPD, zurück. Auch der Hamburger Senator für Bundesangelegenheiten und frühere Innensenator der Stadt, Alfons Pawelczyk, verläßt sein Amt. Diese Nachrichten schlugen heute ein wie eine Bombe. Senatssprecher Reimer Rhode bestätigte vor wenigen Minuten eine Eilmeldung der Deutschen Presseagentur:
**O-Ton-Einspielung:**
Ja, der Bürgermeister hat heute am 10.5. dem Senat seinen Rücktritt erklärt zum 1. Juni. Der Bürgermeister wird gleich in der Pressekonferenz um 14.00 Uhr die Gründe seines Rücktritts erläutern. Dem möchte ich nicht vorgreifen. (Quelle: eigener Reporter, RSH-Studio Hamburg)
**Wiese:**
Zum Fortbestand der sozialliberalen Koalition sagte Staatsrat Hinrich Budelmann, FDP, zu RSH:
**O-Ton-Einspielung:**
Der Bürgermeister hat in seinem Rücktrittsschreiben betont, daß es eine Koalitionsvereinbarung zwischen den Parteien gebe, also zwischen der SPD und der FDP, und er keinen Grund sehe, warum sein Rücktritt irgendeinen Einfluß auf diese Koalitionsvereinbarung haben solle. (Quelle: Telefon-Interview der Report-Redaktion)
**Wiese:**
Innensenator Volker Lange, SPD, auf die RSH-Frage: Wer wird Dohnanyis Nachfolger?
**O-Ton-Einspielung:** (sehr emotional!)
Wissen Sie, mir fällt dazu ein Zitat ein. Das will ich aus Höflichkeit lieber nicht gebrauchen. (Quelle: eigener Reporter, RSH-Studio Hamburg)

**Wiese:**
  Klaus von Dohnanyi, erster Bürgermeister; ein Porträt von Carsten Kock:
**Studio live:**
  Klaus Carl Anton von Dohnanyi, Jahrgang '28, ist gebürtiger Hamburger. Jurastudium in München und in den USA. Mitarbeiter im Max Planck Institut. Eintritt in die SPD 1957. Im März '68 holte ihn Karl Schiller als Staatssekretär in das Bundeswirtschaftsministerium. 1969 zog er in den Bundestag direkt ein. Er war später der Bundesbildungsminister und Staatsminister im Auswärtigen Amt, bevor er 1981 aus der Bundespolitik in die Hansestadt zurückkehrte. Nach dem Rücktritt von Hans Ulrich Klose wurde er der erste Mann in der Hansestadt. Bis '86 regierte er mit absoluter Mehrheit. Ein Jahr später wurde ein sozialliberaler Senat aus der Taufe gehoben. Im Konflikt um die Hamburger Hafenstraße hatte er noch im November letzten Jahres Amt und Wort verpfändet. Zunächst gelang ihm hier auch eine friedliche Lösung, die in den letzten Monaten jedoch immer wieder zu scheitern drohte. Klaus von Dohnanyi, 59 Jahre alt, ist verheiratet und hat zwei Söhne und eine Tochter.
  Carsten Kock für RSH (Quelle: Archiv; Eigenbeitrag der RSH-Redaktion)
**Wiese:**
  Fassungslosigkeit auch in Bonn. Ein Stimmungsbericht von Stephan Richter.
**Einspielung Bericht:**
  Wurde die Rücktrittsmeldung womöglich deshalb heute bekannt, weil die Parteispitzen derzeit nicht im Lande sind? Darüber rätselt man zur Stunde in Bonn. Bundeskanzler Helmut Kohl und mit ihm sieben Minister, darunter auch FDP-Chef Martin Bangemann, sind in Brüssel. SPD-Chef Hans-Jochen Vogel ist auf dem Wege nach Moskau. Entsprechende Nervosität herrscht in den Bonner

Parteizentralen. CDU–Generalsekretär Heiner
Geißler hat einen Beraterkreis um sich geladen.
Die FDP will die Pressekonferenz von Dohnanyis
abwarten, bevor man überhaupt etwas sagt. In der
SPD–Baracke sind die Stallwachen seit einer
Stunde nicht mehr erreichbar. Bundesgeschäfts-
führerin Anke Fuchs und Schatzmeister Hans Ul-
rich Klose als früherer Hamburger Bürgermeister
sollen sich ins stille Kämmerlein zurückgezogen
haben.
Stephan Richter aus Bonn für RSH. (Quelle: eigener
Reporter RSH-Studio Bonn)
Jingle: »Trenner«
Wiese:
Außerdem aktuell: Die hanseatische Börse. Ak-
tienmarkt im Verlauf abgeschwächt. Rentenmarkt
knapp behauptet. Der amerikanische Dollar lag
bei 1,6799 DM, und der Goldpreis in London bei
447,10 US Dollar je Feinunze.
Michael Wiese, RSH. Der nächste Report bei uns
wie immer um fünf vor.
Jingle: »Report-Closer«
*RSH-Report vom 10. Mai 1988, 13.55 Uhr*

## Kompaktsendung

Chronik- oder Umschau-Sendungen (auch *Kompaktsendun-
gen, Blocksendungen* und *Journale* genannt) sind moderierte
Sendungen ohne wesentliche Musikanteile als gestalterisches
Mittel. Sie können jedoch kurze Musik-Brücken oder akustische
Akzente enthalten. Der größere innere Zusammenhang unterscheidet sie von den Magazinen, und zwar sowohl vom *Aufbau*
als auch von der *Moderation* her. Diese Sendungsform findet
sich vor allem im Zeitfunk und in der Politik. Aber auch Fachredaktionen wie z. B. Kirchenfunk und Aktuelle Kultur haben oft
Programme dieses Typs.

**Inhaltsangaben wecken Interesse und orientieren.** Der Hörer muß zu Beginn das geplante Programm erfahren, entweder in Form von Schlagzeilen oder etwas ausführlicher. Bei längeren Sendungen ist ein zweiter kurzer Hinweis auf das restliche Programm etwa zur Halbzeit, sinnvoll.

**Umschau-Sendungen mit Nachrichten verlangen Kooperation.** Umschau-Sendungen können Nachrichten enthalten oder auf sie ganz verzichten. Als Zwischenform sind die vom Moderator »*erzählten*« *Meldungen* möglich. Bei Nachrichten in der üblichen Form – von einem Nachrichtenredakteur zusammengestellt und von einem Sprecher gelesen – stellt sich das Problem der Integration in die Sendung. Ein *Nachrichtenblock am Beginn* z. B. darf durch seine Länge nicht den Aufbau der Gesamtsendung sprengen. Nur enge Zusammenarbeit zwischen Moderator und Nachrichtenredaktion kann verhindern, daß *Widersprüche zwischen Meldungen und Beiträgen* auftauchen. *Ein Nachrichtenblock im Inneren* einer Umschau-Sendung ist bei kürzeren Sendungen durchaus möglich, verlangt aber zur *Vermeidung von Doubletten* noch engere interredaktionelle Zusammenarbeit. In manchen Sendungen werden die Nachrichten als »Zwischen-Informationen« zwischen die Beiträge verteilt.

**Umschau-Sendungen sind offen für alle Darstellungsformen.** Sie kennen keine Einschränkung bei den Beitragstypen. Im Regelfall werden wohl Kommentare und Berichte mit und ohne O-Ton vorherrschen, sowie Interviews, aber die Reportage darf ebensowenig ausgeschlossen sein wie das Mini-Feature oder das Gespräch des Moderators mit einem Partner, entweder live im Studio oder über Leitung. *Formale Abwechslung* kann stark zur Belebung der Sendung beitragen. Wenn keine inhaltlichen Einwände vorliegen, ist es besser, *unterschiedlich gestaltete Beiträge aneinander* zu reihen und nicht Kommentar an Kommentar oder Interview an Interview. Solche Gesichtspunkte sollten bereits im redaktionellen Planungsstadium einer Sendung berücksichtigt werden.

Die Gesamtwirkung einer Umschau-Sendung wird auch von der *Länge der einzelnen Beiträge* beeinflußt. Je kürzer die Umschau-Sendung insgesamt, desto kürzer auch die in ihr enthaltenen Einzelbeiträge. Die Normallänge von etwa drei bis vier Minuten kann sicherlich überschritten werden, muß aber in kürzeren Sendungen auch unterschritten werden.

**Die Moderation.** Der Moderator der Umschausendung hat eine andere Aufgabe als der Magazin-Moderator. Er ist in besonderem Maß *Vermittler der Beiträge anderer,* gleichzeitig aber auch *Vermittler von Informationen, die in den Beiträgen nicht enthalten sind* oder die zum Verständnis eines Beitrags notwendig sind. Nur durch genaue *Abstimmung der Moderation auf den Beitrag* kann der Moderator *verhindern, daß es zu Wiederholungen kommt.* Er darf sich aber keineswegs darauf beschränken, die ersten Sätze eines Beitrags wegzuschneiden und sie sich selbst in den Mund zu legen – obwohl dies immer einfacher ist, als sich selbst einen Text einfallen zu lassen, der auf den Beitrag hinführt oder ihn in einen Zusammenhang mit anderen Informationen stellt.

*Wie lang* eine bestimmte Moderation sein soll, hängt davon ab, wieviel Vor-Information für einen Beitrag notwendig ist. Der »Goldene Schnitt«: ein Anteil der Moderation an der Gesamtsendung von ca. 10 bis 15 Prozent.

Wenn mehrere Beiträge in einer Sendung thematisch zusammenhängen, liegt es vor allem beim Moderator, solche *Zusammenhänge hörbar* zu machen. Durch *pointierte Absagen,* etwa durch Kürzestzusammenfassung eines Beitrags in einem Satz, kann der Moderator deutliche Akzente setzen. Seine Aufgabe in der An- oder Absage ist aber nicht das Kommentieren von Kommentaren. *Zeitansagen* – vor allem in den Sendungen am Morgen ein Kundendienst – können *klare Zäsuren* zwischen thematisch nicht zusammenhängende Blöcke schieben. *Moderatorgespräche* sollen sich dem Stil der Sendung anpassen. Sie werden in der Regel knapper ausfallen als Moderatorgespräche in einer Magazinsendung.

**Der Umschau-Moderator** ist knapp, präzise und vor allem informativ. Seine *Texte schreibt er sich deshalb in aller Regel auf* – Stichworte reichen auch für den Könner nur im Ausnahmefall. Dennoch darf auch eine Umschau-Moderation *nicht abgelesen klingen,* sondern muß (wenn auch weniger als bei der Magazin-Moderation) persönlich gehaltene Präsentation sein.

Im Gegensatz zu Magazinsendungen werden Umschau-Sendungen (besonders wenn sie nicht tagesaktuell sind) häufig auch vorproduziert.

## Bericht mit O-Ton

Reporter: Wissen Sie, was ein O–Ton ist? Passanten: Nee, keine Ahnung! O–Ton? Ich nehme an, das ist ein Selbstlaut, der nach dem A–Ton kommt? Ein O–T o n — nee, tut mir leid! Nee, ich nich verstehn, ich Italiener. Da müssen Sie mir erst sagen, ob das naturwissenschaftlich ist oder überhaupt von den Naturwissenschaften kommt. Ein O–Ton? Einen Ton mit einem »O« gibt es nicht.

**O-Ton (Original-Ton)** ist im Radio-Journalismus der Fachausdruck für authentische Wort-Aufnahmen: kleine Ton-Dokumente. In der Regel sind das Ausschnitte aus Interviews, aus Pressekonferenzen und aus Reden sowie Statements. Die Antworten der Passanten zu Beginn sind ein Beispiel.

Nicht selten wird die Bezeichnung »O-Ton« aber auch für alle authentischen, original aufgenommenen Töne (Wort-Passagen, Atmo, Geräusche, Musik) als *Oberbegriff* verwendet.

Unter »*Atmo*« (Atmosphäre) wird das Zusammenwirken von allgemeinen Umgebungsgeräuschen und akustischen Eigenschaften des Aufnahmeortes verstanden. »*Geräusche*« sind dagegen spezifische Töne die der Hörer einer bestimmten Schallquelle klar zuordnen kann: der Lärm einer Maschine, Baby-Geschrei oder Pferdewiehern. Diese Formen des O-Tons sind für Feature, Mini-Feature und O-Ton-Collagen von Bedeutung (vgl. dort).

Hier verstehen wir unter »O-Ton« nur die *authentischen Wort-Aufnahmen*. Sie ergeben zusammen mit dem Text des Berichts den »Bericht mit O-Ton«.

In manchen Funkhäusern wird auch »BME« (Bericht mit Einblendungen) oder »gebauter Beitrag« dazu gesagt.

**Der Bericht mit O-Ton** ist die *radiophonische Form* der in der Presse entwickelten Darstellungsform Bericht.

Die *Regeln* sind dieselben: Sachliche Information über Tatsachen und Meinungen ohne wertende Zusätze des Berichterstatters. Der Bericht wird deshalb häufig als der »große Bruder der Nachricht« bezeichnet (vgl. List-Buch »Einführung in den praktischen Journalismus«).

**Die wörtlichen Zitate** im Zeitungsbericht, das sind die O-Töne im Radio-Bericht mit O-Ton. Als Faustformel ist dieser Satz hilfreich. Als O-Töne für Radio-Berichte wählt der Journalist also die *Kernsätze* aus, die auch ein Zeitungsjournalist wörtlich zitieren würde:
- die prägnant formulierte Meinung
- die klare Wiedergabe von Fakten
- die eingängige Begründung
- die einprägsame Zusammenfassung
- das von Formulierung und Sprache her Typische
- Originelles

**Auswahlkriterium** ist also die *Aussagekraft des O-Tons*. O-Töne haben außerdem eine *dramaturgische Funktion*. Sie ist ausgeprägter als die der wörtlichen Zitate in der Zeitung.
- Der O-Ton hebt eine Aussage und den Aussagenden besonders hervor.
- Der O-Ton ist authentisch, also besonders glaubwürdig.
- Der O-Ton vermittelt nicht nur *was* gesagt wird, sondern auch *wie* es gesagt wird.
- Der O-Ton macht einen Bericht lebendiger durch Abwechslung.
- Der O-Ton sorgt durch die andere Akustik (andere Stimme, Hintergrundgeräusche) für einen zusätzlichen Höranreiz.

All das zusammen macht den O-Ton zu einem gleichberechtigten Partner des Berichtstextes.

**Der O-Ton-Anteil** in einem Bericht ist deshalb nicht beliebig. Im Übermaß eingesetzt, führt er ebenso zu einer unharmonischen Wirkung des Beitrags wie als allzu sporadisches Einsprengsel. Das richtige Maß liegt in der Regel irgendwo zwischen *40 bis 60 Prozent O-Ton*. In etwa halbe/halbe O-Ton/Berichtstext ist für den Anfang ein Richtwert, der grobe Fehler erspart. Ausnahmen bestätigen sicher auch in diesem Fall die Regel. Aber machen Sie selbst die Probe. Wenn Ihnen ein Beitrag mit O-Ton als »nicht rund«, als »holprig« oder »schleppend« erscheint, stoppen Sie die Zeiten. Sie werden fast immer feststellen, daß der O-Ton-Anteil entweder unter 40 Prozent liegt oder 60 Prozent übersteigt.

**Der Berichtstext wird vom Autor selbst gelesen.** Er hat ihn erarbeitet, er liest ihn. Auch das trägt zur Authentizität und Lebendigkeit des Beitrags bei, vorausgesetzt, die Regeln des »Fürs Hören schreiben« (vgl. dort) sind beachtet und der Journalist hat außerdem gelernt, »Das eigene Manuskript (zu) sprechen« (vgl. dort).

**Der Berichtstext sorgt für den roten Faden,** den *logischen Aufbau* des Beitrags, *transportiert selbst Informationen* und *bettet die O-Töne* durch An- und/oder Abtexten ein. Ein Berichtstext, der nur aus Ansagen für die O-Töne besteht, ist zu dürftig. Er soll eigenständig Informationen vermitteln, die zusammen mit den Aussagen der O-Töne die Gesamt-Information ergeben.

**Das Plazieren der O-Töne** im Beitrag ist von zwei Überlegungen bestimmt. Erstens der inhaltlichen: Welche *Reihenfolge* und welche *Länge* erfordert mein Berichtsthema. Zweitens der formalen: Welche *dramaturgischen* Gesichtspunkte muß ich berücksichtigen? Im Normalfall gilt folgendes:
- O-Töne und Text sollen sich möglichst gleichmäßig abwechseln.
- Der O-Ton im Beitrag soll sich auf mehrere Takes verteilen.
- Der erste O-Ton im Beitrag soll nicht zu lange auf sich warten lassen.
- Der einzelne O-Ton-Take darf nicht zu lang sein. Das nimmt dem Beitrag das Tempo.
- Der einzelne O-Ton-Take darf nicht zu kurz sein. Der Hörer muß sich erst auf die neue Stimme und die andere Akustik einstellen.

**Die Abfolge von Text und O-Ton** kann (und soll) aber auch nicht rein schematisch sein:

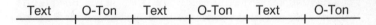

In diesem Beispiel ist die Information im Verhältnis 50:50 auf Text und O-Ton verteilt. Alle Text- und O-Ton-Passagen sind gleich lang.
In aller Regel ist die Aufteilung anders, weil sich die Länge der O-Ton-Takes ja aus inhaltlichen und formalen Kriterien ergibt. Der Normalfall sind also unterschiedlich lange O-Töne und ein Text/O-Ton-Verhältnis, für das halbe/halbe nur ein grober Orientierungsrahmen sein kann.

**Der Beitrag endet mit O-Ton.** Das ist nicht nach jedermanns Geschmack, weil der Journalist damit dem O-Ton das »letzte Wort« überläßt. Gerechtfertigt ist ein O-Ton am Schluß, wenn er Wichtiges zum Thema noch einmal zusammenfaßt oder inhaltlich oder formal einen besonderen Akzent setzt. Bei mehreren kontroversen O-Tönen unterschiedlicher Personen muß der Journalist bedenken, ob er mit einer solchen Plazierung nicht ungewollt Partei ergreift, indem er einer Seite das letzte Wort einräumt.

**O-Ton gleich zu Beginn des Beitrags,** das ist häufig ein pakkender Einstieg ins Thema. Damit dadurch beim Hörer aber keine Verwirrung entsteht, muß der Beitrag entsprechend *anmoderiert* werden.

Aber nicht so: ... Dazu ein Beitrag unserer Reporterin Heidi Bernd (Man hört eine weibliche Stimme und denkt: Das ist Heidi Bernd. In Wahrheit ist es der erste O-Ton-Take der Vorsitzenden des Tanzsport-Clubs, was man erst hinterher erfährt.)

Sondern so:

...Wie man den neuen Modetanz der Saison am schnellsten lernen kann, ließ sich unsere Reporterin Heidi Bernd erklären. Sie fragte dort, wo man es wissen muß, im Tanzsport-Club Blau-Gelb, bei der Vorsitzenden Rita Wilhelm (und man hört Frau Wilhelm).

Manchmal soll ein O-Ton-Einstieg *die Hörer bewußt überraschen.* Dann darf der erste O-Ton nicht lang sein. Und die Informationen, die in der Anmoderation des Berichts bewußt weggelassen werden, müssen beim *Abtexten* des ersten O-Tons nachgeliefert werden. Ein Vorschlag:

Anmoderation: ... und unsere Kollegin Heidi Bernd hat herausgefunden: Der neue Modetanz der Saison gehört bereits zum Programm der Tanzschulen

O-Ton: (man hört eine Frau, die tröstend auf jemanden einredet, der sich offenbar etwas weh getan hat)

Text: Akrobatik auf glattem Parkett ist auf Anhieb nicht jedermanns Sache. Aber Rita Wilhelm, die Vorsitzende des Tanzsportclubs Blau-Gelb, hilft den Gestrauchelten schnell wieder auf die Beine. Manchmal allerdings nur für kurze Zeit, denn ...

So sollte man den O-Ton nicht im Beitrag plazieren:

| Text | O-Ton | Text | O-Ton | Text |

Der O-Ton *ballt sich* in der zweiten Hälfte des Beitrags. Eine gleichmäßigere Verteilung sorgt für mehr Lebendigkeit. So sollte man's auch nicht machen:

| Text | O-Ton | Text |

Der O-Ton *verliert sich* im Beitrag und wirkt dann eher störend.

**Das Bearbeiten der O-Töne** für den Beitrag macht häufig große Probleme: Den prägnant formulierten Kernsatz findet man im Mitschnitt der Pressekonferenz nicht. Was man findet, ist ein aufgeblähter Schachtelsatz, viel zu lang und schwer verdaulich. Man könnte ihn »*abspecken*«, *die Nebensätze wegschneiden.* Aber darf man? Man darf, wenn dadurch die Aussage nicht verfälscht wird.
Oder: Zwar gibt es die eingängige Begründung in der mitgeschnittenen Rede. Nur bleibt der Redner am Ende mit der Stimme oben. Schneidet man dort, klingt es, als hätte man ihm das Wort abgeschnitten. Schneidet man nicht, wird der Take viel zu lang. Was tun? *Manchmal hilft eine kurze Blende.* Man blendet den O-Ton bei der Produktion etwas aus, läßt ihn also leiser werden.
Oder: Die originelle Formulierung und die typische Ausdrucksweise würde man den Hörern gern mit O-Ton vorführen. Nur leider hat sich der Diskussionsredner gerade in diesem Satz so verheddert, daß das Zuhören fast zur Qual wird. Da hilft die Cut-Schere: *Versprecher raus, Wiederholungen raus, Stotterer raus.* Ein so »geschönter« O-Ton ist hörerfreundlich. Aber bitte Gleichbehandlung. Bei mehreren O-Tönen unterschiedlicher Personen haben dann alle ein Anrecht auf derlei Kosmetik.
Oder: Die Zusammenfassung ist kurz und bündig. Sie wäre ein guter O-Ton für den Schluß des Beitrags. Der Anfang dieses Satzes allerdings ist technisch schlecht und nicht zu verwenden. Hier kann der *Übergang von Beitragstext zu O-Ton mitten im Satz* ein (Not-)Behelf sein:

Text: Nach mehr als zwanzig Jahren hat Oliver diese
  Hilfsbereitschaft nicht vergessen, ...
O-Ton: ... die so herzlich und überwältigend war, daß
  sie ein Beispiel sein sollte für ...

**Das Antexten der O-Töne** sorgt für die Verbindung von Berichtstext und O-Ton, dafür also, daß die beiden Elemente des Berichts nicht beziehungslos nebeneinander stehen, sondern flüssig ineinander übergehen.
Die Grundanforderung: Der Hörer muß wissen, *wer gleich spricht* (Name, Funktion).
Wenn derselbe Redner in mehreren O-Tönen hintereinander zu hören ist, reicht es allerdings, den Namen ein- oder zweimal zu nennen.
Von Fall zu Fall kann außerdem die Information wichtig sein,
- warum gerade von *dieser* Person ein O-Ton zu hören sein wird,
- wann und aus welchem Anlaß diese Aussage gemacht wurde,
- zu welchem Thema oder Aspekt des Themas der O-Ton etwas aussagt.

Dabei gilt als Regel:
- Beim Antexten *nichts vorwegnehmen,* was aus dem O-Ton sowieso klar hervorgehen wird.
- Doppelt hält in diesem Fall nicht besser, *doppelt langweilt!*
- Der Übergang von Text zu O-Ton wirkt umso eleganter, *je weniger er eine reine Ansage* ist.
- Auf Überflüssiges verzichten: ... dazu sagt ... Daß *dazu* etwas gesagt wird, ist ohnehin klar. Warum sonst würde der O-Ton *jetzt* folgen? Und daß es *gesagt* werden wird, wer hätte etwas anderes vermutet?

**Gelungene und mißlungene Überleitungen** haben Studenten des Journalistischen Seminars der Universität Mainz in einer kleinen Lehrkassette zusammengestellt, aus der auch die Straßenumfrage zu Beginn des Beitrags zitiert worden ist.
Text: (vom Reporter gelesen)
  Über die Nachfrage der Mainzer nach Weihnachtsreisen berichtet der Leiter eines Mainzer Reisebüros:

O-Ton: (Frage, vom Reporter gesprochen)
Herr Pfeifer, der Urlaub über die Weihnachtstage erfreute sich in den vergangenen Jahren steigender Beliebtheit. Wie geht das Geschäft in diesem Jahr, vier Wochen vor dem Fest?
(Antwort Pfeifer)
Vier Wochen vor dem Fest läßt's nach, alldieweil es nicht mehr sehr viel gibt ...

**Die Reporter-Frage zu Beginn des O-Tons** ist überflüssig. Zudem hört es sich nie gut an, wenn dieselbe Stimme in zwei unterschiedlichen Akustiken aufeinanderstößt. Hier: Die Reporter-Stimme in einer *Studio*-Aufnahme (Text) und direkt anschließend in einer *Außen*aufnahme (O-Ton, im Reisebüro). Überhaupt sollten Reporter-Fragen in O-Tönen eher eine Ausnahme sein. Die *Funktion der Eingangsfrage übernimmt der vorangehende Berichtstext.*
Zwischenfragen sind nur dann akzeptabel, wenn sie sehr kurz und zur Präzisierung der O-Ton-Aussage unbedingt erforderlich sind.
Unser Beispiel liest sich nach der Überarbeitung so:
Text: (vom Reporter gelesen) Über die Nachfrage der Mainzer nach Weihnachtsreisen berichtet der Leiter eines Mainzer Reisebüros:
O-Ton Pfeifer: Vier Wochen vor dem Fest läßt's nach, alldieweil es nicht mehr sehr viel gibt ...
Jetzt wird der Hörer allerdings nicht mehr über den Namen des Reisebüro-Leiters informiert. Aber: Muß das überhaupt sein? Falls ja, könnte man ihn mit antexten oder sich auch noch anders helfen (vgl. weiter unten »Abnehmen von O-Ton«).

**Überleitung mit einer Frage.**
Text: Viele Kinder machen sich so ihre Gedanken über den oft heimlich kommenden Gast. Wie er wohl aussieht, der Nikolaus?
O-Ton: (Kinder) ... sieht rot aus. / ... hat'n Bart und rot is er ...
In diesem Beispiel wird mit einer *Frage* übergeleitet. Das bietet sich häufig an. Aber Vorsicht: Nicht jedem gelingt es am Anfang, Fragen auch wirklich als Fragen vorzulesen! Probieren Sie es.

Klingt es gestelzt, dann ändern Sie einfach die Überleitung so:
Text: Viele machen sich so ihre Gedanken darüber, wie er wohl aussieht, der Gast, der oft heimlich kommt, der Nikolaus
O-Ton: (Kinder) ... sieht rot aus ...
Text und O-Ton müssen sich im Beitrag *zu einer einheitlichen, durchgehenden Information verbinden.* Überleitungen wie im letzten Beispiel (ob mit oder ohne Frage) sind dabei eine gute Hilfe. Warum? Sie überlassen einen Gedankenschritt dem Hörer.

| | |
|---|---|
| Text stellt fest: | Die Kinder machen sich Gedanken über das Aussehen des Nikolaus |
| Text verzichtet auf die Ankündigung: | Jetzt hören Sie gleich, was bei diesen Gedanken herauskommt |
| O-Ton bringt gleich das Ergebnis dieser Gedanken: | ... sieht rot aus ... |

**Das Aufteilen der Information** auf Text und O-Ton nach *Sinn-Einheiten* verhilft ebenfalls zur gewünschten nahtlosen Verbindung beider Elemente.
Text: Wichtigstes Ergebnis der Pressekonferenz heute vormittag: Bürgermeisterin Paula Kock kündigte den Bau der neuen Umgehungsstraße an.
O-Ton: (Bürgermeisterin) Bereits Ende nächsten Jahres werden wir durch die Baumaßnahme um die Hälfte weniger Verkehr in unserer Innenstadt haben ...
In diesem Beispiel transportiert der Text also die *Ankündigung* (Bau der Straße), und der O-Ton vermittelt ergänzend die wichtigste *Folge* (Halbierung des Innenstadt-Verkehrsaufkommens). Auch hier fehlt die (überflüssige) Überleitung:
Die Auswirkungen dieser Baumaßnahme auf die Innenstadt schätzt die Bürgermeisterin so ein:
Die Aufteilung der Informationen auf Text und O-Ton wäre auch umgekehrt möglich: Der O-Ton bringt die *Ankündigung,* der Text schließt mit der *Folge* an.
O-Ton: (Bürgermeisterin) Noch in diesem Monat wird nun endgültig mit dem Bau der neuen Brücke begonnen.
Text: Für unsere Stadt bedeutet dies vor allem: Bereits Ende nächsten Jahres werden wir um die

Hälfte weniger Verkehr in der Innenstadt haben ...

Bei dieser Version müßte der *Name* der Bürgermeisterin und der *Anlaß* ihrer Äußerung in der *Anmoderation* zum Beitrag genannt werden.

Beide Fassungen (Ankündigung im Text und Folge im O-Ton oder Ankündigung im O-Ton und Folge im Text) sind also denkbar. Als Prinzip bei der Aufteilung gilt: Der O-Ton sollte *eine klare und abgegrenzte Aussage transportieren*. Die Weiterentwicklung des Themas, der Übergang von einem Aspekt zum anderen, das leistet besser der Text.

**Abnehmen des O-Tons** (oder Abtexten) nennt man den Übergang vom O-Ton zum anschließenden Text. Es bietet sich manchmal an, um beide Elemente besonders eng miteinander zu verknüpfen.

Im letzten Beispiel:

O-Ton: (Bürgermeisterin) Bereits Ende nächsten Jahres werden wir um die Hälfte weniger Verkehr in unserer Innenstadt haben.

Text: (Um die Hälfte weniger Verkehr in der Innenstadt –) was das für die Bürger bedeutet, darüber wurden auf der Pressekonferenz zwei Gutachten vorgelegt ...

Der in Klamern geschriebene Satz wiederholt die Aussage der Bürgermeisterin und betont sie damit besonders.

In Ausnahmefällen wird beim Abnehmen des O-Tons *erst* oder *noch einmal* der *Name* und/oder die *Funktion* desjenigen mitgeteilt, der eben gesprochen hat.

**Wer beim Antexten auf den Namen verzichtet** (und ihn später abtextet), beabsichtigt damit in der Regel einen *Überraschungs-* oder *Neugier*effekt. Gleichzeitig erreicht er aber auch etwas Unbeabsichtigtes: Der Hörer denkt darüber nach, *wen* er hört und vielleicht weniger darüber, *was* er hört.

**Wer beim Abtexten den Namen wiederholt** (nur bei längeren O-Tönen zu erwägen), strebt damit zumeist eine *klare Zuordnung*, z. B. einer überraschenden Aussage zu einer Person an, um sie deutlich gegen die Aussage einer anderen abzusetzen.

**Das gezielte Planen der O-Töne** erspart oft Probleme beim Texten. Das geht freilich nur, wenn es sich um einen selbst recherchierten Beitrag handelt. Zur Konzeption und Recherche gehört dann die Überlegung:
– Welche *Informationen* will ich im O-Ton bringen?
– Von welchen *Personen* kann ich O-Ton bekommen? O-Töne verschiedener Personen in einem Beitrag machen ihn lebendiger und informativer – allerdings muß der Journalist auch mehr Zeit aufwenden, um sie aufzunehmen.

**Das gezielte Aufnehmen der O-Töne** ist dann der nächste Schritt bei der Produktion. Die direkte Methode besteht darin, sich zu den Themen oder Aspekten eines Themas, die man im O-Ton verwenden will, *kleine Statements* (vgl. dort) geben zu lassen.
So spart man Zeit bei der *Aufnahme* und später auch beim *Schneiden* der Bänder. Nicht jeder Befragte allerdings kann Sachauskünfte kurz und präzise und dennoch unverkrampft auf Band sprechen. Deshalb werden in der Regel *Interviews* aufgenommen, aus denen man später die gewünschten Antworten herausschneidet. Die Interview-Partner müssen *vor der Aufnahme* von dieser Absicht unterrichtet werden. Sie könnten sonst mit Recht monieren, zu sehr »beschnitten« worden zu sein.

**Bei der Aufnahme** hört der Reporter allen Antworten nicht nur unter dem Gesichtspunkt zu, ob sie inhaltlich seiner Konzeption des Beitrags entsprechen. Wichtig ist außerdem:
– Hat der Partner die gewünschte Passage *in vollständigen Sätzen* gesprochen, die für sich allein verständlich sind?
– Ist die Passage *kurz* genug?
– Hat der Partner am Ende des gewünschten Takes auch »*auf Punkt gesprochen*«, bleibt er also mit der Stimme unten?
Ist eines dieser Kriterien nicht erfüllt – das Ganze noch einmal. (Die erste Version aber nicht löschen, die zweite könnte noch schlechter sein!) Die Zeit, die man bei der Aufnahme investiert, zahlt sich später beim Bearbeiten des Bandmaterials und beim Schreiben des Textes doppelt und dreifach aus.
Häufig ist wichtig, daß die O-Töne nicht offiziell oder »aufgesagt« klingen. Sie sollen sich dann eher so anhören, als sei das Mikro-

fon zufällig dabeigewesen, »belauschtes Leben« soll eingefangen werden.
Für solche Aufnahmen braucht man Zeit, um das *Vertrauen der Partner* zu gewinnen und die Interview-Situation vergessen zu machen. Nur wenn das gelingt, hört sich der Bauer nicht mehr so an wie ein Bauernverbands-Funktionär, der unbeholfen aus dem letzten Pressetext vorliest, sondern man hört aus dem Klang der Stimme und der Art zu sprechen den Menschen mit seinen Sorgen heraus – und fühlt sich angesprochen.

**O-Töne vor Ort mit Hintergrundgeräuschen** (oder mit »Atmo«) aufnehmen, das macht sie lebendiger. Dabei ist zu beachten:
– Hintergrundgeräusche sollen einen *Bezug zur Aussage* haben
– Lärm, der vom Hörer nicht zugeordnet werden kann, stört nur.
– Hintergrundgeräusche dürfen nicht zu laut sein. Das macht die O-Ton-Takes im Verhältnis zum Sprechertext zu schwer verständlich. Der Hörer muß sich bei jedem Akustik-Wechsel umstellen.
– Das Geräusch muß vor Beginn und nach dem Ende der Wortpassage eine kurze Weile *allein* zu hören sein. Diese Zeit wird eventuell für eine Blende gebraucht.
– Hintergrundgeräusche sollten *gleichmäßig* sein. Wenn sie sich in Lautstärke und Intensität stark verändern, ist häufig das darüber liegende Wort schlecht zu schneiden (zu kürzen).
– *Musik als Hintergrund* ist problematisch. Wenn man Texte verstehen kann oder der Takt von Instrumental-Titeln genau zu hören ist, dann wirken Kürzungsschnitte an der falschen Stelle taktlos. Deshalb, wenn überhaupt, Musik nur ganz *leise* im Hintergrund.

**O-Töne aus Mitschnitten auswählen** muß man, wenn ein Bericht mit O-Ton über eine Landtags- oder Bundestagssitzung, über eine Pressekonferenz oder über eine Diskussionsveranstaltung gemacht werden soll. Folgende Arbeitsmethode hat sich dafür bewährt:
Schreiben Sie die *Rednerfolge* und die *wichtigsten Aussagen* in Stichworten mit.
Notieren Sie bei jedem neuen Redner und jedem wichtigen Thema die *Zeit:* so und soviel Minuten seit Beginn. Wenn Sie

Bandmaschinen im Studio oder in einem Ü-Wagen benutzen, »Anheber« machen und die Zeiten auf der eingebauten Uhr ablesen. Bei Mitschnitten auf Kassettenrecordern notieren Sie am besten die *Ziffern* auf dem eingebauten Zählwerk. Ansonsten benutzen Sie eine Stopp-Uhr, notfalls auch die Armbanduhr.
Treffen Sie beim Zuhören gleich die *Vorauswahl* für mögliche O-Ton-Passagen. *Markieren* Sie die Zeiten oder Zählwerkziffern für die vorausgewählten O-Töne in Ihren Notizen besonders.
Bei wichtigen Bundestagssitzungen oder Reden verbreiten die Nachrichtenagenturen recht schnell den *Wortlaut.* Das hilft bei der endgültigen O-Ton-Auswahl und beim Texten. Trotzdem muß man vorher Zeiten und Stichworte mitschreiben, damit man die entsprechenden Passagen auf dem Mitschnitt-Band rasch findet. Von manchen Veranstaltungen werden von den Agenturen sogar *vorab* die Redetexte im Wortlaut übermittelt. Dann kann man auf diesen Fernschreiben gleich Zeiten notieren und die O-Ton-Vorauswahl treffen. Achtung: Nicht immer halten sich die Redner an ihre Manuskripte.
Wenn die Nachrichtenagenturen keine Vorankündigungen über die Art ihrer Berichterstattung gesendet haben, hilft eine Rückfrage bei deren Chefs vom Dienst.

**Die endgültige O-Ton-Festlegung** erfolgt anhand der Notizen und mitgeschriebenen Zeiten auf dem eigenen Tonbandgerät oder Kassettenrecorder. Wenn der Mitschnitt im Studio gemacht worden ist, dann dort. So hat es sich bewährt:
– *Auswählen* der O-Töne
– Aufschreiben der *ersten* und *letzten* Wörter aller ausgewählten Takes
   A: »Das ist schwer zu sagen.
   E: ... noch beschlossen werden.«
– Notizen zum *Inhalt* jedes Takes
– Aufschreiben der *Anfangszeit* (oder der Ziffer auf dem Zählwerk) für jeden Take
– Aufschreiben, *wie lang* jeder Take ist
– *Ordnen* der Takes (nur auf dem Papier) in die für den Beitrag gewünschte Reihenfolge.

**Textschreiben** ist der nächste Arbeitsschritt. Wie lang er werden darf, weiß man jetzt: Vorgesehene Gesamtzeit des Beitrags

abzüglich der Länge aller ausgewählten O-Töne. Wie lang der gesamte Beitrag werden darf, hängt von den Vorgaben der Redaktion ab. Je nach Programm-Typ sind in den aktuellen Sendungen der Begleit-Programme zweieinhalb bis viereinhalb Minuten üblich. Beiträge von 2:30 mit möglichst drei O-Tönen sind bei vielen Privatsendern zur Norm geworden.
Die *Übergänge Text/O-Ton/Text* werden anhand der Notizen über die O-Töne (erste Wörter, Inhalt, letzte Wörter) formuliert. Für Zweifelsfälle liegt der Kassettenrecorder mit den O-Tönen bereit: Besser schnell noch einmal hineinhören.

**Vor dem Gang ins Studio** sind also Text und O-Ton-Liste mit allen Zeiten fertiggestellt. So wird teure Zeit im Produktionsstudio gespart.

**Die Zusammenstellung der O-Töne** erfolgt jetzt anhand der Liste mit den eingetragenen Zeiten oder Zählwerkziffern in dieser Abfolge: Zuerst werden die O-Töne auf dem von der Außenaufnahme mitgebrachten Band oder der Kassette gesucht und dann *gleich in der richtigen Reihenfolge auf das Studio-Band umkopiert* (umgeschnitten). Wenn zu Beginn oder am Ende der Takes *Blenden* nötig sind, können sie *gleich beim Umschneiden* mitgemacht werden.
Als Ergebnis dieses Arbeitsganges hat man dann alle O-Töne in der gewünschten Reihenfolge auf einem Band mit Studiogeschwindigkeit (zumeist 38 cm/sec.).
Für die Produktion des Beitrags gibt es zwei Möglichkeiten:

**Produktion mit Zuspielen der O-Töne** bietet sich an, wenn die O-Ton-Takes viel Hintergrundgeräusche (Atmo) haben. Nur so sind akustisch weiche Übergänge zum Text zu erreichen.
Die einzelnen O-Töne auf dem Zuspielband werden in einem vorbereitenden Schritt *voneinander getrennt*. Zwischen die einzelnen Takes wird Gelb-Band als *Zwischenband* geklebt.
Wichtig ist, daß vor Beginn Wort und nach Ende Wort die Geräusche (die Atmo) eine kleine Weile (bis zu fünf Sekunden) *allein* zu hören sind. Die Geräusche werden dann *ein- oder ausgeblendet* (langsam lauter oder langsam leiser), damit die unterschiedlichen Akustiken von Berichtstext (Studioatmosphäre) und O-Ton (Hintergrundgeräusche) nicht »aufeinanderknallen«. Solch eine

Blende kann bereits unter dem Text beginnen. Die Geräusche werden dann schon bei den letzten Wörtern des Textes langsam lauter hörbar. Sie bilden so eine akustische Klammer zwischen Text und nachfolgendem O-Ton. Entsprechendes gilt für das Ende des O-Tons. Das Geräusch wird unter den ersten Wörtern des Textes langsam leiser, bis es nicht mehr zu hören ist (es wird ausgeblendet).
Ist das Zuspielband mit den O-Tönen zusammengestellt, geht der Journalist in den Sprecherraum. Er liest seinen Text. Kommt er an eine Stelle, an der O-Ton vorgesehen ist, wird diese Passage zugespielt. Beides zusammen, Text und O-Töne, werden auf Tonband mitgeschnitten (aufgezeichnet). Auf dem Aufnahmeband sind dann *Text und O-Töne zusammengefügt,* im Beitrag mit O-Ton miteinander verschmolzen.

**Produktion mit Einfügen der O-Töne** ist die etwas schnellere Methode. Der Journalist liest dabei seinen Text hintereinander weg und macht kleine Pausen, wo *später O-Töne eingefügt* werden. Anschließend gibt es dann *zwei* Bänder: eins mit dem *Text* und das mit den bereits vorher umgeschnittenen *O-Tönen*. Jetzt werden die einzelnen Text- und O-Ton-Passagen einfach in der richtigen Reihenfolge *zusammengesetzt* – durch Klebestellen miteinander verbunden (vgl.»Bänder schneiden«).

**Bericht mit O-Ton live.** Diese Variante wird angewendet, wenn in der aktuellen Berichterstattung vor der Sendung keine Zeit mehr für die Produktion bleibt oder kein Studio zur Vorproduktion zur Verfügung steht.
Die Arbeitsschritte sind dann *wie bei der Produktion mit Zuspielen* der O-Töne. Allerdings wird der Berichtstext vom Journalisten *live* gelesen und die O-Töne werden während der Sendung *direkt zugespielt.* Die auf dem Zuspielband zusammengestellten O-Töne und der Sprechertext verbinden sich also *erst während der Sendung* miteinander.
Ist die Zeit noch knapper, wird manchmal sogar auf das Text-Schreiben verzichtet. Der Journalist spricht seinen Bericht dann frei (ohne Manuskript) und gibt *Zeichen,* wann die O-Töne zugespielt werden sollen. Diese Methode erfordert große *Konzentration, Stichworte* und jedenfalls eine genaue O-Ton-Liste. Hat man die Liste nicht (oder nicht richtig), dann kommt es schnell zu

einem Durcheinander mit O-Tönen zum falschen Zeitpunkt und ungenauen Überleitungen.

**Berichte mit O-Ton sind eine beliebte Darstellungsform** geworden. Kein Wunder: Sie sind *weniger weitschweifig* als das bei Interviews der Fall sein kann und *weniger trocken* als reine Berichte. Die Prägnanz des Berichts und die Authentizität und Lebendigkeit des O-Tons verbinden sich im O-Ton-Bericht zu einer radiophonen Form, die sich nicht nur für die aktuelle Berichterstattung in den sog. »schnellen Wellen«, sondern auch für fast alle Ressorts der sog. Einschaltprogramme eignet.

**Der »kommentierende Bericht«** ist ein Zwitter, der Berichterstattung mit Kommentierung verbindet. Die Gefahr dabei liegt in der *Vermischung* von beidem. Wird der Hörer nun über ein Ereignis informiert oder darüber, was ein Journalist von einem Ereignis hält? Kann der Hörer sich noch selbst eine Meinung über ein Menü und seine Zutaten bilden, wenn der Journalist immer gleich dazusagt, wie es ihm selber schmeckt? Deshalb: Wenn schon »kommentierender Bericht«, dann bitte die Speisenfolge einhalten: *Zuerst die Information* als »Hauptgang«, *anschließend die Bewertung* als »Dessert« – und beides durch eine entsprechende Formulierung voneinander abgesetzt (vgl. »Kommentar«).

Will der Journalist ein Ereignis oder eine Aussage selbst *bewerten,* dann ist aber grundsätzlich die geeignete Darstellungsform nicht der Bericht, sondern der *Kommentar* oder die *Glosse.* Soll berichtet und bewertet werden, ist es so korrekt: Zuerst der Bericht, dann, davon zeitlich getrennt, der Kommentar. Zwei verschiedene Beiträge freilich kosten mehr Zeit und geben dem Thema ein besonderes Gewicht.

## Information ohne O-Ton

Es gibt Veranstaltungen, bei denen Mikrofonaufnahmen nicht erlaubt oder nicht sinnvoll sind. Verboten sind sie immer in Gerichtsverhandlungen, häufig bei Ausschußsitzungen der Parlamente (Bund, Länder, Gemeinden), bei Vereinsvorstandssitzungen, bei Informationsgesprächen von Verbänden, Unterneh-

men, um nur einige Beispiele zu nennen. Bei anderen Veranstaltungen (Podiumsdiskussionen, Akademietagungen etc.) ist vorher manchmal nicht abzusehen, wie interessant sie werden. Großer technischer Aufwand (Ü-Wagen, mehrere Mikrofone) ist unwirtschaftlich und/oder aus Kapazitätsgründen nicht möglich, ein kleines Aufnahmegerät reicht oft nicht aus.
Will man über solche Veranstaltungen berichten, bleiben letztlich nur drei Wege:

**1. Interview mit einem Teilnehmer,** der Diskussionsverlauf und Ergebnisse zusammenfaßt (vgl. »Interview«). Hier ist die Gefahr der Einseitigkeit sehr groß. Das hat bei Berichten über Ausschußsitzungen (vor allem aus Bonn) dazu geführt, den Ausschußvorsitzenden und einen Vertreter der jeweiligen Opposition zu hören, um die Berichterstattung (scheinbar) so objektiv wie möglich zu machen. Diese Auflösung des Berichts wird als einzig praktikable Möglichkeit der Berichterstattung vor Ort bewertet; häufig allerdings mit dem Ergebnis, daß beide Interviewte kontroverse Auskünfte, unterschiedliche (ideologische/parteipolitische) Bewertungen des gleichen Sachverhalts geben. Ein Bericht, eine Zusammenfassung durch den Journalisten wäre besser, weil er einordnen, gewichten kann. Manche (Partei-) Kritiker halten den Journalistenbericht jedoch für weniger authentisch, sehen die Gefahr der verschleierten Kommentierung, halten den Bericht für riskanter, für nicht ausgewogen.

**2. Kollegengespräch** zwischen Magazinmoderator und Berichterstatter. Formal ist es ein Interview. Aber die Interview-Regeln (vgl. »Interview«) werden häufig zu wenig beachtet, weil beide es als »Plausch unter Kollegen« betrachten. Gefahr: mangels ausreichender Absprache oder Vorbereitung setzt der Moderator durch seine Fragen falsche Akzente, zwingt den Kollegen auf Nebengeleise. Nur mit Routine und höflichen Klimmzügen (»Ihre Frage ist sehr interessant, aber eigentlich wollte ich ...«) kommt der Berichterstatter auf Umwegen, die Sendezeit kosten, zum eigentlichen Thema.

**3. Bericht ohne O-Ton** als Alleingang des Journalisten. Letztlich referiert er über Referate, darf aber selbst kein Referat halten. Er soll zusammenfassen, ordnen, gewichten, einen roten Faden er-

kennbar machen, Wesentliches/Kontroverses herausarbeiten. Dazu gehört auch Atmosphärisches: Verlief eine Sitzung/Diskussion akademisch gelassen oder war die Stimmung hektisch, emotional; schliefen die Teilnehmer fast ein, weil sie alle gleicher Meinung waren, oder prallten gegensätzliche Auffassungen aufeinander. Sein Bericht kann – je nach Thema und Veranstaltung – kommentierende, glossierende Elemente enthalten.
Der Bericht kann vom Manuskript gelesen oder frei formuliert werden.

## Interview

Interviews sind als gezielte Befragung *unverzichtbare Methode der Recherche.* Das Ergebnis kann zu einer Nachricht werden, kann als Information in Bericht, Reportage, Kommentar und Glosse einfließen. So eingesetzt, ist das Interview Vorarbeit für ein anderes journalistisches Produkt.
Das Interview kann aber auch als *journalistische Darstellungsform* selbst Produkt sein. Nicht nur die Ausbeute eines Arbeitsvorganges wird dann dem Publikum präsentiert – auch der *Entstehungsprozeß* selbst wird damit öffentlich gemacht. Darin kann Informations- und Unterhaltungswert zugleich liegen. Von dieser Art Interviews wird hier die Rede sein. Die anderen gehören unter die Überschrift Recherche.
Diese Unterscheidung macht bereits deutlich, warum die Darstellungsform Interview im Hörfunk von besonderer Bedeutung ist. Die in der Zeitung nachgedruckte Abfolge von Fragen und Antworten kann all die Informationen nicht vermitteln, die durch Stimme, Tonlage, Diktion und sonstige akustische Merkmale zum Ausdruck kommen. »Was« gesagt wurde, kann man nachlesen, kaum aber, »wie« es gesagt wurde.
Das Fernsehen liefert zur Stimme noch das Aussehen. Es macht die Information dadurch einerseits noch vollständiger, andererseits besteht die Gefahr, daß die Akzente zu sehr vom »Was« auf das »Wie« (von der Aussage auf den Aussagenden) verlagert werden. Hinzu kommt eine dramaturgische Überlegung. Fernsehredakteure haben eine berechtigte Scheu, durch »zu viele Köpfe« im Bild die sonstigen Möglichkeiten optischer Umsetzung von Informationen zu vernachlässigen.

Mit einem Radio-Interview dagegen sind *die Möglichkeiten des Mediums Hörfunk nahezu ideal genutzt.*
Interviewen ist weitgehend erlernbar – besser jedenfalls als das viel mehr noch von Begabung abhängige gute Sprechen von Reportagen. Bei der Reportage ist der Reporter allein auf sich gestellt.

**Das Dreiecksverhältnis.** Zum Erfolg – oder Mißerfolg – eines Interviews tragen dagegen zumindest zwei (gelegentlich sind es auf beiden Seiten auch mehrere) bei: der Interviewer als Fragesteller und der Interviewpartner als Befragter.
Mit einer Abfolge von Fragen und Antworten stehen sie miteinander in einem Kommunikationsprozeß, der auf einen Dritten abzielt: den Zuhörer. *Stellvertretend* für ihn stellt der Reporter seine Fragen. Der Befragte beantwortet sie dem Reporter – erreichen will er mit den Antworten aber vor allem den Zuhörer. Sich dieses Dreiecksverhältnis klar zu machen, verhilft zum richtigen Rollenverständnis als Voraussetzung für gute Interview-Technik.

**Der Befragte ist Hauptperson.** Um seiner Antworten willen findet das Interview statt. Der *Interviewer* (Reporter) ist in »dienender« Funktion als Mittler für den Hörer tätig. Durch seine Interview-Führung soll er aufschlußreiche Antworten des Befragten erreichen.
Manchem Reporter fällt diese Selbstbeschränkung nicht leicht. Er will Besser-Wissen einbringen, Kommentare anbringen und eigene Meinungen vorbringen. Dagegen ist grundsätzlich nichts zu sagen. Nur wird aus dem Interview auf diese Weise eine andere Darstellungsform: ein Gespräch oder eine Diskussion mit gleichberechtigter Stellung beider Gesprächspartner und austauschbaren, mehr oder weniger identischen Rollen.
Reduziert sich damit die Funktion des Reporters im Interview auf die eines Stichwort-Gebers, eines verbalen Steigbügelhalters für einen hoch zu Roß sitzenden Redner im Radio? Leider ja – bei manchem schlechten Interviewer. Ein guter nutzt gerade die *Selbstbeschränkung* zur Konzentration auf seine eigentliche Aufgabe, also auf die möglichst umfassende und aussagekräftige Information des Hörers mit Hilfe des und durch den Interviewpartner.
Sie beginnt für ihn oder seinen Redakteur mit der Auswahl von

Thema und Interviewpartner, manchmal auch in umgekehrter Reihenfolge. Der nächste Schritt ist die Festlegung des Interview-Zwecks.

**Drei Interview-Typen** werden allgemein unterschieden:
- Das *Interview zur Sache.* Es will Informationen über Fakten vermitteln;
- das *Meinungsinterview.* Informationsziel ist die Übermittlung der Meinung des Befragten. Die Bewertung eines Vorgangs oder einer Situation wird erfragt;
- das *Interview zur Person.* Hier geht es um Informationen über den Befragten mittels des Befragten. Der Interviewpartner als Mensch steht im Vordergrund.

Die Wissenschaft mag nach weiteren Typisierungsmerkmalen suchen, für die Praxis reicht diese Klassifizierung. Sie hilft dem Reporter, sich selbst die Frage nach dem »Zweck« eines geplanten Interviews besser zu beantworten – auch wenn er bald feststellen wird, daß die Grenzen oft fließend sind.

**Die Vorbereitung in der Sache** kann dadurch gezielter erfolgen. Archiv, Agenturmeldungen, Gespräche mit Kollegen und Recherche-Interviews helfen dem Reporter, sich so sachkundig wie möglich zu machen. Wer darauf verzichtet, wird in seiner Interview-Führung an jemanden erinnern, der mit der langen Stange im Heuhaufen herumstochert. *Fündig wird in der Regel nur, wer weiß, wo er zu suchen hat.*

**Die Eingrenzung des Informationsziels,** seine genaue Bestimmung unter Berücksichtigung des vorgegebenen Zeitrahmens ist dann eine weitere wichtige Vorentscheidung des Reporters. Er kann sie treffen, nachdem er sich in der Sache vorbereitet hat. Welche Aspekte eines Themas sind neu und wichtig? Wozu ist die Meinung gerade dieses Interviewpartners aufschlußreich und noch nicht bekannt? Je mehr man dabei in ein Interview hineinpacken will, desto mehr wird man notgedrungen an der Oberfläche bleiben müsen. Meist gilt: *Je eingegrenzter der Stoff, desto größer der Informationswert.* Gute Interviews liefern Informationen mit Nachrichtenwert.

**Die Vorbereitung auf die Person** folgt der Vorbereitung auf die

Sache. Was muß der Reporter von seinem Interviewpartner wissen? Selbstverständlich: den genauen Namen und Vornamen, Titel und Funktion. Wenn man außerdem noch erfährt, ob der Befragte ein verschlossener oder ein zugänglicher Mensch ist, ob er sich flüssig ausdrücken kann oder schwerfällig formuliert, dann ist dies hilfreich. Findet man auch noch einen Hinweis z. B. zu den Hobbys, sollte man ihn sich merken – auch wenn man ein hartes Interview zur Sache plant. Im Vorgespräch könnten sie ein gutes Thema zum »Anwärmen« sein. Wissenschaftler nennen die Sammlung solcher Daten zur Person und den sprachlichen Fähigkeiten ein *Rhetogramm*.

**Der Interview-Verlauf** wird als nächstes geplant. Man überlegt sich also, welche Abfolge von Fragen die beste Interview-Strategie zur Erreichung des Interview-Ziels sein könnte. Dazu kann man den *Verlauf des Interviews antizipieren,* vorher gedanklich durchspielen: Auf welche Frage würde wohl welche Antwort kommen? Und wie dann weiterfragen? Wie reagieren, wenn nur eine ausweichende Antwort gegeben wird? Nachfragen oder zur nächsten Frage übergehen? Auf diese Art macht man sozusagen ein Interview mit sich selbst. Das hat zwei Vorteile. Man durchdenkt den Stoff und schafft bessere Voraussetzungen für die eigene schnelle Reaktion auf die Antworten des Befragten. Zugegeben: Kaum ein erfahrener Reporter wird für die tägliche Routine so zeitaufwendige Vorarbeit leisten können und müssen. Auch die Spontaneität eines Interviews könnte dadurch leiden. Dennoch: Für den Anfänger jedenfalls und den Könner bei besonders schwierigen Interviews empfiehlt sich die Verlaufs-Antizipation als wertvolle Hilfe.

Gibt es für den Ablauf eines Interviews nun ein Schema, an das man sich immer halten könnte? Das nicht. Aber es gibt immerhin eine Regel, die für den Normalfall zutrifft. *Die erste Frage* läßt einen breiten Spielraum für die Antwort. Sie ist allgemein gehalten. Die folgenden dienen dann dazu, den Sachverhalt insgesamt zu vertiefen, zu präzisieren, oder sie greifen nacheinander einzelne Aspekte daraus auf. Tun sie letzteres, gilt auch dann wieder: vom Allgemeinen zum Besonderen. Wichtig dabei: nicht »springen«, die Aspekte eines Themas nacheinander behandeln.

**Das Bild eines Trichters** wird für dieses Vorgehen gebraucht:

oben weit offen, nach unten immer enger. Mit dieser Standard-Methode hat man den Vorteil des logischen und sauber gegliederten Vorgehens für sich. Das interessantere Interview führt aber vielleicht manchmal der Kollege, der den Trichter umdreht und mit einem (Aufmerksamkeit erregenden) Detail beginnt und von diesem Ausgangspunkt das Thema zum Generellen hin erweitert.

Zu Beginn haben wir die Frage gestellt, ob ein sich auf seine Rolle beschränkender Interviewer nicht zum bloßen Stichwort-Geber für den Interviewpartner wird. Inzwischen haben wir gesehen: Der Interviewer ist es, der (möglicherweise zusammen mit dem Redakteur) Thema, Interview-Zweck und Informationsziel vorgibt. *Er plant und steuert den Verlauf.* Durch diese »Führung« des Interviews hebt er bestimmte Aspekte hervor und vernachlässigt andere. Über kritische Punkte kann er hinweggehen oder bohrende Nachfragen stellen. Auch ohne aus seiner Rolle auszubrechen, hat der Interviewer eine verantwortungsvolle Aufgabe. Er erfüllt sie mit dem sprachlichen Instrument der Frage.

**Die verschiedenen Fragearten** muß der Interviewer in den Grundzügen kennen, um sie richtig einsetzen zu können.

1. Frage: Was wissen Sie über Fragearten?
Antwort: ... z. B., daß dies eine *offene Frage war,* die dem Interviewpartner *keinerlei Antwort vorgibt.*
2. Frage: Stimmt es, daß man offene Fragen gerne als *Eingangsfragen* stellt, um dem Interviewpartner zu einer *unbeeinflußten Antwort* Gelegenheit zu geben?
Antwort: Das ist richtig, vorausgesetzt man hat genügend Zeit zur Verfügung. Das ist in Begleitprogrammen fast nie der Fall. *Geschlossene Fragen* sparen Zeit. Man verwendet sie also, wenn man das Interview *stärker führen* will. Man steuert damit bestimmte Aspekte eines Themas an und versucht zu verhindern, daß der Befragte auf andere zu sprechen kommt, die man für weniger wichtig hält.
3. Frage: Bedeutet die Anwendung dieser Taktik wirklich nur Interview-Führung oder ist es nicht eher Manipulation des Befragten?
Antwort: Jede Frage mit Antwort-Vorgabe bringt den Befragten in Versuchung, sich für die – oder eine der – vorgege-

bene(n) Möglichkeit(en) zu entscheiden, ohne Alternativen zu bedenken. Gewiefte Partner werden ihr leicht widerstehen, weniger Routinierte können damit unzulässig beeinflußt werden.

Die 3. Frage übrigens will den Partner veranlassen, sich zwischen den beiden Alternativen Manipulation und Interview-Führung zu entscheiden. Die Vorgabe besteht aus einer Alternative *(Alternativ- oder Entscheidungsfrage)*. Die Sowohl-als-auch-Antwort vermeidet aber die damit beabsichtigte Festlegung.

*Der Grad der Geschlossenheit einer Frage kann unterschiedlich groß sein.* Zwei Antwortvorgaben in der Alternativ-Frage, nur eine in der *Bestätigungs*-Frage (Nr. 2). Aber auch drei oder noch mehr Antwort-Möglichkeiten können in einer Frage angeboten werden.

4. Frage: Warum muß ein Interviewer etwas über die verschiedenen Frage-Arten wissen?

Antwort: Damit er weiß, daß dies eine einfache *Gründe-Frage* sein kann, die man zur Vertiefung einer Antwort einsetzt. Sie ist aber auch eine *Unterstellungsfrage,* weil sie einfach unterstellt, daß man etwas über Frage-Arten wissen muß, und nur noch nach der Begründung dafür fragt.

5. Frage: Aber ist dies nicht eine solche Binsenwahrheit, daß man sie ruhig unterstellen kann, ohne gesondert danach zu fragen?

Antwort: Bei heiklen politischen Interviews kann diese Art der Fragen-Stellerei aber als Fallen-Stellerei übelgenommen werden. Das gilt auch für Frage 5, die eine Antwort im Sinne des Fragestellers sehr nahelegt, sie suggeriert – eine *Suggestivfrage* also.

6. Frage: Sollte man solche *Fangfragen* (auch: *verzerrte Fragen*) nun
– gar nicht,
– nur in bestimmten Fällen oder
– immer
benutzen?

Antwort: Dies ist auch eine Form der geschlossenen Frage – eine *Skala-Frage*. Man benutzt sie, um den Befragten möglichst genau festzulegen, festzustellen, mit welchem Nachdruck er z. B. etwas fordert oder ablehnt. Benutzen sollte man *Fangfragen* höchstens in ganz bestimmten Fällen – bei sogenannten harten Interviews zu heißen Themen bei entsprechend gebildeten und versierten Interviewpartnern. *Im Normalfall* wird man sie als *nicht fair* ansehen.

Solche verzerrten Fragen werden allerdings auch ganz bewußt verwendet, um Interviewpartner zu einer besonders spontanen und direkten Reaktion zu provozieren.

7. Frage: Es gibt auch *Fragen mit Balkon,* mit einer *»vorgebauten«* Information also.

Antwort: Das stimmt – auch wenn dies keine Frage, sondern nur eine Feststellung war. Von guten Interviewpartnern wird aber auch ein solcher Einwurf sofort aufgegriffen. Das Interview wird dadurch formal abwechslungsreicher und flüssiger. Unsichere Befragte reagieren nicht immer auf diese Methode. Dann hat man den gegenteiligen Effekt erreicht – eine unangenehme Pause.

8. Frage: Es gibt viele verschiedene Frage-Arten. *Offene Fragen* lassen für die Antwort einen großen Spielraum. Geschlossene Fragen sollen die Antwortmöglichkeiten eingrenzen und den Interviewverlauf stärker lenken. *Gründe-Fragen* vertiefen. *Skala-Fragen* sind ein Weg, eine genaue Festlegung des Interviewpartners zu erreichen. *Bestätigungsfragen* dienen dazu, einen abgehandelten Aspekt vor dem Übergang zum nächsten abzuschließen und noch einmal zu präzisieren. *Mehrfach-Fragen* sollte man vermeiden. Ungeübte Partner werden durch sie verwirrt, geübte beantworten nur die angenehmste Frage aus dem Bündel.

Was macht man denn nun, wenn man trotz richtiger Anwendung dieser Frage-Arten keine befriedigende Antwort bekommt?

Antwort: Diese Frage hatte einen Balkon. Der Reporter gibt damit kurz zusammengefaßte sachliche Informationen, die der Hörer braucht, um die sich anschließende Frage zu verstehen. Diese Methode spart Zeit. Der Interviewpartner wird nur zu Punkten befragt, zu denen seine Auskünfte auch wirklich neu und wichtig sind. Die Routine-Vorarbeit leistet der Interviewer.

Aber Vorsicht: *Bei heiklen Fragen muß die Vorinformation besonders hieb- und stichfest sein.* Bei einer Nachfrage des Interviewpartners sollte der Reporter die Quelle parat haben. Sonst fällt mit dem Balkon auch die sich inhaltlich daran anschließende Frage.
Haben Sie's bemerkt? Die 8. Frage ist noch nicht beantwortet. Ein Interviewer kann das nicht durchgehen lassen – es sei denn, er hält seine eigenen Fragen nicht für besonders wichtig.

9. Frage: Also: Was macht man denn nun, wenn man keine befriedigende Antwort bekommt?

Antwort: Antworten kann man auf diese letzte Frage erst, wenn man zuvor geklärt hat, was eine »befriedigende Antwort« ist. Befriedigend und angestrebt ist *eine* (noch deutlicher: *irgendeine)* klare Antwort zur Sache, *eine* verständliche Begründung, eine Festlegung auf *eine* klare Meinung. Angestrebt wird nicht eine *bestimmte* Antwort zur Sache, eine *bestimmte* Begründung, eine Festlegung auf eine *bestimmte* Meinung. Den Inhalt der Aussage bestimmt der Befragte (deshalb befragt man ihn ja auch) und nicht der Frager (sonst könnte er sich seine Fragen ja auch gleich selbst beantworten).

10. Frage: Was tun, wenn man nun in diesem Sinne keine »befriedigende« Antwort bekommt?

Antwort: Der Interviewer kann nur fragen, nachfragen, anders – vielleicht präziser oder geschickter – fragen. Ist auch danach die Antwort noch nicht »befriedigend«, dann bleibt nur die Hoffnung, daß auch der Hörer das Ausweichen, Verschleiern, das Schwafeln und Drumherumreden des Interviewpartners bemerkt und sich selbst einen Vers darauf macht.

**Nachhaken – aber wie?** Der Reporter kann in einem solchen Fall seinen *Eindruck auch als Frage* an sein Gegenüber formulieren.

Ich habe den Eindruck, daß Ihnen eine Antwort auf die Frage schwerfällt. Stimmt das?

Auch die Wiederholung von Frage und Antwort in Kurzform mit einer *in Frageform gekleideten Bewertung* ist eine mögliche rhetorische Technik.

Ich habe das gefragt. Sie haben jenes geant–

wortet. Sind Sie mir damit nicht ausgewichen?
Auf eine solche Frage wird der Interviewpartner meist wieder ausweichend antworten. Wenn es wirklich ein Ausweichen war, ist es dem Hörer durch die Frage danach aber vielleicht bewußter geworden. Hielt der Hörer die Antwort dagegen für ausreichend, wird er das bohrende Nachhaken des Reporters als unangemessen empfinden.
Wie gesagt: Reporter und Befragter stehen miteinander in einem Kommunikationsprozeß, der sich aber an den Hörer richtet. Über beider Verhalten wird sich der Hörer ein Urteil bilden. Daran zu denken, kann für den Reporter (der ja noch viele Interviews machen will) wichtig sein.

**Die emotionale Beziehungsebene** (neben der sachlichen die zweite Ebene der Beziehungen zwischen Interviewer und Interviewpartner) ist bei einem spannungsgeladenen Interview-Verlauf besonders wichtig. Aber auch für den Normalfall gilt: *je besser der emotionale Kontakt, desto offener und freier die Antworten.*

**Das Vorgespräch** dient vor allem der Herstellung dieses Kontaktes. Soweit noch nicht bei der Verabredung des Interview-Termins geschehen, wird der Reporter es erst einmal dazu nutzen, sich korrekt *vorzustellen* und mitzuteilen, *wann* und *in welchem Rahmen* das Interview *in welcher Länge* gesendet werden soll. Gerade bei politischen Themen ist es für den Partner oft wichtig, Sendeplatz und Zusammenhang zu kennen. Für den Jugendfunk wird er einen anderen Ton anschlagen als für ein politisches Magazin.
Auch *nach* diesen notwendigen Formalitäten: nicht gleich mit der Tür ins Haus fallen. Zeit für ein persönliches Wort ist allemal. Schließlich sind Interviewpartner Menschen (und oft auch noch interessante), die man nicht einfach abhakt wie ein Buchhalter seine Zahlen.
Für das Vorgespräch über den Inhalt des Interviews gilt folgende Regel: *Soviel wie unbedingt nötig, sowenig wie möglich.* Der zweite Aufguß schmeckt nämlich nicht nur beim Kaffee fade. Darum spricht man vorher am besten *nur kurz* die einzelnen Aspekte des Themas an. Fragen und Antworten schon vorher

*genau* durchzusprechen, empfiehlt sich allenfalls bei *sehr schwierigen Partnern oder Themen.*
Das Tonbandgerät ist für den Radio-Reporter Handwerkszeug. Er geht damit geschickt und schnell um (vgl. dazu und zu Sitzposition, Mikrofonhaltung und -auswahl und Wiederholen von Interviews den Beitrag »Mit dem Mikrofon arbeiten«). Die nötigen Vorbereitungen hat er schon vorher getroffen. Er wird sich hüten, einen gelockerten und aufgeschlossenen Interviewpartner kurz vor der *Aufnahme* durch umständliches Hantieren wieder nervös oder ungeduldig zu machen.
Beim *Live-Interview* ist Nervosität schnell da, wenn zwischen Vorgespräch und »Rotlicht« eine lange ehrfürchtige Pause entsteht. Vom Zahnarzt kann man lernen, wie's gemacht wird: einige freundliche Sätze helfen über den halben Schmerz.

**Interviewen nach Manuskript?** Der Zahnarzt übrigens hat's im Kopf, wo er bohren muß. Ein Interviewer sollte nach Möglichkeit seinem Partner auch nicht nach Manuskript auf den Zahn fühlen. Ganz abgesehen vom Armutszeugnis, das sich ein Reporter ausstellt, der seine Fragen abliest, während der Befragte frei antwortet, haben aufgeschriebene Fragen noch einen entscheidenden anderen Nachteil. Sie führen fast zwangsläufig dazu, daß der Reporter sie nacheinander ohne Rücksicht auf die Antworten abspult wie ein sprechender Fragebogen. Also: Nicht auf dem Papier sollte man's haben, sondern *im Kopf (den vorstrukturierten Interview-Ablauf), im Auge (das Interview-Ziel)* und *im Repertoire (die Frage-Techniken).* Und dann: *flexibel auf die Antworten des Interviewpartners reagieren.* Wann immer möglich *die jeweils folgende Frage aus der vorangegangenen Antwort zu entwickeln* und dennoch interviewziel-orientiert die »Führung« zu behalten – darauf kommt es an.
*Schriftliche Unterlagen* bei besonders schwierigen Interviews schließt das nicht aus: Zahlen, Zitate, Zeitabläufe hat man besser schwarz auf weiß parat, ehe man sie aus dem Kopf vorträgt und sich eventuell dann vom Befragten korrigieren läßt. In aller Regel aber blickt der Reporter im Interview nicht auf seine Notizen, sondern den Partner interessiert an. Er kommuniziert mit ihm nicht nur verbal.

**Die nonverbale Kommunikation** ist ebenfalls ein wichtiger Be-

standteil eines Interviews. Im Fernsehen sieht's auch der Zuschauer, im Hörfunk-Interview nimmt nur der Befragte *die mehr oder weniger stummen Zeichen* des Kontaktes wahr:
- den interessierten Blick, der zum Weiterreden ermuntert,
- die in Falten gezogene Stirn oder den skeptischen Gesichtsausdruck als Signale für eine kritische Frage,
- das Zeichen, mit dem um Kurzfassen gebeten wird,
- das Luftholen oder die unruhig-drängende Geste, die besagt, daß der Reporter mit einer weiteren Frage das Interview voranbringen will, vielleicht seinen Interviewpartner gleich unterbrechen wird.

Das »hm« des Reporters, das je nach Tonfall Zustimmung, Ablehnung oder auch nur neutrales Interesse ausdrücken kann, wird von den Hörern häufig als störend empfunden. Der Reporter sollte sparsam damit umgehen und darauf achten, daß sein »hm, hm« nicht als Kommentar verstanden wird. Umgekehrt signalisieren ebenso Gesten, Gesichtsausdruck und Verhaltensweise des Interviewpartners dem Reporter manches: Nervosität, Gereiztheit, Ungeduld oder Betroffenheit. *Die richtige Analyse einer solchen nonverbalen Antwort hilft bei der Steuerung des Interviews,* läßt den wunden Punkt beim Befragten oft auch dann ahnen, wenn die verbale Antwort ihn geschickt überspielt.

Was bedeutet nun die nonverbal deutlich demonstrierte Gereiztheit des Partners bei unangenehmen Fragen für das Verhalten des Reporters? Zweierlei. Inhaltlich: eine Bestätigung dafür, daß er den kritischen Punkt angesteuert hat. Taktisch: eine Warnung vor einer empfindlichen Störung der positiven emotionalen Beziehung zu seinem Gesprächspartner.

*Je schlechter dieser »Rapport« wird, desto schwerer nur wird sich das Interview noch steuern lassen.* Der Befragte wird Gegenstrategien anzuwenden versuchen, vielleicht gar zum Gegen-Angriff übergehen, wenn er das Fragen in eine bestimmte Richtung als Angriff versteht. Für den Interviewer gilt dann: *je härter in der Sache, desto verbindlicher in der Form.* Er bleibt sachlicher, neutraler Anwalt des von ihm oder seiner Redaktion vermuteten Informationsinteresses der Hörer. Auch in einem harten Interview wird aus einem *Interview-Partner kein Interview-Gegner.* Der Interviewer fragt stellvertretend für den Hörer – nicht um den Befragten positiv oder negativ »vorzuführen« und schon gar nicht, um sich selbst und die eigene Meinung darzustellen.

Manche empfinden dies als eine zu bescheidene Funktion des Interviewers.

**Die Geschichte der Darstellungsform Interview** macht das Gegenteil deutlich. Das Wort stammt aus der Hofsprache. Es bezeichnete ursprünglich das Zusammentreffen zweier hochgestellter Persönlichkeiten. In den sechziger Jahren des vorigen Jahrhunderts ging der amerikanische Journalist Joseph Burbridge McCullagh zu solchen »Zusammentreffen« mit US-Präsident Andrew Johnson, um diesen zu befragen und dann darüber zu berichten. Das journalistische Interview war geboren als ein Produkt der amerikanischen Demokratie.[1]

Der Journalist begann, den Mächtigen der Welt als Vertreter der Öffentlichkeit Fragen zu stellen. Gewiß: Nicht immer hält er die Antworten für ausreichend. Vor der Kritik am Interviewpartner sollte dann aber stets die selbstkritische Frage stehen: Habe ich richtig gefragt, nachgefragt, bestimmt genug gefragt, *habe ich alle Chancen des Interviews konsequent genug genutzt?* (Vgl. »Magazine und Magazin-Moderation«.)

**Das Telefoninterview** ist zu einer der am häufigsten verwendeten Darstellungsformen des modernen Hörfunks geworden. »Telefon« steht dabei für besondere Aktualität.

*Das Telefon macht Interviewen leichter* – und schwerer. Beide Partner benutzen mit dem Telefon ein technisches Hilfsmittel, das ihnen aus dem täglichen Leben ohnehin vertraut ist. Die gewohnte Telefon-Situation läßt bei Ungeübten weniger Befangenheit aufkommen – egal ob Reporter oder Interviewpartner.

Für den Reporter allerdings haben Telefon-Interviews auch zusätzliche Tücken. Er sieht seinen Interviewpartner nicht, muß selbst auf die Mittel der nonverbalen Kommunikation verzichten und kann nonverbale Signale des Befragten auch nicht in seine Interview-Taktik einbeziehen.

**Besonders schwierig wird das Unterbrechen.** Die Technik kommt noch erschwerend hinzu. Redet der Interviewpartner nämlich trotz der Unterbrechung weiter, dämpft das Telefon-Anschaltgeät (ANG; vgl. Beitrag »Mit dem Telefon arbeiten«) seine Lautstärke ab. Er ist unter dem Frager zwar weiterhin zu hören, aber nicht mehr zu verstehen. Vom Institut für Rundfunktechnik kommt daher die Empfehlung, möglichst nur in Atempausen oder bei stockendem Redefluß zu unterbrechen.[2] Dann aber schnell, beherzt und mit fester Stimme. Eine solche verbale Entschlossenheit sollte dazu beitragen, daß der Interviewpartner die Unterbrechung akzeptiert – tut er es dennoch nicht, ist das akustische Ergebnis in der Regel unerfreulich.

**»Bitte kurze Antworten«** – dieser freundliche Hinweis vor Beginn des Interviews ist oft hilfreich. Er kommt beim Interviewpartner besser an, wenn man gleichzeitig *kurze Fragen* verspricht – und sich dann auch daran hält. Vergessen sollte man außerdem nicht, dem Befragten vorher die Zeit mitzuteilen, die für das Interview zur Verfügung steht.

Die Magazinierung der Hörfunk-Programme und die damit verbundene Praxis vermehrter Telefon-Interviews hat »eine hochgradig aktualisierte Form der politischen Berichterstattung entwickelt.«[3] Die Zeitspanne zwischen Ereignis und Politiker-Reaktion oder (was häufiger ist) zwischen Äußerung einer politischen Meinung und der Reaktion darauf, ist sehr gering geworden. *Politiker werden oft um Stellungnahmen gebeten, noch ehe sie sich ausreichend sachkundig machen konnten.* Gewiß trägt der Politiker dann die Verantwortung. Der Journalist sollte sich jedoch überlegen, ob es nicht unfair sein kann, Politiker derart in Versuchung zu führen.

**Der Informationswert solcher Überraschungsinterviews** ist häufig gering. Manch einer nimmt nämlich einerseits gern die Möglichkeit der politischen Selbstdarstellung wahr, versucht sich aber gleichzeitig durch einschränkende Formulierungen abzusichern und möglichst nicht auf eine klare Meinung festlegen zu lassen.

Bei der Verabredung des Interviews sollte der Redakteur deshalb *vorher ausloten, ob es unter diesen Umständen überhaupt journalistisch ergiebig* sein kann.

Warum Politiker so gern Interviews geben, liegt auf der Hand: Mit einem kurzen Telefongespräch erreichen sie ohne wesentlichen Aufwand an Organisation und Zeit eine relativ große Öffentlichkeit. Sie können ihre Argumente selbst vortragen, oft direkt auf Einwände eingehen und als Person dabei unmittelbar in Erscheinung treten.

Die Journalisten kommen ebenso einfach zu aktuellen Meinungsäußerungen, die durch den Dialog-Charakter der Übermittlung zudem noch von besonderem formalen Reiz sein können. Diese weitgehende Interessen-Identität von Politikern und Hörfunk-Journalisten hat dazu geführt, daß Politik-Vermittlung im Radio zu einem immer größeren Anteil durch die Akteure selbst geschieht.[4] Zwei Gefahren sind dabei nicht zu übersehen:

**Eine Inflation in Telefoninterviews** entwertet diese journalistisch-technische Darstellungsform. Darum empfiehlt sich *gezielter und möglichst sparsamer Einsatz* im Programm.

Aus dem Interview darf auch nicht ein Quasi-Statement werden, bei dem sich der Interviewer mehr oder weniger auf die Rolle eines Stichwort-Gebers beschränkt. *Das journalistisch begründete Wissen-wollen* ist das Entscheidungskriterium der Redaktion, nicht das politisch motivierte Sich-mitteilen-wollen des Befragten.

---

[1] vgl. zur Geschichte des Interviews: John Brady, The craft of interviewing, First Vintage Books Edition, New York, 1977

[2] Rundfunktechnik, (Verlag Dokumentation Saur KG, München, New York, 1978), S. 533.

[3] Michael Heiks, Politik im Magazin (Haag + Herchen Verlag, Frankfurt 1982), S. 147

[4] Michael Heiks, a. a. O., S. 147

*Weitere Literatur:*
Alfred Braun, Achtung, Achtung, Hier ist Berlin!, Buchreihe des SFB 8 (Haude & Spenersche Verlagsbuchhandlung Berlin, 1968)
Das Interview, in: Hörfunkfibel (Deutsche Welle, Köln, o. J.), S. 83-102
Der Leitfaden des Norwegischen Reichsrundfunks zur Interview-Technik, in: Fernsehen und Bildung, Jahrgang 10, 3 (Verlag Dokumentation München, 1976), S. 251-265
Heinrich Dittmar, in: Die Lokalredaktion, Sammlung I, hrsg. von Helmut Kampmann (Koblenz, o. J.)
Jürgen Friedrichs, Journalistische Praxis: Das Interview, in: Fernsehen und Bildung, Jahrgang 10, 3 (Verlag Dokumentation München, 1976), S. 169-197, mit weiteren Literaturangaben
Michael Haller, Das Interview. Ein Handbuch für Journalisten (Verlag Ölschläger, München 1991)
Helmut Hammerschmidt, Der Rundfunkreporter (Delos-Verlag, Garmisch-Partenkirchen, 1957), S. 68-78
Gerhard Lange, Rhetorische Techniken im Hörfunk-Interview (Deutschlandfunk, Köln 1978)
Werner Meyer, Journalismus von heute, hrsg. von Jürgen Frohner (Verlag R. S. Schulz, Percha am Starnberger See, 1979), Interview: Vom Protokoll zum Kreuzverhör, II,

S. 1-38, mit weiteren Literaturangaben; Auszüge aus dieser Loseblatt-Sammlung sind unter dem Titel »Zeitungspraktikum« im selben Verlag erschienen
Hans-Joachim Netzer, Thesen über das Interview, in: Publizistik, 15. Jahrgang, Heft 1 (Verlag: Druckerei und Verlagsanstalt Konstanz, 1970)

## Gegenstrategien des Interviewpartners

Die Gegenstrategie eines Interviewpartners hängt in hohem Maße davon ab, ob er auf das Interview selbst, auf den Interviewer oder auf den Interviewgegenstand gefühlsmäßig positiv oder negativ reagiert.

Die meisten Menschen wollen gerne interviewt werden, wenn es sich um eine Sache handelt, mit der sie vertraut sind und bei der sie hoffen können, daß ihre Meinung gehört wird, so daß ihr Geltungsdrang auf diese Weise befriedigt werden kann. Es gibt kaum jemanden, der auf Schmeicheleien nicht hereinfällt. Also gibt es dagegen auch keine Abwehr des Interviewpartners.

Ganz anders ist die Lage naturgemäß, wenn der Interviewpartner damit rechnen muß, daß ihm unangenehme Fragen gestellt werden, wenn er sich in die Verteidigung gedrängt sieht oder von der ganzen Sache überrascht ist. Die Instinktreaktion ist dann ein vorsichtiges Ausweichen. Ist der Interviewpartner auf unerquickliche Fragen vorbereitet, weil er beispielsweise dem Interview aus Gründen seiner öffentlichen Position nicht ausweichen kann, so wird er als letztes Mittel zur Lüge greifen oder den Sachverhalt einfach bestreiten. In günstigeren Fällen wird er die Gelegenheit benutzen, sein Verhalten in einem möglichst guten Licht darzustellen, was meist auch dazu führt, daß die Wahrheit verfälscht wird.

**Schlechte Vorbereitung erleichtert Gegenstrategien.** Der Journalist hat es also allgemein mit ganz ähnlichen Problemen zu tun wie der Richter oder Staatsanwalt bei einer Vernehmung. Allerdings: Die Fragezeit des Journalisten ist wesentlich knapper bemessen als die des Juristen; dem Journalisten steht das Mittel der Ermattungstaktik nicht zur Verfügung.

Auch in einem anderen Punkt ist der Journalist in einer schlechteren Position: Seine Kenntnisse des Sachverhalts sind im allgemeinen noch geringer als die eines vernehmenden Polizeibeamten, der ein Verbrechen aufklären oder einen Unfall aufnehmen soll. Je weniger der Journalist weiß, je weniger er sich – was leider allzuoft vorkommt – auf das Interview vorbereitet hat, desto mehr erleichtert er es seinem Gegenüber, sich so zu verhalten, wie dieser es für richtig und angebracht hält, desto langweiliger und unergiebiger wird das Interview dann auch ausfallen. Die Qualität eines Interviews beginnt und endet mit der Qualität des Interviewers.

**Gegenstrategie als Notwehr.** Wer regelmäßig Magazin-Sendungen hört, ist immer wieder verblüfft, wie viele Journalisten das Interview nur dazu benutzen, *die Doppelrolle des Interviewers und des Partners* zu spielen. Ihnen dient das Interview dazu, ihre eigene Meinung zu senden, wobei der Interviewpartner nur ein Statist sein soll. Es ist erstaunlich, wie lang oft die Fragen sind und wieviel Meinung in solchen Fragen verpackt ist. Der *Rollentausch* wird *perfekt* gehandhabt. In solchen Fällen bleibt dem Interviewpartner häufig gar nichts anderes übrig als zu kapitulieren und sich auf ein »Ja, ja« oder auf ein vorsichtiges »Ja, aber« zu beschränken. Nur in ganz seltenen Fällen rafft sich der Interviewpartner zum Widerspruch auf und versucht, seine eigene Sicht der Dinge durchzusetzen, indem er den Interviewer unterbricht oder übertönt.

**Unterbrechen, übertönen, Zeit schinden, wortkarg sein.** Diese Mittel wenden ganz geschickte Interviewpartner an. Sie versuchen, den Spieß umzudrehen, den Interviewer gleichsam niederzuknüppeln. Solche Leute gehen dann auf den Inhalt der Fragen gar nicht richtig ein, sondern benutzen sie lediglich als *Aufhänger für rhetorische Dauerleistungen.* Der Interviewer ist dann in der mißlichen Situation, unhöflich werden zu müssen. Aber wenn er nicht brutal dazwischen fährt, ist er verloren und muß der Gegenstrategie weichen.
Der Interviewer muß sich auch darauf einstellen, daß er es mit einem Partner zu tun bekommen kann, der einfach zu einer anderen Thematik übergeht und den Inhalt der Frage unbeachtet läßt oder der nur *ganz kurze Antworten* gibt. Dann kann es passieren, daß ihm der Stoff zum Fragen ausgeht.

**Zu Anfang dem Partner entgegenkommen.** Hat man es nun mit einem Interviewpartner zu tun, der weiß, was er will, dann

muß sich der Interviewer auf folgendes gefaßt machen: Sein Partner wird sich drei oder vier Punkte eingeprägt haben, die er unbedingt unter die Leute bringen will. Er wird dann seine *Antworten immer um diese wenigen Punkte kreisen* lassen. Nur durch *beharrliches Nachfragen* kann es dem Interviewer dann gelingen, auch andere Aspekte des Problems anzusprechen. Der erfahrene Interviewer wird, vorausgesetzt, daß ihm etwas Zeit zur Verfügung steht, darauf achten, daß sein Partner gleich zu Beginn eines Interviews die Gelegenheit erhält, alles loszuwerden, was er auf dem Herzen hat.
*Anschließend* wird der Interviewte *dann auch für aggressive Fragen zugänglich* sein, weil er das Gefühl hat, seinen Standpunkt schon genügend deutlich gemacht zu haben. Ein derartiges Entgegenkommen schafft von Anfang an ein gutes Klima zwischen den Interviewpartnern. Dies macht das Frage- und Antwortspiel ergiebiger. Und damit wird dem Zuhörer, auf den es ja ankommt, am besten gedient.

**Harter Schlagabtausch selten.** Aufregend ist ein Interview dann, wenn es einmal zu einem harten Schlagabtausch zwischen dem Interviewer und seinem Partner kommt. Dies ist in der deutschen Medienlandschaft nur ganz selten der Fall, weil meistens nicht genügend Zeit zur Verfügung steht und weil ebenso häufig keine Waffengleichheit vorhanden ist. Denn entweder will der Interviewer von Anfang an die Oberhand behalten und verkürzt dem Befragten die Antwort oder der Interviewpartner reagiert gleich so vehement, daß ein Dialog gar nicht erst beginnt. Ganz allgemein kann man feststellen, daß die Kunst des Interviews in Deutschland genauso unterentwickelt ist wie die Kunst der Rede.

## Statement

Im politischen Sprachgebrauch versteht man unter Statement eine Erklärung oder Verlautbarung. Im Radio-Journalismus (auch im Fernsehen[1]) bedeutet Statement aber nicht etwa die vollständige oder teilweise Wiedergabe einer solchen Mitteilung mit amtlichem oder offiziellem Charakter. Das Statement ist vielmehr eine eigene Darstellungsform: *eine gezielt von einem Journalisten zur Ausstrahlung im Original-Ton eingeholte kurze Stellungnahme.*

**Statements haben Komplementärfunktion.** Sie ergänzen Meldungen in den Nachrichtensendungen (vgl. »Nachrichten-Präsentation« und »Radio-Report«) oder sind Bestandteile von Berichten mit O-Ton (vgl. dort) und Features (vgl. dort). Ihr Wert liegt formal in der *Abwechslung* und inhaltlich in der *Authentizität*.
Dem Einholen eines Statements geht also in der Regel die Überlegung voraus, ob der Inhalt einer Aussage so hoch zu veranschlagen ist, daß sie derartig formal herausgehoben werden soll. Meist trifft dies nur für Kernsätze mit Nachrichtenwert oder zumindest zentraler Bedeutung zu.
Das formale Argument der Abwechslung allein wird seltener als Rechtfertigung für ein Statement ausreichen. Ein O-Ton setzt meist auch inhaltlich Akzente.

**Routinierte Politiker geben gern Statements,** weil sie darin ihre Meinung unbeeinflußt von Reporterfragen formulieren können. Um so wichtiger ist deshalb für den Journalisten vor der Aufnahme die *genaue inhaltliche Absprache* (Eingrenzung) und die *Festlegung der Zeit.*
Unsicheren Statement-Gebern hilft man mit einer Eingangsfrage. Daraus entwickelt sich gelegentlich ein Kurz-Interview, wenn der Journalist die Antwort für nicht ausreichend hält.

**Eine präzise Aussage** zu einem für den Partner heiklen Thema wird man nur schwer als Statement erhalten. In einem solchen Fall erbittet man von vornherein am besten ein Interview mit der Erlaubnis, bestimmte Passagen daraus als Statement verwenden zu dürfen. Die Cut-Schere macht das Interview dann zum Statement. Man sollte bei der Aufnahme dem Interviewten nicht ins Wort fallen, weil man die eigenen Fragen sonst nicht sauber rausschneiden kann. Da diese redaktionelle Bearbeitung ohne Einflußmöglichkeiten des Partners erfolgt, ist dessen *ausdrückliches Einverständnis* mit diesem Verfahren unbedingt erforderlich.

[1] Manfred Buchwald, Statement, in: »Fernseh-Journalismus« (List Journalistische Praxis)

## Umfrage

Radio-Umfragen geben eine Reihe von Einzelaussagen wieder. Sie sind im demoskopischen Sinne nur dann repräsentativ, wenn der Rahmen sehr eng umrissen ist. Wenn die einzigen fünf Arbeiter einer Baustelle ihre Ansicht zum Bierkonsum auf eben jener Baustelle geben, so hat man eine sichere Aussage für diesen einen Fall. Oder eine Minderheit wird befragt. Neun von zehn Autounfall-Opfern sagen, daß ihre Schädiger sich später nicht um sie kümmern: die Relation dürfte auch bei höherer Zahl in etwa stimmen. Im Normalfall aber sind *Radio-Umfragen nicht repräsentativ*. Man darf deshalb auch diesen Eindruck nicht erwecken.

**Radio-Umfragen lockern auf und wecken Interesse.** Trotz des eingeschränkten demoskopischen Wertes werden *Meinungsumfragen* sowie reine *Wissensumfragen* gern verwendet. Einmal *als Gags* in Unterhaltungssendungen, zum anderen *als Aufhänger* und *als Auflockerung* in sonst vielleicht spröden Wortsendungen wie Fach-Diskussionen und -Magazinen. Sie bringen willkommene Stichworte, Anlaß zur Gegenrede oder Bestätigung. *Der Mann und die Frau auf der Straße artikulieren sich oft treffender und origineller* als der Fachmann oder Funktionär. Die anonymen Aussagen kommen meist in erstaunlicher Offenheit. *Der Hörer identifiziert sich leicht* mit der »Volksstimme«, sein Interesse wird geweckt.

**Wie und wo macht man Umfragen?** Der Ort richtet sich natürlich nach der Frage. Unfall-Opfer zum Beispiel wird man praktischerweise im Krankenhaus aufsuchen. Bei allgemeinen Fragen ist jeder Platz recht, wo *Leute nicht gehetzt* sind und eine *gleichmäßige, nicht zu laute Geräuschkulisse* gegeben ist. Umfragen in Behörden, Schulen, Firmen und dergleichen bedürfen der *Genehmigung,* die oft schwer zu bekommen ist. Tip: *Vor den Gebäuden geht es leichter.* Bei sendezeit-begrenzten Live-Umfragen muß man eines sprechwilligen Publikums sicher sein.

**Beim Schneiden nicht manipulieren.** Für vorproduzierte (d. h. auf Band aufgenommene) Umfragen dürften rund zwanzig Antworten nötig sein, um ein Bild zu bekommen. *Anhörbar (oder witzig) wird die Aufnahme erst durch den Schnitt.* Wichtig: Stimmenkontrast, gute Verständlichkeit. Zwei bis drei Sendeminuten sind genug. Bei Problem-Fragen sollte *das ganze erreichte Meinungsspektrum* eingebracht werden. Hier könnte natürlich (was nicht sein soll) durch den Schnitt auch Meinung manipuliert werden.

Dies ist neben der demoskopischen Unzulänglichkeit ein weiterer Grund, weshalb Umfragen eher Unterhaltungs-Effekt denn Aussage-Wert eingeräumt werden kann (vgl. auch »Mit dem Mikrofon arbeiten«).

**Die Telefon-Umfrage** sammelt die Antworten auf eine in der Live-Sendung gestellte Frage in der Weise ein, daß die Hörer von sich aus die hierfür genannte Studio-Telefonnummer wählen. Die Antworten (knapp wie bei der Mikrofon-Umfrage) können live in die Sendung eingespielt werden. Größere Dichte entsteht, wenn man alle eingehenden Anrufe auf Band aufnimmt und daraus einen Block zimmert.

# Reportage

»Jeder gute Journalist ist Reporter: der Politiker wie der Volkswirt, der auswärtige Korrespondent wie der Sportredakteur (...). Ohne zu reportieren, d. h. ohne das (...) wichtige Material herbeizuschaffen, gibt es keine geistige Behandlung eines Themas.«[1]

Die Reportage berichtet über *Situationen* und *Ereignisse:* aus dem Asylantenheim, dem Arbeitsamt, der Großmarkthalle, von

der Viehauktion, dem Fußballspiel, von Staatsbesuchen, Demonstrationen, Blockaden, von Hochwasser, Massenunfällen und anderen Katastrophen – es muß etwas zu *sehen* sein.
»Über ein Parteiprogramm läßt sich nicht reportieren, höchstens vom Parteitag«, lehrt Hans-Joachim Netzer.[2] Die Reportage schildert das Ereignis und dessen Verlauf im Augenblick des Geschehens – deshalb muß der Hörfunk-Reporter das, was er sieht, simultan in Worte umsetzen.

**Gründliche Recherche** ist eine der wesentlichen Voraussetzungen für die gelungene Reportage. Der Reporter muß so genau über das Thema informiert sein, daß er seine Beobachtungen sofort *richtig einordnen* und *sprachlich umsetzen* kann. Am Anfang der Reportage steht also der Gang ins Archiv (vgl. »Dokumentation und Archive«) und die umfassende sonstige Recherche, selbst wenn man sie nur teilweise verwenden kann.

**Der Reporter ist der »Kameramann des Hörfunks«.** Er vermittelt seinen Zuhörern »Kino im Kopf«. Als Instrument, mit dem er die Szene in Bilder umsetzt, dient ihm die Sprache. Sein Wortschatz und die notwendige Sprachgewandtheit erhalten Anregungen von allen Sinnesorganen: den Augen, den Ohren, der Nase und dem Tastsinn.

**Plastische Sprache** ist Voraussetzung, um die Phantasie der Zuhörer anzuregen. Dazu dienen dem Reporter z. B. bekannte Bezugsgrößen anstelle abstrakter Zahlen. So spricht er von der Größe eines Fußballfeldes, eines Klassenzimmers oder auch eines durchschnittlichen Wohnzimmers, obwohl diese Vorstellung – abhängig vom Einkommen – unterschiedlich besetzt ist. Trotzdem: Für den Radiohörer ist das durchschnittliche Wohnzimmer leichter vorstellbar als $37,5\,m^2$, schließlich müßten die Zahlen im Kopf des Hörers wieder in Bilder umgesetzt werden und das hält vom Zuhören ab.
Unverzichtbare Zahlen müssen in Beziehung zueinander gesetzt werden. Wenn also die Zahl der gefundenen plutoniumhaltigen Fässer von 247 auf 2500 angestiegen ist, dann hat sie sich etwa verzehnfacht: auf inzwischen zweieinhalbtausend Fässer.

**Der aktive Wortschatz** (bei Arbeitern etwa 500 – bei Akademikern etwa 2000 Wörter) und die *Fachterminologie* des Themas müssen trainiert werden. Fachausdrücke müssen so einfach wie möglich erklärt werden, aber das geht nur, wenn der Reporter vorher weiß, was die Ausdrücke bedeuten.

**Wortschatz und Sprachgewandtheit trainieren.** Beschreiben Sie während langer Autofahrten oder Spaziergänge, was Sie um sich herum wahrnehmen. Lassen Sie ein Tonbandgerät mitlaufen, um Ihren Versuch aufzuzeichnen und anschließend kontrollieren zu können.

Vor Fernseh- oder Videobildern mit abgestelltem Ton läßt sich der Versuch variieren: Wählen Sie ruhige Einstellungen wie Landschaftsfahrten oder Städteporträts, da allzu schnelle Schnittbilder nicht der Wahrnehmung der Augen entsprechen und somit zum Beschreiben nicht nur unrealistisch, sondern auch ungeeignet sind.

**Unterschiedliche Wahrnehmungstypen** gibt es nicht nur bei den Hörern, sondern auch bei den Reportern. Wenn Sie Ihre eigenen Reportage-Versuche analysieren, können Sie Ihre Beobachtungen und Formulierungen drei Typen zuordnen:
– Direkte Wiedergabe des mit den Augen Sichtbaren: Beschreibung von Form, Position, Farbe, Licht, Oberflächenbeschaffenheit etc.
– Direkte Wiedergabe des mit anderen Sinnesorganen Empfindbaren: Beschreibung von Geräusch, Geruch, Geschmack, Temperatur, Gewicht, Druck, eigener Körperbewegung etc.
– Indirekte Wiedergabe des mit den Sinnesorganen Aufgenommenen: Beschreibung des Beobachteten über Umsetzung in abstrakte Größen wie Zahlen, Skalen, Relationen, Kategorien etc.

Ordnen Sie die Substantive, Verben, Adjektive und Adverbien Ihrer Sprache diesen Typen zu. Sollte ein Typ in Ihrer Sprache sehr deutlich überwiegen, erweitern Sie Ihren Wortschatz in Richtung der »zu kurz gekommenen« Wahrnehmungen. Stellen Sie die passenden Wörter zusammen, und formulieren Sie Ihre Beobachtungen neu. Ziel dieser Übung ist das Erreichen von Hörern, die nicht zufällig Ihrem Wahrnehmungstyp angehören. Gleichzeitig wird Ihre Sprache reicher und plastischer.

Zur Vertiefung können Sie die Beschreibung von Gegenständen üben. Wählen sie etwas recht Alltägliches, jedem Bekanntes aus (z.B. Trinkglas, Papier, Stuhl, Lampe, Kugelschreiber). Finden Sie eine treffende Bezeichnung und den Oberbegriff, geben Sie eine technische Beschreibung (Abmessung, Material, Teile etc.) und gehen sie dann alle möglichen Sinneswahrnehmungen durch.

**Keine Worthülsen und kein Geschwafel.** Das verärgert den Hörer. Also muß der Reporter so gut vorbereitet sein, daß er stets noch eine Karteikarte mit *Stichworten* zum Hintergrund seines Themas bereithält. Ausschließlich Stichworte sollen notiert werden, weil komplette Sätze den Redefluß verändern und zu stark vom Ereignis ablenken; im übrigen speichern die meisten Kollegen ihre Stichworte beim Notieren im Kurzzeitgedächtnis.

**Die subjektive Darstellungsform Reportage** gestattet dem Reporter, eigene Emotionen auszudrücken und beim Hörer Emotionen zu wecken. Die Gefühle müssen so beschrieben werden, daß der Hörer sie nachempfindet. Berichten Sie nie, daß *Ihnen* die Situation spannend vorkommt, oder daß *Sie* Angst haben, schildern Sie die Szenerie so eindrucksvoll, daß es dem *Radiohörer* kalt den Rücken runterläuft.
Bei der Explosion des Luftschiffs Hindenburg am 6. Mai 1937 in Lakehurst stocken Herbert Morrison von der Station WLS Chicago die Worte. Schließlich kann er nur noch schluchzend hervorbringen, was er empfindet, während die brennenden Teile der Hindenburg auf den Boden stürzen und die Menschen wie lodernde Fackeln übers Feld laufen. Oh my, schluchzt Morrison, this is one of the worst catastrophes in the world — all the humanity.[3]

**Pausen und Atmo(sphäre)** aktivieren die Bilder für das »Kino im Kopf« der Zuhörer. Der richtige Umgang damit kann trainiert werden.
Ein Beispiel vom Hochwasser des Frühjahrs 1988: Zunächst hört man etwa 15 Sekunden lang die Atmo von Wasser, das in hoher Geschwindigkeit an einem Widerstand vorbeifließt, darüber:
```
Dieses Geräusch werden Sie erkannt haben:
schnell dahinfließendes Wasser. Klingt ganz
normal. Nur der Ort, an dem es fließt, ist nicht
```

normal, es ist die Hauptstraße von St. Goar. In St. Goar ist seit ein paar Tagen vieles anders. Die Straße, auf deren Kopfsteinpflaster ich mich normalerweise zur Gaststätte Goldener Löwe bewege, diese Straße liegt etwa einen dreiviertel Meter unter mir.

**Etwa 10 Sekunden lang Atmo: fließendes Wasser, dann Schritte auf Holz:**

Der Reporter hat nicht abgehoben, hat nicht den Boden der Realität verlassen, nur fühlt sich auch der heute ein bißchen anders an. Er schwankt ein wenig, seine Breite beträgt nur etwa einen halben Meter. Sein Material ist Holz. Und weil zwischen diesem hölzernen Steg und dem Kopfsteinpflaster schmuddeliges Rheinwasser strömt, bin ich dankbar für die dicken Hanfseile in Hüfthöhe, die mir einen gewissen Halt garantieren.

Die Böcke unter unseren Stegen lassen sich bis zu einer Höhe von zwei Metern ausfahren, so daß selbst bei ganz extremem Hochwasser die meisten Häuser noch über Stege zu erreichen sind.

**Etwa 15 Sekunden Atmo; es platscht etwas ins Wasser:**

Jetzt habe ich den Steg verlassen und bin sehr dankbar für die grünen Gummistiefel, die mir bis zum Bauchnabel reichen. Sie haben solche Stiefel vielleicht schon bei Anglern gesehen, die auch stundenlang im kalten Wasser ausharren müssen. Inzwischen bin ich bei der Gaststätte Goldener Löwe angelangt.

**Etwa 15 Sekunden Atmo: Geräusch der Türe, die aufgeschlossen wird, jemand betätigt einen schweren Griff und über allem: Wassergeräusche.**

Die Eingangstüre läßt sich wegen des Wasserwiderstandes nur schwer öffnen. Aber jetzt ist eine schnelle Strömung in Richtung Eingangstüre entstanden, Zigarettenstummel und ziemlich aufgeweichte Semmeln schwimmen mir auf der braunen Rheinbrühe entgegen ...

(Frank Müller, Südwestfunk Mainz).

**Die zeitliche Orientierung** bestimmt der Reporter durch mindestens vier verschiedene Techniken:
*Zeitgleich:* Das Ereignis dauert genauso lange wie die Reportage und wird in jeder Phase simultan in Worte umgesetzt.

```
Ereignis = E
```
```
Reportage = R
```

*Raffen:* Die Reportagezeit ist kürzer als das Ereignis, der Reporter muß das Ereignis zusammenfassen. Der übliche Dreiminüter für das stundenlange Ereignis hat in diesem Fall die Aufgabe, zusammenzufassen, was passiert ist, und einen Ausblick auf das zu geben, was während des Ereignisses noch passieren wird.

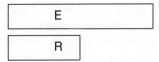

*Dehnen:* Die Reportagezeit ist länger als das Ereignis, beispielsweise wenn beim Fußballspiel ein Tor fällt oder ein Haus in die Luft gesprengt wird.

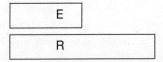

*Intermittieren:* Die Reportagezeit ist kürzer als das Ereignis und sie ist unterbrochen – der Reporter wird also während desselben Ereignisses mehrfach zur Berichterstattung aufgerufen.

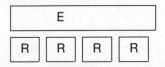

**Die räumliche Orientierung** bestimmt der Reporter durch Ortsangaben, Zuordnungen, Präpositionen. Als Gustav Stresemann am 6. Oktober 1929 in Berlin beigesetzt wird, reportiert Alfred Braun:

> Jetzt weithin über die Köpfe, über die Tschakos und über die Zylinder hinweg wird der Sarg, bedeckt von der Reichsfahne und vom Grün und von den Blumenfarben der Kränze, sichtbar. In langsamem Schritt zieht die Spitze des Zuges, die hinter der berittenen Schutzpolizei und noch vor dem Sarg herfolgt, an unserem Mikrofon vorüber.
> Der Sarg ist vorm Hauptportal des Auswärtigen Amtes angelangt. Hinter dem Sarg sieht man den Reichspräsidenten, der zu Fuß dem Sarg folgt.

**Die Struktur des Reportageverlaufs** muß klar sein, bevor der Reporter zu reden beginnt. Er überlegt sich vorab den *Einstieg* und das *Ziel* und baut eine *Dramaturgie* auf; damit hat er seinen roten Faden, den Ablauf für seine Reportage.
Ein Beispiel für jeden *Staatsbesuch,* das sich auf *andere* Reportage-Fälle übertragen läßt:
Landung – Aussteigen – Kleidung – Begrüßung – der rote Teppich – persönlicher Kontakt zu den Zuschauern – Ansprache – Gästebuch – Wagenkolonne ...
Bei Staatsbesuchen bestimmt das Protokoll die Fahrt meiner Augen durch die Szene. Bei anderen Anlässen kann man den Ablauf kreativer gestalten, z. B. wenn kein Ereignis den roten Faden vorgibt, wenn der Reporter eine *Situation* beschreibt. Er kann dann Details herausgreifen und von seinen Recherchen berichten.
Beispiel Arbeitsamt. Der Reporter beginnt mit verhaltener Stimme die Situation zu schildern:

> Ich komme mir vor wie ein armer Sünder – auf meinem schlichten Holzgestühl. Eingereiht zwischen etwa 30 Frauen und Männern. Betretenes Schweigen um mich herum. Ein enger schlauchartiger Flur verstärkt die bedrückende Stimmung. Morgens um 7.00 Uhr ist für viele von denen, die hier warten, die Welt nicht mehr in Ordnung. Geduldig sitzen sie zwischen hohen, weißgetünchten Wänden. Kaltes, sachliches Neonlicht erhellt ihre finsteren Gesichtsausdrücke: sorgenvolle, gleichgül-

tige, erwartungsvolle. Viele der Wartenden haben ihre Gesichter hinter der Zeitung mit den großen Buchstaben versteckt. Ab und zu: Schrecksekunden, Türklappern, der Nächste!
Etwas abseits sitzt ein Mann, Mitte vierzig. Nennen wir ihn Hans Schreiner. Er wirkt gelassen und gleichgültig. Genauso wie sein Körper, den er heute in ein braun-gestreiftes Sakko und eine viel zu enge, solide braune Stoffhose gezwängt hat. Nur ab und zu verrät ein nervöses Klopfen mit dem rechten Fuß auf das mausgraue Linoleum des Bodens seine innere Anspannung. Sein Blick schweift entlang der zahlreichen Namensschilder vor den Beamtenstuben, darunter: Große weiße Buchstaben, die den Arbeitslosen Wegweiser sind, von A bis Z.
Hans Schreiner mußte heute morgen ein paar Stunden früher aufstehen als gewöhnlich. Er hat schon eine Dreiviertelstunde in öffentlichen Verkehrsmitteln hinter sich. Seit fast zwei Jahren ist er arbeitslos, der Mittvierziger, das hat er mir eben erzählt.
Pech hat er gehabt, als seine Firma damals pleite gemacht hat ...
(Reinhard Lange, SWF Mainz).
Der Reporter kommentiert nicht besserwisserisch, sondern er beschreibt die Situation und bringt ein, was er vorher bei seinen Gesprächen herausgefunden hat. Dabei verengt er seine Perspektive vom tristen Flur des Arbeitsamtes hin zum Einzelschicksal des arbeitslosen Hans Schreiner.

**Der Zoom:** Der Hörfunk-Reporter setzt ihn genauso ein wie sein Kollege, der Kameramann vom Fernsehen. Er kann durch seine Schilderung einen Ausschnitt vergrößern, sofern dieser Ausschnitt besondere Aussagekraft für das Thema hat. Das sorgt für zusätzliche Spannung. Bei solch einer Veränderung der Perspektive gibt der Reporter seinen Zuhörern eine Vorstellung von den Dimensionen und dem Raum, den er mit seiner Reportage abdeckt.

**Der richtige Standort:** Der Reporter will Atmosphäre und Geräusche einfangen und braucht gute Sicht. Da bei offiziellen Anlässen die Beamten des Protokolls den Kollegen vom Fernsehen meist den günstigeren Standort zugestehen, muß der Hörfunk-Reporter auch für den Fall gerüstet sein, daß er kaum etwas erkennen kann: Entweder hat er selbst Zugriff auf einen Monitor mit Fernsehbild oder Kontakt mit einem Kollegen mit besserem Standort (beispielsweise im Ü-Wagen mit Monitor), der ihn über Kopfhörer mit Kommandos und Informationen versorgt. Möglich ist auch der Gebrauch eines *Fernglases,* das allerdings beim Reportieren stört. Auf jeden Fall sollte der Reporter z. B. die Gesichtszüge eines Staatsgastes erkennen können.

**Die Original-Reportage** wird am Ort des Geschehens aufgenommen und zeitgleich oder zeitversetzt ausgestrahlt. Die üblichen Anlässe sind die vorhersehbaren: Volksfest und Rummelplatz, Karnevalszug, Sportereignis oder Einweihung von Brücken, Straßen und so weiter. Bei diesen *gewöhnlichen* Reportagethemen muß der Reporter darüber nachdenken, wie er das Thema *ungewöhnlich* umsetzt.

Aber auch bei der Reportage über die Ankunft des Papstes muß man nicht mit den üblichen Hörbildern beginnen: nicht mit den Hubschraubern und deren Rotoren, die sich nur noch langsam drehen und allmählich dem Stillstand nähern,auch nicht mit den sich langsam öffnenden Türen und herunterklappenden Treppen. Und auch der rote Teppich und die wartenden Luxuskarossen müssen nicht unbedingt schon zu Beginn der Reportage die Langeweile beim Hörer begünstigen, denn diese Bilder kennt er, und das Fernsehen zeigt sie ihm präziser. Besser ist es, mit einem Nebenschauplatz oder zweideutig zu beginnen, um Spannung zu erzeugen – beim Papstbesuch also zum Beispiel mit einem alternativen Kreuz:

> Das überdimensionale Kreuz ist provisorisch mit Kreide auf den Rasen gesprüht; auf den frischgeschnittenen Rasen, auf dem sonst zu dieser frühen Stunde die Pennäler der Klassen 5–13 aus dem benachbarten Gymnasium bolzen. Vom Schulunterricht sind sie heute befreit, mußten allerdings zur üblichen Uhrzeit anrücken, um Kulisse zu

spielen: Mit Fähnchen ausgestattet hat man sie auf den Tribünen in 100 Meter Entfernung plaziert. Nur eine handverlesene Schar von Kameraleuten und Journalisten haben die Sicherheitskräfte so nah an das überdimensionale weiße Kreuz herangelassen, daß sie erkennen: Die Markierung stimmt am Rand nicht, denn immer wieder bläst eine kräftige Windböe einen Grashalm über die weiße Kreide, die dem Hubschrauberpiloten des Papstes von oben schon die Stelle markieren soll, die das Protokoll für die Landung vorgesehen hat.
(Axel Seip, SWF Mainz).

**Die zeitversetzt gesendete Reportage** ist auch dann noch eine Reportage, wenn ein Orts- und Zeitwechsel zwischendurch das Abschalten des Geräts erfordert. Wichtig ist, daß sich der Zuhörer noch orientieren kann und den Wechsel von Ort und Zeit durch präzise Angaben nachvollzieht.

**Mischformen:** Es sei ein Dilemma des Berufs, daß die meisten Ereignisse ohne Reporter stattfänden, klagt Hans-Joachim Netzer[4]. So könne eine Redaktion mit dem Mittel der Reportage nur in vier Fällen arbeiten:
– das Ereignis ist vorhersehbar
– der Ort kann noch erreicht werden, während das Ereignis andauert
– der Reporter hält sich zufällig am Ereignisort auf
– oder aber: das Ereignis ist bereits vorüber.
Im letzten Fall, wenn also der Brand schon gelöscht ist, wenn das Flugzeug abgestürzt oder der Tankwagen umgestürzt ist, hört man am häufigsten Mischformen der Reportage. Wenn der Reporter keine Zeit zum Recherchieren hatte und sich zum Beschreiben nicht in der Lage fühlt, weil ihm Fachwissen und Vorbereitung fehlen, oder weil ihn das Ereignis zu stark deprimiert, bieten sich zwei Alternativen: das Interview mit dem Experten oder der Bericht (vgl. »Interview« und »Bericht mit O-Ton«).

**Die geschriebene Reportage** – der Reporter liest im Studio sein Manuskript. Nur so geht es, wenn er am Ort des Ereignisses sein Tonbandgerät nicht benutzen durfte, beispielsweise im Gerichtssaal. Niemand hindert ihn aber daran, das Geschehen akribisch zu notieren und den Gerichtssaal mit seinem charakteristischen Geruch und seiner Ausstattung, die handelnden Personen und die Zuschauer mit ihrem Gesichtsausdruck, ihrer Kleidung und ihrer Körpersprache zu beschreiben.

Ein anderes Beispiel für die geschriebene Reportage im Hörfunk ist die Kisch- oder Wallraff-Methode, d. h.: Der Reporter erlebt das Thema nicht als Berichterstatter, sondern als Betroffener. Wenn er sich über die Wohnungsnot der Studenten informieren möchte, gibt er sich als Studierender aus und beschreibt anschließend seine Erlebnisse und Erfahrungen auf Wohnungssuche. Klar sein muß bei dieser Methode jedenfalls immer: *Keine Rechtsverstöße!* Unerlaubte Tonaufnahmen, Amtsanmaßung und Hausfriedensbruch, falsche Namen und Titel sind strafbar.

**Sieben Kriterien muß eine gute Reportage genügen:**
- *Wahrhaftigkeit:* Recherche, Vorbereitung
- *Vorstellbarkeit:* Szene ins Bild setzen und alle Sinne aktivieren
- *Verständlichkeit:* Plastisches Sprechen, Bilder, Vergleiche, bekannte Bezugsgrößen. Kurze Sätze, präzise Wortwahl, Verbalstil
- *Struktur:* Einstieg, Ziel und roter Faden
- *Persönlichkeit:* Möglichkeit der subjektiven Darstellung
- *Atmo und Geräusche*
- *Kreativität:* Wahl des Themas und Komposition der Fakten und Beobachtungen.

[1] Egon Erwin Kisch, Wesen des Reporters (Das Literarische Echo, 20. Jahrgang, Heft 8 vom 15. 1. 1918), Seite 436
[2] Hans-Joachim Netzer, Reportage; in den Vorauflagen von »Radio-Journalismus«
[3] Erik Barnouw, A History of Broadcasting in the United States, vol. 2 (Oxford University Press, New York 1968), Seite 109
[4] a. a. O.

*Weitere Literatur:*

Michael Haller, Die Reportage. Ein Handbuch für Journalisten (Verlag Ölschläger, München 1987)
Roland Machatschke, Reportage; in Heinz Pürer (Hrsg.), Praktischer Journalismus in Zeitung, Radio und Fernsehen (Kuratorium für Journalistenausbildung, Salzburg 1984), S. 139-144
Gert Ueding, Rhetorik des Schreibens (Athenäum-Verlag, Königstein/Taunus 1985), S. 125-137

## Eine Reportage als Beispiel

Auf der linken Hälfte der Buchseite lesen Sie das Tonband-Protokoll der ersten Übungsreportage einer Schülerin der Deutschen Journalistenschule in München. Das Thema: Cholesterinspiegel-Test auf der Internationalen Handwerksmesse in München.
Eine frei gesprochene Reportage aufschreiben, das bedeutet, ihr die akustische Wirkung nehmen. Was Sprechweise, Stimme, Geräusche und Atmo aussagen, läßt sich gedruckt nicht wiedergeben. Sprachliche Mängel wie Wiederholungen, nicht ganz korrekte Sätze und Unsicherheiten bei der Wortwahl fallen deshalb besonders auf.
In einem Ausbildungsbuch ist die Methode dennoch aufschlußreich. Lernen kann man daraus, wie eine Reportage angelegt ist, wie die Übergänge zwischen dem schildernden und dem nichtschildernden Teil gefunden wurden und welche Wirkungen durch Wortwahl und Satzstruktur zu erzielen sind. Die Anmerkungen rechts neben dem Reportagetext sollen am Beispiel Grundsätzliches aufzeigen.

| | |
|---|---|
| Es ist fast eine Ironie, daß der Stand der IKK, der Innungskrankenkassen, ausgerechnet in Halle 14 und 15 sind. | Der *Einstieg* in eine Reportage soll Höranreiz bieten, neugierig machen. In den Anfangsteil gehört auch die *räumliche Orientierung:* Von welchem Standort aus schildert der Reporter? |
| | Ich stehe hier mit meinem Mikrofon ... ist, wenn der Reporter nicht gerade sitzt oder liegt, zwar ein wahrheitsgetreuer Beginn – aber auch der einfallsloseste. |
| Man hat noch den Informationszettel der IKK in der Hand und liest: die meisten essen zu viel und zu fett und zu süß, betritt die Halle 14 und | Die Reporterin hat ihn mit Recht vermieden und uns über den Widerspruch zwischen der Warnung vor zu fettem Essen auf dem Informationszettel und dem Dunst einer |

steht mitten in dem Dunst einer Frittiermaschine. Halle 14 gehört dem Fleischerhandwerk, Halle 15 im ersten Stock den Bäckern. Um die Ecke also der Test, der mir zeigen soll, daß ich zu viel, zu fett oder zu süß esse.
Der Grund, daß dieser Stand ausgerechnet hier ist, ist, daß die IKK, die Innungskrankenkassen die traditionellen Krankenkassen der Handwerker sind. Aber wenn man sich hier umschaut, muß man sagen, daß sich nicht nur die Handwerker für ihre Gesundheit interessieren, sondern eine ganze Menge anderer Leute — der Stand ist rappelvoll.

Frittiermaschine mitten hineingeführt in den rappelvollen Stand.
Bei der *Beschreibung* des Geruchs und der Fülle hat sie sich plastisch ausgedrückt. Wie blutleer wäre etwa sehr voll gewesen im Vergleich zu rappelvoll.
Wörter, die wirklich noch etwas aussagen, sind in der Reportage gefragt.

Ich sitze jetzt einer freundlichen Dame im weißen Kittel gegenüber, einer Medizinstudentin, und sie sticht mir jetzt mit einem kleinen blauen Tacker in meinen Mittelfinger der rechten Hand.

Die Reporterin wechselt jetzt vom man zum ich. Sie erlebt den Test *stellvertretend für ihre Hörer* und hat damit den roten Faden. Auf diesen *Aufbau*, die *Anlage* der Reportage, muß man sich vorbereiten.

O-Ton (Studentin im Hintergrund):
»Vorsicht — sticht«.

*O-Ton* und *Atmo* machen eine Reportage lebendiger und authentischer. Beides muß des-

»Vorsicht, sticht«.
Also man sieht die Nadel genausowenig, wie man sie spürt. Das Blut sieht man jetzt allerdings schon, sie preßt es mir aus dem Finger raus: ein kleiner roter Tropfen. Sehr apart. Mit einer Pipette saugt sie jetzt das Blut meines Fingers ein ... es fließt ein bißchen in den Fingernagel, es hat eine sehr schöne Farbe ... paßt gut zu den weißen Handschuhen der Medizinstudentin.
O-Ton (Studentin im Hintergrund):
»Abwischen«.
Abwischen das Ganze mit einem kleinen Wattebausch.
O-Ton:
»Die Luftblase rausdrücken«
Die Luftblase auch noch rausdrücken. Und weiter geht's mit dem Abzapfen. Mir zu Füßen ein Müllbeutel mit Handschuhen, Teststreifen, Pipetten und viel Blut. Mein Blut wird jetzt auf einen Teststreifen draufgedrückt und der Test-

halb bei der Vorbereitung eingeplant werden.
Die Reporterin nimmt den O-Ton ab, wiederholt ihn, weil die Studentin wegen des Stimmengewirrs auf dem Stand (Atmo) nicht gut zu verstehen ist. Deshalb:
Vor Beginn der Reportage ist eine *akustische Probe* sinnvoll. Die Reporterstimme muß leicht verständlich sein, der O-Ton darf nicht in den allgemeinen Umweltgeräuschen (der Atmo) untergehen.
Eine lange schildernde Passage. Die *Schilderung* eines Geschehens (oder einer Situation) wechselt in der Reportage ständig ab mit dem *nichtschildernden Teil*. Ergänzende *Hintergrund-Informationen*, *Rückblick* oder *Vorausschau*, *Interpretation* und *kommentierende Bemerkungen* sowie *Zitate* – all das ist im nichtschildernden Teil der Reportage möglich. Den *Übergang* findet der Reporter, indem er an Dinge anknüpft, die er sieht und beschreibt.

streifen wird in einen Computer gesteckt. Die Klappe wird zugemacht und es erscheint eine Leuchtanzeige: »SHOL 171 Sekunden, Tendenz fallend.« Das heißt, es wird jetzt runtergezählt, drei Minuten wird es dauern, bis mein Cholesterinwert ermittelt ist.

Die *Zeitangabe* sorgt für Spannung.

Während der Zeit können wir ein bißchen beschreiben, wie's hier aussieht. Der Stand ist viel zu klein für die Menschenmenge, die hier ihre Gesundheit testen lassen will. Es gibt eine Waage, die sowohl das Gewicht mißt, wie auch den Biorhythmus ausdruckt. Es gibt diesen Cholesterintest, diesen Computer mit den Blutstreifen, und im hinteren Eck steht noch ein Computer.
Wenn man den Blutdruck, den Cholesterinwert und das Gewicht zusammennimmt, kann man sich mit diesem Computer mit ein paar Ergänzungsfragen, zum Beispiel ob man raucht, ob man

Statt der Beschreibung wäre hier *Hintergrund-Information* zum Cholesterin-Spiegel sinnvoller gewesen. Welche Folgen hat es, wenn er zu hoch ist? Wie oft soll man ihn testen lassen? Was kann man vorbeugend tun?

Welches Ergebnis haben denn diese »Gesundheitsspiegel« in der Regel? Die Reporterin hätte das vorher *recherchieren* und dann hier einbringen können – als Anregung für die Hörer, ihre eigene Lebensweise zu bedenken. Eine Reportage trinkt, ob man sich bewegt, einen individuellen Gesundheitsspiegel erstellen lassen, der wird gleich ausgedruckt. Und daraufhin kann man sich individuell hier beraten lassen, was man für die bessere Ernährung tun kann, zum Beispiel mehr Obst essen, mehr Gemüse essen, weniger Fett essen und so weiter. Das alles dauert natürlich seine Zeit.

Derweilen kann ich etwas zu meiner geistigen Verfassung im Moment sagen, ich hab nämlich meinen Biorhythmus schon, da steht drauf: »Geistig sind Sie in der Regenerationsphase mit fallender Tendenz.« Sollte ich also im Laufe dieser Reportage etwas nachlassen, so liegt das alles an meinem Biorhythmus.

Mein Cholesterinwert ist immer noch 66 Sekunden davon entfernt, ausgedruckt zu werden.
Der Messestand ist heute — wie mir vorher gesagt wurde — schlecht

verbindet Augen-Erlebnis mit Hintergrund zur *Gesamtinformation*. Nur Schilderung ist oft zu aussagearm. Zu viel Hintergrund macht die Reportage farblos und trocken.

Die Reporterin spricht über sich selbst. In der Reportage ist das ihr gutes Recht. Daß sie es mit Selbstironie tut, macht sie sympathisch.

Die *Zwischen-Zeit* sorgt dafür, daß der Spannungsbogen nicht abreißt.
Man sieht den blauen Teppich kaum mehr vor Leuten – so wird die Fülle auf dem Stand deutlich vor Augen

besucht. Das sieht man allerdings nicht. Man sieht den blauen Teppich kaum mehr vor lauter Leuten, die hier rumstehen. An der Wand sieht man einen Handwerker, der zuerst einen Apfel wirft, ihn dann skeptisch anschaut, reinbeißt und im vierten Bild sehr vergnügt dreinschaut. Das soll also damit ausgedrückt werden, daß gerade Handwerker, KfZ-Mechaniker zum Beispiel, die mittags nicht sehr viel Zeit haben, sich um ihre Ernährung zu kümmern, ein individuelles Gesundheitsprogramm brauchen.

Der Countdown läuft noch immer: neun, acht, sieben, sechs, fünf, vier, drei, zwei, eins Sekunden, jetzt müßte der Cholesterinwert kommen ... und er erscheint: »197 Milligramm pro Deziliter.« Ist das viel oder wenig?

»Das ist normal, ganz

geführt. Nur wußten wir vorher schon, daß er rappelvoll ist.
*Vorsicht vor Wiederholungen.*
Sie schleichen sich ein, wenn es wenig zu schildern gibt und man sich auf die ergänzenden Hintergrundinformationen nicht genügend vorbereitet hat. Zu Beginn des Absatzes heißt es auch dreimal hintereinander man sieht oder sieht man. Wer seine Reportagen kritisch abhört oder gar abschreibt, wird auf den inflationären Gebrauch einzelner Wörter aufmerksam. Dann notiert man sich am besten gleich alle Wörter oder Formulierungen, die statt der Wiederholung möglich gewesen wären. So prägen sich die *Synonyme* für die nächste Reportage gleich ein. Beginnen Sie doch hier damit: Was hätte die Reporterin statt man sieht denn noch sagen können?

Ein bißchen *Dramatik* schadet nicht. Der Tonfall muß dann dafür sorgen, daß es nicht überzogen klingt.
Das Test-Ergebnis ist der Höhepunkt der Reportage, das Ende des Tests und damit auch ein logischer *Schluß*.
Häufig bietet sich der Ausstieg nicht so an. Man sollte ihn deshalb – wie den Einstieg – vorher überlegen. Denn: Was zuletzt gesagt wird, soll dafür

normal. 200 ist der Normwert.«
200 ist der Normwert, ich habe einen kleinen Paß, da steht jetzt mein Wert drinnen. Damit kann ich also jetzt zur individuellen Gesundheitsberatung gehen. Wenn alles nichts mehr nützt, hören Sie nie wieder etwas von mir.
Auf Wiedersehen.

sorgen, daß die Reportage dem Hörer in guter Erinnerung bleibt. Und das tut sie kaum, wenn sie nach dem Motto endet: So, nun weiß ich nichts mehr, jetzt gebe ich zurück ins Funkhaus.

## Sportreportage

Es schadet nicht, daran zu erinnern, wie Alfred Braun, der Pionier der gesprochenen Reportage, in den frühen 20er Jahren für die Berliner Funkstunde seine erste Fußballreportage machte. Vor sich hatte er eine Skizze des Spielfeldes – aufgeteilt in Planquadrate. Auch seine Hörer waren von einer Berliner Sportzeitung mit einer entsprechenden Darstellung versorgt worden. Und dann konnte es losgehen: Anstoß im Planquadrat E5, mit einem weiten Paß wird der Ball ins Planquadrat B3 geschossen und so weiter und so weiter. Diese Methode hat sich – wie jedermann weiß – nicht bewährt. Alfred Braun verzichtete noch während der Premiere darauf. Nicht verzichtet allerdings hat das Radio auf die Sportreportage an sich. Im Gegenteil, die meisten Radioreportagen machen heute Sportreporter.

**Schildern, was man sieht.** Was grundsätzlich über die Reportage zu sagen ist, gilt auch für die Sportreportage. Die *Schilderung des unmittelbaren Geschehens* durch den Reporter vor Ort macht ihr Wesen aus. Dabei muß der Reporter »*am Ball bleiben*«, was nicht nur für Fußball gilt.
Die schildernden Teile der Reportage werden durch *nichtschildernde* ergänzt. Außer der *Schilderung der Aktion* interessiert

natürlich – um beim Fußball zu bleiben – auch die *Information* über die Bedeutung des Spiels, die Zuschauer-Zahl, das Wetter, Besonderheiten der Aufstellung und ähnliches. Aber Achtung: Eine Reportage ist keine Aneinanderreihung statistischer Daten. Dieser nichtschildernde Teil der Reportage kann auch aus einem *Kommentar* bestehen (technisch sehr stark, trickreich oder lauffreudig), aus einem *Rückblick* (Zu Saison-Beginn war X weitaus stärker als heute), aus einer *Vorschau* (X wird am kommenden Mittwoch im Nationalteam spielen) oder einer *Hintergrund-Information* (Der Trainer hat sich in taktischer Hinsicht dieses oder jenes ausgedacht).

Das Geschehen auf dem Spielfeld liefert die Stichworte zu einer sinnvollen und abwechslungsreichen Verknüpfung dieser beiden Grund-Elemente der Reportage: Schilderung und ergänzende Information.

**Miterleben lassen.** Gerade beim Sport muß der Reporter seine Hörer das Geschehen miterleben lassen. Er kann und soll sogar – mehr als die Kollegen vom Zeitfunk zum Beispiel – *Persönlichkeit einbringen*. Das darf jedoch nicht so weit gehen, daß er mit seinem persönlichen Hoffen und Bangen Partei ergreift. Insbesondere im regionalen und nationalen Bereich spricht der Sport-Reporter (bei jeder Art von Wettkampf) auch für die Anhänger der Sportler oder Mannschaften, die er selbst vielleicht nicht favorisiert.

Die Reportage muß daher vom Bemühen um Objektivität bestimmt sein. Inwieweit der Reporter *engagiert* sein soll, darüber gehen die Meinungen auseinander. *Der nüchterne Stil* wird heute von den Verantwortlichen favorisiert. Bei Länderkämpfen, Europa- oder Welt-Meisterschaften und Olympischen Spielen scheinen viele Hörer aber eine persönlichere, engagiertere Ansprache zu wünschen, weil sie sich (insbesondere bei Erfolgen der »eigenen« Athleten) gerne identifizieren möchten.

Ein guter Reporter wird dem zwar Rechnung tragen, sich aber *nicht zu Hofberichterstattung oder zu nationaler Färbung verleiten lassen*. Wenn Erfolge von Sportlern zu Erfolgen eines politischen oder gesellschaftlichen Systems werden, ist die kritische Schwelle überschritten.

**Atmo sagt oft mehr als Worte.** Der Sportreporter sollte darum auch schweigen können, wenn z. B. der Torschrei der Fans oder das enttäuschte Aufstöhnen des Publikums eine deutliche Sprache sprechen. Die gellenden Pfiffe, die Buh-Rufe oder die gespannte Stille am Parcours sind dramaturgische Hilfsmittel.

**Bombe, Schuß, Granate:** Begriffe, die in keine Sportreportage gehören, eher in die Kriegsberichterstattung. Manche Sportreporter nehmen sie gedankenlos in ihr Vokabular auf, vielleicht auch, weil sie sich an schlechten Vorbildern orientieren oder an der Sprache der Fans, die ja bekanntlich drastisch und bombastisch ist.
Ebensowenig angebracht ist ein *Sammelsurium von sportartspezifischen Fachausdrücken*. Ein Reporter hat nicht die Aufgabe, sogenannte Experten von seinem Fach-Wissen zu überzeugen, er soll vielmehr Hörern komplizierte Vorgänge einfach darzulegen versuchen. Das gilt insbesondere für weniger bekannte Sportarten.
Was abseits im Fußball ist, glauben die meisten zu wissen, die auf den Sportplatz gehen, auch was Klein-Klein bedeutet. Aber, was soll sich, wer vom Fechten nichts versteht, unter Flêche vorstellen? Wäre es für alle nicht viel leichter zu verstehen, wenn von einem sehr schnellen ununterbrochenen Angriff gesprochen würde? Warum sollte ein Reporter den in der Leichtathletik weniger Kundigen nicht die Hilfe geben, daß der Fosbury-Flop (ganz vereinfacht gesagt) ein Rückwärts-Sprung über die Latte ist?
In diesen Zusammenhang paßt auch die Warnung vor dem durchgebrochenen Mittelstürmer, der Kerze, die im Strafraum geschlagen wird, dem Leder, das im Netz zappelt, dem vielzitierten Lattenkreuz, der Bomben-Form oder dem Mords-Bums, um wieder einige Begriffe aus dem Fußball zu bemühen. Unter Bogenlampe als Gegenstand, der die Flugbahn eines Balles beschreibt, kann sich der Hörer dagegen etwas Vernünftiges vorstellen.

**Gute Vorbereitung** bedeutet oft schon den halben Erfolg. Sport-Fans sind immer Fachleute – auch wenn sie es manchmal nur meinen. Für den Sportreporter bedeutet das, sich auf die

Sportart, über die er zu berichten hat, immer wieder gewissenhaft vorzubereiten. Sicher empfiehlt es sich, den Kopf durch einige *Notizen* zu entlasten. Manche Reporter haben kleine Kärtchen stets griffbereit. Andere ergänzen die Mannschaftsaufstellungen z. B. durch Skizzen über die Aufgabenverteilung der Spieler.
Bei längeren Übertragungen wird ein Reporter meist von einem *redaktionellen Mitarbeiter unterstützt.* Dieser kann die Aufgabe übernehmen, den Reporter auf Dinge aufmerksam zu machen, die sich nicht im Zentrum des Geschehens abspielen, ihn an etwas zu erinnern, was er in der Hektik übersehen oder vergessen hat, Informationen einzuholen, die man am Mikrofon nicht bekommt, z. B. wenn ein Sportler verletzt ist. Werden bei einer Leichtathletik-Veranstaltung mehrere Disziplinen gleichzeitig ausgetragen, ist ein Reporter allein überfordert, weil er die Augen nicht überall haben kann. Da muß der Helfer Weiten und Höhen notieren, die einzelnen Versuche vergleichen und den Reporter rechtzeitig auf interessante Situationen aufmerksam machen.

**Mit dem Fernsehen um die Wette reden** müssen Sportreporter sehr häufig. Es gibt nicht wenige Hörer, die bei Live-Übertragungen zum Fernsehbild die Radio-Reportage laufen lassen. Wehe dem Reporter, der dann zu oft bei Bemerkungen über das Wetter und die Qualität des Rasens oder bei statistischen Erinnerungen ertappt wird und dramatische und wichtige Ereignisse nachschildern muß. Auch das Wissen um die Fans mit dem *Transistor-Radio auf der Tribüne* oder in der Kurve zwingt den Reporter zu »Ereignis-Treue«

**Wie man's lernen kann** ist nicht mit Bestimmtheit zu sagen. Es gibt kein allgemein gültiges Rezept. Es gibt nur Hilfen.
Auf jeden Fall gehört dazu: Kenntnis der Spielregeln, detailliertes Fachwissen, ständige Schulung, regelmäßiges *Abhören von Reportagen* (auch der eigenen) – von einer guten Stimme einmal ganz abgesehen.
Sicher empfiehlt es sich, einen *erfahrenen Kollegen zu begleiten,* vielleicht parallel zu ihm (für den Papierkorb) eine Reportage vom gleichen Ereignis zu sprechen und beide Bänder dann später abzuhören.

Nicht unproblematisch ist es aber, sich sehr eng an einen erfahrenen Kollegen anzulehnen, was Tonfall oder Wortwahl betrifft. Der Reporter gibt sonst leicht seine Identität auf. Kopien sind meist schlechter als das Original und wirken bisweilen peinlich.
Über Sport wird im Radio nicht nur in Reportagen berichtet, es gibt eine Fülle von anderen Formen:

**Konferenzschaltungen von Stadion zu Stadion** machen die Fußballberichterstattung abwechslungsreicher und informativer als lange Reportagen von einzelnen Spielen. In schneller Folge werden die Reporter an verschiedenen Spielorten aufgerufen. Sie melden sich dann (häufig mehrmals in einem Spiel) nur zu *kurzen Live-Beiträgen:* Zuerst meist der aktuelle Spielstand, dann häufig eine kurze Schilderung des augenblicklichen Spielgeschehens (also ein Reportage-Element) und daran anknüpfend eine kurze Information über den bisherigen Spielverlauf. Darin wird z.B. zusammengefaßt wie die Tore gefallen sind, welche Torchancen es gab, und wie das Ecken-Verhältnis ist; einzelne Spieler werden beurteilt und das Spiel ganz allgemein bewertet.
Solche Konferenzschaltungen sind wegen der Leitungskosten, des technischen Aufwandes und der Reportereinsätze teuer. Die ARD-Anstalten organisieren sie deshalb gemeinsam und übernehmen die Berichte in viele Programme von Nord bis Süd.

**Telefonberichte in der Halbzeit** sind eine preiswertere Lösung. Der Reporter kann dazu entweder einen Telefon-Anschluß im Stadion benutzen (Vorteil: Atmo und größere Aktualität) oder muß sich in der Pause ein Telefon in der Nähe suchen. Er meldet den Zwischenstand und faßt den Spielverlauf zusammen. Solche Zwischenberichte sind auch mehrmals während des Spiels möglich.

**Abschlußberichte** werden möglichst noch mit der Atmo des Stadions als Hintergrund (über Telefon oder Leitung) gesprochen und enthalten in der Regel neben der *Zusammenfassung* auch eine *Wertung,* sind also kommentierende Berichte.

**Statements von Trainern oder Spielern** ersetzen gelegentlich den eigenen Mitarbeiter im Stadion. Die Redaktion verabredet also, daß sich Trainer oder Sportler möglichst kurz nach Abschluß des Sportereignisses telefonisch melden, um das Ergebnis und/oder eine kurze Wertung durchzugeben. Diese Lösung ist preiswert. Sie hat den Reiz der authentischen Äußerung eines Beteiligten, ermöglicht aber keine objektive Berichterstattung.

**Interviews mit Sportlern oder Trainern** vor, während oder nach Sportereignissen sind attraktive Programm-Elemente. Von Prominenten sind sie allerdings häufig schwer zu bekommen. Manchmal hilft die Vermittlung der Sponsoren. Je schneller ein Sportler nach einem Wettkampf interviewt wird, um so eindrucksvoller, persönlicher und packender sind oft seine Äußerungen. Manchmal allerdings sind sie einfach nur atemlos und lassen den Reporter als rücksichtslos und aufdringlich erscheinen. Fingerspitzengefühl und menschlicher Takt sind bei solchen Interviews gefordert.

Wenn Sportler oder Trainer nicht besonders wortgewandt sind, kommen die Reporter häufig in Versuchung, in ihren Fragen gleich die Antworten vorwegzunehmen. Die Sportler erscheinen dann in der Rolle von Interview-Statisten und der Zuhörer fragt sich, warum der Reporter nicht gleich alles allein macht.

**Sport-Nachrichten.** Meldungen vom Sport sind nicht auf Sportsendungen beschränkt. Wenn sie wichtig sind, haben sie ihren Platz in den normalen Nachrichtensendungen – und je nach Bedeutung auch durchaus nicht immer am Schluß. Außerdem bieten manche Sender auch Sport-Nachrichten täglich als regelmäßige Rubrik an. Die besten Sendezeiten dafür sind der späte Nachmittag vor den abendlichen Sportereignissen (wenn viele Männer nach Hause fahren und im Auto Radio hören) und abends nach den Sportveranstaltungen. Auch mit den Frühsendungen erreicht man viele Männer, die noch immer den Löwenanteil der Sportinteressierten stellen, wenn auch die Frauen langsam nachziehen.

**Sport durchgängig im Programm** – das wird in Begleitprogrammen immer mehr zum Grundsatz. Eigene Sportsendungen (»Kästchen« im Programm) sind an Wochenenden, an Bundesliga-Spieltagen und bei Großereignissen wie Olympischen Spielen und Welt- und Europameisterschaften üblich.

## Kulturberichte im Radio

Auch Kultur-Themen können in der Form von Berichten und Kritiken *mit O-Ton* nicht nur radiophoner, sondern auch eindringlicher vermittelt werden. Dabei gilt vieles von dem, was schon im Beitrag »Bericht mit O-Ton« aufgeführt wurde (vgl. dort). Einiges ist aber doch etwas anders. Besonderheiten sind etwa bei der *Beschaffung* der O-Töne zu beachten. Da gibt es nämlich mitunter technische und juristische Probleme.

Auch ist gerade im Kultur-Bereich die Gefahr groß, daß sich der O-Ton zu dicke macht. So ist es beispielsweise nicht immer leicht, sich bei den meist technisch brillanten und schick gestylten Film-Ausschnitten die nötige Beschränkung aufzuerlegen.

**O-Ton-Effekthaschereien vermeiden.** Der O-Ton in einem Kultur-Bericht soll ein »Diener« des beschreibenden, einordnenden Textes bleiben, soll helfen, Zusammenhänge zu verdeutlichen und Kritik zu belegen.

Da kann beispielsweise der Leiter einer Ausstellung von Mode aus zwei Jahrhunderten im O-Ton-Statement die Ziele seines ehrgeizigen kulturhistorischen Projektes erläutern, und der Kulturjournalist vergleicht diesen Anspruch mit der Wirklichkeit der Schau.

Oder der Szenen-Ausschnitt mit lauter nuschelnden Schauspielern mag für alle hörbar das Urteil des Theater-Kritikers untermauern, daß Regisseur XY mal wieder arrogant an den (akustischen) Zuschauer-Bedürfnissen vorbeiinszeniert hat.

**Theater-Rezensionen mit O-Ton** können nach der modellhaften Faustregel *Inhalt-Szene-Kritik* aufgebaut werden.

Zunächst also wird – möglichst farbig – erzählt, worum es in dem Stück geht. Diese knappe und pointierte Inhaltsangabe sollte mit »typischen« Szenen-Ausschnitten illustriert werden. Clevere Kritiker haben für den Szenenmitschnitt zuvor das Textbuch studiert und wissen, wann die »Schlüssel-Szenen« zu erwarten sind. Danach folgt die Kritik an Stück und/oder Inszenierung. Dazu passen gut erläuternde oder entschuldigende Statements des Autors oder Regisseurs. Dabei ist darauf zu achten, daß die Künstler wirklich »auf den Punkt« befragt werden und sich präzise äußern.

**Die Beschaffung der Szenenausschnitte** kann schwierig sein. In vielen Theatern sind Ton-Aufnahmen während der Aufführung grundsätzlich untersagt. Also: Auf jeden Fall vor der Premiere klären, was erlaubt ist und was nicht.
Falls man mit dem Mikrofon in die *Aufführung* darf, gilt: So dicht wie möglich ran an die Rampe. Und zwar mit einem *Richtmikrofon* und einem kleinen Kopfhörer *im Ohr*. Nur so schafft man es, den Absprechwinkel der Schauspieler einigermaßen exakt zu treffen. Aber selbst dann sind Nebengeräusche nicht auszuschließen. Da knarrt der Stuhl des Nachbarn, da wird gehustet, geräuspert und geraschelt. Und gelacht. Bei Kabarett-Nummern und Komödien mag es sinnvoll sein, neben dem Gag gleich auch noch die Reaktion des Publikums aufs Band zu bekommen. In der Regel aber stört das ungemein und lenkt vom eigentlich Wichtigen im O-Ton ab.
Das kann vermieden werden, wenn man für die Tonaufnahmen die *Generalprobe* besuchen darf. In einigen Theatern werden für die Medienleute eigens *Stellproben* arrangiert, auf denen man in Ruhe mitschneiden kann.
Die Kritik darf aber selbstverständlich erst nach dem Besuch der Premiere geschrieben werden.

**Bei Opern- und Ballett-Aufführungen** gilt das eben beschriebene Verfahren. Da jedoch technische Ausstattung und technische Erfahrung des Kultur-Reporters in der Regel allenfalls für Sprachaufnahmen, nicht aber für die adäquate Aufzeichnung von musikalischen Darbietungen ausreichen, sollte man sich bei den Tonmeistern der Opernhäuser und Konzertsäle erkundigen, ob und wie man an deren *professionellen Mitschnitt-Einrichtungen* partizipieren kann. Die rechtlichen Bedingungen für solche »Klammerteile« müssen auf jeden Fall rechtzeitig mit den zuständigen Stellen geklärt werden.

**O-Töne aus Filmen** sind leichter zu beschaffen. Die meisten Verleihfirmen haben sich darauf eingestellt, daß kaum noch eine Filmkritik ohne O-Ton-Einblendungen über die Sender geht. Meist schon einige Wochen vor dem Kino-Start eines Films werden Redaktionen und einzelne Kritiker mit *O-Ton-Kassetten* bemustert.
Wichtig ist also hier, den leider oft wechselnden Presse-Betreuern der Filmfirmen klarzumachen, daß man diesen Service *kontinuierlich* nutzen will. Tip für Newcomer: Manuskripte, Artikel und Sendemitschnitte als Belegexemplare hinschicken. Das unterstreicht die Berechtigung des Begehrens. Das Verfahren der Verleiher ist für viele Film-Rezensenten verführerisch und hat deshalb den Nachteil, daß alle Medien-Welt mit den immer gleichen Film-Ausschnitten operiert.
Wer *mehr* oder *anderes* haben will als auf der Verleih-Kassette eingespielt ist, muß so gute Beziehungen zu den Firmen aufbauen, daß Sonderwünsche erfüllt werden.

**Film-O-Ton selber mitschneiden.** Mit dieser Methode fühlt man sich unabhängiger: Bei den immer zahlreicher stattfindenden Vor-Premieren, den *Previews,* »hängt« man sich – natürlich mit Einwilligung und technischer Unterstützung des Veranstalters – an die Tonausgangsbuchsen der Projektoren und schneidet den gesamten Film mit, um später genau jene Sequenzen auswählen zu können, mit denen der Inhalt am treffendsten illustriert bzw. die Kritik am besten begründet werden kann.
Übrigens ist dabei auch die Film-*Musik* oft recht hilfreich, um besondere Stimmungen besser nachvollziehbar zu machen.

**Die Sound-Track-Schallplatte** liegt meist lange vor dem Kino-Start in den Regalen gut sortierter Phono-Geschäfte und auch der Schallarchive in den Funkhäusern.
Die Verwendung von Schallplatten-Aufnahmen kann auch in einem anderen Bereich der Kulturberichterstattung praktisch sein, nämlich bei Rock- und Pop-Konzerten. Die Veranstalter haben meist (vielfach durchaus begründete) Angst vor unerlaubten »Raub«-Mitschnitten und verwehren strikt und manchmal ziemlich ruppig allen den Eintritt, die mit einem auch noch so kleinen Bandgerät anrücken.

**Für den Konzertbericht mit O-Ton** greift man am besten auf einige Kniffe zurück, die im Beitrag »Mini-Feature« (vgl. dort) beschrieben werden, und montiert aus den vielleicht bei der Presse-Konferenz ergatterten Statements der Stars und aus den Äußerungen der Fans nach dem Konzert eine kleine Stimmungs-Collage, baut darum herum den eigenen Text und den letzten Hit der Band.

Wenn der Sound zudem in die »Musikfarbe« der *Sendung* paßt, in der die Konzertkritik ausgestrahlt wird, kann man auf einen weiteren Titel hinführen und ihn zum Schluß ganz ausspielen lassen, vorausgesetzt natürlich, man hat dafür die Zustimmung des Kollegen Musikredakteurs eingeholt. Und: GEMA-Meldung beachten!

**Berichte mit O-Ton über Bildende Kunst** sind ein besonders heikles Feld des Kultur-Journalismus im Funk. Natürlich gibt es Ausnahmen von dieser Regel:

Auf der 8. Documenta in Kassel machten zum Beispiel die stilisierte gigantische »Wurstmaschine« von Albert Hien oder die Auto-Skulptur des Franzosen Richard Baquie ordentlich Krach und zählten zu den Lieblingsobjekten der Fernseh- und Radioleute.

Die meisten Arbeiten von Bildhauern und Malern sind aber nun mal stumm.

Der Radiomensch muß über das Werk reden, muß es möglichst anschaulich beschreiben, damit sich der Hörer ein Bild von dem Bild machen kann. Das ist ungemein schwer. Dennoch muß es versucht werden, und der O-Ton kann dabei helfen. Zumal, wenn der Schöpfer des Kunstwerks in einem Statement selbst erklären kann, welche Vision hinter seinem Werk steckt. Wenn nicht, bleibt, etwas prosaischer, die Information aus erster Hand über technische Besonderheiten oder Verfahrensweisen.

**Literaten** sind in eigener Sache meist beredter als bildende Künstler. Deshalb sollte man sie (auch in Buchrezensionen) wenn irgend möglich selbst zu Wort kommen lassen.

Darüberhinaus sollte man die Dichter und Denker beim Interview in der Buchmessen-Koje oder nach der Signierstunde beim Buchhändler nicht nur zum gegenwärtig letzten Werk befragen, sondern auch zu künftigen Projekten und zu ihrer Arbeit und zu Themen und Trends in der Kulturszene allgemein.

Das läßt sich dann als Meinungsäußerung der Big Names bei Gelegenheit aus dem wohlgeordneten *Archiv* ziehen, das zumal der »freie« Kulturjournalist anlegen sollte, und das auch bei (nicht nur in Kulturredaktionen makabrerweise so beliebten) Nachrufen gute O-Ton-Dienste tun wird.

Dieter Heß, Literaturkritik im Hörfunk; Walter Filz, Kunstkritik im Hörfunk; in: Dieter Heß (Hrsg.) Kulturjournalismus. Ein Handbuch für Ausbildung und Praxis (List Journalistische Praxis)

## Kommentar

Als kritische Stellungnahme zu einem aktuellen Thema oder Ereignis folgt der Kommentar auf die Nachricht oder den Bericht. Durch *vertiefende Unterrichtung* und durch Auslegung, d. h. hauptsächlich durch *Einordnung* verschiedener Nachrichten in Zusammenhänge, durch *Aufhellung von Hintergründen* sowie durch die *Abschätzung möglicher Folgen* eines Ereignisses soll es dem Hörer erleichtert werden, *eigene Meinung* zu bilden.

Ein Kommentar kann nicht objektiv und in sich ausgewogen sein. Er gibt *immer die subjektive Sicht,* das subjektive Urteil des Verfassers wieder. In der Presse formen Leitartikel und Kommentare das politische Profil. Sie prägen die Richtung einer Zeitung.

In den Kommentarprogrammen des öffentlich-rechtlichen Rundfunks müssen *alle relevanten politischen Richtungen Ausdruck finden.* Die Aufgabe der verantwortlichen Redakteure besteht also darin, in für den Hörer überschaubaren Zeiträumen Kommentatoren mit den unterschiedlichsten Auffassungen zu Wort kommen zu lassen.

**Beiträge von Auslandskorrespondenten zum Kommentarprogramm** sind oft erläuternde Darstellungen, Mischformen zwischen Bericht und Kommentar. Das hat einleuchtende Gründe: Um dem Hörer die Beurteilung einer außenpolitischen

Situation zu erleichtern, muß der Korrespondent innerhalb der häufigsten Kommentarzeit von drei bis vier Minuten unvergleichlich mehr Tatsachen anführen als der Kommentator eines innenpolitischen Ereignisses, dessen Ablauf die Mehrzahl der Bürger selbst verfolgen kann. Hinzu kommt, daß der *Korrespondent* für die Region, aus der er berichtet und kommentiert, oft *eine gewisse Monopolstellung* innehat. Vergleichsmöglichkeiten durch Meinungsvielfalt sind bei der Kommentierung z. B. japanischer, indischer oder brasilianischer Politik kaum herzustellen. Vertiefende Information, Erläuterung durch behutsame Ordnung des unübersichtlichen Stoffes, Darstellung von Zusammenhängen, Analysen sind hier mehr gefragt als Subjektivität und Originalität.

**Urteilskraft und Mut zur Entschiedenheit** werden vom Kommentator um so mehr verlangt, je mehr er bei der Behandlung eines Themas beim Hörer eigene Kenntnisse und Meinungen voraussetzen kann. Er muß überzeugen durch sein Engagement sowie durch die kühle Logik seiner Begründungen, durch sein Temperament wie auch durch erkennbare Distanz zum Stoff. Er muß bereit sein, seine Meinung in Frage zu stellen, Irrtümer einzugestehen und eigene Urteile daraufhin zu überprüfen, ob sie zu Vorurteilen geworden sind. *Abhängigkeit, z. B. von Parteizentralen, verstößt gegen die Berufsethik.* Hauptvoraussetzungen eines guten Kommentars sind Unabhängigkeit des Denkens, umfassendes Wissen über den Gegenstand und Erfahrung in öffentlichen Angelegenheiten.

**Auf den Aufbau** eines Kommentars muß um so größere Sorgfalt verwendet werden, je kürzer die Kommentarzeit ist. Ein Beitrag darf nicht in der Mitte anfangen oder aufhören; ein wirkungsvoller Anfang und ein wirkungsvoller Schluß sind wichtig. Besonders Kurzkommentare müssen frei bleiben von Bildungsballast und Abschweifungen, müssen klar in der Gedankenführung sein. Kurze Sätze, u. U. auch die Wiederholung eines zentralen Gedankens sowie die Vermeidung von Fremdwörtern erleichtern die Verständlichkeit.

**Der Autor als Sprecher** – beim Kommentar ist das die Regel. Ein subjektiver Text, der engagiert vorgetragen sein will, verlangt danach, daß er vom Kommentator selbst gesprochen wird. Der

Kommentar gewinnt dadurch an *Überzeugungskraft*. Nur in Ausnahmefällen wird man einen Sprecher zum Lesen des Kommentars heranziehen.
Polemischer Eifer kann nicht mangelndes Wissen ersetzen; ein Kommentar soll die *Vernunft* und den *Verstand* ansprechen und nicht Emotionen schüren. Doch gilt ebenso, daß sich der Kommentator niemals scheuen darf, leidenschaftlich Stellung zu beziehen für die Grundwerte der Demokratie und gegen jene, die sie in Frage stellen wollen, für die Verbindung von Politik und Moral, gegen jede Art von Diktatur. »Es braucht die volle politische Leidenschaft, den Mut vor den Bedrückern, den Widerwillen gegen das Unrecht. Das erst macht den Stil aus, der überzeugt.« (Jürgen Tern)

## Glosse

»Die Glosse ist eine knappe Meinungsäußerung, ein Kurzkommentar kritischer, zugleich oft feuilletonistischer Art in Presse, Hörfunk und Fernsehen.« Das steht im Brockhaus, Ausgabe 1978. Die klassische Glosse ist geschriebene Prosa, unmißverständliche Prosa.

**Verspotten, tadeln, entlarven, erläutern.** *Die Glosse ist der gut beobachtete Augenblick zwischen zwei Wimpernschlägen.* So hat das sinngemäß einmal der Dominikanerpater Rochus Spiekker gesagt. Das heißt: Die Glosse sieht einem einzigen Schritt an, ob derjenige, der ihn tut, den aufrechten Gang pflegt oder ein Kriecher ist; die Glosse hört den falschen Zungenschlag und *entlarvt* die feierliche Rede; die Glosse *erschnüffelt* aus einem Rülpserchen die Schlemmereien einer ganzen Woche.
In einem Nachschlagewerk des Jahres 1897 findet sich folgender Hinweis: »In der Umgangssprache sind Glossen soviel wie spöttische, tadelnde Bemerkungen. Glossen machen.« Glossen wurden Erläuterungen genannt, die am Rande von besonders unverständlichen Bibelstellen standen. Es ist nichts Unangemessenes an dem Gedanken, daß die Glosse unserer Tage *eine Erläuterung besonders unverständlicher Berichte auch über politische Zusammenhänge* sein kann. Da fast alle Zusammenhänge politisch, und die Berichte darüber meist unverständlich

sind, kommt der Glosse eine große Bedeutung zu. Die Glosse ist leidenschaftlich einseitig und ein erbitterter Feind der Ausgewogenheit.

**Mit dem Klang der Stimme glossieren.** Dem Wort Glosse liegt das griechische Wort für »Zunge« zugrunde. Das ist eine Verpflichtung. *Der Radio-Glossist hat eine schnelle und spitze Zunge.* Das schwerfällige Wiederkäuen von Kommentarbrocken ist ihm fremd. Wo der Glossenschreiber Worte braucht, reicht dem Radio-Glossisten manchmal die Stimme. Er kann z. B. aus der Rede eines Politikers zitieren, ohne ein kommentierendes Wort, aber die Rede verspottend mit dem glossierenden Klang seiner Stimme. Die klassische Radio-Glosse wird von *einem* Sprecher, am besten vom Autor selbst gelesen.

**Umgangssprache.** Glossografische Werke waren einmal eine wichtige Quelle für die Kenntnis der Volkssprache, des sogenannten Vulgärlateins. Es ist sehr gut, wenn auch die zeitgenössische Glosse in diesem Sinne vulgär ist, wenn sie die *Sprache des Volkes* spricht. Umgangssprache ist auch heute nicht die herrschende Sprache. Herrschende Sprache ist die Sprache der Herrschenden. Die Glosse mit ihrer Umgangssprache steht also auf der Seite der Beherrschten. Und von dort tadelt und spottet sie.

**Mit Geräuschen glossieren.** Da das Radio ein akustisches Medium ist, können in die Glosse auch Geräusche eingebaut werden. Das muß allerdings vorsichtig gemacht werden, damit die Glosse, die eine entschiedene Meinung vertreten soll, nicht zur oberflächlichen Geräuschklamotte gerät. Als wiederum klassisches Modell für die Geräuschglosse kann die Glosse mit nur einem Geräusch gelten: Der Glossist trägt z. B. mit Pathos hehre Ziele eines mächtigen Mannes vor und stellt das Ganze dadurch in Frage, daß er an bestimmten Stellen ein Geräusch einblendet: Schnarchen, müden Beifall eines einzelnen oder Glockengedröhn deutscher Dome.

Die Radio-Glosse mit eingeblendeten Originaltönen, also mit Aussagen von Politikern oder Bürgern, die nicht erfunden, sondern in einer bestimmten Situation tatsächlich gemacht worden sind, verdichtet diese Aussagen auf den Aspekt, der dem Glossisten aufgefallen ist. Die Grenzen der Verdichtung und Verkürzung liegen da, wo die Unwahrheit beginnt.

**Kürze – Vorzug der Glosse.** Zwei bis drei Minuten, länger sollte eine Glosse nicht sein.

# Diskussion

Radio-Diskussionen gibt es in vielfältiger Form: die Studiodiskussion mit begrenzter Dauer, die open-end-Diskussion, Diskussionen mit Publikum als öffentliche Veranstaltung oder Studiodiskussionen mit Beteiligung der Hörer durch Telefonanrufe und schließlich die sogenannte »meet the press«-Methode, bei der mehrere Journalisten einen Gesprächspartner befragen, sozusagen ins Kreuzverhör nehmen.

**Das Diskussionsthema muß kontrovers sein.** Die klassische Form ist die *Studiodiskussion.* Sie dient dazu, ein Thema in einer möglichst lockeren Form kontrovers zu behandeln. Nur wenn *unterschiedliche Meinungen* zu einem Thema ausgebreitet werden sollen, ist eine Diskussion legitim. Das Zusammenbringen von Experten, deren Auffassungen zum Thema im wesentlichen übereinstimmen, kann nur zur gegenseitigen Bestätigung, nicht aber zu einer Diskussion führen.
So kommt es also darauf an, *Gesprächspartner* zu finden, von denen man weiß und voraussetzen kann, daß sie *unterschiedliche Auffassungen* vertreten. Man sollte sich ferner vergewissern, daß die Gesprächspartner auch *eloquent genug* sind, ihre Auffassung verständlich zur Geltung zu bringen.

**Das Vorgespräch – keine Vorweg-Diskussion.** Von ebensolcher Bedeutung ist es, das *Thema einzugrenzen,* um sicherzustellen, daß die Gesprächsrunde nicht in Gebiete abschweift, die die Diskussion unübersichtlich machen.
Deshalb ist es auch sinnvoll, daß der Gesprächsleiter mit den Teilnehmern vorher über das Kernthema und seine Begrenzung spricht. Natürlich muß er dabei vermeiden, daß in einem solchen Vorgespräch die eigentliche Diskussion vorweggenommen wird. Geschieht dies, geht mit Sicherheit der Elan und die Spontanei-

tät verloren, die ja gerade die Diskussion auszeichnen sollen. *Das Vorgespräch dient ausschließlich der Gliederung der folgenden Diskussion,* die es dem Gesprächsleiter und den Teilnehmern erleichtern wird, möglichst konkret am Thema zu bleiben.

**Der Diskussionsleiter ist ständig gefordert.** Nach der *Vorbereitung* der Diskussion obliegt es ihm, *das Gespräch zu lenken;* das heißt, er muß darauf achten, daß das Thema nicht verlassen wird, er muß *die wichtigen Aspekte ansprechen,* um die Diskussionsteilnehmer zu veranlassen, die wesentlichen Fragen auch zu beantworten, er muß dort *nachhaken,* wo ausgewichen wird und er muß die *Verständlichkeit* dann *herstellen,* wenn einzelne Teilnehmer allzusehr fachsimpeln.

Ein guter Diskussionsleiter bewältigt diese Aufgabe, indem er von einzelnen Gesprächsteilnehmern kompliziert dargestellte Sachverhalte knapp und allgemeinverständlich erläutert, ohne das Niveau der Diskussion zu senken. Solche Interventionen müssen unaufdringlich und unprätentiös sein. Dies wird einem Journalisten, der mit der Sprache umzugehen gewohnt ist und über Sachverstand im Hinblick auf das behandelte Thema verfügt, jedoch gelingen.

Bei einer gegliederten Diskussion ist es nützlich, wenn der Gesprächsleiter *Zwischenresümees* zieht; dann nämlich, wenn ein bestimmter Komplex der Diskussion abgeschlossen erscheint. *Ein endgültiges Resümee ist oft eine delikate Sache,* weil es bei einer kontrovers geführten Diskussion sehr schwierig ist, alle vertretenen Meinungen in wenigen Sätzen zusammenzufassen. Der Diskussionsleiter wird stets *die Uhr im Auge haben* und versuchen, die Diskussion in ihrem zeitlichen Ablauf so zu lenken, daß am Ende der Sendezeit die wichtigsten Fragen tatsächlich diskutiert worden sind. Er wird auch darauf achten, daß *die Gesprächspartner zeitlich und inhaltlich angemessen zu Worte kommen.* Natürlich sollen seine Interventionen – soweit sie notwendig sind – *verbindlich* sein, auf jeden Fall müssen sie *wirkungsvoll* sein, das heißt, der Diskussionsleiter muß *das Gespräch in der Hand behalten.*

**Der Diskussionsleiter ist nicht Diskussionsteilnehmer.** Was ein Gesprächsleiter auf keinen Fall darf, ist, seine eigene Meinung zum Gegenstand der Diskussion zu machen. Er ist im Unterschied zu dem für seinen Standpunkt engagierten Diskutanten *kein Meinungsträger, sondern der neutrale Lenker.* Wenn der Journalist seine eigene Meinung zur Geltung bringen möchte, darf er nicht die Leitung einer Diskussion übernehmen.

**Transparenz der Diskussion.** Natürlich muß der Gesprächsleiter auch eine Reihe von formalen Punkten berücksichtigen, die dazu dienen, die Diskussion allgemeinverständlich zu halten. Es beginnt mit der *Vorstellung der Teilnehmer,* mit Namen, Funktion, unter Umständen Titeln und dem Hinweis, warum sie zur Teilnahme an der Diskussion eingeladen worden sind. Während des Gesprächs muß er die einzelnen *Partner häufiger ansprechen,* wobei der Name genügt, damit sich *beim Hörer die Stimme mit dem Namen verbinden kann.* In Fernsehdiskussionen ist das Bild und das eingeblendete Insert hilfreich; im Hörfunk gibt es statt dessen nur die Möglichkeit der häufigen unmittelbaren Ansprache.

**Klarheit durch Beschränkung.** Studiodiskussionen von 30 Minuten Länge sollten mit nicht mehr als drei Partnern geführt werden. An einer einstündigen Diskussion können fünf bis sechs Personen teilnehmen. In dem erwähnten »meet the press«-Verfahren sollten in 30 Minuten zwei Journalisten einen Gesprächspartner intensiv befragen. Wird die Zahl der Diskussionsteilnehmer zu groß, leidet mit Sicherheit die Verständlichkeit.

# Feature

Nehmen wir an, ein Autor möchte eine Sendung über Lebenslängliche in den Vollzugsanstalten machen: Er wird also erst einmal Gesprächspartner diesseits und jenseits der Gefängnismauern aufsuchen, Betroffene, Verantwortliche, Beobachter, und dann zu Hause die per Tonband eingesammelten Statements und Gespräche – den sogenannten O-Ton – durch Zwischentexte verbinden, kommentieren und mit eigenen Beobachtungen ergänzen. Die für das Thema zuständige Redaktion, vielleicht die Sozialpolitik, wird dann das Ganze als Feature oder Dokumentation ins Programm setzen. Damit könnten wir es eigentlich bewenden lassen, wenn es nicht im selben Funkhaus eine Bürotür gäbe, auf der als Ressortbezeichnung Hörbild/Feature steht. Eine Bezeichnung also, die sich offensichtlich auf eine bestimmte Sendeform bezieht, ähnlich wie beim Hörspiel, das ja in der Wahl seiner Themen auch nicht gebunden ist. (Vgl. Abschnitt (»Hörspiel und Hörbild/Feature« im Beitrag »Die Ressorts«.)

**Unterschied Feature – Dokumentation:** Man wird in den Funkhäusern darüber kaum etwas Verbindliches zu hören bekommen, aber es gibt eine Art Hilfsdefinition, die allerdings von außen kommt: von der »Verwertungsgesellschaft Wort«, einer Art GEMA für Hörfunk- und Fernsehautoren. Diese VG Wort kann im Prinzip nur Texte urheberrechtlich schützen und dafür Tantiemen bezahlen, wenn das gesendete Wort tatsächlich vom Autor verfaßt wurde und nicht etwa aus dem Munde seiner Interview- und Gesprächspartner stammt, also O-Ton ist. In einer Art stilbildenden Überlegung hat nun die VG Wort 1978 beschlossen, daß im Feature, ganz im Gegensatz zur Dokumentation, auch der O-Ton urheberrechtlich eine Leistung des Autors sei. Im Feature soll der *O-Ton nicht pures Dokument,* Beweisstück sein, *sondern »Material«,* Stoff für eine Geschichte, Stoff, wie ihn auch Sachbuch-, mitunter sogar Romanautoren sammeln, um dann daraus »ihr« Buch zu machen. *Das Feature präsentiert also nicht nur O-Ton, es verarbeitet ihn,* läßt ihn aufgehen in einer Geschichte. Aber diese Geschichte ist eben kein Hörspiel; der Autor kann sich deshalb auch nicht auf den sog. Kunstvorbehalt (Art. 5 Abs. 3 S. 1 Grundgesetz) berufen. Seine Geschichte muß stimmen.

Hier muß man freilich schon einschränken. Es gibt auch *Features, die ganz ohne O-Ton* auskommen, in denen der Autor auf sehr subjektive, literarische Weise etwa Reiseeindrücke oder Begegnungen schildert, und seine Erzählung mit fiktiven Gesprächen, geschriebenen Szenen, szenisch gestalteten Anekdoten belebt, die das Hörbild/Feature auch auf diesem Wege wieder ganz in die Nähe des Hörspiels rücken.

**O-Ton und Atmo – Material für das Feature.** Der Trend im Feature allerdings geht heute in Richtung O-Ton. Und damit wären wir wieder bei unserer Lebenslänglichen-Geschichte vom Anfang. Ließe sich daraus auch formal ein »richtiges« Feature machen? Das Thema Gefängnis besteht ja nicht notwendigerweise

nur aus verbalen Stellungnahmen, es besteht auch aus der Atmosphäre in einem Gefängnis: den hallenden Gängen, den dumpfen Zellen, der Freizeit im Hof und im Gemeinschaftsraum, dem Befehlston. Für den Feature-Autor ist diese *Atmo ein wichtiger Bestandteil* der Geschichte, sie ist Material wie die Gespräche und Interviews.
Die so gesammelten unterschiedlichen Materialien kann man nach einem bestimmten dramaturgischen Kalkül, auf bestimmte Wirkungen hin auch *akustisch zueinander in Beziehung setzen.* Also etwa: Wenn der Gefängnisdirektor vom freundlichen Personal spricht, das einen humanen Umgangston mit den Einsitzenden pflege, dann könnte man im Hintergrund auch die schnarrende Stimme eines Wachhabenden beim Morgenappell hören, als Kontrast. Man könnte auch die persönlichen Bekenntnisse eines Lebenslänglichen akustisch in Beziehung setzen zum rauhen Gesang aus Männerkehlen beim Gefängnisgottesdienst. Der Phantasie sind eigentlich nur durch Geschmack, Fairneß und das gesetzliche Verbot heimlicher Aufnahmen *Grenzen* gesetzt. Die zusätzlichen Möglichkeiten der *Stereophonie* mit ihren Aufnahmen in unterschiedlichen akustischen Ebenen sollten den Autor auch nur formal inspirieren, ihn aber nicht zu unfairen Manipulationen verführen.

**Akustischer Film.** Durch die Mischung, die *kalkulierte Zuordnung* von Atmosphäre, Gespräch und Berichterstattung, erlebt der Feature-Hörer Information als eine Art akustischen Film, er *sieht* gewissermaßen *mit den Ohren,* wird durch sie »ins Bild« gesetzt. *Die Akustik,* die Atmosphäre und ihre Mischung ist also nicht mehr zufällige Beigabe, sie *ist Teil der Information,* als *vom Autor organisierte ästhetische Wahrnehmung.*
Die oft gehörte Behauptung, das fehlende Bild und seine Authentizität sei im Hörfunk-Feature auch durch noch so viel Akustik nicht zu ersetzen, ist falsch. Ganz im Gegenteil: Im Hörfunk heißt es eben nicht wie bei Fernsehaufzeichnungen »Stellungnahme Professor X, die zehnte«, sondern gerade im Hörfunk kann man den Interviewten authentisch erleben, mit allen seinen Unsicherheiten, Versprechern, Eigenheiten, die in der zehnten Fernsehfassung längst abgeschliffen sind. Eine der wesentlichen Fähigkeiten des Feature-Autors muß gerade darin bestehen, seinen Gesprächspartner die Aufnahmesituation vergessen zu lassen.

Wenn die reinen Informationen, die Sachzusammenhänge, keinen Raum lassen für eine dem Ohr gefälligere Verarbeitung, dann wird's eben kein Feature, dann wird's eine Dokumentation.

**Warten mit laufendem Band.** Für ein Feature muß man in der Regel auch einen *größeren Arbeitsaufwand* kalkulieren als für eine Dokumentation. Für Gespräche und Interviews kann ich mich mit jemandem auf eine bestimmte Zeit verabreden. Wenn ich zwei Stunden für das ganze Drum und Dran eines Interviews veranschlage, dann kann ich mir ausrechnen, wieviele Gespräche ich bei geschickter Koordination von Fahrplänen und Interviewterminen in einer Woche erledigen kann. Beim Feature geht das nicht so schnell, denn zum Einfangen von Atmosphäre kann ich mich nicht verabreden. Nicht jeder Hofgang im Knast, nicht jeder Morgenappell bietet Atmosphäre, die sich dem Hörer auf Anhieb mitteilt.

Der Feature-Autor muß warten können, auf typische Situationen, auf akustisch besonders einprägsame Begebenheiten. Nebeneffekt: Oft werden die Gesprächspartner mitteilsamer, privater, wenn sie den Autor immer wieder herumstehen sehen, und man kann dann noch einmal bei ihnen »*nachfassen*«. Meistens wartet der Feature-Autor mit laufendem Tonband, denn sonst verpaßt er etwas, was vielleicht nicht wiederholbar ist, was man auch nicht noch einmal anfordern kann: »Ach würden Sie sich bitte noch einmal mit Frau X streiten, ich habe den Anfang nicht richtig drauf«.

**O-Ton abschreiben.** Der *Bandverbrauch* beim Feature-Autor ist also *beträchtlich,* ebenso die Schreibtischarbeit nach den Aufnahmen. Er kann ja mit seinen 30-60 Bändern nicht einfach in den Schneideraum marschieren! Zunächst bleibt ihm nichts anderes übrig, als *alle Bänder zu Hause abzuhören* und sich dabei anhand des Zählwerks am Tonbandgerät Notizen zum Inhalt der Bänder zu machen. In einem *zweiten Durchgang* muß er dann alle als interessant angekreuzten Stellen mit Hilfe des Zählwerks *noch einmal heraussuchen und abschreiben.* Der O-Ton im Feature ist ja Bestandteil des Textes, er muß im Manuskript wörtlich nachzulesen sein.

Ohne vorher abgeschriebenen O-Ton könnte der Autor beim Verfassen des Manuskripts auch gar nicht feststellen, wie sich die einzelnen O-Töne miteinander und mit seinem Text verbinden lassen, in welche Atmosphäre der oder die Sprecher später bei den Aufnahmen im Studio gemischt werden sollen, und ob die Länge des geschriebenen Textes in etwa mit der Länge der Atmosphäre übereinstimmt.

**Lange Produktionszeit.** Das Mischen, das Einblenden und Zuspielen der unterschiedlichen akustischen Materialien erfordert viel Zeit, auch im Studio. Das Feature braucht deshalb oft *Produktionstermine wie ein Hörspiel.* Diese *hohen Produktionskosten,* die aufwendigen Reisen – hin und wieder muß auch ein Toningenieur dabei sein, wenn etwa technisch oder akustisch sehr schwierig einzufangende Ereignisse aufgenommen werden sollen – das alles führt dazu, daß das Feature in einigen Funkhäusern ein bißchen als Luxus behandelt wird. Ein Luxus, der nur dadurch aufgefangen werden kann, daß sich bei aufwendigen Produktionen immer wieder mehrere Anstalten die Kosten in einer *Koproduktion* teilen.

Richard Goll/Alfred Treiber, Feature im Radio; in: Heinz Pürer (Hrsg.), Praktischer Journalismus in Zeitung, Radio und Fernsehen (Verlag Ölschläger, München 1991)

## Mini-Feature

Der Begriff, so scheint es, sagt alles: Kurz muß es sein, ein Feature soll es sein, ein Mini-Hörbild. Und also nehme man:
– O-Ton
– Atmo
– Geräusche
– Musik
– eigenen Text,
mische diese (nicht planlos, sondern sinnvoll), und das Mini-Feature ist fertig. So einfach wäre das, gäbe es nicht ein paar Schwierigkeiten. Zum Beispiel diese:
Tag für Tag werden Beiträge als Feature bestellt. In der Regel kommen dann Berichte mit O-Tönen aus dem Lautsprecher (leider). Gängige Praxis ist es also, den Begriff Feature falsch anzuwenden. Noch immer gilt: Text plus O-Töne ergeben einen *Be-*

*richt* (vgl. »Bericht mit O-Ton«), weil Originaltöne nur *ein* Bestandteil eines Features sind.
Weitere Bestandteile gehören dazu, denn ein Hörbild ist nichts anderes als ein *akustischer Film*. Ein Feature vom bunten Treiben am Nordseestrand muß das Möwen- und Kindergeschrei ebenso akustisch transportieren wie das Wellenrauschen. Und im Hörbild über eine barocke Kirche müssen die hallenden Schritte ebenso zu hören sein wie das murmelnde Geflüster der ehrfürchtigen Besucher und Betenden.

**O-Ton, Atmo und Geräusche sind Teil der Information.** Sie sind keine zufällige Beigabe (vgl. »Feature«). Vor Ort, dort, wo die (der) Reporterin (Reporter) mit dem Tonbandgerät steht oder geht, muß alles nacheinander auf Band: Der Strandkorbverleiher, der Mann von der DLRG, das Möwen- und Kindergeschrei, das Wellenrauschen, der Küster, die hallenden Schritte, das Gemurmel der ehrfürchtigen Besucher und Betenden. Die Aufnahmen sind notwendig, um am Schneidetisch und im Studio »Spielmaterial« für das Mini-Feature zu haben.

**Der akustische Film – ein Beispiel.** Die Nordsee an einem herrlichen Sommertag. Wellen, Sand, Strandkörbe, Kinder, Burgen bauende Väter, sich sonnende Mütter usw.
Der Reporter fragt den Strandkorbverleiher, ob er hofft, nach fünf Wochen Regen die Umsatzeinbußen noch wettmachen zu können. Auf Band ist dann die Antwort des Strandkorbverleihers. Auf Band sind aber auch – wenn auch nur im Hintergrund – Kinder- u. Möwengeschrei, Wellenrauschen usw. Für das Hörbild über das Strandleben an der Nordsee an einem herrlichen Sommertag wird das alles gebraucht, und zwar *einzeln*, also nacheinander aufgenommen:
– O-Ton (z.B. Strandkorbverleiher)
– Atmosphäre (Kindergeschrei, Möwengekrächze)
– Geräusche (Wellenrauschen)
– Musik (Schifferklavier)
Im Schneideraum werden all diese »akustischen Bilder« des geplanten Features fein säuberlich getrennt. Hier ein (Band-) Stückchen Wellenrauschen, dort ein (Band-) Stückchen Möwengekrächze, hier der O-Ton Strandkorbverleiher. Und nun beginnt die Qual der Wahl. Wie stimme ich meine Hörer ein, wie starte ich

den akustischen Film im Kopf des Hörers. Mit Wellenrauschen? Mit Möwengekrächze? Mit Kindergeschrei? Mit allem auf einmal? Nur so viel ist sicher:

**Nicht mit Text beginnen.** Denn die Atmosphäre ist Teil der Information. Und also sind 5, 7, 9 Sekunden Wellenrauschen plus Möwengekrächze plus Kindergeschrei so gut wie der getextete Satz: Ich stehe hier bei herrlichem Sonnenschein am Meer. Nein, die Atmosphäre ist die bessere, weil *lebendigere Information*. Ein einziges Wort des Reporters reicht aus, um zusammen mit der Atmosphäre den akustischen Film im Kopf des Hörers zu starten: Das Wort Nordseestrand.
Man hört die Wellen und die Möwen. Spielende, lärmende Kinder am Strand sind akustische Signale dafür, daß es sich nicht um einen trüben, windigen und naßkalten Tag handeln kann, an dem man keinen Hund vor die Tür jagen würde.
Mit dem Text: Nordseestrand versehen, weist die Atmosphäre den Weg: Jeder sieht *seinen* Nordseestrand so, wie er ihn, ob leibhaftig oder auf Postkarte, schon einmal gesehen hat. Der akustische Film im Kopf des Hörers läuft. Mit der Mischung aus Text, O-Tönen, Atmosphäre, Geräuschen und Musik kann dieser Film abgedreht werden. Von diesem Augenblick an (Start des Films) ist es nur noch eine Frage des Drehbuches, das der Autor schreibt, wie farbig der Film (sprich: das Mini-Feature) sein wird, mit welcher Atmosphäre-Originalton-Text-Mischung er seine Hörer in den Bann zieht.

**Grundregeln für die Mischung** gibt es dennoch:
1. Atmosphäre/Geräusche sollten abgestimmt sein auf den Text. Und umgekehrt! Die Wellen sollten rauschen, wenn im Text von ihnen die Rede ist und nicht, wenn vom Schifferklavier die Rede ist.
2. Atmosphäre/Geräusche sollten reichlich mit in das Funkhaus gebracht werden. Wellenrauschen, darüber liegender lyrischer Text und dann – mangels Masse – sind plötzlich keine Wellen mehr zu hören! Oder kein Möwengeschrei. Im Kopf des Hörers reißt der Film. Unsanft wird er aus den Nordseeträumen zurückgerissen in die sterile Studioatmosphäre. Notfalls kann man Atmo und Geräusche durch Umkopieren oder eine Schleife (Endlosband) verlängern.

Darstellungs- und Sendeformen

3. Atmosphäre/Geräusche/Musik dürfen, müssen immer geblendet werden. Hier das Wellenrauschen, 20 Meter weiter die spielenden, lärmenden Kinder, noch einmal 40 Meter weiter der Strandkorbverleiher. Auf dem Weg von den Wellen zum Strandkorbverleiher passiert akustisch dann dieses: Erst hört man laut die Wellen, leise die lärmenden Kinder, den Strandkorbbesitzer hört man gar nicht (1). Dann hört man laut die lärmenden Kinder, leise die Wellen, aber immer noch keinen Strandkorbbesitzer (2). Und nun, bei diesem angekommen, hört man O-Ton Strandkorbbesitzer (Miese Saison, Um-

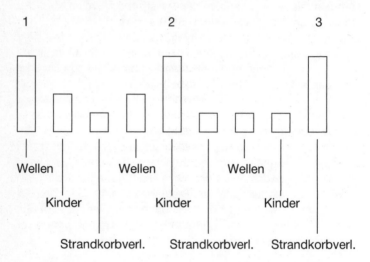

satzverlust nicht mehr wettzumachen) und leise die spielenden, lärmenden Kinder, noch leiser die Wellen (3). Daß der Text diesem Spaziergang vom Meer (Wellen) über die Kinder (Beschreibung, was und wie spielen sie) bis zum bruddelnden Strandkorbbesitzer folgt, versteht sich von selbst. Der Film im Kopf des Hörers kann aber nur dann abgespult werden, wenn auch Atmo und O-Ton sich anpassen.

**Auf die Abfolge kommt es an.** 30 Sekunden Wellenrauschen, pur, ohne Text, können langweilig sein. Der Hörer möchte schließlich wissen, welches Meer da rauscht. 5-10 Sekunden, dann darüber die ersten Worte des Textes machen den Film farbig. Und der bleibt spannend, denn da wechselt die Akustik, von Wellen (im Vordergrund, Kinderlärm im Hintergrund) zu Kinderlärm (im Vordergrund, Wellen im Hintergrund). Und dieser Kinderlärm, wiederum 5-10 Sekunden zu hören, ist auch ohne Text eine Aussage über die Fröhlichkeit, die Ausgelassenheit der Kinder. Auf die Mischung kommt es eben an. Und auf die Aussagekraft der mitgebrachten Originaltöne (Wellen/Kinderlärm). Je deutlicher sie sprechen, desto sparsamer, zarter kann sich der Text anpassen.

## O-Ton Collage

Man stelle sich dieses vor: Reporter Hubert S. kommt stöhnend und schwitzend in seine Redaktion. Seit 15 Tagen Sonne, nichts als Sonne, Temperaturen ständig um die 30 Grad. Und was sagt der Chef zu ihm? »Semmelmayerling«, sagt er ihm, »Semmelmayerling, schnappen Sie sich gleich Ihr Gerät und kommen Sie erst wieder, wenn Sie die Hitze im Kasten haben.«
Dem hitzegeplagten und stöhnenden Reporter bleibt das Wort im Hals stecken. Er geht grußlos, sagt nichts, als er zurückkehrt, geht in den Schneideraum, weigert sich zu texten, geschweige denn das Sprecherstudio zu betreten.

**Wenn Reporter nicht reden,** ist das Funk? Die Antwort lautet: Ja, dieses ist auch Funk. Denn warum sollte der Reporter sich den bemerkenswerten Satz Puh, ist das heiß einfallen lassen und auf Band sprechen, wenn ihm das ohnehin alle Mitmenschen in Kaufhäusern, Straßencafés, Straßenbahnen oder Badeanstalten schon gesagt haben? Weil dies so war, weil alle über die Hitze stöhnten, schwieg unser Reporter. Eine O-Ton-Collage war entstanden.

**Umfrage, Atmo, Musik.** Aha, mag nun manch einer denken: Hubert S. machte eine Umfrage, schnitt seine Fragen raus und ging. Genau dieses aber ist *so* nicht richtig. Natürlich hat unser Reporter Mitmenschen befragt, sie stöhnen und schwitzen lassen. Er hat aber noch etwas getan: Atmosphäre mit dem Mikrofon eingefangen. Die eintönigen Ansagen im Kaufhaus, das Straßenbahnklingeln, das Klingen der Gläser und Tassen im Straßen-

café. Und dann hatte Hubert S. noch eine Idee: Er besuchte seine Freundin im Schallarchiv und ließ sich die Platte »So heiß wie die Sonne« von den Strandjungs geben.
Sein Material für eine O-Ton-Collage besteht jetzt aus
– Umfragen über die brütende Hitze im Kaufhaus, in der Straßenbahn, im Straßencafé und im Schwimmbad,
– Atmosphäre von all diesen Aufnahmeorten,
– dem Lied »So heiß wie die Sonne« von den Strandjungs.

**Kopieren, cutten, mischen.** Und nun kommt die Cutterin ins Schwitzen. Die Originaltöne von schwitzenden, stöhnenden Menschen werden kopiert und geschnitten. Der Reporter schneidet seine Fragen weg, dann müssen die besten, sprich: aussagekräftigsten Antworten sortiert werden. Die einzelnen Teile nennt man Cuts oder Takes.
Cut 1 – Aufnahmen im stickigen Kaufhaus,
Cut 2 – Aufnahmen in der bullig-heißen Straßenbahn,
Cut 3 – Aufnahmen im schattigen Straßencafé,
Cut 4 – Aufnahmen im lärmenden Schwimmbad.
Und noch einmal müssen vier verschiedene Bänder (Cuts) zusammengestellt werden:
Cut 1 – Atmosphäre Kaufhaus,
Cut 2 – Atmosphäre Straßenbahn,
Cut 3 – Atmosphäre Straßencafé,
Cut 4 – Atmosphäre Schwimmbad.
Bleibt das Lied »So heiß wie die Sonne«. Blende, Textzeile »So heiß wie die Sonne . . .«, Blende – nur diesen winzigen Musikschnipsel will Hubert Semmelmayerling. Und nun wird »gebastelt«, gemischt. Atmosphäre Kaufhaus, Originaltöne schwitzender Mitmenschen im stickigen Kaufhaus, dazwischen immer wieder die eintönigen Ansagen im Kaufhaus, dann »So heiß wie die Sonne . . .« und weiter: Atmo Straßenbahn, O-Töne von Fahrgästen, »So heiß wie die Sonne . . .«, Atmo Straßencafé usw, usw. Der sonst so beredte Reporter hält ausnahmsweise den Mund. Die Atmosphären sind (vgl. »Mini-Feature« und »Feature«) Teil der Information: Schwitzende Menschen im Kaufhaus, in der Straßenbahn.

**Akustisches Spielelement** und gleichzeitig auch Information ist die Liedzeile »So heiß wie die Sonne.« Verschiedene Reporter-

standorte (Kaufhaus, Straßenbahn, Straßencafé, Schwimmbad) können so überbrückt werden. Die träge Textzeile Und nun bin ich in der Straßenbahn erübrigt sich.
Zum Thema Hitze wird alles gesagt, ohne daß der Reporter etwas im Studio hätte sprechen müssen.
Das Drehbuch für die O-Ton-Collage schrieb Hubert S. im Schneideraum – mit dem Fingerspitzengefühl, das zur Einhaltung der Handwerksregeln hinzukommt.

## Magazin und Magazin-Moderation

Zu Anfang der sechziger Jahre begann der Siegeszug der Magazine in den deutschen Funkhäusern. RIAS-Berlin, Saarländischer Rundfunk und Westdeutscher Rundfunk – das waren die ersten Stationen dieser neuen Sendeform, die im kommerziellen Hörfunk in den USA entwickelt wurde. Ursprünglich verstand man darunter tagesaktuelle Sendungen mit Beiträgen aus nahezu allen Ressorts bei starker Betonung des politischen Geschehens. Im nachfolgenden Beitrag ist dieses »klassische« Magazin eingehend dargestellt. Sehr bald allerdings übernahmen auch die Fachressorts die erfolgreiche neue Sendeform. Erhalten blieb dabei das Prinzip der Mischung von unterhaltender Musik und kurzen Wortbeiträgen, die von einem Moderator präsentiert werden.

**Informieren, aufklären, unterhalten.** Das Hörfunk-Magazin ist das gelungene Produkt einer *Kreuzung zwischen aktueller Information und populärer Musik.* Informierend, aufklärend, unterhaltend. Der Reiz der *Live*-Form bestand und besteht in der Unmittelbarkeit der Berichterstattung, der *wiederentdeckten Urform* des Hörfunks. Nachdem das Tonband erfunden worden war, wandelte sich das Radio total. Konserven zu senden hatte unübersehbare Vorteile: Die Länge von Beiträgen konnte – wie in der Zeitung – nachträglich bestimmt werden. Versprecher wurden ebenso herausgeschnitten wie alles, was man hinterher nicht mehr gesagt haben wollte. Risiken waren abzufangen, Wiederholungen beliebig oft möglich.

**Live – gesagt ist gesagt.** In diesen Live-Sendungen wirkte die neue und zugleich alte Form faszinierend. *Keine geschönte*

*Sprache* mehr, *kein Netz,* das Frager oder Befragte bei Unsicherheiten auffängt. Was gesagt ist, ist gesagt. Es war nicht ganz leicht, die solcher Gefahren längst entwöhnten Politiker, Wirtschaftler, Schauspieler und Sänger zu bewegen, sich auf dieses Risiko einzulassen. Heute ist es selbstverständlich. Gewonnen wurden sie durch den Erfolg, durch ein Millionenpublikum, das zum Radio zurückkehrte und eine Renaissance des Hörfunks einleitete. Wer vor diesem riesigen Auditorium auftreten wollte, mußte sich (auch) der neuen Form beugen, die natürlich auch neue Schwächen und Gefahren erzeugt. Sie liegen unvermeidbar in dem *Versuch, Wichtiges und Ernsthaftes zu popularisieren* und für viele interessant zu machen.

Das Dogma des Live-Beitrages, das zuerst gegenüber den Einwänden live-unwilliger Partner wichtig war, behinderte mit der Zeit die notwendige *Vielfalt* der im Radio möglichen Formen. Mit Recht sind deswegen Band-Beiträge auch in Magazinen wieder zu finden.

**Kein Boulevard-Journalismus.** Die Vorteile solcher Sendungen wiegen nach wie vor schwerer als ihre Gefahren. Der Vorwurf, hier habe es den Einbruch des Boulevard-Journalismus in den Rundfunk gegeben, hat in öffentlich-rechtlichen Sendern nie gestimmt. Boulevard-Journalismus orientiert sich ausschließlich am vermuteten Hörerinteresse. Hörfunk-Magazine sind in der Auswahl ihrer Themen immer *zuerst von der Wichtigkeit des Themas* ausgegangen. Mit dem Versuch, dieses interessant zu machen. Der oberste Grundsatz heißt: *So schnell, so genau, so kurz und so verständlich wie möglich.* So kurz wie möglich kann aber nicht heißen, daß jeder Beitrag auf 3-4 Minuten beschränkt wird. Es muß die Ausnahme geben, in der 8 Minuten die kürzest mögliche Länge sind. Oder man muß das Thema streichen.

**Magazine geben Anstöße.** Das Wichtigste, was ein Magazin kann und was alle Einwände fast ganz aus dem Felde schlägt, ist, daß es Anstöße gibt, Hörer auf den Geschmack bringt. Nach allen Umfragen durch Meinungsforschungsinstitute liegt hier der besondere Wert. Wer ein Thema im Magazin gehört hat, will im Normalfall nun mehr oder Genaueres darüber wissen. Er *hört in anderen Sendungen zu, liest in den Zeitungen nach.*

**Gesprächspartner – prominent oder kundig?** Die Qualität hängt von der Vorarbeit (Redaktion und Moderation) ab und von der Auswahl der Gesprächspartner. Das sind Politiker, Prominente, Experten, Korrespondenten, Reporter, aus irgendeinem Grunde interessante Unbekannte und manchmal *sogar Nicht-Journalisten als Berichterstatter* (von einem Schiff in Seenot, in einem durch Schnee abgeschnittenen Hotel, Touristen in Aufstandsgebieten etc.).
Die Frage nach dem richtigen Gesprächspartner wird oft eher nach Prominenz als nach Sachwissen entschieden. Das kann für die Popularität der Sendung manchmal wichtig sein, häufig aber wäre es besser, den Kundigsten auszuwählen und nicht den Bekanntesten. Die Redaktion sollte sich auch kritisch fragen, *wieviele Nebeninteressen ein Gesprächspartner womöglich einbringt,* was er »verkaufen« will. Frage: Wem dient der Beitrag außer dem Ziel, den Hörer zu unterrichten?

**Wie wähle ich einen Beitrag aus?** Aus dem Terminkalender, aus eigener journalistischer Initiative? Reagiere ich auf Nachrichten oder versuche ich, selbst Nachrichten zu erzeugen? Ist das Thema wichtig, wo liegt der Hauptpunkt des Interesses? Aus welchen anderen Gründen ist es reizvoll, das Thema zu wählen? Ist das Thema in 4 Minuten zu bewältigen? Auf welche Weise, mit einem Korrespondenten, Kollegen, einem Experten, im Alleingang, live oder auf Band? Wie sehr und wodurch betrifft es den einzelnen Hörer? Warum wähle ich diesen Gesprächspartner? Weil er kundig, weil er prominent oder weil er originell ist?

**Auch Hintergrund gehört dazu.** Aktuelle Information (oder besser wohl Unterrichtung) bedeutet nicht nur die Schilderung dessen, was gerade passiert. Aktualität ist auch das, was man wissen muß, um das Geschehene zu verstehen. Heranführen an ein Ereignis, aber auch Zusammenhänge vermitteln, sagen, was es für den einzelnen bedeutet. Warum betrifft es uns oder geht uns etwas an? Ein gutes Magazin hilft den Hörern, sich im Überangebot der Informationen zurechtzufinden.

**Spaß muß sein.** Ein erfolgreiches Magazin enthält auch Unterhaltendes außerhalb der Musik. Unterhaltendes gehört in die Vielfalt der Information, wie es zum Alltag gehört. Dieser Teil, das sogenannte Bunte, ist der schwierigste, weil er von den beteiligten Journalisten Fähigkeiten verlangt, die über reinen Journalismus hinausgehen. Das Gefühl für Geschmacksgrenzen und Pointen, Einfallsreichtum bei intelligenten Assoziationen, die Fairneß, unfreiwillig komische Gesprächspartner nicht lächerlich zu machen und jene Leichtigkeit der Gesprächsführung, die so schwer zu erreichen ist.

Wer es nicht beherrscht, sollte sich besser auf Informationen und kleine bunte Meldungen beschränken, die von den Agenturen durchweg ausreichend geliefert werden und ihren eigenen Unterhaltungswert haben.

**Langfristig planen und schnell reagieren** heißt das Arbeitsprinzip in der Magazinredaktion. Auf einer Wandtafel werden vorhersehbare Termine (Gipfeltreffen, Reisen, Uraufführungen, Sportereignisse etc.) festgehalten. Bei hohem Ereigniswert werden auch Übertragungsleitungen schon früh auf eine bestimmte Uhrzeit bestellt und Berichterstatter samt Studios verpflichtet. Bestimmte Tage laufen so langsam mit Terminen voll, andere müssen mit eigenen Einfällen der Redakteure gefüllt werden. Auf die großen Ereignisse kommen alle Redaktionen leicht, *die Qualität einer Redaktion erweist sich erst an den Beiträgen, die nicht aus dem Terminkalender stammen.* Erfahrene Journalisten werden jedoch auch für diese selbstgefundenen Themen eine »Warteliste« führen, um nicht von unvorhergesehenen Ausfällen unangenehm überrascht zu werden.

**Die Musik in Magazinen** ist bei den Hörern meistens mehr umstritten als der Wortanteil. Weil Musik Geschmackssache ist. Es gibt keine Musik, die allen gefällt, es gibt auch kein Rezept, wie Proteste auszuschließen sind. Nur eines steht fest: Der Versuch, es allen recht zu machen, führt zu Langeweile. Wie insgesamt in Begleitprogrammen ist der Wortanteil auch in Magazinen rückläufig.

Welche Musikfarbe für die Magazine passend ist, hängt vom »Format« der Programme (vgl. »Formate für Begleitprogramme«) ab, in denen die Magazine ausgestrahlt werden.

**Die Tageszeit berücksichtigen,** sich auf die Hörsituation morgens, am Tage oder abends einstellen – auch das müssen die

*Magazine. Vor allem morgens* sind viele Hörer nur 25-30 Minuten dabei, erwarten *kurze Informationen* und *keine schwere Hörkost.* Bestimmte Themen, die mehr grundsätzlich oder länger analysierend behandelt werden müssen, sind für den Durchschnittshörer wohl erst ab mittags akzeptabel. In den Morgenmagazinen liegt die absolute Spitzenzeit des Hörfunks. Zu keiner Tageszeit hören mehr Leute Radio als morgens um 7 Uhr. Magazin-Redakteure sollten das in ihrer Programmplanung berücksichtigen und nach Möglichkeit dort ihre wichtigsten und besten Beiträge plazieren, also vor und nach 7 Uhr.

**Redaktionsschluß ist erst nach der Sendung.** Hektisch wird die Magazinarbeit, wenn erst während der Sendung wichtige Ereignisse gemeldet werden. »Wenn Katastrophen eintreten, ist das die Stunde des Hörfunks«, schrieb eine große Tageszeitung über die Magazine. Es müssen nicht Katastrophen, also Einmärsche, Unglücke, Entführungen sein. Auch eine sensationelle Flucht, ein Spielertransfer, ein Nobelpreis oder ein Großauftrag für die Industrie können solche Anlässe sein. Dann wird an allen Telefonen gearbeitet, um notfalls 2 Minuten vor Schluß der Sendung noch einen interessanten Gesprächspartner zu erreichen. Mit dem Risiko, den falschen d. h. inkompetenten zu erwischen.

**Tägliche Manöver-Kritik** sollte zum Ritual der Redaktions-Arbeit nach der Sendung gehören. Waren die richtigen Themen in der Sendung? Waren sie zu lang oder zu kurz? Hat der Moderator sie richtig vermittelt? Wenn nicht, war es seine Schuld oder lag es an einer ungenügenden Vorbereitung der Redaktion? Oder hatten sich Redaktion und Moderator nicht genügend über das Thema verständigt? Wie sind die bunten, die unterhaltenden Bestandteile gelungen? Gab es Hörerkritik am Telefon, über die man reden muß? Was ist zur Musik zu sagen? Kein Magazin-Redakteur darf vergessen, daß seine Sendung Teil eines Gesamtprogrammes ist, mit dem sie korrespondiert, für das sie auch wirbt.

**Der Moderator.** Nach allem, was man darüber weiß, ist der Begriff Anfang der 50er Jahre in den USA entstanden. Damals führten die großen Rundfunkanstalten Morgensendungen ein, und zu dieser Tageszeit schien den Verantwortlichen die bisher übliche Bezeichnung wie »Commentator« oder »Announcer« nicht mehr passend. Man suchte etwas Friedfertiges, morgendlich belebend, aber doch ausgleichend, einen, *der moderat seine Zuschauer anspricht.* So fand man den Moderator. Heute denkt kaum ein Moderator noch, daß er in erster Linie ausgleichen solle. Der Name hat sich verselbständigt. Wer heute in einer Live-Sendung, gleich welcher Art, Zwischentexte spricht, »moderiert«. Der Moderator ist zum *Vermittler von Informationen* geworden, und er tut das auf vielfache Weise (vgl.»Moderation«).

**Reden und schweigen, distanzieren und provozieren.** Der Moderator muß sicher sein: im Interview, im Telefoninterview, in Gesprächen mit einem oder mehreren Teilnehmern, in einer Konferenzschaltung, in Co-Moderation, im Nachrichtenbearbeiten, im Ansagen, im Erzählen, im Anbieten von Buntem, im Beschreiben, Informieren, Interpretieren, Zusammenfassen (ganz wichtig, wenn es stimmen soll), Kommentieren, rasch und richtig Reagieren; und er muß auch schweigen können, also andere reden lassen (vgl.»Interview«).

Er muß alle Strategien beherrschen, mit denen man eine *Sendung in der Hand behält,* ihr einen *eigenen Stil* gibt, *Einfluß auf Inhalt, Länge und Qualität* nimmt. Wann muß ich schlichten, wann provozieren, wann locken und wann beruhigen? Denn es gibt immer wieder aufgeregte Partner, die im Studio erst ein wenig warm werden müssen, ehe sie irgendwas von Wert sagen. Eine falsche und sie schockierende Frage ist dann das Ende des Beitrages, auch wenn man noch Minuten weiterredet. *Wann darf ich kommentieren, wann bin ich ein neutraler Vermittler? Wann distanziere ich mich, und muß ich das? Ich muß es tun bei Beleidigungen eines anderen, bei offensichtlich falschen Behauptungen, bei provozierenden Angriffen, zu denen der Betroffene in der Sendung nicht Stellung nehmen kann.*

**Moderatoren sind Schnorrer.** Ein Moderator kann manchmal langweilige Beiträge durch Geschick und Routine retten. Er vermag aber auch ein brillant vorbereitetes Programm so anzubieten, daß die Wasserstandsmeldungen dagegen spannend wirken. Deswegen ist es so schwer, einem Moderator zum Beispiel Buntes oder Witziges zu empfehlen, zu verbieten oder es zu reglementieren. Was den einen auszeichnet, kann bei einem anderen ganz schlimm wirken.

Jeder Moderator, das sollte er nicht vergessen, ist ein »Schnorrer«, einer, der weitgehend von der Arbeit und den Erträgen anderer lebt. *Zwischen ihm und der Redaktion,* die jener Sendung anonym vorarbeitet, mit der er sich vielleicht einen Namen macht, besteht *ein notwendiges Spannungsverhältnis.*
Eine der wichtigsten Fähigkeiten des Moderators sollte es sein zu dolmetschen, Schwieriges so darzustellen oder zu vermitteln, daß es verständlich wird.

**Stellvertretend fragen.** Voraussetzung ist, daß der Moderator sich selbst für das Thema interessiert, daß er *wirklich neugierig* ist und das, was er fragt, selbst wissen will. Der Hörer spürt, wenn da nur geschauspielert wird und vorbereitete Fragen und Antworten ablaufen. Dazu gehört auch, daß nachgefragt wird, wenn eine Frage nicht oder nicht vollständig beantwortet ist. Natürlich sind Spezialinteressen des Moderators ausgenommen. Es kann auf dem Sender *kein Fachgespräch* zwischen Spezialgebildeten ablaufen. Der Moderator fragt stellvertretend für die Hörer. Er wirkt dann am besten, wenn seine Hörer das Gefühl haben, diese Frage hätten sie auch selbst stellen wollen.

**Gute Vorbereitung – der halbe Erfolg.** Moderatoren, die das alles aus dem Ärmel schütteln wollen, werden sich nicht lange halten. Eine sorgfältige Vorbereitung ist immer schon die Hälfte des Erfolges. Sie entsteht zunächst einmal durch ein *dauerndes Fithalten.* Wer nicht täglich mehrere Zeitungen liest, Wichtiges in anderen Medien verfolgt, und sich in den meisten für das Programm in Frage kommenden Bereichen auf dem laufenden hält, kann *plötzliche aktuelle Herausforderungen* nicht bestehen.
Für die kurzfristige Vorbereitung vor der Sendung ist neben dem Blick ins *Agenturmaterial* der Weg ins *Archiv* unerläßlich. Wer sich bei einem bestimmten Thema (Wirtschaft, Sport, Musik etc.) nicht kundig genug fühlt, sollte sich nicht scheuen, einen hier *erfahrenen Kollegen um Rat* zu bitten. Ich habe noch nie erlebt, daß diese Bitte abgelehnt worden wäre, oder daß man jemanden deswegen für einen weniger kompetenten Journalisten gehalten hätte.
Stolz kann ein Moderator dann sein, wenn es ihm gelingt, gängige Vorurteile anzugehen und die, die daran glauben, zu verunsichern. Das ist sehr viel besser und zufriedenstellender als ei-

gene Vorurteile einzubringen. Die Grundfrage lautet also: Ist das wirklich so, wie viele glauben? Mit dieser Absicht sind auch aus globalen Themen leicht Teilaspekte zu gewinnen, die man in 4 Minuten abhandeln kann.

**Hart ja, unhöflich nein.** Der Hörer mißt einen Moderator sehr oft daran, wie er mit *Respektspersonen* umgeht. *Hier wirkt forsche Unhöflichkeit genauso schlimm wie devotes Hofieren.* Hart fragen schließt *keine emotionellen Attacken* ein, und die eigene Entschiedenheit muß nicht unhöflich wirken. Hier muß das Thema allein wichtig sein. Der Moderator sollte keine Plattform für propagandistische Erklärungen oder Selbstdarstellungen anbieten, sich aber auch nicht mit der ersten Frage schon als Gegner des Gefragten ausweisen und damit ein wirkliches Gespräch verhindern. Ein Thema richtig einzuschätzen heißt auch, weder Ernstes zu verharmlosen noch Harmloses zu dramatisieren.

**Moderatoren und Redakteure.** Wann soll ein Moderator sich um das Programm kümmern? Das gehört zum Thema Verhältnis zwischen Redaktion und Moderator.
Entweder kümmert sich der Moderator von Anfang an mit um sein Programm, oder er akzeptiert, was andere ihm vorgearbeitet haben. *Über Korrekturwünsche muß* dann *fair geredet werden;* denn Redakteure dürfen (natürlich) nicht wie Autoren ihrem eigenen Geschmack folgen, sondern haben sich journalistischen Prinzipien zu unterwerfen. Eines gilt für Redakteure wie Moderatoren: *eigener Ärger gehört nicht ins Programm.*

**Manchmal besser Band.** Was kann ein Grund sein, in einer Live-Sendung Beiträge nicht live zu machen? Zunächst einmal die Furcht, daß wegen des Themas oder wegen des Partners ein Beitrag *zu lang* gerät. Auch bei *Fremdspracheninterviews mit Übersetzung* empfiehlt es sich, das Gespräch auf Band zu nehmen. Bei *sehr alten Gesprächspartnern* lehrt die Erfahrung, daß man sie besser dem Risiko einer Live-Sendung nicht aussetzt. Schließlich gibt es Partner, bei denen es der Redaktion aus vielerlei Gründen *zu riskant* erscheinen kann, sie live auf den Sender zu lassen (z. B. Agitation, Beleidigungen, juristisch schwierige Fälle in laufenden Verfahren . . .).

**Kürzer ist meist besser.** Das schwierigste Problem ist die eben schon angesprochene Länge. Nichts ist offenbar schwerer, als etwas wegzulassen, was man selbst noch für wichtig hält. So überspitzt es klingen mag, wahr ist es trotzdem: *Ein Moderator, der die wichtigste Frage erst nach vier Minuten stellt, hat es nicht besser verdient.* Vorher muß überlegt werden, ob und wie ein Thema kurz zu behandeln ist. Wenn man es zu global wählt oder zu viele Gesprächspartner hat, sind die Konsequenzen abzusehen. Der Moderator sollte möglichst genau wissen, was er erfahren möchte, um *schnell und präzise* auch *Schluß machen* zu können. Wer darin nicht geübt ist, sollte vorher überlegen, wie er enden könnte.

Der schlechteste aber leider vielgeübte Schluß ist der, daß man *nachkartet,* das bedeutet, daß man den Gesprächspartner verabschiedet und noch einen Kurzkommentar draufsetzt, gegen den sich der andere nicht mehr wehren kann. Daß man dann nach Möglichkeit dankt und nicht sich bedankt ist eine kleine und fast unwichtige Stilfrage.

**Nicht aus dem Bauch kommentieren.** Darf und soll ein Moderator Meinung äußern? Er soll nicht unbedingt, aber er darf. Er darf es dann, wenn er zu dem angesprochenen Thema soviel weiß wie einer, der auch als Kommentator berufen werden könnte. Er sollte mehr darüber wissen als die Mehrzahl derer, die ihm zuhören. Das bedeutet, daß Meinungen nicht aus dem Bauch kommen dürfen, nicht aus der Emotion. Zweifel zu äußern oder eine andere Meinung in eine Frage zu kleiden, ist dagegen ein selbstverständliches und notwendiges Mittel der Moderation.

**Berufskrankheit der Rundfunkjournalisten ist die Eitelkeit.** Bescheidenheit ist der Ausgangspunkt für guten Journalismus, mindestens so wichtig wie Neugier. Wer das *Privileg, zu vielen Hörern reden zu dürfen,* als eine Chance betrachtet, die ihm auch Angst macht, ist bestimmt besser als einer, der mit dem Gefühl vor das Mikrofon geht, daß alle jetzt auf ihn warten. Die Erfahrung lehrt: Wer anfängt, sich selbst für gut zu halten, hat schon den ersten Schritt zum eigenen Niedergang hinter sich.

Bernd-Peter Arnold, Aktuelle Magazine; in: B.-P. Arnold, Hörfunk-Information (Leske Verlag, Opladen 1981)
Jens Brüning, »heute mittag«, Magisterarbeit am Institut für Publizistik der Freien Universität Berlin, 1974

Amine Haase, Magazinsendungen im Hörfunk, dargestellt am Beispiel des Mittagsmagazins des Westdeutschen Rundfunks; in: Publizistik 15 (1970) 1, S. 58-67
Michael Heiks, Politik im Magazin (Haag und Herchen Verlag, Frankfurt 1982)
Hans Janke, Das WDR-Mittagsmagazin als Exempel, in: Medium 4/78, S. 3 ff.
Hellmut H. Prinz, Das Mittagsmagazin, In 160 Minuten um die Welt (Asgard-Verlag Dr. Werner Hippe KG, Bonn-Bad Godesberg, 1976)
Heinz Schilling, Vom Desorientierungszwang zum Orientierungsangebot, Perspektivische Bestandsaufnahme der Sendeform Hörfunkmagazin bei laufendem Radio, in: Medium 4/78, S. 6 ff.

## Musik-Moderation

Die Musikmoderation ist vom Format der Programme abhängig, sie ist bei einem Klassik-Sender anders als bei einem Hit-Radio. Auch innerhalb eines Formats gibt es unterschiedliche Zielgruppen. Wichtig ist, daß man sich bewußt ist, wen man gerade ansprechen will: Hausfrau, Schüler, Student, Rentner . . .?

**Welche Titel sollen angesagt werden?** Dies hängt vom Bekanntheitsgrad eines Titels ab. Den »Jailhouse rock« bei jedem Einsatz anzusagen, ist überflüssig. Wichtig ist die Ansage bei noch nicht bekannten oder bei Titeln, die wegen ihres ungewöhnlichen oder provizierenden Textes aus dem üblichen Rahmen herausfallen.

**Wie ausführlich soll ein Titel angesagt werden?** Im Tagesprogramm reicht es, nur den Titel und/oder den Interpreten anzusagen. In einer reinen Musiksendung hingegen sollten außer Titel und Interpret auch noch weitere Informationen gegeben werden, z.B. Erscheinungsjahr, Hitplazierung, Besonderheiten, kurze Infos zum Interpreten u.ä.

**Soll man einzelne Titel kritisieren?** Nein! Eine Radio-Station bietet dem Hörer ein Programm, von dem sie hofft, daß es ihm gefällt. Äußert sich nun der Moderator negativ über einen Titel, dann stimmt ihm der Hörer zu, der den Titel auch nicht mag. Gleichzeitig ärgert er sich aber, weil er sich zu Recht fragt: »Warum spielt der denn den Titel, wenn er ihn auch nicht mag?« Der Hörer aber, der den Titel mag, ärgert sich erst recht. Der Moderator sollte das Musikangebot seines Senders auch vertreten. Eine Ausnahme sind Sendungen, bei denen aus irgendwelchen

Gründen ein Titel laufen muß (Hitparade o.ä.), der normalerweise nicht läuft und von dem man annehmen kann, daß auch die Stammhörer ihn nicht mögen, weil er eben nicht ins gewohnte Format paßt. In diesem Fall kann dann der Moderator auch begründen, warum er den Titel spielt, der ihm selbst nicht gefällt.

**Soll man mehrere Titel gleichzeitig ansagen?** Von der Sendungsform hängt ab, wieviele Titel ohne Unterbrechung hintereinander gespielt werden sollen. Sind es z.B. zwei Titel und es handelt sich um eine Musiksendung, so sollte man den ersten der beiden Titel *an*sagen und den zweiten *ab*sagen. Werden drei Titel hintereinander gespielt, und man möchte alle drei ansagen, so wird zuerst der dritte, dann der zweite und schließlich der erste, also der unmittelbar auf die Moderation folgende Titel, angekündigt.

**Soll die Moderation einen bestimmten Tonfall haben?** Dabei müssen sowohl Format und Zielgruppe als auch die Art des Titels beachtet werden. Handelt es sich um einen langsamen Lovesong wird er nicht »marktschreierisch« angesagt und ein »Stimmungstitel« wird nicht mit »Schlafzimmerstimme« anmoderiert. Tonfall, Lautstärke und Sprechrhythmus richten sich also nach der Musik. Wird die Musikmoderation als »Programmeinstieg« nach einem Wortbeitrag oder als Vorankündigung vor einer Werbung genutzt, sollte sie relativ sachlich ausfallen.

**Soll man in die Musik »hineinreden«?** Auch dies hängt von Format und Zielgruppe ab. Prinzipiell gilt jedoch: nie über Gesang reden. Ansonsten gibt es verschiedene Möglichkeiten:
- Man nutzt ein unabhängiges/neutrales (aber zum Format passendes) Musikbett; d.h. eine instrumentale Untermalung.
- Man nutzt Intro/Ramp, d.h. die instrumentale Einleitung eines Titels.
- Man nutzt das Outro, d.h. das intrumentale Ende eines Titels.

Alle Formen dienen dazu, trockene Moderation zu vermeiden und so nie einen Bruch im Musikfluß zu haben.

**Soll man Musiksendungen selbst fahren?** Unbedingt ja! Vor allem, wenn sich der Moderator der Form des Talkover (reden

über Musik) bedient, wird dies wesentlich erleichtert, wenn Technik und Moderation in einer Hand liegen.
Musikmoderationen haben sehr viel mit dem richtigen »feeling« zu tun. Das kann man schwer üben. Von Trainingsstunden in Diskotheken ist abzuraten, da die Diskothekenmoderation eine ganz andere Art der Musikmoderation ist.

**Spezialsendungen** stellen – anders als Magazin- und Themensendungen – die Musik in den Vordergrund. In diesen Programmen werden in der Regel die Titel nicht nur an- oder abgesagt, sondern zusätzliche Informationen gegeben, die sich auf den Titel, den Interpreten, den musikalischen oder zeitgeschichtlich-gesellschaftlichen Hintergrund der gespielten Musik beziehen können. Nicht einfach ist es dabei, die Mitte zwischen (für viele langweiligen) Insider-Informationen und (für Fans banalem) Jedermann-Wissen zu treffen.

**In Wunschkonzerten** ist neben der knappen Titelansage vor allem die Information wichtig, für wen dieser Titel gespielt wird. Namen, Ortsangaben und Adressaten von Grüßen müssen korrekt wiedergegeben werden. Geschieht dies nicht, mischt sich in die Freude, daß der Wunschtitel gespielt wurde, die Enttäuschung darüber, daß die Freundin wegen des falschen Vornamens leicht irritiert war. Wünsche und Grüße kann man auch von den Hörern selbst live am Telefon oder als Bandaufzeichnung durchsagen lassen.

**Hitparaden** bringen nicht nur die beliebtesten Titel, sie geben auch Aufschluß über die Veränderungen: Lieblingstitel steigen ab, Newcomer klettern in die Charts. Die Moderation muß folglich diese Dynamik vermitteln, eine gewisse Spannung erzeugen. Bekannte Titel werden knapper anmoderiert, zu neuen sind Zusatzinformationen sinnvoll.

## Jingle – die Grundlagen

Ohne Jingles kein modernes Begleitprogramm. Jingles verbinden und trennen Programmbestandteile, kündigen eine Sendung an, sagen die Station, manchmal die Frequenz, den Namen

der Sendung und den Namen ihres Gestalters. Der Jingle ist kurz, in der Regel sind sechs Sekunden die Obergrenze. Entsprechend kurz ist die *Botschaft* des Jingles, z.B.: Schönen Tag wünscht Bayern drei. Das englische Wort *jingle* steht für Klimpern, Bimmeln, Glöckchen, einprägsames Verschen.
Der Musik-Moderator (oder Diskjockey) Fritz Egner kann Erfahrungen aus den USA, wo man seit Jahrzehnten mit Jingles arbeitet, vergleichen mit den viel jüngeren deutschen. Seit seiner ersten Sendung im Jahre 1978 verwendet er Jingles. Fritz Egner unterscheidet drei Haupt-Kategorien: Themajingles, Brückenjingles und Trennjingles.

**Themajingles kündigen an.** Egners Sendung »Fritz und Hits« beginnt so: Zwei Sekunden Instrumental-Einleitung (Synthesizer und Schlagzeug), danach (von männlicher Stimme gesprochen): Fritz und Hits, sofort darauf (von Chor gesungen): Fritz got the Hits, kurzer Nachhall, Gesamtlänge: sechs Sekunden. Dahinter fährt Egner gleich die erste Musik ab. Bei anderen Sendungen meldet sich nach dem Jingle zunächst der Moderator/Diskjockey und begrüßt. (Im folgenden steht der Kürze wegen der Begriff Moderator für alle, die mit Jingles arbeiten.)
Auch Nachrichtensendungen beginnen bei immer mehr Stationen mit einem Jingle (vgl. »Nachrichten-Präsentation«).

**Brückenjingles verbinden.** Der Begriff kommt aus den USA, wo man unter *bridge* einen Jingle versteht, der von einer Musik zur nächsten überleitet und bei der Gelegenheit dem Hörer sagt, wo er ist: bei welcher Station und/oder bei welcher Sendung, bei welchem Moderator.
Wenn man die Musik zunächst nur grob in langsame und schnelle unterteilt, braucht man bereits vier Brückenjingles, um die passende Verbindung zu schaffen
– von schnell zu langsam
– von langsam zu schnell
– von schnell zu schnell
– von langsam zu langsam.
Und weil sich der Hörer nicht langweilen soll, braucht man von diesen vier Jingles natürlich *verschiedene Versionen*.

Vor und hinter der Brücke *hat der Moderator zu schweigen.* Die normalerweise von ihm wahrgenommene Funktion, weiterzuführen und überzuleiten, liegt in diesem Fall beim Brückenjingle. Egner: »Wenn nach geglücktem Einsatz des Brückenjingles gleich wieder einer zu reden anfängt, – das bremst.«

**Trennjingles setzen eins vom andern ab,** die Musik vom nachfolgenden Gesprächsteil oder von den Nachrichten, die Nachrichten vom Wetter, das Wetter vom Sport, irgendeinen Programmteil vom Werbeblock usw.
Die *Musikakzente* zwischen den Nachrichten »sind keine Jingles, sondern bloße akustische Trennung« (Egner). Aber vielleicht beginnt hier die begriffliche Haarspalterei.

**Auch das Wort ist bereits auf dem Jingle vorproduziert.** *Live* einen Jingle texten geht meistens schief und *macht keinen Sinn.* Egner: »Es soll eine sorgfältig ausgewählte Stimme sein, die zu der Situation und Funktion, für die man den Jingle produziert, am besten paßt. Ein Live-Sprecher wäre eventuell zu aufdringlich.« Gute Jingles sind »prägnant, aber nicht plakativ«.

**A-cappella-Jingles** sind gesprochen, häufiger gesungen, jedenfalls aber ohne Musikbegleitung. Man kann sie z.B. über das Intro einer Platte abfahren, um wieder die Station zu nennen oder Sendungstitel und Moderator.

**Das Jingle-Paket** enthält bis zu 20 Jingles gleicher Farbe. Diese muß nicht nur zum *Format* der Station passen, sondern macht die Station für den Hörer kenntlich, hilft sie *identifizieren.* Zu diesem Zweck hält es Fritz Egner für ratsam, dem ganzen Paket ein *durchgehendes melodisches Thema* zugrundezulegen. Derartige Produktionen lassen sich nur in einem entsprechend ausgerüsteten Tonstudio machen.
Aber wenn man bescheiden anfängt, geht es auch einfacher.

**Platten mit fertigen Jingles** kann man kaufen, sie stammen hauptsächlich aus den USA. Man muß also, soweit sie nicht instrumental sind, einen englischen Text spielen. Und: Wirklich gute Jingles sind rar auf diesen Platten. Hat man einen gefunden, der einem gefällt, dann stellt man eventuell bald fest, daß er der Konkurrenz genauso gut gefallen hat.

**Aus Musik-Platten Stellen herauskopieren** – so sind die meisten frühen Jingles in Deutschland entstanden. Wer wenigstens ein Vierspur-Aufnahmegerät besitzt, kann auf diese Weise schon ordentliche Jingles produzieren: Von einem Titel nimmt man ein Stück vom Intro, von einem anderen einen Auftaktschlag oder eine Blende für den Schluß, dann braucht man noch einen Sprecher, vielleicht auch noch einen Studiomusiker, z.B. einen Bassisten. Dann mischt man alles zusammen.
Fritz Egner erinnert sich: »In einer Musiksendung hatte ich eine Rubrik mit dem Titel ›Kurz belichtet‹. Das war jeweils das Kurzporträt eines Künstlers mit einem Statement von ihm. Da habe ich mir für den Jingle das Geräusch von Fotoapparat-Klicken besorgt, Musik dahintergeschnitten, und darübergesprochen ›Kurz belichtet‹. Das hat keinen Pfennig gekostet.«

**Produktion im professionellen Tonstudio** ist teuer. Für ein Jingle-Paket kann man 50 000 Mark hinlegen. Der Tonmeister gestaltet (meist auf dem Synthesizer) den Jingle, das ist honorarpflichtig. Das Studio kostet zwischen 150 und 300 Mark pro Stunde. Der Sprecher muß bezahlt werden, für Gesungenes braucht man zwei bis sechs Stimmen. Aber am Schluß hat man eben ein Paket mit Jingles *einheitlicher, möglichst unverwechselbarer* Farbe.
Wenn die Radiostation für die Produktion von Werbespots eingerichtet ist und damit Erfahrung hat, kann sie es auch *im eigenen Aufnahmestudio* mit der Jingleproduktion probieren. »Aber«, warnt Fritz Egner, »Jingles sind keine Werbespots. Man muß da völlig umdenken, bevor man ans Produzieren geht.«

**Profis einzusetzen** ist zwar teurer, aber es macht sich oft bezahlt. Wer nicht nur die Geräte bedienen, sondern auch *»auf den Punkt«* komponieren und produzieren kann, der bringt bessere Jingles zustande: kurz und kompakt.
Profi-Sänger, die *sauber artikulieren* und auch sicher im *Playback*-Singen sind, tragen dazu bei, daß der Jingle nicht »wie aus dem Topf« klingt. Schließlich kommt es ja bei gesungenen Jingles darauf an, daß *jedes der wenigen Worte sofort und gut zu verstehen* ist.

**Vorbereitung hilft sparen.** Wer schon, bevor er das 300-Markpro-Stunde-Studio betritt, weiß, was er will, spart Zeit und damit Geld. Je genauer die Vorstellung des Auftraggebers, *in welchem Programmumfeld* und *zu welchen Zwecken* die Jingles eingesetzt werden sollen, desto rascher wird der Produzent Vorschläge machen können, desto weniger lang müssen dann die Mitwirkenden im Studio herumstehen, desto leichter fällt beim Abhören die Auswahl.

Der Auftraggeber muß in allen diesen Produktionsphasen *mit im Studio sein* und jeweils sagen, was ihm gefällt und was er anders haben will.

**Jingles spielt man von Carts,** also von Cartridge-Kassetten. Man braucht mindestens zwei Cartridge-Maschinen, um sie nach Belieben einsetzen, d.h. abspielen zu können. Carts haben keine Anlaufzeit, der Jingle kommt im selben Moment, in dem man bei aufgezogenem Regler den grünen Knopf an der Cart-Maschine drückt.

*Digital aufgezeichnete Jingles* spielt man z. B. von einmal beschreibbaren CDs oder kleinen Festspeicher-Kassetten ab. Man braucht für einen reibungslosen Sendebetrieb mindestens zwei digitale Abspielgeräte.

**Die Jingle-Träger beschriftet man.** Damit man weiß, welcher Jingle als nächster am besten paßt, muß man seine Jingles nicht nur im Ohr haben, man muß sie auch *finden*. Die Beschriftung enthält also mehr als nur die Angabe »Brücke von langsam nach schnell«. Wenn der Moderator aus dem *Etikett* obendrein erfährt, daß dieser Jingle mit Schlagzeug anfängt und 4 Sekunden dauert, kann er ihn als Brücke nach jener Platte nehmen, die mit Schlagzeug aufhört, und die nächste Platte nach vier Sekunden abfahren, ohne daß ein Loch entsteht.

Bei digitaler Aufzeichnung kann das »Etikett« auch auf dem Tonträger selbst enthalten sein und über ein Display angezeigt werden.

**Jingles sollen nicht abreißen.** Je abrupter ein Jingle aufhört, umso größer ist die Gefahr, daß ein *Loch* entsteht. Wenn der Jingle aber ausklingt oder auch »elektronisch ausperlt« (Egner), kann man darüber schon die nächste Musik legen oder mit dem Verlesen der ersten Nachricht beginnen.

## Jingle – die Feinheiten

Programm-Macher, die ihr Produkt in ein ganz besonderes Licht stellen möchten, nutzen *Produktionselemente,* um das Image des Senders, die Identifikation des Hörers mit dem Sender und die Positionierung des Senders im Markt zu maximieren. Je wettbewerbsorientierter ein Markt ist, um so mehr müssen Programm-Macher sich die verschiedensten Produktionselemente zu Nutze machen.

**Produktionselemente** wurden schlicht und einfach als *Jingles, Spots* und *Trailer* bezeichnet. Diese Namen decken allerdings sehr breite Bereiche ab. Solange ein Sender nur eine geringe Anzahl an Produktionselementen hat, sind deren Sinn, Zweck und Aufgaben einfach zu verstehen. Heute, in einem konkurrenzbelebten Markt mit höheren Ansprüchen, ist es erforderlich, daß ein Sender vielleicht ein paar hundert solcher Elemente in ständigem Einsatz hat. Wenn nicht genau verstanden wird, welche Elemente welche Aufgaben haben, kann Chaos das Resultat sein.
Wir wollen keine neuen Kreationen vorstellen. Radio ist ein altes Medium und muß nicht neu erfunden werden. Neu ist lediglich die Mischung von vorhandenen *Programm-Elementen:*

**Die Programmelemente** Information, Musik und Unterhaltung werden mit einer *Struktur* versehen, die das Ganze »verpackt«. Die Verpackungsformen (Produktionselemente) sind sehr unterschiedlich in Machart und Einsatz. Deswegen gibt es hierfür viele Kategorien, Namen und Beschreibungen. Viele davon sind bei uns unbekannt, im Ausland aber schon jahrelang im Einsatz. Daher haben sie auch ausländische Namen. Das soll uns aber nicht abschrecken. Uns muß nur die *Struktur,* der *Inhalt* und der *Zweck* solcher Elemente interessieren.
Wir stellen nun einige Produktions-Elemente und ihre Einsatzmöglichkeiten vor. Wichtig: Produktions- oder Verpackungselemente unterstützen Programmteile, das ganze Programm und das Unternehmen. Die hier aufgeführten Produktionselemente sind aufgeteilt nach *Einsatz-Zweck* und nicht nach Inhalt oder Form.

**Jingles:** Kurze, auffällige Schnitte aus der Werbe-Musikproduk-

tion wurden früher »Jingles« genannt. Diese Bezeichnung führt bereits nahe an die heute bei den Programm-Machern verbreitete Ansicht von der Bedeutung des Wortes heran: Ein Jingle ist ein durch seine besondere Machart »Aufmerksamkeit herstellendes Produktionselement«, ein kurzes, aber »ohrenfälliges« *Erkennungselement,* das auf die Radiostation, die Frequenz oder auf Programmbestandteile *hinweist* und Programmelemente miteinander *verbindet.*
Jingles sind musikalische Identifikations- und Bewegungselemente, die hauptsächlich zwischen zwei Musik-Titeln, vor oder nach einem Musik-Titel oder nach einer Information eingesetzt werden.

**Der Jingle verbindet** ein Programmelement 1 mit einem Programmelement 2. Er erzeugt einen kontinuierlichen Fluß von Energie, auch wenn die Intensität der Programmelemente unterschiedlich ist.

**In drei Intensitätskategorien** können Jingles unterteilt werden: Die Grafik skizziert die denkbaren Brückenfunktionen:

| Intensiv | (Hot) | H |
| Mittel | (Medium) | M |
| Leicht, angenehm | (Easy) | E |

**Jingles sind hervorragende Tempo-Brücken** zwischen Titeln oder anderen Programmelementen mit unterschiedlicher Intensität: Die Grafik skizziert die denkbaren Brückenfunktionen:

| Schnell | (Fast) | F  —  F |
| Mittel | (Medium) | M  —  M |
| Langsam | (Slow) | S  —  S |

Jingles sind meist kurze musikalische Stücke mit einer gesungenen Mitteilung. Der gesungene Text beschränkt sich in der Regel auf den Sendernamen und/oder die Frequenz und/oder einen kurzen Senderslogan.

**Jingle-Produktion:** Vor allem in den USA sind Jingle-Firmen ein wichtiger Bestandteil der Rundfunkindustrie. Diese Firmen stellen Jingles als »Pakete« (10 bis 20 Hauptstücke) zusammen, die dann als Massenprodukt verkauft werden. Dadurch können sehr aufwendige, hochwertige Kompositionen den einzelnen Sendern zu einem realistischen Preis angeboten werden.

**Die individuellen Texte und Slogans** der einzelnen Sender werden einfach nachgesungen und mit der Original-Jinglemusik abgemischt. In Holland, Frankreich, Italien und Belgien wird dieses Angebot längst wahrgenommen. Auch in Deutschland setzt sich diese Produktionsart durch: Ausländische Jingle-Pakete wurden ausgewählt und neu mit deutschem Text abgemischt. Diese Jingles haben den *Vorteil,* daß große Pakete mit sehr professionellem Sound für einen mittleren Preis zu haben sind. *Nachteile* solcher Jingle-Pakete sind etwas enge Musik-Farben, Text-Restriktionen durch vorhandene Strukturen und ein manchmal fremder, ausländischer Klang.

**Folgende Kriterien** sollte ein gekauftes Jingle-Paket erfüllen:
1. Die musikalische *Farbe* des Senders spiegelt sich im Paket wieder.
2. Ein (musikalisch) *Roter Faden* zieht sich durch das ganze Paket.
3. Das Paket besteht aus 10-20 *Haupt-Jingles,* die als »Cuts« oder »Tracks« bezeichnet werden.
4. Aus den Hauptjingles können »*Sub-Cuts*« produziert werden (gleiche Musik – neuer Text). Dies ergibt nochmal 20-40 Möglichkeiten
5. Aus den Sub-Cuts können »*Sub-Mixes*« oder »*Mixes*« gezogen werden (verschiedene Teile bleiben mit Absicht blank/offen, d.h. der gesungene Text ist reduziert). Dies ergibt nochmal 40-80 Möglichkeiten.
6. Jeder komplette Jingle (Gesang und Musik) kann in einer *zweiten* abgemischten Version *a cappella* (nur die gesungenen Texte ohne Musik) eingesetzt werden (nochmal 20-80 Möglichkeiten).

**Image-Identifikationen (Image-ID's)** können immer vor Ort produziert werden, weil nur Sprache über Musik gelegt wird *(voice-over-music).* Während Jingles hauptsächlich Energie, Aufmerksamkeit, Programmbeschleunigung und Verbindung von *Musik* als Zweck haben, folgen Image-ID's eher Programmelementen aus dem Bereich *Wort.*

**Image-ID's bestätigen** den Eindruck, der sich beim Hörer auf Grund eines gerade gehörten Beitrags gebildet hat.
Beispiel: Eine Reportage geht zu Ende: ... live aus der ABC-Halle Hans Werner Schmitt. Lückenlos schließt ein Image-ID an. Er könnte mit einer kurzen Musik (3-4 Sekunden) beginnen, dann darüber Sprache: Radio XY, Ihre Informationswelle in A-Stadt, danach Musik wieder hoch (2-3 Sekunden).
Ähnlich wie Jingles werden auch Image-ID's folgendermaßen unterteilt:

| | | |
|---|---|---|
| Intensiv | (Hot) | H |
| Mittel | (Medium) | M |
| Leicht, angenehm | (Easy) | E |

Image – ID's können jeden Programmbestandteil eines Senders durch einen kurzen Slogan »bestätigen« (Nachrichten, Verkehr, Wetter, Sport, bessere Musik, unterhaltsame Moderation, technischer Klang u.s.w.).

**Ein Spot** enthält mehr Text und dauert länger (30-60 Sekunden). Sein Ziel ist *Mitteilung*. Der Spot kann mit oder ohne Musik sein.
Ein *Promo* (Abk. für Promotion) könnte mit folgendem längeren Text als Spot produziert werden: Information, die Ihnen nützt, – das ist das Angebot von Radio XY. Ob aktuelle Meldungen, Sport, Verkehr oder Wetter, wir bringen genau die Informationen, die Sie brauchen. Täglich. Radio XY auf 97,5.

**Jingle, Image-ID, Spot** – der Unterschied läßt sich am obigen Textmaterial deutlich machen.
Ein *Jingle* würde sich auf den über Musik liegenden Text Radio XY, 97,5 beschränken. Hauptziel ist *Verbindung*, nicht Information.
Ein *Image-ID* würde mehr aussagen: Information, die Ihnen nützt. Radio XY auf 97,5. Hauptziel ist *Bestätigung*, nicht Verbindung.
Ein *Spot* würde den ganzen Text, mit oder ohne Musik produziert, enthalten. Hauptziel ist *Mitteilung*, nicht Verbindung.

**Der Unterschied im Klang** ist sehr groß, auch wenn auf dem

Papier das alles sehr ähnlich zu sein scheint. Hier die Unterschiede noch einmal in Schlagworten:
- Jingles: kurz, gesungen, Verbindung, Tonstudio.
- Image-ID's: länger, Stimme/Musik, Bestätigung, hausproduziert.
- Spots: noch länger, Stimme mit oder ohne Musik, Mitteilung, hausproduziert.

**Akustische Signale (Sounder)** kündigen ein wichtiges Programmelement an, z.B. Nachrichten, Schlagzeilen oder Verkehr.
»Sounder« werden diese Signale genannt, weil sie durch Klang/Töne wirken, nicht durch Text.
Beim Sounder wissen die Hörer, was kommt. Ein Sounder schließt das vorhergehende Programmelement ab und öffnet das nächste. Bekannte Sounder sind die Signale auf den Verkehrswellen der ARD-Anstalten, die eine Verkehrsdurchsage ankündigen.
Sounder können aber auch kombiniert werden, z.B. mit einem Musik-Bett, auf dem die Schlagzeilen-Nachrichten liegen. Der Sounder macht sozusagen die Bühne frei für die nächste Darbietung, die Schlagzeilen.

**Der Stinger schließt ab.** Bleiben wir beim Beispiel Schlagzeilen-Nachrichten: Anstatt die unter den Schlagzeilen liegende Musik einfach auszublenden, wenn der Text zu Ende ist, kann man auch einen Stinger an den Schluß setzen.
Er kommt von einer zweiten Cart-Maschine; denn er muß ja sekundengenau nach dem Schluß des Textes abgefahren werden, dessen Länge man so präzise nicht vorausberechnen kann. Jede Schlagzeilen-Sendung, egal wie lang sie im konkreten Fall ist, wirkt immer perfekt gefahren, wenn man den Stinger zeitgerecht einsetzt.
Das Wort Stinger kommt aus der Insektenwelt. Man kennt den Effekt, »gestochen« zu werden. In der Radiowelt tun Stinger nicht weh, sondern bewirken ein besseres Timing.

**Thema-Jingle (Showopener).** Dieses Element hat den Zweck eine Sendung *(Show)* zu *eröffnen*. Er baut eine Erwartungshaltung beim Hörer auf, soll Geschmack machen auf das, was kommt. Musik- und Sprechart sollten dem Charakter der Sen-

dung angepaßt sein. Showopener können zwischen zehn Sekunden und zwei Minuten lang sein (Themamusik).
Um nun nicht jede Stunde einer längeren Sendung mit dem selben Showopener starten zu müssen, gibt es eine Vielzahl von Variationsmöglichkeiten. Alle haben aber eines gemeinsam: Sie sind untrennbar mit der einen Sendung verbunden, sind ein Signal für den Hörer (»Jetzt kommt das Charivari-Journal«).

*Variante 1:* Normalerweise besteht der Showopener aus einer *Musik* und darüber gelegtem *Text* (Das Charivari-Journal – auf 95,5 MHz).

*Variante 2:* Der *Text* des Showopeners aus Variante 1 wird trokken (ohne die Musik) verwendet und über die ersten Takte des ersten Musiktitels (»Ramp«) gelegt.

*Variante 3:* Nur die *Musik* des Showopeners 1 ist im Einsatz, die vorproduzierte Sprache fehlt. Dafür spricht der Moderator live über die Themamusik und begrüßt die Hörer oder gibt einen Überblick über die folgenden Themen.

Die Musik zum Drübersprechen (Musik-Bett) ist entweder von vornherein in ihrer Länge begrenzt oder aber um einiges länger (2-3 Minuten), als der Text normalerweise dauert. Um auch in einem solchen Fall ein Ende zu finden, wird der Moderator einen *Stinger* ans Ende seiner Ansage setzen.

**Rubrik-Verpackungen (»Bumper«).** Klar, der beste Beitrag trägt sich selbst. Durch präzise Recherche, effektive Zusammenstellung, professionelle Präsentation. Aber: Auch der beste Beitrag läßt sich noch besser verpacken. Dies mit einem Element, welches Aufmerksamkeit hervorruft und das durch andere akustische Produktionselemente geschaffene Image des Senders aufgreift und bestätigt.

Solche Verpackungen werden in den USA als *»Stoßstange«* *(Bumper)* bezeichnet. Sie stehen jeweils am Anfang oder/und Ende einer Rubrik, die regelmäßig wiederkehrt: Live aus dem ADAC-Studio ... oder Der Polizeibericht, direkt aus dem Präsidium.

Der Bumper ist so etwas wie ein Thema-Jingle für den einzelnen Beitrag. Er kann aus *Sprache über Musik* bestehen, *Geräusche* (»Soundeffects« = SFX) enthalten – der Kreativität sind keine Grenzen gesetzt. Bumper sind das Stückchen Showbusiness der Rubrik. Sie rücken gute Beiträge in das bestmögliche Licht,

was besonders in sehr wettbewerbs-orientierten Radiomärkten wichtig ist. Gut produzierte Bumper können aber mangelhafte Beiträge nicht verbessern. Im Gegenteil.
Hier eine Übersicht über *weitere Verpackungs- bzw. Produktions-Elemente:*

**Promos:** Verlängerte Image ID's oder Werbespots in eigener Sache, könnte man sagen. Sie werben konkret für bestimmte Programmelemente des Senders, stellen Besonderheiten heraus, durch die er sich von der Konkurrenz abzuheben versucht.

**ÖDS:** Dies ist die Abkürzung für »Öffentliche Durchsagen«, in den USA als *Public Service Announcements (PSA)* bekannt. Der Sender strahlt diese gemeinnützigen Werbespots kostenlos aus, um sein Engagement für caritative Organisationen, Vereine, Leistungen und Initiativen der Gemeinde zu unterstreichen. Denkbare ÖDS-Themen: Blutspende-Termine, Sammlung für das Müttergenesungswerk, Mal-Wettbewerb des Stadttheaters . . . ÖDS werden wie Werbespots in einer Kampagne geschaltet, also mehrfach verwendet.

**Drop-ins:** Vorproduzierte Sprach-Elemente ohne Musikbett, die ins Programm *»getropft«* werden können. Ein solches drop-in wäre beispielsweise der Name einer Sendung, der auf dem Ramp eines Musiktitels plaziert wird. Drop-ins können Slogans transportieren, den Namen des Moderators, kurze Äußerungen der Hörer zum Programm usw.

**Sound effects – SFX:** Geräusche, die von Band oder Carts zugefahren werden. Typisches Beispiel: Hahnenschrei oder Wekkerläuten in der Frühsendung.

## Trailer und Comic

Das Wörterbuch übersetzt *Trailer* mit »Anhänger eines Fahrzeuges, Wohnanhänger«, aber man findet auch die Erklärung »Filmvorschau«. Das Tätigkeitswort bedeutet im Englischen »ziehen, hinter sich herschleifen, nachziehen, schleppen«.

Programm-Macher im Hörfunk verstehen unter einem Trailer einen Programmbeitrag, der im engeren Sinne für eine spezielle Sache wirbt. Das kann ein besonderes Programmvorhaben sein: ein Wunschkonzert, eine Sendung mit Hörerbeteiligung, irgendeine herausragende Aktion, die bei den Hörern bekanntgemacht, für die Hörer gewonnen werden sollen. Öffentliche Veranstaltungen, Fahrten mit Sonderzügen, Pop-Konzerte, bei denen das Programm als Veranstalter auftritt, Spendenaktionen oder die Vermittlung von Lehrstellen – das alles wird im Programm mit Trailern angekündigt und unterstützt.

> Aus der Reihe »Trailer werben für den Empfang von SWF 3 auf der Kurzwelle«. Text Sigrid Ulrich.
> FRAUENSTIMME MIT BAYRISCHEM AKZENT FLÜSTERT GEHEIMNISVOLL:
> »Sie, ham's scho g'hört?«
> DANACH ERKENNUNGSMELODIE VON SWF 3/NAHTLOS ANSCHLIESSEND MUSIKAKZENT »BIERMÖSL BLOSN« (BIERMOOSLANDLER) 5 SEKUNDEN LANG/MUSIK WIRD GEBLENDET, DARÜBER DIE FRAUENSTIMME:
> »Des SWF 3 traut sich jetzt auch über die Weißwurschtgrenz! – Auf Kurzwelle 7 265 Kilohertz! Im 41-m-Band!
> BLASMUSIK WIRD WIEDER HOCHGEBLENDET – DARÜBER WIEDER FRAUENSTIMME:
> »Hund sans scho, die Preußn! Wenn's bloß net so schnell reden datn!«

Trailer wäre also mit »Schlepper« nicht schlecht übersetzt. Trailer haben die Aufgabe, Zuhörer, Mitmacher, Beteiligte und Betroffene heranzuschleppen.

Da Trailer oft auch Spielformen enthalten, um einen interessanten, »situativen Einstieg« zu erreichen, ist der Übergang zu den Comics fließend.

**Hörfunk-Comics,** nur unzureichend übersetzt mit »Mini-Hörspiele«, haben ihre Wirkung durch Farbigkeit, Dramatik, Wortwitz, aber vor allem durch die Wiedererkennbarkeit ihrer Typen und durch ihre häufige Wiederholung.

> Aus der Serie »König Dickbauch«,
> Comic-Reihe zum Thema richtige Ernährung
> mit 80 Folgen von Michael Bollinger
> FANFARENKLÄNGE, VOLKSGEMURMEL, AUFGEREGTES KINDERGESCHREI, PFERDEGETRAPPEL, WIEHERN, DARÜBER PLAKATIV AUSGERUFEN:

»Neues von König Dickbauch«
HERANGALOPPIERENDES ROSS, ANFEUERNDE RUFE EINES DICKLEIBI-
GEN, KEUCHENDEN REITERS, VOLKSMENGE RUFT STAUNEND:
»Da kommt er ja, der Herold des Königs«
PFERD SPRENGT HERAN, WIRD SCHARF AM ZÜGEL GENOMMEN,
BÄUMT HOCH UND WIEHERT, WIRD VON COMIC-STIMME MIT
»Schnauze Fury«
ZURECHTGEWIESEN. NUN MELDET SICH, KEUCHEND UND SCHWER-
FÄLLIG VOR DICKLEIBIGKEIT, DER HEROLD DES KÖNIGS ZU WORT:
»Höhöhöhö! – Platz da Leute, Platz für den Herold von König Dickbauch, seiner kugelrunden Majestät! – Der König hat heute morgen die längst fälligen Panierungsgesetze erlassen. Ab sofort, das ist hiermit öffentlich bekanntgemacht, besteht ein absolutes Nacktbratverbot, das heißt, sämtliches Fleisch darf in der Pfanne nur paniert gebraten werden, ganz gleich, ob Schnitzel, Kotelett oder Hühnerbein, ob Rindersteak oder Buletten! Die Panierschicht hat mindestens einen Zentimeter dick zu sein, in Ausnahmefällen sind auch Schinken im Bierteig oder Kassler im Brotteig zugelassen. Es geht nicht an, daß das kostbare Bratfett in der Pfanne bleibt, nein, es muß in die Panierung aufgesogen werden, damit die gebratenen Fleischstücke noch saftiger und nahrhafter sind!«
DER HEROLD GIBT SEINEM ROSS DIE SPOREN, SPRENGT AUS DER RUFENDEN
VOLKSMENGE DAVON, DAS ROSS WIEHERT ERNEUT UND WIRD WIEDER MIT
»Schnauze, Fury«
ZURECHTGEWIESEN. ÜBER DEN KLÄNGEN DER KÖNIGSFANFARE RUFT
DER SPRECHER
»Bald neue Nachrichten von König Dickbauch!«
Jingles, Spots, Promos, Trailer etc., – alle diese Kurzformen sind »Lohnknechte der Information«. Sie transportieren manche Versprechung, manche großmäulige Behauptung, manches Eigenlob, oft auch Aufschneiderei. Sie sind *Sandwichmen des Hörfunks.* Deswegen wird wohl manch ein von seiner Ernsthaftigkeit und Bedeutung zutiefst überzeugter Wort-Redakteur von oben herab über diese Darstellungsformen urteilen. Er mag Jingles, Trailer und Spots mit Neppern, Schleppern und Bauernfängern gleichsetzen wollen. Damit tut er diesen Elementen nach Meinung ihrer Vierwender und Macher aber Unrecht. Gut ist, was Wirkung erzeugt – sagen diese.

# Radio-Programme

## Das Radio-Angebot planen

Die öffentlich-rechtlichen Rundfunkanstalten sind, aufs Jahr hochgerechnet, Minutenmillionäre. Vom Neujahrsmorgen bis zum Silvesterabend strahlt jede Anstalt etwa zwei bis drei Millionen Sendeminuten aus – verteilt auf drei bis fünf Programme.

**Aufgabe der zentralen Programmplanung** ist es, *Programmraum zu schaffen* für die verschiedensten Ideen und Initiativen, aus denen ein ideales Radioprogramm entsteht, *Programmzeit einzuteilen* auf eine Weise, die dem Publikum das Gesamtangebot so klar und kontrastreich wie möglich präsentiert. Man kann die Arbeit der Planungsredaktion *(Programmredaktion)* – ein wenig tiefstapelnd – mit der eines Platzanweisers vergleichen. Man kann sie auch – höherstapelnd – als Stellwerk auf einem Programmhauptbahnhof bezeichnen. Dieses Stellwerk hätte, um im Bild zu bleiben, soundsoviele Gleise zu bedienen, einen allgemein verbindlichen Fahrplan aufzustellen und einzuhalten, (thematische) Zusammenstöße zu vermeiden und nicht zuletzt dafür zu sorgen, daß auch Sonderzüge vorfahren können.
Eine Weichenstell-Redaktion mit solchen Aufgaben ist naturgemäß eng an die Programmdirektion gebunden, mancherorts auch der Sendeleitung zugeteilt, auf jeden Fall im Organisationsaufbau eines Senders auf einen Platz gestellt, der *zwischen (durchaus nicht: über) allen Programmbereichen* steht. Diese Redaktion soll ja zwischen allen vermitteln und jedem unparteiisch dienen.

**Planungsetappen.** Das Verwirrende an dem Zusammensetzspiel eines auf mehrere Wellen verteilten Radioprogramms löst sich beinahe schon auf, wenn man begreift, daß nicht alles auf einmal zusammenkommt, sondern daß die Planung in mehreren, ziemlich klar voneinander abgegrenzten Planungsetappen vor sich geht:
    1. *Langfristige Planung,* d. h. Bestimmung der Programmprofile, Entwicklung der Programmstruktur = auf Jahre hinaus.

2. *Mittelfristige Planung,* d. h. Sendeplatz-Reservierung für größere, weit vorausplanbare Projekte = meist ein viertel bis halbes Jahr voraus.
3. *Kurzfristige Planung* für den offiziellen »Programmausdruck« des Senders = ca. sieben Wochen voraus.
4. *Tagesaktuelle Planung,* vor allem für Informationssendungen = von heute auf morgen, von einer Stunde zur anderen.

**Langfristige Planung (Programmstruktur).** In der Stunde Null der Radio-Nachkriegszeit hatte jeder Radiosender in der Bundesrepublik jeweils nur *ein* Programm auf Mittelwelle, in dem er alles unterbringen mußte, was er senden wollte. Die Beethoven-Symphonie fand sich in einem Topf mit dem Tagesschlager, der politische Tageskommentar stand neben dem Nachtstudio. Die sehr unterschiedlichen Erwartungen, die ein Radiopublikum an ein Radioprogramm stellt, die Verbesserung technischer Ausstrahlungsbedingungen (Benutzung von UKW-Frequenzen!), die Entwicklung neuer Programmtypen (etwa: Sonderprogramme für Minderheiten, Serviceprogramme, Regionalprogramme) führten zur Einrichtung von Kontrastangeboten; aus einer wurden zwei, drei und mehr »Programmschienen« je öffentlich-rechtlichem Sender. Die Anstalten waren und sind nunmehr in der Lage, die Masse Publikum »individueller« zu bedienen – d. h. sowohl die Mehrheiten mit sogenannten *Begleitprogrammen* (weil das Programmangebot dem Hörer im ganzen und durchgehend entspricht und ihn daher eher »nebenbei« durch den Tag begleitet) als auch die Minderheiten mit sogenannten Auswahl- oder *Einschaltprogrammen* (deren Sendungen speziellerer Art sind und oft wechselnden Hörergruppen dienen, so daß die Sendungen »gezielt« ausgewählt werden).

Der langfristigen Programmplanung geht daher die *Charakterisierung der einzelnen Programme* voraus. Das jeweils auf einer einzigen Frequenz (Lokal- und Stadtradios) oder einer ein großes Gebiet umfassenden Senderkette ausgestrahlte Programm muß ein eigenes Profil haben. Es soll ja den Wünschen und Erwartungen einer mehr oder minder großen Zielgruppe möglichst optimal entsprechen.

**Einschaltprogramme:** Wer gern längeren Wortsendungen auch zu anspruchsvolleren Themen oder spezielleren Musiksendun-

gen wirklich zuhört, der wird das Radio auch bewußt einschalten. Er wird sich in der Regel über Inhalt und Sendezeit vorher (in Programmzeitschriften oder durch Radioprogrammvorschauen) informieren.
Einschaltprogramme erzielen vergleichsweise nur geringe Reichweiten – der Durchschnitt liegt bei drei bis sieben Prozent werktäglich, kaum jemals über zehn. Sie werden deshalb auch als *Minderheitenprogramme* bezeichnet und nahezu ausschließlich vom öffentlich-rechtlichen Rundfunk angeboten. Er erfüllt damit einen wichtigen Teil seines gesetzlichen Auftrags und bietet Sendungen an, die sich bei kommerziell orientierten Radiostationen nicht auszahlen. In den Einschaltprogrammen haben daher alle längeren Darstellungsformen wie Hörspiel, Feature, Vortrag ihre Sendeplätze.
Zwischen den Hörern von Massen- und Minderheitenprogrammen findet, wie man aus Umfragen weiß, durchaus so etwas wie ein »kleiner Grenzverkehr« statt. So haben 47 Prozent der Hörer in Bayern bei einer repräsentativen Tagebuchumfrage[1] erklärt, »auch mal an einer längeren Wortsendung (politische Sendung, Hörspiel usw.) von mindestens einer halben Stunde Dauer« interessiert zu sein. Die potentielle Kundschaft von Angeboten der Minderheitenprogramme ist also wesentlich höher als die tatsächliche, und die Programm-Macher müssen sich etwas einfallen lassen, um die Angebote von Welle zu Welle transparent zu machen und Hörer aus den Massenprogrammen »herüberzulokken« (Spotprogrammwerbung, »Querhinweise« auf das momentane Angebot in den anderen Programmen des Senders).
Das »Wellenwandern« kommt ohnehin zunehmend in Mode – unterstützt durch die Vereinfachung der Programmwahl dank der Programmtasten-Empfangsgeräte. So hat sich laut Media-Analyse 1992 die Hälfte aller Massenprogramm-Hörer als »Wechselhörer« zu erkennen gegeben, die kleinere Hälfte bleibt noch beständig bei ihrem jeweiligen Lieblingsprogramm.

**Begleitprogramme:** Wer es vorzieht, sich vom Radioprogramm durch den Tag begleiten zu lassen und eher nur nebenbei oder gelegentlich einmal hinhört, als über einen längeren Zeitraum konzentriert dranzubleiben, der gehört zur großen Zielgruppe der Hörer von Begleitprogrammen. Da diese Programme die

Mehrzahl aller Hörer erreichen, werden sie auch *Massenprogramme* genannt.
Das leicht abschätzige Wort »Berieselungsprogramme« trifft für die besseren, journalistisch verantwortlich produzierten Radiowellen dieser Gattung nicht zu: Auch hier wird der Hörer – wenn auch knapper, dafür oft rascher – über alle wichtigen Vorkommnisse eines weiten Themenspektrums aktuell informiert. Für die öffentlich-rechtlichen Rundfunkanstalten mit ihrem weltweiten Korrespondentenstab und ihrem Anspruch, »Radio für alle« zu machen, ist es daher selbstverständlich, auch Begleitprogramme anzubieten.
Die *Zielgruppe* eines Begleit- oder Massenprogramms definiert sich aber nicht nur aus dem Hörverhalten. Wichtige Merkmale sind auch Altersgruppe und Schulbildung. Nicht ganz vernachlässigt werden darf schließlich die Frage, ob die anvisierten Stammhörer des Programms eher in der Großstadt oder auf dem Land wohnen; trifft beides zu gleichen Teilen zu, müssen sich Redakteure und Moderatoren davor hüten, das Großstädtische überzubetonen. Je nach der vorgegebenen »Demographie« einer Hörerschaft werden Inhalte und Musikfarbe gewählt (vgl. »Formate für Begleitprogramme«).

**Spartenprogramme** gibt es als Begleit- wie auch als Einschaltprogramme. Ein solches Programm konzentriert sich rund um die Uhr auf eine einzige Programmfarbe – z.B. ausschließlich auf aktuelle Information oder klassische Musik. Es unterliegt eigenen Strukturbedingungen und ist daher auch in den öffentlich-rechtlichen Rundfunkanstalten nicht selten im redaktionellen Bereich viel selbständiger als die miteinander koordinierten Programme mit vermischtem Angebot.

**Die prinzipielle Frage nach dem Charakter der einzelnen Programme** muß in einem Funkhaus also zuallererst beantwortet werden. Dann erst beginnen die Gespräche über das »wann«, »wie oft« und »wie lang« einzelner Sendeplätze. Die Summe dieser Gespräche, Übereinkünfte und Entscheidungen ergibt die Programmstruktur, d. h. das *Sendezeitgerüst der Anstalt* für ihre Programme.
In diesem Gerüst (ein anderes Wort dafür lautet: Programmschema) sind jeder Programmabteilung täglich bzw. wöchent-

lich *wiederkehrende feste Sendezeiten* für bestimmte Programmgattungen zugewiesen, aber auch *Freiräume* (»Niemandsland«) geschaffen für Sendereihen und Einzelsendungen, über deren Verwirklichung erst in der mittelfristigen und kurzfristigen Planung entschieden wird.

Der Anteil der regelmäßigen, also fest zugeteilten Sendezeiten ist in einer Radioprogrammstruktur bei weitem höher als die Zahl der frei disponierbaren Termine – der Hörer soll sich (bei regelmäßiger Wiederkehr etwa der Nachrichten, der Tageschronik, eines Magazins, einer Schlagersendung zur täglich gleichen Sendezeit) *orientiert fühlen durch Gewöhnung an ein Programm.*

Mit anderen Worten: Durch die *Festlegung von Sendezeiten und Programmsparten* in der Programmstruktur schrumpft die Vielfalt der Planungsmöglichkeiten für besondere Projekte, die dem wählerischen Hörer Titel und Thema einer Sendung im Programmausdruck detailliert nennen, auf ein überschaubares Maß.

Daß diese erste Planungsetappe, aus der die Programmstruktur hervorgeht, die langwierigste und schwierigste ist, erklärt sich u. a. aus der natürlichen Konkurrenzsituation aller Programmbereiche untereinander; ganz klar: Jeder Programm-Macher will seinen Anteil am Kuchen.

**Mittelfristige Planung (Sendeplatz-Reservierung).** Größere Projekte erfordern längere Anlaufzeit, schon weil sie oft gar nicht in die Programmstruktur passen: Eine zehnteilige Sendereihe etwa aus besonderem Gedenkanlaß, mehrstündige Opernübertragungen live aus den Festspielstädten, abendfüllende Wahlmagazine an Wahltagen, aber auch Sonderprogramme anläßlich Olympischer Spiele, »Länderwochen« etc. werden Monate zuvor abgesprochen und zeitlich festgelegt – meist in viertel- bis halbjährlichem Planungsrhythmus.

Dabei haben sich verschiedene Verfahrensweisen entwickelt: Bei manchen Sendern wird das Programmfeld auf weit vorausschaubare Strecken (bis zu einem halben Jahr) mit den Sondervorhaben abgesteckt, andere tragen diese »mittelfristige« Terminplanung von Woche zu Woche im Vorblick auf etwa drei Monate kontinuierlich fort.

Jedenfalls sind diese Terminreservierungen Grundlage für die

»kurzfristige« Programmplanung sieben Wochen vor der Sendung, d. h. für den Programmausdruck.

**Kurzfristige Planung. Programmausdruck** ist das etwas umständliche und mißverständliche Wort für die *Programmfahnen,* die jeder Sender *wöchentlich* herausgibt: erstens, um für die Senderegie einer jeden Programmschiene einen *verbindlichen Fahrplan* für die »Züge«, sprich: Sendungen, zu erstellen, zweitens, um das Publikum – vor allem das Publikum der Einschaltprogramme – zu informieren. Diese Information erfolgt in der Bundesrepublik zu einem wesentlichen Teil über Publikationsmittel, die nicht den Rundfunkanstalten gehören: über *Zeitungen und Programmzeitschriften.* Da besonders die Programmzeitschriften eine längere redaktionelle Vorlaufzeit beanspruchen, muß eine Programmfahne etwa einen Monat vor der jeweiligen Programmwoche ausgeliefert werden.

Zwei bis drei weitere Wochen müssen vor den Auslieferungstermin gesetzt werden für Satz, Korrektur und Druck der Programmfahnen, so daß also die Programmredaktion im Funkhaus sechs bis sieben Wochen vor der Programmausstrahlung in der heißen Phase der Planung steckt: Dies ist die Zeit, in der *Anmeldungen der Abteilungen* entgegengenommen, kollegial abgesprochen, thematisch koordiniert und zu einem Programmentwurf zusammengebaut werden. Dieser *Programmentwurf* wird je nach Arbeitsweise der Anstalten entweder den Abteilungen schriftlich zur Kenntnis (und gegebenenfalls auch zur Widerspruchsmöglichkeit) gebracht oder aber einem größeren Redaktionskollegium in einer wöchentlichen oder 14tägigen *Programmsitzung* vorgelegt. Bei solchen Sitzungen, in denen Musiker mit Regionalredakteuren, Unterhaltungschefs mit politischen Abteilungsleitern unter dem Vorsitz des Programmdirektors zusammentreffen, werden natürlich nicht nur die Wochenprogramme besprochen, sondern auch Diskussionen über allgemeine Programmfragen geführt, die ihrerseits wiederum die Planungsphasen 1 bis 3 beeinflussen.

Mit der Arbeit an der Programmfahne ist die Tätigkeit der Programmredaktion in der Hauptsache abgeschlossen. Die vierte Planungsphase, die tagesaktuelle Planung, bleibt vor allem den aktuellen Redaktionen vorbehalten, berührt aber trotzdem auch noch die Programmredaktion.

**Tagesaktuelle Planung.** Die Programmstruktur läßt, wie beschrieben, zahlreiche Programmplätze frei für Sendungen »von Tag zu Tag«, deren Art und Titel zwar feststehen, deren Inhalt aber nicht vorausplanbar ist.

Das sind neben den *Nachrichten* vor allem die *Kommentare,* die aktuellen *Magazine und Informationsfachsendungen* – z. B. für Wirtschaft, Bildungspolitik, Kirchenfunk etc. Die Themenkoordination solcher aktuellen Programme geschieht in der Regel auf täglichen Redaktionssitzungen. Auch die Unterhaltungsmusiker legen sich – im Gegensatz zu ihren Kollegen vom klassischen Ressort – im Programmausdruck nur selten detailliert fest: *Schlager- und Pop-Sendungen* werden erst ein paar Tage vor der Ausstrahlung programmiert, von vielen Diskjockeys auch »aus dem Hut« gefahren.

Da ein auf Jahre, Monate, Wochen und Tage vorausgeplantes Programm bis zuletzt beweglich sein muß, um auf *unvorhergesehene Ereignisse* reagieren zu können, bleibt die Programmredaktion auch in der tagesaktuellen Planung Partner der Abteilungen: Was im Programm ausgedruckt steht, muß nun aus aktuellem Anlaß geändert, die Änderung für die betroffenen Abteilungen und die Senderegie »gebrauchsfertig« gemacht werden.

Zentrale Programmplanung im Radio heißt also alles in allem, die Mitte zu halten zwischen notwendiger Vorausbestimmung und wünschenswerter Spontaneität des Programms. Hauptvoraussetzung für den, der sie betreibt, ist das *Vermitteln-Können.* Er sollte im Idealfall von nichts zuviel, aber von allem das Wichtigste wissen.

---

[1] Infratest-Tagebuch-Erhebung »Aktuelle Trends in der Nutzung und Bewertung der Hörfunkprogramme in Bayern im Frühjahr 1987«
[2] MA (Media-Analyse) 92 Elektronik Programm

## Formate für Begleitprogramme

Die Vokabel »Format« kam erst ab 1985 mit dem Privatfunk in den Wortschatz deutscher Radiomacher – herkunftsgemäß wird sie oft noch englisch ausgesprochen. Sie bezeichnet den Typ eines durchgehend gestylten Hörfunkprogramms, der bestimmt wird von seiner musikalischen »Farbe«, der Wort-Musik-Mischung, den Informationsanteilen und der Art der Präsentation.

**Zur Typisierung von Programmen** bestand lange Zeit in Deutschland kein Anlaß – solange nämlich der Wettbewerb angesichts weniger Parallelprogramme, klarem Gebietsschutz und weitgehender Gebührenfinanzierung des Hörfunkangebots keine Rolle spielte.
Das *Konkurrenzbewußtsein* freilich entwickelte sich, bevor privater Rundfunk zugelassen wurde. Es wuchs mit dem Entstehen zusätzlicher öffentlich-rechtlicher Programmangebote, die zur Finanzierung stärker auf Werbeschaltungen und damit auf Erfolg bei den Hörern angewiesen waren. Auf Reichweiten auch »in Nachbars Garten« wurde seitdem offen spekuliert.

**»Format« als Fachbegriff** etablierte sich erst ein Jahrzehnt später, als die private Radioszene entstand, und deren Macher sich auch in den USA nach übertragbaren Rezepten umsahen.
Dort ist die Spezialisierung der Programme weit fortgeschritten. Angesichts einer kaum übersehbaren Senderdichte (über 80 allein in Los Angeles) und einer nur kurzen Verweildauer auf der einzelnen Frequenz (im Schnitt zwanzig Minuten) wird der Hörer selbst zum Programmgestalter per Knopfdruck: Hier hört er ein bißchen Rock, dort die Nachrichten, dann ein paar sanfte Töne auf Station drei, schließlich Klassik auf Nummer vier usw.
Unter diesen Voraussetzungen entwickelten sich Programmkonzepte zur Konfektion, wurden vervielfältigt, abgewandelt, »aufgemotzt«. Mit Formaten werden Geschäfte gemacht, angeblich neue ständig auf den Markt gebracht. Im Grunde genommen reduzieren sich die Grundrezepte auf kaum mehr als ein knappes Dutzend.

**Die sieben wichtigsten Formate** sollte der Radiojournalist hierzulande kennen, weil sie zur Basis des Handwerks gehören.

**AC (»Adult Contemporary«):** Dieses Format ist das mit Abstand beliebteste. Kein Wunder: Es richtet sich an die kaufkräftigste Kundschaft, nämlich meist die 25- bis 49-jährigen. Ihnen wird Rock und Pop ohne harte Töne angeboten. Die Disc-Jockeys

sind eher zurückhaltend, mehrere Titel hintereinander schaffen den Eindruck von »mehr Musik«, Werbespots werden geblockt. Nachrichten spielen eine Nebenrolle.
Da Radiostrategen in die Mitte drängen, weil sie dort das größte Hörerpotential vermuten, erklären die meisten unter ihnen – auch in Deutschland – ihr Konzept zum »AC-Format«. AC hat deshalb heute die erstaunliche Bandbreite von »Soft AC« über »Oldie based AC« (Antenne Bayern) und »Current based AC« (Radio PSR) bis zu »Hot AC« (RTL Berlin).

**CHR (»Contemporary Hit Radio«):** CHR-Stationen senden getreu dem alten Top-40-Rezept jeweils nur die wenigen Hits, die sich gerade am besten und schnellsten verkaufen. Ihre Zielgruppe, die zweitgrößte, besteht vor allem aus Jugendlichen, die Zahl der erwachsenen CHR-Hörer wächst aber.
CHR-Radio ist laut und fröhlich. Gesungene Jingles, Gewinnspiele, »verrückte« DJ's sind die Regel. Unter allem liegt Musik, Stille auf der Welle ist verpönt. Nachrichten gelten vielen Machern dieses Formats als Ausschaltimpuls. Sie werden gern auf Schlagzeilen »eingedampft« und dem Tempo des Formats angemessen präsentiert.
Die europäische Fachzeitschrift *Music & Media* hat für CHR-Sender mit den in Europa gängigen Hits den Fachbegriff EHR (*European Hit Radio*) geprägt. Dieser ist mittlerweile gebräuchlich.

**Country:** Dies ist sozusagen die amerikanische Variante des volkstümlichen Programms. Hier wird die Zielgruppe nicht über das Lebensalter, sondern über die soziale Schicht (Arbeiter) und die Mentalität definiert. Aber auch die Country-Musik verliert zunehmend ihren Sonderstatus. Mehr und mehr sogenannte »Crossover-Titel« werden sowohl in den Pop- als auch in den Country-Stationen gespielt.
Auf deutsche Verhältnisse anzuwenden ist dieses Format kaum. Es sollte aber dazu ermutigen, auf der Basis deutscher volkstümlicher Musik eigene Formate für entsprechende Zielgruppen zu entwickeln.

**AOR (»Album-Oriented Rock«):** Ursprünglich war's eine Gegenreaktion auf das »Plastik«-Format »Top 40«, ein Protest gegen den Kommerz. In der Aufbruchstimmung der späten Sechziger etablierten sich auf dem in Amerika noch wenig populären UKW-Band Stationen für »progressive« Rockmusik. Der alternative Anspruch ist weg, die Musik (vor allem Rocktitel von LPs) ist geblieben. Wie »Country« richtet sich AOR an bestimmte (in diesem Fall höher gebildete) soziale Schichten.

**Easy-Listening:** Dieses Format ist wieder ein eher altersorientiertes – es kommt vor allem bei älteren Semestern (ab 50 aufwärts) an. Die Easy-Stationen (mit Werbeslogans wie: »Musik aus dem siebten Himmel!«) versuchen in letzter Zeit mit vorsichtiger Öffnung ihrer Playlists auch jüngere Hörer anzuziehen. Im wesentlichen klingt das Format nach Aufzug- und Kaufhausmusik: sanfte Melodien, selten Gesang, liebliche Geigen, kaum ein gesprochenes Wort. Mit dem sich wandelnden Zeitgeschmack wird aus »Easy« nunmehr zunehmend »Soft AC«.

**UC (»Urban Contemporary«):** UC folgt dem musikalischen Geschmack der schwarzen und spanischen Bevölkerung, zieht aber auch weißes Publikum an. Der Disco-Ursprung weist schon darauf hin: Tanzbare Rhythmen sind gefragt – Latin, Reggae, Rhythm and Blues, Light Jazz. Zielgruppe: 18 bis 34.

**News/Talk:** Diese Stationen entstanden in den USA nicht aus publizistischer Innovationslust, sondern aus wirtschaftlichem Zwang: Als die bessere UKW-Qualität die Musikhörer anzuziehen begann, suchten manche Mittelwellen-Stationen einen neuen Daseinszweck.
So entstanden die ersten Radios, die die »Top-40«-Regeln auf Nachrichten anwenden: Die wichtigste Nachricht rotiert am schnellsten, die Einzelinformation ist kurz und auf den Punkt, mehrmals in der Stunde werden die Top-Meldungen umgeschlagen. Die Station KFWB in Los Angeles wirbt mit dem Slogan: »Give us 22 minutes – we'll give you the World!«
Das News-Format kommt ohne Musik aus. Seine Herstellung ist personalaufwendig und daher teuer. Meist wird es deshalb mit telefonischen Talk-Shows kombiniert.
Seit 1990 hat das Newsformat auch in Deutschland Einzug gehalten. Ein erster, wenn auch mit Musik versetzter Versuch, war »Radioropa«, zuerst nur über Satellit.

Im Rahmen des reinen Wortformats erfolgreich sind die terrestrischen Sender »B 5 aktuell« (BR, landesweit in Bayern) und »MDR info« (MDR, landesweit, Mitteldeutschland) Die einzige lokale private Station, »Inforadio Berlin«, wurde im April 1993 mangels genügender Werbeeinnahmen wieder geschlossen.

**Und bei uns?** Bei den ersten Formatierungsversuchen wurden amerikanische Regeln noch genau befolgt. Ein Beispiel ist Radio Charivari in Nürnberg und München, wo als Marktabgrenzung zu den ansonsten sehr »jungen« Konkurrenzsendern zunächst sehr strenge »AC«-Formate etabliert worden waren.
Mit zunehmender Erfahrung jedoch wurden die amerikanischen Regeln deutscher Hörgewohnheit angepaßt. Hier war Radio Schleswig-Holstein erstes Beispiel, das deutsche Programmtraditionen der »dritten Programme« mit Formalia des Popradios verband.
Variationen des AC-Formats beherrschen heute den deutschen Radiomarkt.
Auch öffentlich-rechtliche Sender formatieren heute nach kommerziellem Verständnis. Bestes Beispiel ist das AC-Programm *MDR life* in Leipzig.
V.a. in den größten deutschen Städten hat sich eine Bandbreite eng abgegrenzter Formate entwickelt. Paradebeispiele sind Hamburg und München, wo man jeweils von Klassik und Jazz über EHR und AC bis zum Schlager seine lokale Wahl treffen kann.
Am Werbemarkt tun sich noch immer alle Spezialformate, ob News, Jazz oder Klassik, eher schwer – ihre langfristige Existenzfähigkeit muß deshalb noch bewiesen werden.
Ein erstes reines Wortformat hat der BR mit »Bayern 2« verwirklicht. Im Gegensatz zu »Vollprogrammen« spricht man in Deutschland in solchen Fällen von »Spartenprogrammen«.
Es zeigt sich zunehmend, daß Programme ohne klare Formatierung gegenüber Formatprogrammen kaum Erfolg haben.
Die Formatierung hat sich deshalb in Deutschland bei allen Mehrheitsprogrammen durchgesetzt.

Haas/Frigge/Zimmer, Radio-Management. Ein Handbuch für Radio-Journalisten (Verlag Ölschläger, München 1991)

## Musik in Begleitprogrammen

Das erste Begleitprogramm deutscher Zunge war gegen Beginn der sechziger Jahre Radio Luxemburg. Die Plauderer der »Fröhlichen Wellen« betonten damals tagein, tagaus, was sie vom Rest des Äthers unterschied: »Und die Hauptsache: Musik, Musik, Musik!« Das gilt auch für die Vielzahl der heutigen Begleitprogramme – ob öffentlich-rechtlich oder privat. Der Radio-Journalist wird in seiner Arbeit früher oder später damit Bekanntschaft machen, daß ohne Musik im populären Radio überhaupt nichts geht.

**U-Musik** ist der gängige, herkömmliche Fachbegriff für die Musik der Begleitprogramme. »U« steht dabei für »unterhaltend« im Gegensatz zu »E = ernst«. Raimund Hess[1] hat sie so definiert: »Der Terminus Unterhaltungsmusik kennzeichnet alle nicht ausgesprochen aktuell-tänzerischen Bereiche. Unter Tanzmusik versteht man vokale und instrumentale Musik zum Tanzen im stärker herkömmlichen Sound, meist in Abgrenzung zur Popmusik, jenem vorwiegend durch das Rock-Idiom geprägten, die eigentliche Szene repräsentierenden Gebiet.«

**Pop is Top:** Die große Mehrzahl der heutigen Begleitprogramme richtet sich an Hörer unter 50 und folgt deren Geschmack: Sie bringen überwiegend Popmusik, zumeist in englischer Sprache. Fast alle privaten Stationen setzen hier ihren musikalischen Schwerpunkt.
Auch alle öffentlich-rechtlichen Anstalten strahlen ein entsprechend definiertes Begleitprogramm aus – in der Regel allerdings ergänzt durch ein Programm für eher ältere Jahrgänge mit traditioneller U-Musik. Auch diese Programmangebote haben – siehe z. B. WDR 4 – teilweise großen Publikumserfolg. Im privaten Bereich finden Radio Arabella (München), Alster Radio (Hamburg) und RPR 2 (Ludwigshafen) großen Zuspruch.

**Radiohören: nebenbei.** Nur schwer kann sich mancher Radiomacher von der Überzeugung trennen, Millionen würden gebannt vorm Lautsprecher sitzen und seinen Worten folgen. Heutzutage hat er nur selten die ungeteilte Aufmerksamkeit seines Publikums.

Bevor das Programm von Radio Schleswig-Holstein konzipiert wurde, hat man gefragt, unter welchen Umständen die Bevölkerung Radio hört. Ergebnis: 1. Bei der Arbeit. 2. Beim Autofahren. 3. Beim Gespräch (!). Erst am Ende der Liste kam die kleine Schar der Hörer, die gezielt einschalten und »nur« zuhören.
Das war nicht immer so. Bevor das Fernsehen die Wohnzimmer eroberte, versammelte sich die Familie vor der »Musik-Truhe«, um Kuli und Frankenfeld ebenso zu lauschen wie den Krimis oder den Fußballreportern. Das Fernsehen jedoch hatte eine Dimension mehr zu bieten – und gewann: Das Radio verlor den Status als elektronisches Basismedium. Wollte es überleben, so mußte es sich auf seine spezifischen Qualitäten besinnen. Nämlich: *Musik* in großer Menge und schnelle *Information.* In den USA entstanden so zunächst die sogenannten »Top-40«-Stationen, die sich auf die im Augenblick jeweils populärsten Hits konzentrieren, und deren Basiskonzept im wesentlichen heute das populäre Radio in Deutschland prägt.

**Musik und Wort in einem fort.** *Zwei Drittel Musik, ein Drittel Wort* – dieser Faustregel folgen die meisten erfolgreichen Begleitprogramme. Bei den privaten Stationen geht die Tendenz dabei eher zu einem Verhältnis von *drei Vierteln zu einem Viertel* (Slogan z. B. von Radio F in Nürnberg: »Viel mehr Musik!«).
Je größer der Wettbewerb im Äther wird, desto wichtiger für den eigenen Erfolg ist eine genaue Planung. Dies gilt sowohl für die Plazierung der Wort- und Musikelemente in der einzelnen Sendestunde wie für die richtige Mischung der möglichen Musikfarben.

**Welche Musik spielen wir?** Für die Antwort gibt es zwei Entscheidungsebenen. Erste Ebene: Welche Musik spielen wir *grundsätzlich?* Die Antwort hängt von der angepeilten *Zielgruppe,* deren *Alter* und vom gewünschten *Format* – also dem Programmkonzept – der Station ab.
Zweite Ebene: Welche Musik spielen wir konkret? Scheinbar simple Antwort: Die, die unseren Hörern am besten gefällt. Woher aber wissen wir das?

**Welche Musik gefällt unseren Hörern?** Es soll Musikredakteure mit dem absoluten Gehör für den Publikumsgeschmack geben. Da ist Skepsis angebracht. Könnte einer Hits unfehlbar voraussagen, wäre er längst Boss eines Plattenkonzerns. Natürlich hilft es, eine »Nase« für die richtige Auswahl zu haben. Es ist jedoch mindestens genauso wichtig, *den Markt zu beobachten*. Dafür gibt es verschiedene Möglichkeiten:

*Die Demoskopie* (»Music Research«): Bei finanzkräftigeren Stationen wird in letzter Zeit wegen des wachsenden Wettbewerbsdrucks kaum noch Musikprogramm ohne professionellen Research gemacht. Zunächst wird in einem Auditorium das musikalische Repertoire insgesamt getestet. Bei wöchentlichen oder 14tägigen aktuellen Telefonbefragungen wird die Akzeptanz aktueller Titel ergänzend überprüft.

*Telefon-Research* gilt als Alternative: Das ist Demoskopie mit Bordmitteln, bei US-Stationen allgemein üblich. Aushilfskräfte rufen nach demographischen Kriterien wöchentlich Hunderte von Personen an und spielen ihnen Ausschnitte von Musiktiteln vor, um die Akzeptanz zu testen. Diese Methode nennt man »Call Outs«.

*Die Hörer-Hitparade* ist, auf dem Papier, eine unschlagbare Methode: Das Publikum des Senders stimmt per Postkarte über seine Lieblinge ab. Fanclubs und Plattenpromoter jedoch haben durch massive *Manipulationsversuche* dieses Verfahren vor Jahren schon für immer entwertet.

*Das Wunschkonzert:* Durch die sorgfältige und kontinuierliche Beobachtung der beim Sender eingehenden *Hörerwünsche* kann der geübte Beobachter sowohl Trends erkennen wie Favoriten des Publikums feststellen. Freilich nur so lange, wie die Manipulierer nicht die Chance wittern, durch getürkte Wünsche Einfluß zu nehmen.

*Der Plattenverkauf:* Die Beobachtung der Verkaufshitparaden scheint noch immer eine verläßliche, dennoch preiswerte und einfache Methode zu sein. V. a. die wöchentlichen »Top 100«-Listen (Singles, LPs/CDs) werden genau studiert. Auch die Musik-Industrie richtet ihre wirtschaftlichen Entscheidungen danach aus.

Zu beobachten ist dabei, daß heute deutlich weniger Singles verkauft werden als früher, und die Single-Käufer immer jünger geworden sind.

Um den Geschmack des erwachsenen Publikums zu erkennen, muß zumindest die Entwicklung bei den CDs mit einbezogen werden.

*Das Ausland:* Risikoreich ist der Versuch, anhand der Entwicklungen vor allem in Amerika und England besonders frühzeitig zu erahnen, wohin sich der *deutsche* Musiktrend entwickeln wird. So mancher hat schon versucht, sein Radioprogramm an den »Hot 100« des US-Fachmagazins »Billboard« auszurichten und damit bei seinen Hörern Schiffbruch erlitten.

*Die Kollegen:* Kein Programmgestalter sollte sich zu fein sein, über den Zaun zu sehen. Wer neue Entwicklungen nicht verschlafen will, muß die *Konkurrenz* ebenso im Auge haben wie die Musikprogramme in *anderen Radio-Regionen.* Gerade die »heimlichen Hits« von zunächst noch unbekannten Künstlern setzen sich gewöhnlich langsam von Stadt zu Stadt durch, bevor sie erstmals in den nationalen Charts erscheinen.

**Die Entscheidung fällt Woche für Woche neu:** *Neuerscheinungen* auf dem Plattenmarkt werden ebenso geprüft wie *Ein-* bzw. *Aufsteiger* in den Charts. Seit längerem *regelmäßig gespielte Titel* werden auf ihre Aktualität hin kontrolliert.

Es gibt Stationen, in denen diese Entscheidungen ein einzelner Redakteur fällt – gewöhnlich der Programmdirektor oder Musikchef. Üblich ist es aber, dafür ein wöchentlich tagendes Gremium aus Disc-Jockeys, Redakteuren und dem Archivleiter zu bilden, um eine ausgewogenere Auswahl sicherzustellen.

**Die Mischung macht's.** Die Aneinanderreihung von Musik wird zum *Programm* durch ein möglichst optimales Mischungsrezept. Wie in der guten Küche halten Programm- und Musikchefs gern die Zutaten und ihre Anteile geheim. Davon nämlich hängt weitgehend der Erfolg eines Programms ab.

Grundsätzlich läßt sich allerdings empfehlen, innerhalb des Repertoires *möglichst vielfältig abzuwechseln.* So vermeidet man Langeweile und befriedigt möglichst oft die unterschiedlichen Geschmacksnuancen bei den Hörern.

**Abwechslung ist auf den verschiedensten Ebenen möglich, z.B.**

- beim *Tempo.* Folgen mehrere Platten mit dem immer gleichen schnellen Disco-Rhythmus aufeinander, werden dessen Gegner abschalten. Ebenso werden Disco-Freaks kaum mehrere langsame, sanfte Balladen in Reihe tolerieren.

- bei der *Musikrichtung,* soweit das Format dieses zuläßt
- zwischen *männlichen* und *weiblichen* Interpreten sowie zwischen *Musikgruppen* und *Instrumentalaufnahmen*
- bei der *Sprache,* in der gesungen wird: Ist z. B. die Hauptsprache Englisch, so sollten dennoch regelmäßig und ausgewogen deutsche, französische und italienische Titel eingestreut werden. Bei Programmen für ältere Hörer muß allerdings bedacht werden, daß es große Reserven gegen Musiktitel gibt, deren Sprache man nicht versteht.
- beim *Alter* der Titel. Je nach dem angestrebten Durchschnittsalter der Hörerschaft sollten die aktuellen Hits durch »Recurrents« (Hits, die gerade keine mehr sind) und Oldies der verschiedenen Jahrgänge ergänzt bzw. ersetzt werden.

[1] Reimund Hess, Unterhaltungsmusik, in: den Vor-Auflagen von »Radio-Journalismus« (einschließlich 3. Auflage)

## Playlist und Programmuhr

Moderatoren, auch den journalistischen »Redakteuren am Mikrofon«, macht die Sendung mehr Spaß, wenn ihnen die Musik gefällt, also ihren eigenen musikalischen Vorlieben folgt. Viele kämpfen deshalb um das Recht, ihre Platten selbst aussuchen zu dürfen.

Soll das Programm Erfolg bei einer großen Hörerzahl haben, müßte der Geschmack des Programmgestalters mit dem der Publikumsmehrheit genau übereinstimmen. Dies aber ist nur selten der Fall. Dazu kommt, daß es *den* Geschmack der Hörer natürlich gar nicht gibt. Um möglichst viele zu erreichen, müssen also Kompromisse geschlossen werden.

Vor diesem Hintergrund sehen sich viele Stationen, ob öffentlich-rechtlich oder privat, gezwungen, *für die Auswahl der Musik immer genauere Regeln* festzulegen.

**Der programmtypische Sound.** Bereits in den siebziger Jahren, als die ARD-Anstalten begannen, mehr als zwei Vollprogramme auszustrahlen, wuchs das Bewußtsein, daß zur besseren *Wiedererkennbarkeit* und zur stärkeren *Bindung* zwischen Hörer und Sender ein Programm einen eigenen, typischen »Sound« haben sollte. Beispielhaft gelang dies bei SWF 3, dem

Vorbild für die meisten Pop-Programme im deutschsprachigen Radio.
Sollte der typische Sound erhalten bleiben, mußte bei jedem Musiktitel darüber entschieden werden, ob er hineinpaßt. So bildete sich schnell ein bestimmtes, allerdings noch vergleichsweise umfangreiches *Repertoire* heraus, aus dem die einzelnen Programmgestalter die Musik wählen mußten, um im Sound der Station zu bleiben.
Die erste Playlist im deutschen Radio war geboren. Die Verfechter der »echten« Playlist würden die in Deutschland damals üblichen Repertoirebildungen von teilweise -zigtausend Titeln allerdings nicht gelten lassen.

**Eine Playlist** ist umso professioneller, *je weniger Stücke* sie umfaßt. Diese Überzeugung geht zurück auf die Erfindung des »Top-40«-Formats der späten Fünfziger Jahre, das in den USA in letzter Minute dem am TV-Erfolg krankenden Radio neues Leben einhauchte. So soll es entstanden sein[1]:
Todd Storz, der Besitzer einer erfolgreichen Kette von Stationen im Mittleren Westen, erzählt, wie er mit seinem Station-Manager Bill Stewart in einer Bar saß und die Gäste beobachtete, die in der Jukebox dieselben vierzig Platten wieder und wieder laufen ließen, und wie dann, als die Bar schloß, die Kellnerinnen ihr Trinkgeld dafür ausgaben, auch noch einmal die Songs zu spielen, die sie bereits den ganzen Tag über hatten hören müssen.
Storz und Stewart kamen zu dem Schluß, daß ein Radioprogramm sensationellen Erfolg haben könnte, das auch nur auf vierzig Platten basierte.
Die Disc-Jockeys der Storz-Stationen waren damals so mißtrauisch bis ablehnend gegenüber der Mini-Playlist, wie es ihre deutschen Kollegen teilweise heute noch sind. Der Erfolg für »Top 40« aber war phänomenal.

**»Heavy Rotation«** ist ein für deutsche Ohren (noch) erstaunliches Prinzip des Hit-Radios. Die Nr. 1 der Playlist erreicht dabei das Ohr des Hörers alle siebzig oder achtzig Minuten.

**»Medium Rotation«** ist dementsprechend den mittleren Erfolgen vorbehalten, die Neulinge und die bereits längere Zeit gespielten Erfolge werden vergleichsweise langsam rotiert.

Playlist und Programmuhr

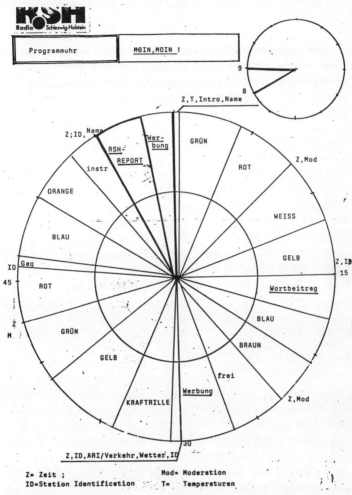

Das deutsche Publikum ist auf diese rigorose Methode nicht vorbereitet. Wer es damit konfrontiert, muß mit einem Sturm telefonischer Proteste rechnen. Man darf dabei nicht übersehen, daß die durchschnittliche *Hördauer* für ein einzelnes Programm hierzulande noch viel *höher* ist als in Ländern mit einer großen Anzahl kommerzieller Stationen: Die Wiederholungen fallen also mehr auf. Die Erkenntnis aber, daß der Hörer auch im Äther lieber öfter guten alten Bekannten begegnet als ständig auf Unbekannte zu treffen, kann sich auch der deutsche Programmgestalter zunutze machen.

**Aktuelle Superhits alle vier bis fünf Stunden** werden durchaus akzeptiert. Das zeigen die Erfahrungen. Einige Pop-Programme stellen wenigstens sicher, daß die wichtigsten aktuellen Titel *je einmal am Tag* erscheinen und gleichmäßig über den Sendetag verteilt werden.

**Programmuhr:** Während in vielen Stationen für die Gestaltung der einzelnen Sendestunden nur grobe Richtlinien verabredet sind, ist bei anderen die Musikfolge genau festgelegt. Als Hilfsmittel dafür gilt die sogenannte Programmuhr, in der die *Aufteilung der Stunde* in Uhrform skizziert wird (s. Abb. S. 225). Die Musikfolge richtet sich dabei nach *Kategorien,* die nach der Rotationshäufigkeit der Titel, dem Herkunftsalter der Musik, ihrem Tempo usw. gegliedert werden.

Häufig werden die Charakteristika der Kategorien mit Farben gekennzeichnet – auch, um sie als Betriebsgeheimnis zu wahren.

[1] Rick Sklar, Rocking America – How The All-Hit Radio-Stations Took Over (St. Martin's Press, New York, 1984[1])

## Musik-Computer

In den vorangegangenen Beiträgen »Musik in Begleitprogrammen« und »Playlist und Programmuhr« ist dargelegt, nach welchen Kriterien die Musik für Begleitprogramme zusammengestellt wird. Diese Kriterien werden unter dem wachsenden Konkurrenzdruck im Rahmen der einzelnen Formate immer subtiler. Schließlich entscheidet »die richtige Musik« zu 70 bis 80 Prozent über den Erfolg eines Radioprogramms. Im Rahmen der einheitlichen Musikfarbe muß für möglichst viel Abwechslung gesorgt werden bei Musikrichtung, Klang, Stimmung, Tempo, Interpreten, bei Alter und Beliebtheit der Titel und bei vielem mehr. Bestimmte Titel sollen häufig im Programm erscheinen, andere nicht, manche dürfen nur zu bestimmten Tages- , manche nur in bestimmten Jahreszeiten gespielt werden. Die Prinzipien für Auswahl und Mischung wechseln zum Teil von Stunde zu Stunde. Und dies alles 24 Stunden am Tag 365mal im Jahr.

Solche Anforderungen an ein Musikprogramm sind nur sehr schwer zu verwirklichen, wenn es von vielen Musikredakteuren oder Diskjockeys, selbst mit genauen Vorgaben oder mit Hilfe einer Programmuhr, zusammengestellt wird. Trotz hohem Personalaufwand, langwieriger Abstimmungsprozesse und umfänglicher Kontrollen ist das Proramm nicht immer einheitlich und abwechslungsreich genug. Deshalb werden auch in Deutschland die sog. Musikcomputer im privaten wie im öffentlich-rechtlichen Rundfunk für die Gestaltung der Begleitprogramme immer häufiger eingesetzt.

**Der Computer ist kein Redakteur**, er hilft lediglich dabei, redaktionelle Überlegungen konsequent zu verwirklichen. Der Redakteur entscheidet über die Titel, die überhaupt gespielt (Playlist) und auch darüber, nach welchen Regeln sie in jeder einzelnen Programmstunde gemischt werden. Die ausgewählten Titel müssen dann gespeichert (erfaßt) werden, und der Computer muß erfahren, wie er mischen soll, also programmiert werden.

**Die Erfassung der Titel** erfolgt unter zwei Gesichtspunkten: verwaltungstechnischen und inhaltlichen. Zu den *verwaltungstechnischen* gehören alle, die für die Gema-Abrechnung erforderlich sind, z.B. Titel, Interpret, Komponist, Label-Code, Plattenfirma, Bestellnummer und Laufzeit. Die zu erfassenden *inhaltlichen* Merkmale sind wesentlich zahlreicher und alle zusammen die Charakterisierung des Titels, eine möglichst genaue Typisierung. Diese inhaltliche Erfassung ist die Voraussetzung dafür, daß der Computer später bei der Zusammenstellung der Programme auch den »richtigen« Titel findet und die Abfolge der einzelnen Titel auch wirklich paßt, ein Programm ergibt. Der erfassende Musikredakteur muß also neben einer großen Repertoirekenntnis einen guten Musikgeschmack und ein sicheres Gefühl dafür haben, wie ein Titel bei der Zielgruppe des Senders ankommt, empfunden wird.

**Die inhaltlichen Erfassungsmerkmale** sind – bei allen Programmen ähnlich – in Gruppen, Untergruppen und Unter-Untergruppen aufgeteilt. So kann ein einzelner Titel leicht zwölf und mehr Merkmale bekommen. Das könnte z.B. im Prinzip so geschehen: Die Einteilung nach Gruppen kann am Alter der Titel ausge-

richtet sein: Gruppe 1 = 1955 – 1959; Gruppe 2 = 1960 bis 1964; Gruppe 3 = aktuelle Titel usw.
Jeder Titel jeder Gruppe könnte dann einer Untergruppe zugeteilt werden, die sich nach dem Erfolg der Titel bestimmt: Untergruppe 1 = große Hits, hoher Wiedererkennungswert; Untergruppe 2 = Hits, ohne Irritation; Untergruppe 3 = Titel teilweise irritierend, vorsichtig einsetzen usw.
Jeder Titel jeder Gruppe und Untergruppe wird dann in weitere Unter-Untergruppen eingeordnet: Unter-Untergruppe 1 = Geschlecht des Interpreten; Unter-Untergruppe 2 = Stimmung, die der Titel vermittelt (happy, traurig . . .); Unter-Untergruppe 3 = Sprache. Musikrichtung, Tempo, Klangfülle, Intensität oder Ende eines Titels (abrupt oder ausgeblendet) – all das kann z.B. Kriterium für eine Unter-Untergruppe sein. Auch ob ein Titel zu bestimmten Tages- oder Jahreszeiten (Wintertitel im Sommer) nicht laufen darf, ob er zur Eröffnung einer Programmstunde geeignet ist oder bei einer bestimmten Altersgruppe besonders gut ankommt, kann dem Computer ebenso eingefüttert werden wie thematischer Bezug (z.B. Weihnachts- oder Karnevalstitel) und die Länge des Intros (Instrumentalvorspiel), das Jahr der besten Hitparadenplazierung und Zusatzinformationen als Moderationshilfen.
Um eine Playlist von ca. 3000 Titeln so zu erfassen, muß ein Musikredakteur mindestens 6-9 Monate arbeiten.

**Die Musikuhr erstellen,** ist dann der nächste Arbeitsschritt. Für jede Stunde an jedem Wochentag muß dabei festgelegt werden, welche Titel gespielt werden sollen. Für einen Montag, 9-10 Uhr, könnte z.B. festgelegt werden, daß der 1. Titel folgende Kriterien erfüllen muß:

>Gruppe 1 = 1955-1959
>Untergruppe 2 = Hit
>Unter-Untergruppe 4 = Musikrichtung Pop

und weiter:

>Opener-Qualität
>Stimmung happy
>Englisch gesungen
>Voller Klang
>Sommertitel
>usw.

Entsprechend werden die Anforderungen an den zweiten Titel dieser Stunde, den dritten und überhaupt an jeden Titel jeder Stunde festgelegt. Dabei wird auch die Plazierung von Wortbeiträgen, Werbung und z.b. Verkehrsinformationen eingeplant, um die Musiktitel im Umfeld danach auszuwählen (z.B. kein »lahmer« Titel nach einem Wortbeitrag).

**Die Regeln erstellen.** Der Computer muß außerdem darauf programmiert werden, die Titel nach bestimmten Vorgaben einzusetzen. Das kann z.b. heißen, daß ein Titel der Untergruppe 3 (irritierend) frühestens nach 18 Tagen wieder im Programm erscheinen darf. Bevor er allerdings wieder in derselben Programmstunde laufen darf, muß er erst in jeweils zwei Programmstunden von drei anderen Tagesabschnitten (Dayparts) eingesetzt gewesen sein. Zusätzlich wird dann noch die Position in der Stunde verändert, z.B. von 1 auf 5. Aktuelle Hits dürfen dagegen häufiger wiederholt werden, aber auch nicht so, daß der Hörer das Gefühl bekommt, es werde immer dasselbe gespielt. Deshalb kann man z.B. die Regel eingeben, daß ein Titel/Interpret nicht an einem Tag morgens und abends in der Hauptverkehrszeit gespielt werden darf. Der Hörer soll ihn nicht morgens auf dem Weg zur Arbeit und nachmittags auf dem Heimweg wieder hören.

Um nicht den ganzen Tag über ein Musikprogramm nach identischen Regeln zu haben, werden die Regeln in unterschiedlichen Tageszeiten (Dayparts) unterschiedlich gewichtet und zu sog. Policys (Regelgruppen) zusammengefaßt. Das Frühprogramm, die Vormittagssendungen, das Abendprogramm und die Wochenendsendungen usw. könnten so eine eigene policy bekommen.

Solch ein Computerprogramm kann der Musikredakteur in Zusammenarbeit mit einem EDV-Spezialisten selbst erstellen. Meistens werden allerdings fertige Programme geleast. In der Bundesrepublik sind vor allem die Systeme »Funky« (BRD), »Musicscan« (USA) und »Selector« (USA) auf dem Markt.

Um ein 24-Stunden-Programm für eine Woche zu erstellen, braucht »Selector« etwa 40 Minuten.

**Dem Musikcomputer nicht blind vertrauen.** Alle angebotenen Programme müssen vor dem Ausdruck auf dem Schirm durchgesehen werden. Das bedeutet etwa zwei Stunden Arbeit für ein Tagesprogramm (Selector). Es kann z.B. passieren, daß der Computer »Lieblingstitel« entwickelt. Das sind Titel, die vielen oft verlangten Merkmalen entsprechen und deshalb häufiger als gewünscht eingesetzt werden. Zeitweilige Sperrung schafft da Abhilfe. Auch mit Cover- und Originalversionen und mit Interpreten einer Gruppe, die solistisch auftreten, kann der Computer Probleme bekommen (sie etwa hintereinander einsetzen), wenn das bei der Titelerfassung nicht bedacht wurde.

**Ein Glaubenskrieg** wird wegen dieser Computerprogramme ausgetragen. Die Befürworter argumentieren mit dem Erfolg beim Hörer durch die strikte Einhaltung des Musikformats und den geringen Personalkosten (nur 1-2 Musikredakteure). Die Gegner führen den Wegfall von Arbeitsplätzen für Musikredakteure ins Feld und bezweifeln, daß ein Computer selbst mit der besten Titelerfassung und Regelerstellung ein harmonisches, unter musikalischen Gesichtspunkten anspruchsvolles Programm erstellen kann. Zwischenlösungen bestehen darin, daß man nur bestimmte Teile des Tagesprogramms vom Computer erstellen oder ihn für die einzelne Programmstunde zusätzlich alternative Titelvorschläge machen läßt, unter denen dann ein Musikredakteur noch auswählen kann.

## Dem Begleitprogramm Profil geben

Das eigene, unverwechselbare Profil einer Station wird wesentlich davon beeinflußt, welche guten Ideen die *Details* bestimmen: *Inhalte* für einzelne Sendungen, gelungenes formales *Design,* Konzepte für *Hörerbeteiligung* und Quizspiele, attraktive *Titel* für die Sendungen, sympathische *Jingles* usw.: Der Bedarf an Ideen ist unendlich.

**Möglichst alle Programm-Mitarbeiter** sollten an der Ideen-Findung beteiligt werden – im gemeinsamen Brainstorming oder durch schriftliche Vorschläge. Freilich muß am Ende der Verantwortliche, unterstützt allenfalls von einer kleinen Gruppe, die Einpassung der Einzelideen in die Gesamtplanung vornehmen, um das einheitliche Profil nicht zu gefährden.

**Durchhörbarkeit** ist eine Hauptanforderung an die Planung eines Begleitprogramms: Wenn schon nicht gezielt eingeschaltet wird, wenn die Programme schon weitgehend spezialisiert sind, dann muß der Hörer im Prinzip auch zu jeder Zeit »einsteigen« können, ohne einerseits in seinen Erwartungen enttäuscht zu werden oder das Gefühl zu bekommen, er habe etwas versäumt. Die einzelne Sendung darf keine in sich so abgeschlossene Einheit sein, daß zur nächsten eine fühlbare Zäsur entsteht. Im konsequenten Programm ist die Sendung nur noch ein Unterabschnitt des Gesamtprogramms.

**Abends beginnt die Freiheit** – freilich nur in Maßen. Abweichungen von der strengen Gesetzmäßigkeit des Formats sollten zumindest so lange unterbleiben, wie die *Tagesreichweite* beträchtlich ist. Mit dem Abwandern der Bevölkerungsmehrheit zum Fernsehen ab etwa 18 Uhr abends wächst der Handlungsspielraum für die Programmplaner: Speziellere Zielgruppenansprache z. B. mit Jugendsendungen wird denkbar. Auch anspruchsvollere Sendungen mit mehr Wort und größerer journalistischer Tiefe finden jetzt ihren Platz, wenn angesichts der relativ geringen Gesamtreichweite die kommerzielle Bedeutung der Sendezeit abnimmt.
Nicht alle Sender freilich sind bereit, in der hörschwachen Abendzeit ihr Format großzügiger auszulegen. Schließlich sprechen gute Argumente dafür, die Durchhörbarkeit nie zu unterbrechen. Andererseits spielen solche Abendprogramme mit mehr Substanz für das gute Image einer Station oder auch zur Erfüllung ihrer Lizenzauflagen eine wichtige Rolle.

**Die Nacht wird zum Tage** – für den Radiomacher beim Privatfunk. Während die ARD-Hörfunkanstalten in der Regel zu gemeinsamen Nachtprogrammen zusammenschalten, ist es bei der Mehrzahl der privaten Radios – auch der lokalen – üblich, rund um die Uhr ohne Pause durchzusenden. Während in Deutschland die meisten Stationen auch nachts den normalen Betrieb aufrechterhalten, gehen die Schweizer Lokalradios dann zu automatischem Betrieb über – d. h., sie lassen – oft EDV-gesteuert – in einem unbemannten Studio vorgefertigte Sendebänder ablaufen. Diese enthalten meist unmoderierte Musikprogramme. Ausnahme: Die mit erfolgreichste Station, das Baseler

Radio Basilisk, lehnt den Automatikbetrieb mit der Begründung ab, gerade der persönlich anwesende Nachtmoderator diene der Bindung des Hörers an »seinen« Sender.

**Der Tag im Begleitprogramm** sieht in der Programmfahne jedes Senders – scheinbar – anders aus. Es lassen sich jedoch zwei Grundmuster erkennen:

**Muster 1:** Es wechseln *Magazinsendungen* mit *moderierten Musik-Sendungen* (»Disc-Jockey-Sendungen«) ab. Die beiden Sendetypen unterscheiden sich im Wortanteil – die Magazine enthalten zwei bis vier Beiträge je Stunde – und in der Höreransprache: Die Magazinsendungen werden eher sachlich-journalistisch moderiert, die Musiksendungen haben in der Regel eine unterhaltend-fröhliche Grundstimmung. Magazine aktuellen Inhalts werden morgens, mittags und zur Rush-Hour-Zeit am Nachmittag plaziert. In manchen Programmen finden sich zusätzlich Hausfrauenmagazine am Vormittag und Jugend- oder Autofahrermagazine am Nachmittag.

**Muster 2:** Das *Stundenraster bleibt im Tagesablauf weitgehend gleich,* die Gliederung in Einzelsendungen dient dann lediglich der besseren Übersicht und der Anbindung an die wechselnden Moderatoren. Ein solches Verfahren wendet Radio Schleswig-Holstein täglich von 5 bis 19 Uhr durchgehend an. In jeder Stunde ist ein Magazinbeitrag vorgesehen, außerdem jeweils News (»Report«) und Service (Wetter, aktuelle Temperaturen, Verkehrslage). Ansonsten wird die Sendung im Disc-Jockey-Stil durchmoderiert.

**Die Stunde als Uhr** wurde bereits im Beitrag »Musik in Begleitprogrammen« als wichtiges Planungsinstrument im formatierten Radio vorgestellt. Sie leistet auch gute Dienste, wenn das *Stundenraster entwickelt* wird. Es läßt sich so sehr schnell erkennen, ob die beabsichtigte Verteilung der Wortbeiträge, der Werbespots und der Musiktitel eine ausgewogene Mischung ergibt. Wer darüber hinaus die Stundenraster der konkurrierenden Programme in Uhrform analysiert, kann leichter vergleichen, wo beim Zapping (dem suchenden Hin- und Herschalten des unentschlossenen Hörers) Stärken und Schwächen sein werden.

**Zum Beispiel Nachrichten.** Es ist nicht nur in Deutschland Tradition, Nachrichten »every hour on the hour« (Slogan amerikanischer Stationen) auszustrahlen. Mit gutem Grund folgen auch die meisten neuen Sender dieser Regel: Sie fügen sich damit festen Hörgewohnheiten.
Obwohl mindestens zu Anfang mit Irritationen zu rechnen ist, wählen manche Stationen einen bewußt *alternativen Zeitpunkt*. *Die halbe Stunde* gilt zum Beispiel dem aus RIAS 2 hervorgegangenen Berliner Privatsender r.s.2 als traditionelles Erkennungsmerkmal.
Mittlerweile etabliert ist auch die 5-*vor*-Zeit, nachdem sie von drei großen Landessendern angewandt wird (Radio FFH, Radio PSR, RSH). Aufgrund der Programmuhr-Analyse hatte RSH den damals ungewöhnlichsten News-Platz im deutschen Radio gewählt. Begründung: Zu dieser Zeit hatte der unmittelbare Wettbewerber (NDR 2) seinen Werbeblock plaziert. Wenn zur vollen Stunde bei der Konkurrenz Nachrichten folgten, wollte man bereits wieder mit Musik im Äther sein. Nebeneffekt: Das Gefühl würde gefördert, bei RSH sei man früher informiert als bei den anderen.
Harter Wettbewerb führt zu noch ungewöhnlicheren Lösungen: 104.6 RTL Berlin sendet *10 vor*, Radio Gong 96.3 München sogar *7 vor*.
Die Stundenfolge für Nachrichtensendungen ist in Deutschland unbestrittene Regel, ebenso die halbstündliche Folge am frühen Morgen. Begründung: Zu dieser Zeit schlage sich die Hörerschaft auf dem Weg zur Arbeit schneller um, habe aber gleichzeitig einen höheren Informationsbedarf.

**Werbung streuen – oder blocken?** Da die meisten Begleitprogramme, auch die öffentlich-rechtlichen, Werbespots enthalten, ist dies eine kardinale Frage.
Die erste Lösung *verteilt* die Werbung auf die ganze Stunde – mit dem Vorteil, daß keine als »endlos« empfundenen Reihungen entstehen. Diese Lösung ist weitgehend ausgestorben.
Die zweite Lösung, ursprünglich entstanden bei den Servicewellen B 3 und hr 3, *konzentriert* alle Spots auf einen oder mehrere Blocks pro Stunde. Vorteil dieser Möglichkeit: Die Programmfolge, vor allem die musikalische, wird nicht ständig unterbrochen. Es entsteht der Eindruck von mehr Musik und einer klareren Trennung von Programm und Werbung.

Beide Lösungen haben einiges für sich. Zwischenlösungen sind ebenfalls möglich. Das Gesamtformat muß bestimmen, wofür man sich entscheidet.

**Welche Rolle spielt der Moderator?** (vgl. »Moderation«) Der Trend im populären Radio ging in den letzten Jahren ganz allgemein zu »weniger Wort, mehr Musik«. Von den Moderatoren wird entsprechend erwartet, nicht mehr so »opulent« zu plaudern und dennoch Charme, Witz, Zuwendung und eigene Persönlichkeit »rüberzubringen«. Grundsätzlich bestehen auch hier zwei Philosophien:
1. *Personality Radio:* Der Moderator trägt mit seiner Persönlichkeit die Sendung, die durch ihn unverwechselbar und wiedererkennbar wird. Das Programm ist eine Addition von »Personality Shows«.
2. *Format Radio:* Das durchgehende Programmkonzept macht den Sender insgesamt attraktiv und jederzeit auf die gleiche Weise wiedererkennbar. Der Hörer ist bei der erwünschten Sympathiebindung weniger von dem Einzelmoderator abhängig.

## Ideen für hörernahes Radio

Hörernahes Radio heißt vor allen Dingen: von Belehrungen und ständiger Besserwisserei freies Radio. Partner, Mittler und Dienstleister zu sein, dies sind unabdingbare Maßstäbe für das Selbstverständnis attraktiven hörernahen Rundfunks. Die da draußen vor den Lautsprechern wollen ernst genommen werden mit ihren Wünschen, Träumen, aber auch Problemen. Vor allen Dingen aber wünschen sie sich ein Programm, in dem sie sich auch mit ihrem Lebensgefühl wiederfinden – und das ist, selbst von Berufspessimisten zähneknirschend eingestanden, in der Bundesrepublik Deutschland ein überwiegend Positives.

**»Du mußt Deine Zuhörer lieben«,** lautet ein ungeschriebenes Gesetz. Jede Überheblichkeit, jede Süffisanz, jede Ironie wird gespürt und schmälert unmittelbar den Erfolg. Dies alles muß in der Folge nicht Trallala und Dudelradio bedeuten. Gerade das unverkrampfte, offene Eingehen auf das »normale« Leben der

Hörer macht harte Kritik an Einzelerscheinungen unserer Gesellschaft glaubwürdig.

**Wir küssen die Behörden wach.** Immer dienstags und donnerstags kämpft das Berliner Radio Hundert, 6 für einzelne Hörer. Am Morgen um 6.50 Uhr geht's los. Wir fordern die Hörer auf, uns ihre Kümmernisse und Probleme mit Behörden, aber auch Krankenhäusern und anderen Einrichtungen mitzuteilen. Aus der Vielzahl der Fälle wählen wir dann einen besonders gravierenden aus.

**Wir machen unsere Headline selbst.** Nicht das Abschreiben von Agenturtexten oder die sonore PK-Berichterstattung à la Wehrmachtsbericht bringen's. An angelsächsischen Maßstäben orientierter investigativer Journalismus ist der Schlüssel zur Bereitschaft des Hörers, auch einmal länger als die mittlerweile obligaten 2:30 bis 3 Minuten zuzuhören.
Wie komme ich zum TÜV ohne TÜV – zum illegalen Handel mit TÜV-Plaketten. Mal Menschenfreund, mal Warmsanierer – die Praktiken des Spekulanten Gustav Adolf Sommer. Der Millionär mit der Schiebermütze – Spendenskandal bei der IG Metall: nur drei von vielen Schlagzeilen, die Hundert, 6 dreimal in der Woche mit seinem »Top-Thema des Tages« prägt.

**Service rund um die Uhr.** Das A und O sind dabei so scheinbar banale Dinge wie Straßenverkehr, Wetter und Polizeiberichte. Für jede Stunde gibt es im Programm von Hundert, 6 eine detaillierte Wetterprognose nach dem Motto: »In Reinickendorf müssen die Hausfrauen die Wäsche von der Leine nehmen, in Neukölln und Treptow lohnt es sich gerade jetzt, sie rauszuhängen.« Besonders in den Morgenstunden müssen nahezu in allen Gegenden des Sendegebietes Reportagewagen unterwegs sein. Unsere Devise dabei: »Wir melden den Stau schon vor der Schlange«. All das, was im unmittelbaren Erfahrensbereich des Hörers passiert und damit Einfluß auf ihn nimmt oder nehmen könnte, ist in seinem Auftauchen im Programm von herausragender Bedeutung für die Akzeptanz eines massenorientierten Rundfunkprogramms.

**Das Radio weckt und schickt zu Bett.** Indem das Radio zum unmittelbaren Gesprächspartner des einzelnen Hörers wird, transportiert es Nähe zu vielen anderen. Wichtig ist dabei wie immer die Verpackung. Ein Teil der Hörer wird in den frühen Morgenstunden von uns telefonisch geweckt und mit seinen Lieblingshits beglückt. Der Weckvorgang wird mehrmals in der Stunde live über das Radio miterlebbar. Dabei kommt es nicht nur zu kuriosen Situationen, sondern darüber hinaus finden sich eben viele Hörer im Geschehen wieder.

**Ganz persönliche Grüße.** Von 22 bis 0 Uhr geben wir den Hörern die Gelegenheit, ganz *persönliche* Grüße mit einem Musikwunsch zu verbinden. Für viele eine scheinbar triviale Sache, für die Mehrheit der Hörer ein nachvollziehbares und gutes Stück human touch. Die Sendungen jedenfalls sind auf Monate im voraus ausgebucht.

Ein ähnlicher Effekt wird durch eine Rubrik erzeugt, die wir zweimal in der Woche zur Mittagszeit eingeführt haben. Nach dem Motto: »Hundert, 6 führt zusammen«, fordern wir die Hörer zu einem Überraschungsanruf auf, mit dem sie ein lange bestehendes Zerwürfnis, aber auch einen Ehestreit auflösen können.

## Strategien für lokales Radio

In den Nachrichten, bei Wettermeldungen, bei Verkehrshinweisen, bei Unterhaltungs- und bei journalistischen Beiträgen ist es keine große Kunst, einen lokalen Bezug herzustellen. Bei Service-Themen besteht dieser automatisch, aber auch überregionale Themen sind durchaus so zu behandeln, daß sie einen lokalen Bezug bekommen. Hörer-Aktionen und -Umfragen tun ein Weiteres dazu, den lokalen Touch eines Programms zu verstärken.

**Mit der Musik fängt es an.** Ein Grundgeheimnis des Erfolges eines lokalen Senders ist die adäquate Musikmischung. Das heißt, daß z. B. in einem urbanen Umfeld auch das Musikprogramm mit einer urbanen Musikfarbe (eher etwas progressiv, modern, modisch) gestaltet sein sollte, während bei einem eher ländlichen regionalen Umfeld das Musikprogramm eher konservativ (weniger rhythmusbetont, stärker oldie-lastig und möglichst wenig aggressiv) angelegt sein sollte. Auf Marktforschung über die lokale Musikakzeptanz darf nicht verzichtet werden.

**Auch Lokalinformationen sind Nachrichten.** Bei der Gestaltung von Nachrichtensendungen ist zu überlegen, ob Lokalmeldungen eine feste Plazierung bekommen sollen (z. B. am Anfang oder am Ende der Nachrichtensendungen) bzw. wie der Übergang von internationalen, nationalen, regionalen Informationen zur Lokalnachricht herzustellen ist.
Beide Möglichkeiten versprechen eine erfolgreiche Strategie: Entweder die Lokalinformation in *einen Nachrichtenblock* zusammenzufassen oder sie dem Nachrichtenwert entsprechend *innerhalb der Gesamtnachrichten* zu plazieren. Bei kleineren Stationen empfiehlt sich die Blockung vielleicht deshalb eher, um den Lokalbezug noch zusätzlich deutlich hervorzuheben.

**Wetter:** Der lokale Rundfunk hat hier eine besondere Domäne, da im lokalen und subregionalen Raum Wetterprognosen mit erheblich höherer Zuverlässigkeit getroffen werden können als bei großflächigen Gebieten.

**Verkehrsinformationen** sind eine wichtige Serviceleistung. In den meisten Städten ist das Verhältnis zwischen Einsatzfahrzeugen der Polizei und Taxen ca. 1:20. Das bedeutet, daß die Wahrscheinlichkeit, Verkehrsbehinderungen frühzeitig zu erfahren, mit Hilfe von Funktaxi-Fahrern erheblich größer ist als mit der von Polizisten, die zudem bei der Erfassung von Unfällen andere Prioritäten setzen müssen, als den Rundfunk zu informieren. Es empfiehlt sich also eine Kooperation mit dem örtlichen Funktaxi-Unternehmen.

**Der Hörer erwartet von seinem Sender Service.** Zu den wichtigsten Serviceleistungen im Hörfunk zählen *Veranstaltungstips*. Sie sollten so gestaltet sein, daß sie auf möglichst vielfältige und verschiedene Interessen Rücksicht nehmen, angefangen von der Kultur bis hin zum Sport.
Erste Erfahrungen belegen, daß Radio-Hörer sehr flexibel und häufig spontan bereit sind, auf Veranstaltungshinweise aktiv zu reagieren. Mit der Hilfe von Lokalradio-Programmen kann man

schnell Konzerte, Ausstellungen oder andere spektakuläre Ereignisse jeglicher Art mit einem großen Besucherzustrom füllen. Daraus ergibt sich, daß sich besonders auf diesem Sektor Kooperationen und Sponsoring anbieten.

**Die Vielfalt lokaler Themen** ist nahezu unerschöpflich. Oberstes Kriterium bei der Auswahl lokaler Themen sollte die *Betroffenheit* der Hörermehrheit durch das jeweilige Thema sein. Das kann vom Bebauungsplan bis zur Umweltschädigung, vom Kulturereignis bis zum Kriminalfall und vom lokalen Sportereignis bis zum Vereinsfest fast alles sein. Es versteht sich von selbst, daß lokale Themen für lokalen Hörfunk *Vorrang* haben.

**Viele Inhalte in möglichst vielen Formen.** Eine große Formenvielfalt macht das Hören attraktiver. Die stereotypen Formen Anmoderation – Beitrag und Anmoderation – Interview sollten deshalb so weit wie möglich vermieden werden.

Speziell bei lokalen Themen ist das Interesse der Hörer groß, sich in *Umfragen* (Band oder Telefon) am Prozeß der Meinungsäußerung und Meinungsbildung zu beteiligen. Großer Beliebtheit erfreuen sich auch *lokale Spiele,* angefangen beim Grundprinzip der Schnitzeljagd bis hin zur Radio-Rallye. Hier ist für kreative Radiomacher eine außerordentlich große Spielwiese mit unzähligen Möglichkeiten vorhanden (vgl. »Radio-Spiele«).

**Auch überregionale Themen** lassen sich lokal behandeln. Wenn die Allgemeinen Ortskrankenkassen in einem Bundesland eine große Anti-Raucher-Kampagne starten, empfiehlt es sich für das lokale Radio, bei der *örtlichen* AOK nachzufragen, ob vor Ort nicht auch eine ähnliche oder andere Aktion geplant ist. Wenn ein Umweltskandal durch eine Giftmüll-Deponie bundesweit Schlagzeilen macht, liegt es nahe, die örtlichen Mülldeponien etwas genauer unter die Lupe zu nehmen.

Fast alle überregionalen, ja sogar manche internationalen Themen lassen sich relativ problemlos auf die lokale Ebene transponieren.

**Polizei und Feuerwehr:** Aus Leserumfragen bei Lokalzeitungen weiß man, daß gerade diese Themen – einschließlich der örtlichen *Gerichtsberichterstattung* – sich besonderen Interesses erfreuen. Der lokale Rundfunk hat der Lokalzeitung gegenüber den Vorteil, bis zu 24 Stunden schneller mit seinen Informationen sein zu können. Es empfiehlt sich also, diese Stärke auszubauen.

Dabei ist jedoch ein besonders verantwortungsvolles journalistisches Arbeiten Voraussetzung. Wenn beispielsweise bei einer Geiselnahme der Täter aus dem Polizeibericht des Radio-Senders Hinweise auf die Taktik der Polizei erhält, kann das zu verhängnisvollen Reaktionen führen.

**Klatsch und Tratsch** gehören beim Lokalradio ebenso dazu, wie bei der Lokalzeitung. Diese Thematik wurde bisher bei den meisten Sendern stark unterschätzt. Die Umsetzung ist im Hörfunk deshalb besonders schwer, weil es erheblich leichter ist, etwas *über* jemanden zu *schreiben,* als ihn dazu zu bewegen, *selbst im O-Ton* eine entsprechende Äußerung zu machen. Außerdem gestaltet sich das Finden von Klatsch-Meldungen als sehr zeit- und personalaufwendig. Es lohnt sich aber auf jeden Fall, hier zu investieren. Es empfiehlt sich eine enge Zusammenarbeit mit den renommierten Hotels sowie mit der renommierten Gastronomie.

## Übers Programm informieren

Zwar sind Zuständigkeitsbereich und Einbindung in die Hierarchie nicht in jeder Rundfunkanstalt gleich; alle *Pressestellen* haben aber zumindest die Aufgabe, die Programm- und die Tagespresse sowie die Fachzeitschriften mit Nachrichten, Programmhinweisen, Personalien, Fotos usw. zu versorgen. Das Fundament der Informationsarbeit ist der Versand der *Programmpläne* bzw. Übersichten mit Sendetiteln, -zeiten, kurzen Inhaltsangaben sowie erläuternden Texten und farbigen oder Schwarz-Weiß-Fotos.

Mehr oder weniger regelmäßig erscheinende *Pressemitteilungen* informieren die Kollegen der schreibenden Zunft außerdem über besondere Ereignisse und Programmaktivitäten. Die Pressestelle ist *Ansprechpartner* und *Vermittler* für Anfragen von Journalisten zum Programm und zur Rundfunkpolitik.

Da die Pressestelle meist auch mit Öffentlichkeitsarbeit (PR) zu tun hat bzw. zusammenarbeitet, kommen die *PR-Betreuung öffentlicher Veranstaltungen* sowie Konzeption und Abwicklung aller PR-Maßnahmen in Form von *Drucksachen* (Prospekte, Aufkleber usw.) oder *sonstiger Werbeträger* (Schallplatten, T-Shirts, Anstecknadeln u.a.) und die Durchführung von *Pressekonferenzen* hinzu.

**Die Pressearbeit** wird den Sendern bei zunehmender Konkurrenz immer wichtiger. Je erfindungsreicher eine Pressestelle beim Vermitteln von Sendernews, je durchschlagender eine PR-Konzeption ist, umso stärker wird die jeweilige Anstalt in den Printmedien berücksichtigt.
Erfolgreiche PR-Maßnahmen steigern die Bindung zwischen Sender und Publikum. Gute Kontakte der Pressestellenmitarbeiter zu den Journalisten sind deshalb für die Wirkung der Pressearbeit unerläßlich.

**Hauszeitschrift.** In aller Regel ist die Pressestelle auch zuständig für die Hauszeitschrift, die kostenlos an Interessierte verschickt wird. Zunächst dient sie der hausinternen Kommunikation, aber je nach Zielsetzung auch zur Information der Rundfunkteilnehmer und zum Ausgleich von Defiziten in anderen Programmveröffentlichungen.
Deshalb ist die Zahl der Hauszeitschriften der ARD-Anstalten ständig gewachsen. Die Zielrichtung dieser Veröffentlichungen ist der Kreis der Hörer und Zuschauer, der mehr über die Arbeit der Rundfunkanstalten wissen will, als die kommerziellen Programmblätter veröffentlichen.

**Sender-Hauszeitschriften beziehen** ist eine gute Empfehlung für alle diejenigen, die Näheres über eine Rundfunkanstalt erfahren wollen, z.B. als Vorbereitung auf eine Hospitanz, ein Praktikum oder ein Volontariat. Wenn man sich die letzten Ausgaben durchliest, ist man gewiß von vornherein ein wenig vertrauter mit dem neuen Arbeitsplatz (vgl. Kapitel »Anschriften«).
Die auflagenstärksten Zeitschriften, die sich überwiegend an die *Kunden* der Rundfunkanstalten wenden, sind: »NDR-Magazin« (116 000), »SDR-Magazin« (97 000), »SWF-Journal« (35 000), »WDR-print« (50 000), »SR-info« (16 000). Inzwischen gibt es

auch Zeitschriften der Radio-Clubs (Radio Hamburg, RTL Radio), die auch am Kiosk verkauft werden (SWF 3). Daneben geben die Sender *rein hausinterne Mitteilungsblätter* heraus, von denen nur ein kleiner Teil der Auflage an Meinungsbildner verschickt wird (z.B. »NDR-Zeitung«, 6500, »hr-direkt«, 4500, »SFB-Report«, 2500, »SWF-intern«, 3000) sowie regelmäßig erscheinende *Programmvorschauen* (z. B. WDR Radioprogramm-Broschüren, 37 000), *Geschäftsberichte, Veranstaltungskalender, Hörspielhefte* etc.. Auch bei den neuen ARD-Sendern (MDR, ORB) sind vergleichbare Publikationen in Vorbereitung.

Außerdem liefern die Mitarbeiterinnen und Mitarbeiter Material an die Redaktion »Das Erste«, die Nachfolgezeitschrift des ARD-Magazins (monatlich), an die Pressestelle Deutsches Fernsehen für diverse Pressedienste, an die ARD-Jahrbuch-Redaktion sowie für sonstige ARD-Publikationen.

Neu sind Kooperationen zwischen Zeitungsverlagen bzw. -Redaktionen und Rundfunkanstalten in bezug auf den Abdruck von Programmfahrplänen und Erläuterungen vor allem für die Radiosendungen (z. B. BR/Süddeutsche Zeitung, SR/Saarbrücker Zeitung). Auch hier sind die Pressestellen die Zulieferer und/oder Gestalter der Texte bzw. Zeitungsseiten.

**Mit Pressestellen arbeiten.** Die Pressestellen sollen ja dafür sorgen, daß die Sendungen und Programme auch über die Printmedien bekannt gemacht werden oder bekannt bleiben. Die Kollegen in den Pressestellen sind dankbar, wenn die Redaktionen ihnen bei dieser Arbeit mit Anregungen und Informationen helfen. *Rufen Sie also ruhig einmal die Pressestelle in Ihrem Sender an,* um auf besondere Programmvorhaben oder auch nette Begebenheiten am Rande Ihrer Produktionen aufmerksam zu machen.

## Umgang mit dem Hörer

## Das Publikum mitmachen lassen

Das Publikum bei Sendungen mitmachen lassen? Warum eigentlich? Das Publikum hat nicht verläßlich etwas besonders Kluges oder Interessantes zu sagen. Nur wenige haben schöne Stimmen. Im Gegenteil. Oft stottern oder schweigen die Befragten. Sie zu interviewen ist schwieriger. Sie sind nicht so spontan kooperationsfähig wie Experten oder Expertinnen, die auch dann mit einer vollständigen Antwort über unsere Fragen hinwegölen, wenn das, was wir sagen, unqualifiziert oder falsch ist.

**Publikum ist viel brutaler.** Es spiegelt mich. Eine doofe Frage – eine doofe Antwort. Publikum ist verunsichernd echt. Es fragt zurück. Es zeigt seine Aufgeregtheit ungebrochen. Es stellt mich vor eine schwierige Aufgabe: Meine Sympathie- und Antipathie-Unterschiede den Gesprächspartnern und Gesprächspartnerinnen gegenüber kommen beim Publikum total zur Geltung. Ist der *Physikprofessor* unsympathisch, den ich interviewen soll, so weiß er doch wenigstens etwas über Physik. Vielleicht ist der *Mensch aus dem Publikum nur* unsympathisch, und ich weiß nicht einmal, warum ich mit ihm reden soll.

**Teile des Publikums produzieren sich völlig ungeniert.** Sie führen uns in beschämender Weise unseren eigenen Narzißmus vor. Sie wissen schon: »Diese Leute, die alles tun würden, um mal ins Radio oder ins Fernsehen zu kommen!« – Was haben wir alles getan, um ins Radio oder ins Fernsehen zu kommen? Der Ekel vor ihnen drückt sich am deutlichsten darin aus, daß kaum jemand von uns auf die Idee käme, selbst bei einer Beteiligungs- oder einer Mitmachsendung telefonisch, bestellt oder spontan vor Ort als Publikum zu erscheinen. Dafür sind wir uns meist zu fein.
Folge: Wir behandeln das Publikum beim Mitmachen leicht zwischen herablassend-verächtlich und gönnerhaft-jovial. Damit verkleinern wir das Segment derer, die bereit sind mitzumachen. Es ist eine Art von self-fulfilling prophecy, d.h. wir moderieren auf die Wichtigtuer-innen zu, und – sie kommen. Da sie uns durch ihr

unkalkulierbares Verhalten so sehr verunsichern, versuchen manche sich zu retten, indem zumindest sie selbst witzig und gut wirken wollen. Damit werden die letzten halbwegs Seriösen verscheucht. Übrig bleiben tatsächlich die Distanzlosen, die, die sich produzieren, die Einsamen und die psychisch Beladenen.
Ich kann das Publikumssegment erst dann vergrößern, wenn ich mein Moderationsziel darin sehe, mein »Gut-Sein« so zu verstehen, daß ich anderen ermögliche, gut d.h. echt zu sein. Dafür muß ich lernen, Menschen behilflich zu sein, daß sie trotz der Nähe eines Mikrofons auf natürliche Weise kommunikationsfähig bleiben. Denn: ich muß sie unterstützen, damit sie das entfalten können, was wirklich in ihnen steckt. Das ist schwierig, aber erlern- und übbar. Allerdings kaum in Wochenend-Seminaren. Wer wirklich (um-)lernen möchte, muß sich Zeit nehmen: mindestens zwei Stunden pro Woche, wenigstens sechs Monate, besser zwei Jahre.
Als ich 1986 anfing, Halbjahres-Seminare für kommunikative Kompetenz anzubieten, fand sich kein Veranstalter dafür. (»Da kommt niemand. Journalist-inn-en sind fortbildungsresistent«.) Es stimmt übrigens nicht. Die Nachfrage ist größer als mein Platzangebot.

**Das Publikum hat die Wirklichkeit,** die den größten Anteil der Realität ausmacht, die wir in den Medien zu sehr aussparen. Es hat damit etwas, was weder die Experten und Expertinnen noch wir selber besitzen. Die Menschen, die wir normalerweise im Radio und Fernsehen vorstellen, sind die Redegewandten, überdurchschnittlich Gebildeten und Sachkompetenten, die Aalglatten, die mit den schönen Stimmen ohne Dialekt und falsche Atmer. Das aber sind nicht die Menschen, die die Masse ausmachen.

**Die Stärken der »Normalen«** finden sich noch nicht als *strukturelle Grundelemente* in den Medien: ihre Eckigkeit, ihre Authentizität, das Lebendige, das Unvorhersehbare, ihre Emotionalität und ihre Erfahrungen, gesammelt aus Betroffenheit und nicht aus Büchern oder wissenschaftlichen Diskursen. Genau das ist es, was Mitmachsendungen spannend, verständlich und lustvoll machen kann, vor allem, wenn wir uns dazu auf *Themen* einlassen können, die den Menschen jenseits der Tagesaktualität, des Termin- und des Katastrophenjournalismus auf den Nägeln brennen.

**Beteiligen und Mitmachen:** Die nebenstehende Grafik zeigt im Grobraster mögliche Formen, das Publikum *einzubeziehen,* bis zu Formen, Angebote des Publikums *anzunehmen.* Die beiden Pole markieren die Extreme, von wem mehr Initiative ausgeht: von der *Redaktion/Moderation* oder dem *Publikum.* Für mich beginnt erst in der Mitte, bei erhöhter Zunahme der Initiative des Publikums, das *Mitmachen.*

Die Grafik enthält keine wertende Rangfolge, sondern lediglich eine abgestufte Differenzierung verschiedener Modelle. Jede Form hat ihre Berechtigung, ihre Vor- und ihre Nachteile, ihre besonderen Schwierigkeiten und Annehmlichkeiten bei der Produktion und in der Wirkung.

**Ein Beispiel aus der Praxis:** Die Sendung »Hallo Ü-Wagen«, die seit 1974 in WDR 2 jeden Donnerstag live in der Zeit von 9.20-12.00 Uhr an einem Ort stattfindet, der etwas mit dem Thema zu tun hat, nutzt neun verschiedene Möglichkeiten, das Publikum mitmachen zu lassen:

1. Die *Einlader-innen:* Jedes Thema von »Hallo Ü-Wagen« ist ein Hörervorschlag. Diejenigen, die der Redaktion geschrieben haben und deren Thema ausgewählt wurde, begründen live in der Sendung, warum ihnen ihre Idee am Herzen liegt.
2. Die *Passant-inn-en:* Menschen, die gar nicht zur Sendung kommen wollten, werden auf der Straße von der Moderatorin angehalten und spontan in die Sendung live einbezogen.
3. Das *Publikum vor Ort:* Es kommt durch die Vorankündigung in der vorigen Sendung oder der Zeitung oder spontan durchs Hören der Sendung. Es macht mit, indem es buhen und klatschen, pfeifen und lachen, zahlreich oder spärlich erscheinen, spät kommen und früh gehen oder früh kommen und spät gehen kann.
4. Von der Moderatorin selbst *ausgewählte Besucher-innen:* In der Zeit von 10 bis 11 Uhr sucht sich die Moderatorin mit Blickkontakt und durch Herauswinken einzelne Gesprächspartner-innen aus der Menge, von denen sie den Eindruck

## Beteiligungs- und Mitmachkonzepte:

**Initiative der Redaktion/ der Moderation**
- geschnittene Straßenbefragung Passant-inn-enbefragung live
- vorbestelltes Publikum als Live-Kulisse

**Beteiligungsformen**
- vorbestelltes Publikum geschnitten
- vorbestelltes Publikum live
- Telefon vorsortiert
- Reaktionen auf Aufrufe auswählen

- Publikumspost als Sendezitat

- Einlader-innen, die Themen anregen
- Telefon in dynamischer Reihenfolge

**Mitmachformen**
- Publikum live frei vor Ort
- von der Moderation ausgesuchte Besucher-innen
- vorsortierte Besucher-innen, die selbstbestimmt kommen
- selbstbestimmte Besucher-innen, nicht vorsortiert

**Initiative des Publikums**
- offener Kanal (z.B. ein einsames Live-Mikrofon auf einem Platz zur freien Benutzung)

hat, daß sie sich normalerweise nicht freiwillig an der Sendung beteiligen und auf das Studiomobil kommen würden.
5. Die *Besucher-innen während der Fragestunde:* Die letzte Stunde ist den Fragen des Publikums vorbehalten. Die Besucher-innen beschließen von sich aus, mitzumachen. Sie kommen unsortiert und unvorbefragt spontan auf dem Studiomobil zu Wort. Ihre Fragen richten sie an die bis dahin zu Wort gekommenen, kontrovers ausgesuchten Expert-inn-en.
6. Die *Post* zu jeder einzelnen Sendung: In Pro- und Contra-Dramaturgie wird am Beginn jeder Sendung die Post zur vorausgegangenen Sendung auszugsweise zitiert. D.h., das Publikum beurteilt und bewertet jede Sendung in schriftlicher Form.
7. Das *Publikum am Redaktionstelefon:* Das Publikum ruft vor allem während der Sendung in der Redaktion an. Die Anrufe werden notiert, dem Team nach der Sendung bei der Nachkritik vorgelesen und fließen damit in die Redaktionsarbeit ein.
8. *Mitmachen nach Aufrufen:* Die Redaktion sucht per Radioaufruf Hörer-innen mit einer Meinung oder einer Eigenschaft, die dann in die Sendung mit Quasi-Expert-inn-en-Status eingeladen werden. Z.B. eine Person, die findet, daß ihr Schläge in der Kindheit nicht geschadet haben. Oder einen Menschen, der noch nie verreist ist.
9. *Spätreaktionen:* Schriftlich oder mündlich schildern uns Menschen den Effekt, den eine Sendung oder eine Aussage auf sie hatte, z.B. zwei Jahre nach der Sendung »Abführmittel«: »Bis zu dem Tag hatte ich 35 bis 40 Jahre mit Abführmitteln gelebt. Sie gaben mir die Kraft zu glauben, es geht ohne. Seither ist für mich selbstverständlich, regelmäßig Verdauung zu haben. Ich bin seitdem sehr selbstbewußt und glücklich. Ich danke Ihnen.«

**Ich muß vorher Verschiedenes berücksichtigen,** wenn ich Publikum mitmachen lassen will:
Ich sollte wissen, daß das Mikrofon wie eine Waffe ist, und einkalkulieren, daß jede und jeder, der oder die mitmacht, das »*wunde Gefühl danach*« bekommt, d.h. einen Kater durch eine kleine oder größere Seelenkrise. Sie wird ausgelöst von der zwangsläufigen Unzufriedenheit, daß das, was gesagt oder getan wurde, nicht ausreichend, unvollständig, gestottert etc. war. Der Sendungskater ist der Preis dafür, daß man sich so sehr in den

Mittelpunkt getraut und nun anderen Menschen zur Beurteilung ausgeliefert hat.

Ich sollte mir klarmachen, daß Sendungen, in denen das Publikum mitmacht – und nicht nur solche –, nicht nur aus dem Interview selbst bestehen, sondern daß der gesamte Prozeß, die Kommunikation von Anfang bis Ende, *journalistische Aktivität* ist und das Interview beeinflußt.

Ich sollte lernen, *Pannen* als wichtiges Element solcher Sendungen zu nutzen und den Unterschied zwischen gesprochener und geschriebener Sprache bewußt einzusetzen. Zettel zerstören in einer solchen Sendung die Kommunikation. Daher sollte ich lernen, eine Sendung ohne solche Hilfsmittel zu strukturieren. Die Kunst ist, die Gesprächspartner-innen zu führen und ihnen zugleich zu folgen.

Ich muß mir über die *emotionalen* und nicht nur über die *Sach*ziele einer Sendung stärker im klaren sein. Denn für ein Mitmachkonzept reicht es nicht aus, das Publikum an der Sache zu orientieren. Genau soviel, wie ich vom Inhalt der Sendung verstehen sollte, muß ich darüber informiert sein, wie Menschen miteinander reden, wie sie zum Sprechen und zum Schweigen zu bringen sind, wie sie in Gruppen, in Kleingruppen, in Großgruppen reagieren.

Die Themen für solche Sendungen müssen erdnäher, lustvoller und anders aufbereitet werden.

**Fürs Machen braucht die Sendung eine Struktur.** Sie braucht *Spielregeln,* die die Voraussetzungen zum Mitmachen erst herstellen. Denn die klaren Grenzen eines Rahmens sind die Vorbedingungen für die Freiheit, die dann im Thema entstehen kann. Nützlich ist es übrigens, daß bei Formen jenseits der Ereignisberichterstattung vom gängigen journalistischen Aktualitätsbegriff für solche Sendungen Abschied genommen wird, damit *ausreichend Zeit zur Vorbereitung und Vorplanung* bleibt. Das ist in diesem Rahmen kein Verlust, sondern ein Gewinn, zumal das Publikum ganz anderes für aktuell hält, als das, was wir landläufig im Journalismus so nennen.

**Mitmachsendungen brauchen einen festen Platz.** Sie müssen *möglichst regelmäßig* stattfinden. Am besten sollte sich eine Person wirklich darauf einarbeiten, Publikum mitmachen zu lassen und eine solche Beziehung zu ihm aufzubauen, daß schon dieser Vertrauensvorschuß Grundlage für die Arbeit sein kann.

**Der Gewinn durch Mitmachkonzepte** liegt auf der Hand. Solche Sendungen sind unnachahmlich. Sie entsprechen mehr der Realität. Sie haben eine ganz eigene Qualität durch ihre Sprache, ihre Lebendigkeit, ihre Authentizität und die Identifizierungsmöglichkeiten, die sie anbieten. Sie schaffen Begegnung und Konfrontation. Folge: Sie arbeiten mit *Autoritätsproblemen* unterschiedlichster Art; Verantwortliche stoßen auf Betroffene, Fans auf ihre Stars, Besserverdienende auf Ärmere, Mächtigere auf Machtlosere. Dadurch entsteht Spannung und Unterhaltsamkeit.

Um Mitmachsendungen schätzen zu lernen, ist es nützlich, ein *anderes Hinhören* zu lernen: Meistens schneiden wir aus unseren Interviews nur das Gelbe vom Ei heraus. Oder wir fragen zielstrebig live danach. Mitmachsendungen bieten die Chance zu veranschaulichen, daß das Suchen, das Scharren, das Gackern und Legen mit zum Kommunikations-»Ei« dazugehören und mindestens genauso spannend sind wie das meist verkopfte »Eigelb«, das wir in herkömmlichen Sendungen unserem Publikum, mit Vorliebe gepellt und verrührt, an den Kopf werfen und dort abperlen lassen. Um zusätzlich die Herzen unseres Publikums zu erreichen, können wir für Mitmachkonzepte lernen, Konfrontation und lustvolle Spannung zu planen.

**Professionalität ist Voraussetzung.** Es ist nützlich, sich deutlich zu machen, daß Interviews mit Normalbürgern und Normalbürgerinnen *kein Übungsfeld für Volontäre und Volontärinnen* sind, sondern im Gegenteil besonders viel Voraussetzungen und Erfahrungen brauchen, die *systematisch erlernt* sein wollen. Denn zwischen den beiden Gruppen der geübten und der ungeübten Sprecher-innen liegen tatsächlich Welten. Die Ungeübten brauchen mehr Professionalität.

Carmen Thomas, Hallo Ü-Wagen. Rundfunk zum Mitmachen. Erlebnisse und Erfahrungen (List Journalistische Praxis)

## Hörer am Studio-Telefon

Sendungen mit telefonischer Hörerbeteiligung sind ein wichtiger Bestandteil aller Radio-Programme. Damit soll folgendes erreicht werden:
– Radio soll nicht nur Einbahnstraße vom Sender zum Hörer sein.

- Die Beteiligung der Hörer an der Programmgestaltung soll Radio hörernäher machen.
- Hörerbeiträge im Programm sollen die Sender-Hörer-Bindung verstärken.

Für die telefonische Mitwirkung der Hörer am Programm gibt es unterschiedliche Möglichkeiten:
- Hörer können aktuelle Themen diskutieren; miteinander, mit dem Moderator oder mit einem Studiogast.
- Hörer können an Prominente oder Fachleute Fragen stellen.
- Hörer können zur Reaktion auf Beiträge im Programm aufgefordert werden.
- Hörern können Musikwünsche erfüllt werden – oft in Verbindung mit der Möglichkeit, Grüße durchzusagen.
- Hörer können an Radio-Spielen und Radio-Aktionen (vgl. dort) teilnehmen.

Manche dieser Beteiligungsformen stellen auf Information ab, andere auf Unterhaltung; gelegentlich geht beides ineinander über. Aber immer, wenn Höreranrufe gesendet werden, sind sie damit Bestandteil des Programmangebots und werden folgerichtig von den übrigen Hörern entsprechend bewertet: interessant oder uninteressant, verständlich oder unverständlich, zu lang oder zu kurz.

**Hörerbeteiligung ist auch ein Risiko.** Ein Programm wird dadurch nicht zwangsläufig attraktiver, gelegentlich ist das Gegenteil der Fall. Dagegen wollen sich die Redakteure absichern: *Hörer-Fragen* sollen sich nicht wiederholen. Sie dürfen nicht zu speziell und abwegig sein. *Hörer-Meinungen* sollen die gesamte Bandbreite der Diskussion wiedergeben – aber nicht völlig abstrus sein. Hörer sollen natürlich und offen reden – aber nicht »Sauereien übelster Art[1]« verbreiten. Dialekt bringt Farbe ins Programm – aber nur dann, wenn man ihn auch verstehen kann. Eloquenz ist hilfreich – aber peinlich, wenn sie zur verbalen Sender-Besetzung wird. Unsicherheit und Schüchternheit können glaubhaft wirken – aber langweilig werden, wenn sie zu vielen Pausen und Gestotter führen.

**Anrufe aufzeichnen und versetzt senden,** das ist ein Weg, der jedes Risiko ausschließt. Die Redaktion kann so unter allen Anrufen die geeignetsten aussuchen und in gewünschter Abfolge

ausstrahlen. Eine Sendung läßt sich auf diese Art *perfekt* gestalten. Vor Überraschungen ist man sicher. Dafür fehlt der Live-Charakter. »Konserven« sind nicht jedermanns Sache. Unmittelbarkeit und Frische sind gerade bei der Hörer-Beteiligung wesentlich.
Außerdem braucht man *zusätzlich* zum Sendestudio noch ein *Aufnahme-Studio* mit kompletter Mannschaft und zumindest einem redaktionellen Mitarbeiter. Das ist kostenaufwendig, beim Privatfunk oft wegen der technischen Kapazität unmöglich.

**Ausgewählte Anrufe live senden** – so kann man versuchen, Risiken zu verringern und trotzdem weitgehend Spontaneität zu erhalten. Ein redaktioneller Mitarbeiter spricht mit den Anrufern, trifft eine Auswahl und verbindet dann ins Sendestudio. Auf diese Weise kann es gelingen, Wiederholungen und offensichtlich Wirres zu vermeiden. Anrufer mit Fragen, die für viele Hörer interessant sind, können bevorzugt werden. Vorsicht ist bei der Vorauswahl-Methode geboten, wenn es um *Meinungsäußerungen* geht. Leicht entsteht dann der Verdacht, daß nicht nur formale, sondern auch inhaltliche Kriterien die Auswahl beeinflussen. Zudem ist es nicht immer leicht, einem Hörer begreiflich zu machen, warum gerade er seine Ansicht nicht über den Sender verkünden darf.

**Zurückrufen und dann live senden.** Rechtzeitig vor der geplanten Live-Telefon-Aktion werden die Hörer eingeladen, sich zu melden, wenn sie mitmachen wollen. Die Redaktion nimmt die Telefon-Nummern entgegen und unterhält sich dabei kurz mit den Anrufern. Wenn bei diesem Gespräch strikt vermieden wird, das Thema der Telefon-Aktion anzusprechen, dann kann niemand behaupten, daß er »wegen seiner offenbar unbequemen Meinung« nicht an die Reihe gekommen sei.
Wiederholungen sind so zwar nicht zu vermeiden, aber man ist einigermaßen davor geschützt, daß Beleidigendes oder Zotiges über den Sender geht. Die Befürchtung, über die Telefon-Nummer *identifiziert* werden zu können, schreckt solche Anrufer erfahrungsgemäß ab. Wenn man die Entgegennahme der Telefon-Nummern stoppt, sobald man genügend Anmeldungen für die vorgesehene Sendezeit hat, und dabei auch gleich noch ankündigt, daß nicht jeder drankommen kann, hält sich auch die Ent-

täuschung in Grenzen – im Gegenteil: Man kann bei dieser Methode sogar etwas für diejenigen tun, die von weither anrufen und sonst wegen der Überlastung des Telefonnetzes bei solchen Aktionen nicht rechtzeitig durchkommen bzw. übermäßig mit Telefongebühren belastet würden.

**Anrufe direkt und ohne Vorauswahl senden** – das ist am reizvollsten, ein journalistischer Drahtseilakt, dessen Prickeln sich nicht selten auch auf die Zuhörer überträgt. Wer als Moderator schlagfertig, höflich, gewandt und sattelfest im jeweiligen Thema ist, sollte das Risiko nicht scheuen. Geht es dann mal – ganz selten – schief und Unflätiges über den Sender – oft weiß die Rechtsabteilung einen Ausweg, und nicht immer hört ein Rundfunkrat zu. Und von Kollegen und Vorgesetzten bekommt man (nachträglich) viele gute Ratschläge, wie man eigentlich hätte besser reagieren können. Die kann man dann ja beim nächsten Mal ausprobieren.

In den USA bestehen manche Radio-Programme fast ausschließlich aus »telephone talk-shows«[2]. Dort wird mit einem Gerät gearbeitet, das die Ausstrahlung zwischen sieben und dreißig Sekunden verzögert (sog. *Delay-Maschine)*. Ein Redakteur hört die Aufnahme mit. Wird von den Hörern Unsagbares gesagt, bleibt ihm Zeit, bei dieser Passage, wenn sie Sekunden später vom Band gesendet wird, eine Lösch-Taste zu drücken. Ein akustisches Signal füllt das Loch und macht den Eingriff deutlich. In Deutschland wird diese Methode nicht angewendet.

**Mit Hörern reden** ist etwas ganz anderes als von »den Hörern« zu reden. Die anonyme Masse (»die Hörer«) löst sich dabei auf in einzelne Menschen. Die sind manchmal unsicher, drücken sich unbeholfen aus. Dann muß der Moderator ihnen etwas *Hilfestellung geben,* aber nicht wie ein Oberlehrer. (»Der meint wohl, er hat die Intelligenz für sich gepachtet . . .«). Andere Hörer sind die geborenen Volksredner. Die muß man *unterbrechen.* Aber nicht unhöflich. (»Wenn man am Radio auch noch zensiert wird . . .«). Wieder andere Hörer sind unfreiwillig komisch. Auf deren Kosten darf man *keinen Spaß treiben.* (»Der macht sich über seine Hörer lustig . . .«). Es soll auch ganz engagierte Hörer geben mit ganz anderen Meinungen als ganz engagierte Moderatoren. Die darf man *nicht vom Gegenteil überzeugen* wollen. (»Die vom Radio sind die reinsten Wortverdreher...«). Es soll auch Hörer geben, die pampig werden. Sogar zu Radio-Leuten. Die müssen auch dann *korrekt und höflich bleiben.* Aber auch wiederum nicht zu höflich. (»Der schmeißt sich ran...«).

Falls in diesem Absatz übrigens etwas Ironie mit im Spiel gewesen sein sollte: *Ironie kommt im Gespräch mit Hörern nicht an,* hoffentlich bei Lesern.

Wer gegen solche Regeln verstößt, wird schnell merken: Hörer reagieren solidarisch. Behandelt man einen von ihnen schlecht, fühlen sich viele mitbetroffen.

**Hörer-Abstimmungen per Telefon und Computer** ermöglicht der von der Post angebotene TED (Tele-Dialog): Will die Radiostation beispielsweise den Hit der Saison küren oder die Meinung der Hörer zur Frage »Streusalz – ja oder nein?« erfahren, so braucht sie den vorgegebenen Antworten nur unterschiedliche Endziffern zuzuordnen (bei der Streusalz-Frage z.B. 1 für ja, 2 für nein). Der Hörer wählt zum Preis einer Gebühreneinheit den TED-Computer an und fügt die Endziffer an, die seiner Meinung am ehesten entspricht. Das vom Computer ermittelte Abstimmungsergebnis ist zwar nicht repräsentativ, zeigt aber zumindest Trends auf und ermöglicht mehr Hörern als bei den bisherigen Verfahren, daß ihre Meinungsäußerung auch wirklich mitgezählt wird.

[1] Bericht der Süddeutschen Zeitung vom 14.1.1983, Triumph des braven Tons, in dem über die erste Folge der NDR-Sendung »Hörer haben das Wort« berichtet wird. NDR-Redakteur Herrmann Rockmann wird darin mit der Bemerkung zitiert: »Die negativen Erfahrungen (mit unerfreulichen Hörer-Anrufen) waren erheblich«. Rockmann zählt auf: »Sauereien übelster Art, Dummheiten, törichtes und witzloses Geschwafel, politische Geschmacklosigkeiten, Anzüglichkeiten aus dem Sortiment unter der Gürtellinie.«
[2] Edd Routt, James B. McGrath, Frederic A. Weiss, The Radio Format Conundrum, (Hastings House, Publishers, New York 1978), S. 196.

Wolfgang Orians, Hörerbeteiligung im Radio. Eine Fallstudie zu Motivation, Erwartung und Zufriedenheit von Anrufern (Verlag Reinhard Fischer, München 1991)

## Radio-Spiele

Radio-Spiele sind unterhaltende Programmelemente, an denen sich der Hörer auf verschiedene Art und Weise beteiligen kann. In der Regel sind sie mit der Möglichkeit verbunden, etwas zu gewinnen (vgl. »Recht der Rundfunkwerbung«).

**Die Funktion der Spiele ist vielschichtig:** Zunächst haben sie einen hohen *Unterhaltungswert,* durch den das Programm attraktiver wird. Ein attraktives Programm wiederum ist die beste Werbung für einen Radiosender und hat ein *Ansteigen der Einschaltquoten* zur Folge. Dem Hörer bieten Spiele die Möglichkeit, sich zu *zerstreuen.* Außerdem kann er sich mit »seinem« Sender durch sie *identifizieren.* Gefühle wie: »Ich bin ganz dicht dabei« und: »Die im Sender tun etwas für mich ganz persönlich« tragen dazu bei, aus dem zufälligen den treuen Hörer werden zu lassen, der dieses positive Erlebnis weitererzählt.

So wird aus dem Unterhaltungswert der *Gesprächswert:* der Hörer redet mit anderen Hörern oder Noch-Nicht-Hörern über die Spiele, über den attraktiven Gewinn, über die Originalität, die Spannung. Der Radiosender unterhält und wird dadurch zum Unterhaltungsgegenstand (im Sinne von Gesprächsgegenstand).

Spiele eignen sich zudem zur *Vermittlung von Wissen und Allgemeinbildung.* Auf unterhaltsame Weise interessant verpackt, kann z.B. ein Spiel mit Fragen zur deutschen Geschichte alle bisher genannten Aufgaben erfüllen.

**Die Planung eines Spieles** braucht keinen *Anlaß,* kann aber einen haben. Wenn sich z.B. das Redaktionsteam von einer Idee hat überzeugen lassen, bedarf es für die Realisierung dieser Idee keines weiteren Anlasses.

Versucht aber z.B. ein konkurrierender Radiosender im eigenen Sendegebiet durch verschiedene Aktivitäten auf sich aufmerksam zu machen, kann dies der Anlaß sein, eine Gegenkampagne zu starten, um die Hörer »bei der Stange zu halten«.

**Werbung im Vorfeld des Spieles** ist in jedem Fall notwendig. Nur so kann beim Hörer die gewünschte Erwartungshaltung aufgebaut und Neugier geweckt werden. Die Vorankündigungen im eigenen Programm können auch durch Zeitungsmeldungen oder Anzeigen in den Printmedien unterstützt werden.

Es gibt *verschiedene Arten von Hörerspielen* im Radio:

**Telefonspiele** haben den *Vorteil,* daß der Hörer unmittelbar beteiligt ist und selbst zum »Programmgestalter« wird. Zudem sind Telefonspiele aktuell und schnell und bieten dem Hörer eine di-

rekte Gewinnmöglichkeit. Ihr *Nachteil* liegt in der beschränkten Teilnahmemöglichkeit; nicht jeder hat eine Gelegenheit zum Telefonieren, nicht jeder kommt durch.
Radio ffn, »Spieltisch«: Das klassische Roulette-Spiel. Der Spieler setzt eine festgelegte Gewinnsumme auf rot/schwarz, gerade/ungerade. »Rollt« seine Kugel richtig (akustische Elemente werden entsprechend produziert), kann er den gewonnenen Einsatz behalten oder neu setzen. In der zweiten Runde kann der Gewinn verdoppelt werden – oder er geht ganz verloren.
Allgemeine Wissensspiele eignen sich dazu, zwei Hörer gegeneinander spielen zu lassen: Wer in einer festgelegten Zeit mehr Fragen schneller und besser beantworten kann, gewinnt.

**Postkartenspiele** haben den *Vorteil,* daß sich jeder Hörer daran beteiligen kann. Ihr *Nachteil:* Sie sind langwieriger und weniger spontan als Telefonspiele. Erschwerend kommt hinzu, daß die Bereitschaft zu schreiben immer geringer wird. Der Preis muß also entsprechend attraktiv sein.
Radio Schleswig-Holstein (RSH), »*Kaffeesatz*«: Die Hörer werden über den Sender dazu aufgerufen, einen Vierzeiler zu schikken. Wenn dieser originell genug ist, wird er morgens gesendet. Die gesendeten Sprüche werden mit einem Preis belohnt.
Ein Postkartenspiel kann auch über einen längeren Zeitraum gezogen werden. Beispiel: In einem Quiz werden drei Wochen lang täglich Buchstaben ermittelt. Der Hörer soll diese Buchstaben sammeln. Richtig zusammengesetzt, ergibt sich aus allen Buchstaben ein Lösungssatz. Unter allen korrekten Einsendungen wird ein Hauptpreis verlost. Dieses Muster ist vielfach (Sportquiz, Reisequiz, Adventsquiz) anzuwenden.

**Telefon-Postkarten-Spiele** sind eine Kopplung der beiden bisher genannten Versionen.
SR 1 Europawelle Saar, »*Städtequiz*«: Eine unbekannte Stadt wird vorgestellt. Während der 2-stündigen-Sendezeit, in der immer mehr Informationen über die Stadt vermittelt werden, haben die Hörer die Aufgabe, die Stadt zu erraten und im Rathaus dieser Stadt *telefonisch* ihre Adresse abzugeben. Am Ende der Sendung wird eine Frage gestellt, die *per Postkarte* zu lösen ist. Unter allen Anrufern und richtigen Einsendern werden die Preise verlost.

Bei anderen Spielformen schickt der Hörer vor Spielbeginn eine Postkarte, mit der er sich zur Teilnahme »anmeldet« und seine Telefonnummer angibt. Während des Spielzeitraums von ca. drei Wochen wird im Programm angekündigt: »Irgendwann innerhalb der nächsten 60 Minuten könnte bei Ihnen das Telefon klingeln. Melden Sie sich dann sofort mit – Ich höre Radio xy –, haben Sie gewonnen«.

**Spiele mit Beteiligung vor Ort** haben den *Vorteil,* einen unmittelbaren Kontakt zwischen Hörer und Sender herzustellen. Ihr *Nachteil:* Nur wenige können sich beteiligen.
Bei dieser Art Radiospiel fordert man die Hörer auf, zu einem bestimmten Ort zu kommen und die vorher gestellte Aufgabe dort zu lösen oder die Lösung dorthin zu bringen.
Als Beispiel NDR-Radio Niedersachsen, *»Musikmobil«:* Im Programm erfahren die Hörer, wo das »Musikmobil« sich befindet. Nur an diesem Fahrzeug können Interessierte ihre Musikwünsche äußern, die – wenn ausgelost – innerhalb kürzester Zeit gespielt werden. Zusätzlicher Gewinn neben der Musik ist die Vermittlung von Grüßen.

**Für Zeitpunkt und Dauer** von Radiospielen bieten sich verschiedene Möglichkeiten an. Spiele können immer zu einem *festen* Zeitpunkt als Programmelement eines Senders erscheinen oder *kurzfristig* und für den Hörer scheinbar unvermittelt im Programm auftauchen. Außerdem besteht die Möglichkeit, viele zeitlich limitierte Spielrunden für ein Spiel anzusetzen, die zwar unvermittelt im Programm erscheinen, aber nach einer bestimmten *Gesamtspieldauer* zu Ende sind.

**Tips,** die man bei der Planung eines Radiospiels beachten sollte:
- *Spielregeln* genau festlegen und schriftlich fixieren
- Moderatoren und Technik detailliert einweisen, am besten anhand eines *Ablaufplanes*
- einfache und eindeutige *Erklärungen für den Hörer* erstellen, eventuell an einem Beispiel demonstrieren
- bei Telefonspielen: *zeitliche Limitierung* der einzelnen Spielrunden; bei Postkartenspielen: *Einsendeschluß*
- *Werbende Hinweise* im Programm (Trailer)
- empfehlenswert ist ein *Spielleiter,* der die Durchführung und

die Nachbereitung (Verschicken der Preise, Briefverkehr etc.) betreut.

**Keine Spiele-Inflation.** Da Spiele im Radio eine imageprägende Funktion haben können, wenn sie *gezielt* und *geplant* eingesetzt werden, ist es in jedem Fall empfehlenswert, daß sie von einer Stelle für das gesamte Programm *koordiniert* werden. Nur so ist gewährleistet, daß sie sich harmonisch in das Programm einfügen. Abzuraten ist von einer zu großen Häufung und einer zu schnellen Folge von Gewinnspielen: »Sie brauchen eine Waschmaschine? – Rufen Sie Radio xy an; die haben doch immer irgendwelche Gewinnspiele.« *Das* sollte den Gesprächswert eines Senders *nicht* ausmachen.

Axel Seip/Axel Buchholz, Radio-Spiele und Radio-Aktionen (ZFP-Broschüre, Hannover 1993)

## Radio-Aktionen

Wenn man Radio hören will, muß man die Fenster öffnen, um die Radiowellen hereinzulassen. Das war in den zwanziger Jahren noch eine weit verbreitete Meinung. Damals begann der Rundfunk unter der Zielsetzung, über Ereignisse – wo auch immer sie passierten – zu berichten.
Doch schon bald stellten die Programmgestalter fest, daß tatsächlich passierende Ereignisse nicht ausreichten, um ein farbiges, spannendes, auf Hörerbedürfnisse zugeschnittenes Programm zu gestalten. Es kristallisierten sich typische Felder heraus, in denen Defizite bestanden und wo der Rundfunk *selbst ins Leben gerufene Ereignisse* vor allem auch breiten Schichten zugänglich machen konnte. Diese typischen »Felder« waren vor allem kulturelle Beiträge, und hier an erster Stelle Theater, Musik und Unterhaltung.
Die sich im Laufe der letzten Jahre immer mehr steigernde Konkurrenzsituation verschiedener Programme hat neue Frische in die Radiolandschaft gebracht. Hierbei spielen die *eigenständige Rundfunkveranstaltung,* beziehungsweise das *eigenständige Rundfunkereignis* eine große Rolle.

**Die Hauptziele** solcher Aktivitäten bestehen in drei verschiedenen Punkten: Der Rundfunk hat zum Beispiel im Gegensatz zu lokalen Veranstaltern die Möglichkeit, derartige Ereignisse einem großen Publikum vorzuführen *(Verbreitungsfunktion)*. Die vom Hörfunk eigens veranstalteten Ereignisse sollten gerade in solchen Bereichen stattfinden, in denen, von den Publikumsbedürfnissen her gesehen, Defizite existieren *(Bedarfsdeckungsfunktion)*. Alle Rundfunkveranstaltungen sind natürlich dem Kriterium unterworfen, die gesamte Attraktivität des Programms zu erhöhen, ob es sich hierbei nun um höhere Attraktivität für spezifische Zielgruppen oder für breitere Hörerschichten handelt *(Programmfunktion)*.

Ein Sender, der einen allgemein anerkannten *Preis* für Unterhaltungskünstler ins Leben ruft, belebt nicht nur eine Szene, sondern bietet hier erst das, auch von der Größenordnung her gesehen, wohl kaum von der übrigen Öffentlichkeit verwirklichbare Forum. Ein Sender, der *Seancen* für Jazzmusik oder »Neue Musik« ins Leben ruft, wird neben dem oben schon als notwendig beschriebenen Schauplatz natürlich auch Programminhalte inszenieren können, auf die – ohne die Eigeninitiative des Rundfunks – der Zuhörer sonst verzichten müßte. Allerdings braucht der Rundfunk diese Wege keinesfalls alleine zu gehen.

**Partnerschaft mit anderen Medien** kann zu einer wesentlichen Erweiterung führen, vor allem aber auf dem weiten Feld der Kreativität fruchtbar beleben.

Partner können sein: die *regionalen Zeitungen, Gemeinden, Städte oder Vereine,* die als Mitgestalter eines derartigen Programms dieselben Absichten verfolgen und – dies zu allererst – durch das Hinzufügen ihres eigenen Know-how Programminhalte verbessern. Der Rundfunk darf sich nicht abkapseln. Ob er fotografiert, den Spiegel hinhält, selbst produziert oder inszeniert, er muß alles vermeiden, was darauf abzielt, eine eigene Gesellschaft in unserer Gesellschaft zu sein.

**Die Intensivierung der Hörer-Sender-Beziehung** ist mehr als ein wichtiges Nebenziel. Dem Hörer nicht nur das Gefühl zu geben, das Programm werde für ihn gestaltet, eventuell auch von ihm mitgestaltet, sondern ihn aktiv mit einzubeziehen, ist ein wichtiges Element, will der Rundfunk *ein lebendiges Medium* sein. Er kann deshalb auf das Instrument »Veranstaltung und Promotion von Aktivitäten und Ereignissen« nicht verzichten; es gibt noch viele Gebiete, auf denen die oben genannten Ziele – ob mit oder ohne Partner – erreicht werden können.

**Ein Beispiel für Radio-Aktionen,** das die verschiedenen Möglichkeiten deutlich macht, ist die Aktion »Gesünder leben mit SR 1 Europawelle Saar«. Der Saarländische Rundfunk hat sie im Frühjahr 1988 durchgeführt.

Zielsetzung war, die Hörer eines Begleitprogramms intensiv und im Zusammenhang über die Grundregeln für eine gesündere Lebensweise zu informieren. Dafür mußte das Projekt folgenden Anforderungen genügen:
- korrekte *Information* durch sachverständige Autoren,
- verständliche und interessante *Vermittlung* im Programm,
- möglichst hoher *Aufmerksamkeitswert* der einzelnen Beiträge in einem Programm, das vorwiegend nebenbei gehört wird.
- Aufmerksamkeitswert auch *außerhalb* des Programms in den Printmedien und in der Öffentlichkeit,
- *Sympathie-Wert,* also eine möglichst positive Einstellung der Hörer zu der Aktion,
- Angebote zum Umsetzen der Informationen im eigenen Leben durch *Mitmach-Veranstaltungen*
- Hör- und Mitmach-*Anreize* durch Auslobung von Preisen.

Eine solche Aktion muß über einen längeren Zeitraum hinweg vorbereitet werden. Dafür wird am besten ein Organisationsplan aufgestellt, der die *Abfolge* der einzelnen Schritte festlegt und die *Verantwortlichen* für ihre Verwirklichung benennt. Ideal ist es, wenn wenigstens ein Mitarbeiter (zumindest teilweise) freigestellt werden kann.

So wurde versucht, den Anforderungen an die Aktion gerecht zu werden:

**Für die korrekte Information,** also das Ausarbeiten der Grundregeln für eine gesundheitsbewußte Lebensführung, wurde ein kompetenter Partner gefunden: das »Institut für Präventivmedizin« der Universität des Saarlandes. Mit den Wissenschaftlern dieser Einrichtung, die sich die vorbeugende Gesundheitspflege zur Aufgabe gemacht hat, wurde das Gesamtkonzept für die Information ausgearbeitet und in einzelne Abschnitte (Bewegung,

Ernährung, Körperpflege usw.) untergliedert. Jeder Abschnitt wurde in einzelne Beiträge aufgeteilt, die unabhängig voneinander eine sinnvolle Information sind und sich aufeinander abgestimmt zu einem Ganzen zusammenfügen. Für jeden einzelnen Beitrag wurde ein Wissenschaftler des Instituts als Autor gewonnen.

**Verständliche und interessante Vermittlung im Programm:** Hierfür wurde eine Journalistin mit der Bearbeitung der Texte und der Umsetzung der Informationen in Berichte mit O-Ton beauftragt.

**Der Aufmerksamkeitswert im Programm** wurde durch mehrere Maßnahmen erreicht: Ankündigung der Aktion durch Trailer, Ausstrahlen der Beiträge als Reihe (von Montag bis Samstag immer zur selben Zeit an 75 aufeinanderfolgenden Tagen) und einheitliche »Verpackung« der Beiträge in Indikativ und Abdikativ mit Standard-An- und -Absage.

**Für die Popularität außerhalb des eigenen Programms** wurden Partner gesucht:
- Drei Zeitungen druckten die Beiträge komplett oder in Auswahl nach. Die Hörer wurden darauf hingewiesen, daß sie die Beiträge dort nachlesen können. Die Zeitungsleser wurden auf die Aktion aufmerksam.
- Sportvereine wurden durch Zusammenarbeit mit dem Landessportverband des Saarlandes dafür gewonnen, regelmäßig »Schnupper-Sport« für jedermann anzubieten. Diese Termine wurden im Programm bekanntgemacht.
- Vier Großveranstaltungen setzten besondere Akzente (Volkslauf, Radfahren, Tischtennis, Spielfest der Turner). Ankündigung im Programm, mit Plakaten und durch die Presse.
- Begleitende Veranstaltungen auch auf dem Gebiet der gesunden Ernährung.
- Kooperation mit dem regionalen Fernsehprogramm, das Veranstaltungen ankündigte und auch darüber berichtete.
- Zusammenarbeit mit dem saarländischen Gesundheitsministerium, das sein Gesundheits-Telefon in den Dienst der Sache stellte und die tägliche Folge von »Gesünder leben« auch über diesen Ansage-Dienst verbreitete.

- Zusammenarbeit mit einem Buch-Verlag, der die Texte als Taschenbuch herausgebracht hat (Econ).

**Der Sympathiewert** der Aktion sollte dadurch verbessert werden, daß sich die Initiatoren selbst in den Dienst der Sache stellten und nicht anonym im Hintergrund blieben: Sie verpflichteten sich öffentlich zu »Gesünder leben durch mehr Sport«, nahmen an den öffentlichen Veranstaltungen teil, wurden im Fernsehen beim Sport gezeigt. Ein sehr bekannter Kollege mit sportlichem Image »präsentierte« (also las) alle Beiträge und stellte sich so mit seiner Person hinter die Aktion.

**Der Anreiz zum Mitmachen** wurde zur Halbzeit der Aktion durch einen zusätzlichen Akzent verstärkt: Die Hörer wurden motiviert, das Deutsche Sportabzeichen zu machen. Begründung: Wer dafür trainiert, hat ein persönliches Ziel fürs gesündere Leben durch mehr Sport. Außerdem: Das Saarland stand an letzter Stelle der Sportabzeichen-Statistik aller Bundesländer. Deshalb: Saarländer, setzt ein Zeichen, macht das Sportabzeichen!

*Die Auslobung von Preisen* im Programm sollte zu einer zusätzlichen Motivation führen. Unter allen, die bis zum Herbst die Bedingungen für das Sportabzeichen erfüllt hatten, wurden sie ausgelost.

Auf diese Weise wurde die Aktion über das Senden der Beiträge hinaus (April bis Juni) bis in den November verlängert:
- Spots machten auf die Preise aufmerksam, die zu gewinnen waren,
- Jingles erinnerten: »Setz' ein Zeichen, mach' das Sportabzeichen!«,
- Spots nannten die Trainingszeiten bei Sportvereinen,
- in kontinuierlich im gesamten Programm gesendeten Spots und Berichten (auch im Fernsehen) wurde darüber informiert, welcher Prominente aus dem Lande oder vom Sender sich mit welchem Erfolg am Sportabzeichen versucht hatte und wie sich die Aktion besonders an Schulen und in Vereinen entwickelte.

Durch die jedes Jahr veranstaltete Aktion rückte das Saarland 1989 und 1991 auf Platz 2 der Sportabzeichen-Statistik vor.

# Medienforschung für den Hörfunk

Die empirische Massenkommunikationsforschung für den Hörfunk befaßt sich zwar mit verschiedenartigen Fragestellungen über den Radio-Journalismus, über die Arbeitsbedingungen im Rundfunk *(Kommunikatorforschung),* über die inhaltlichen und formalen Bestandteile von Hörfunksendungen *(Programm-, Aussagen- und Sprachanalyse),* über die potentiellen und tatsächlichen Hörer und ihre Interessen *(Rezipientenforschung)* sowie über die Auswirkungen des Hörfunks auf Individuum und Gesellschaft *(Wirkungs- und Nutzenforschung).*
Im öffentlich-rechtlichen und im privat-kommerziellen Rundfunk ist die Medienforschung jedoch *vor allem demoskopische Reichweiten- und Meinungsforschung,* bei der festgestellt wird, wieviele Menschen welcher Alters-, Bildungs-, Berufs- und Einkommensgruppen usw. wann Radio hören und welche Programmangebote sie dabei bevorzugen. Diese demoskopische Ausrichtung ist nicht nur charakteristisch für die Hörfunkforschung, sondern auch für die Fernsehforschung. Allerdings werden der Medienforschung im Zuge fortschreitender Kommerzialisierung für die Optimierung von Programmplanung und für die Akquisition von Werbung zunehmend auch Aussagen zu »qualitativen« Aspekten des Medienkonsums abverlangt.

**Die vielbeschworene Wirkungsforschung,** bei der kurz- und langfristige *Veränderungen* von Wissen, Emotionen, Einstellungen und Verhalten der Rezipienten der Hörfunk-Kommunikation untersucht werden, ist hier wie dort die Ausnahme. Die Methoden und die theoretischen Ansätze dieser Forschung sind vielfältig; ihre *Ergebnisse* sind aber nicht nur bruchstückhaft, sondern z. T. auch widersprüchlich; jedenfalls sind sie nicht geeignet, daraus allgemein verbindliche Lehren für die Praxis des Radio-Journalismus zu ziehen.
Das aber schließt nicht aus, daß im konkreten Einzelfall ein Experiment, ein Studiotest, eine teilnehmende Beobachtung oder ein Feldexperiment *Wirkungen von Radiosendungen belegen* und *Anregungen* für die Programmgestaltung und -planung geben können. Die meisten journalistischen »Faustregeln« sind jedoch einer strengen empirischen Prüfung durch die Sozialwissenschaften nicht unterworfen worden.

**Reichweitenforschung: Rekonstruktion der »gestrigen« Hörfunknutzung.** Ein Großteil der demoskopischen Reichweitenforschung für den Hörfunk gilt diesem Medium als Werbeträger.

**Die jährliche Media-Analyse (MA)** der AG. MA (Arbeitsgemeinschaft Media-Analyse e. V.) ist Grundlage der Reichweitenforschung für alle großen Werbemedien. In dieser 1954 gegründeten Arbeitsgemeinschaft kooperieren Presseverlage und Werbeagenturen, seit 1970 auch zahlreiche Werbungtreibende (Markenartikler), seit 1973 auch das ZDF und seit 1978 die von den Landesrundfunkanstalten getragenen Werbegesellschaften (ARD Werbung) mit den Werbemedien Hörfunk und Fernsehen. Seit Ende der 80er Jahre sind auch die größeren privaten Funk- und Fernsehveranstalter mit dabei.
In der Media-Analyse werden im Rahmen von vielen tausend, über ein Halbjahr verteilten, mündlichen Interviews die Reichweiten der verschiedenen Werbemedien abgefragt. Beim Hörfunk geschieht dies in der Regel durch die systematische Abfrage des »gestrigen« Hörverhaltens.

**Unabhängig von ihrer Mitwirkung in der AG. MA** führen öffentlich-rechtliche und private Rundfunkveranstalter Reichweiten-, Zeitbudget- und Mediavergleichsuntersuchungen *(Funkmedien-Analysen)* durch, bei denen meist alle konkurrierenden Hörfunkangebote, also auch die werbefreien Sendungen und Programme, berücksichtigt werden. Bei den über alle Wochentage verteilten, meist mündlichen Interviews (Stichtag) wird der nach statistisch repräsentativen Auswahlprinzipien ermittelte Befragte gebeten, seinen »gestrigen« Tagesablauf vom frühen Morgen bis zum späten Abend (und nachts) anhand der wichtigsten Tätigkeiten (z. B. Hausarbeit, Berufstätigkeit usw.) zu rekonstruieren. In Viertelstunden-Intervallen wird zu diesen Tätigkeiten jeweils das Hör- (und Seh-) Verhalten festgestellt: die *demoskopische Reichweite* (im Gegensatz zur technischen Reichweite).

**Diese Tagesablaufrekonstruktionen** sind auch ein fester Bestandteil der Media-Analyse, bei der für Print- und elektronische Medien getrennte Erhebungen durchgeführt werden; deren Er-

gebnisse (Kontaktchancen) werden häufig verglichen, obwohl sie eigentlich unvergleichbar sind.
Im Vorfeld des Nachweises der Viertelstunden-Reichweiten für alle Hörfunkprogramme werden gewöhnlich demoskopische Routinefragen gestellt, etwa über die Geräteausstattung, über die Einstellung zum Hörfunk (im Vergleich zu anderen Medien) u. a. Unter Bezugnahme auf die »gestern« (oder auch die nur gelegentlich) genutzten Hörfunkangebote werden häufig – im Anschluß an die Tagesablauf-Rekonstruktion – auch *Meinungen über einzelne Sendungstypen und Angebotsformen,* über längere Wortbeiträge, Musikfarben, über die Beliebtheit von Reihen, Serien, Programmen oder das Image des Senders erfragt. An solche mündlichen Interviews werden gelegentlich auch ausführliche *schriftliche Befragungen* zu Spezialthemen angehängt, die dann nur diejenigen beantworten, die sich zuvor als Hörer oder Interessenten dieser Themen zu erkennen gegeben haben.

**Für stationsspezifische Programm- und Marktbeobachtungen** werden immer häufiger regionale *Telefonbefragungen* eingesetzt. Sie bringen zwar sehr rasch auch durchaus repräsentative Übersichtsdaten, z. B. über bevorzugte Programme, Bekanntheiten und Beliebtheiten; die so ermittelten Reichweiten sind jedoch nicht direkt vergleichbar mit »harten« Durchschnittswerten aus mündlichen Tagesablaufuntersuchungen (Hörer pro Tag, pro Sendung).

**Auch Studiotests und Hörergespräche** erlangen wieder größere Bedeutung. Dabei werden Gruppen von Hörern Sendungsbeispiele vorgeführt. Die Teilnehmer äußern sich dann in vorbereiteten Testbögen und/oder mündlichen Gruppendiskussionen zu diesen Beispielen.

**Bei Intensiv- und Tiefeninterviews** führen eigens ausgebildete Interviewer anhand eines Leitfadens Einzelgespräche mit ausgewählten Hörern.

**Die Tagebuchmethode,** bei der die Hörer über einen gewissen Zeitraum hinweg vorgegebene Fragen in vorgedruckten Tagebüchern beantworten, ist eine andere Form der Hörerbefragung; sie kann sowohl für die Reichweitenermittlung wie für »qualitative« Fragestellungen eingesetzt werden.

**Die demoskopische Hörfunkforschung** bildet relativ zuverlässig den Status quo in der Hörfunknutzung als Momentaufnahme ab. Sie ist inzwischen ein unverzichtbares Instrument, den wesentlich erweiterten Hörfunkmarkt regional zu durchleuchten. *Die innovative Kraft dieser Forschung ist aber gering.* Die Versuche, auf diese Weise Defizite im Programm zu erkunden oder neue Programmideen zu finden, erwiesen sich als wenig ergiebig.

**Die meisten Hörer schalten immer nur »ihr« Programm ein.** Die Demoskopie sammelt zwar Individualdaten über die Nutzung und die Bewertung des Hörfunks, kann aber nur Aussagen über Personengruppen, statistische Grundgesamtheiten (meistens über die Gesamtbevölkerung ab 14 Jahre oder über daraus gebildete Ziel- bzw. Untergruppen) machen. Die in diesen Auswertungseinheiten ermittelten Reichweiten für »durchschnittliches« Radiohören sind fiktive Orientierungsgrößen. *Der »Durchschnittshörer« lebt nur in den Statistiken der Umfrageforschung.*

**Fast alle Bundesbürger hören wenigstens gelegentlich Radio:** »Weitester Hörerkreis« über 95 %. Täglich erreicht das Medium etwa vier Fünftel der erwachsenen Bevölkerung, mindestens für einige Minuten. Im Schnitt hören diese »Hörer pro Tag« etwas mehr als drei Stunden lang Radio und zwar bevorzugt ein einziges Programm. Etwa die Hälfte aller Hörer hat »gestern« nur ein – »ihr« – Programm gehört und zwar überwiegend am Stück zu gleichbleibenden Tageszeiten (z. B. morgens beim Frühstück) oder in wiederkehrenden Alltagssituationen (z. B. beim Autofahren). Diese bemerkenswerten *Nutzungsmuster* haben selbstverständlich auch etwas damit zu tun, daß die meisten Programme in Wort und Musik so strukturiert sind, daß »durchgängiges Hören« erleichtert wurde.

Für die Auswahl eines Programms sind offenbar die »Musikfarben« und die (beste) technische Empfangsqualität immer wichtiger geworden, seit die Senderbelegungen auf den einzelnen UKW-Frequenzen erhöht und damit die gegenseitigen Beeinträchtigungen der Sender größer geworden sind. Dabei dominieren hierzulande landesweit ausgestrahlte UKW-Programme öffentlich-rechtlicher und privater Anbieter gegenüber regionalen und lokalen UKW-Programmen, gegenüber herkömmlichen

Versorgungsdichte mit den Medien, Fernsehen, Hörfunk und
Tageszeitung/Prozent

| Von 100 Personen verfügen in ihren Haushalten ... | 1964 | 1970 | 1974 | 1980 | 1985 | 1990 West | 1990 Ost |
|---|---|---|---|---|---|---|---|
| über mindestens ein Fernsehgerät | 55 | 85 | 95 | 97 | 97 | 98 | 99 |
| davon: zwei und mehr Fernsehgeräte | – | – | 12 | 27* | 26 | 31 | 27 |
| ein Farbfernsehgerät | – | – | 28 | 73 | 86 | 95** | 90*** |
| Gerät mit Fernbedienung | – | – | – | 40 | 67 | 87** | 53*** |
| über mindestens ein Hörfunkgerät | 95 | 95 | 96 | 98 | 98 | 98 | 98 |
| davon: zwei und mehr Hörfunkgeräte | 15 | 30 | 38 | 63 | 64 | 71 | 79 |
| über ein Zeitungsabonnement oder eine regelmäßig gekaufte Zeitung | 70 | 77 | 78 | 78 | 72 | 76 | 91 |
| über einen Videorekorder | – | – | – | 1 | 21 | 41** | 32*** |

* Quelle: Teleskopie-Strukturerhebung Winter 1978/79, ** MA '91: Basis Haushalte, *** Quelle: E.M.A. Deutschland Ost, Frühjahr 1991.

Mittelwellen-, Kurz- und Langwellenausstrahlungen und – bisher noch – gegenüber modernen Programmverteilungen über Kabel und Satellit.
Anfang der 90er Jahre hielten die, meist landesweit ausgestrahlten Radioprogramme der ARD-Anstalten noch die größten Marktanteile (MA '92: 65% in den »alten« und 74% in den »neuen« Bundesländern; Montag-Freitag).

**In den sogenannten Minderheitenprogrammen** wechseln sich meist sehr unterschiedliche Einzelbeiträge ab (»Kästchen«). Diese Programme werden täglich von etwa jedem zehnten Radiohörer eingeschaltet. Allerdings ist das – wechselnde – Publikum der einzelnen anspruchsvollen Sendung selten größer als 1% der Gesamtbevölkerung in der versorgten Region. Das sind in den Sendegebieten der Landesrundfunkanstalten immer noch beachtliche absolute Zahlen. Die Hörer von Minderheitenprogrammen sind nicht nur in elitären Bildungsschichten zu suchen, sondern in fast allen Berufs- und Bildungsgruppen, besonders aber unter denjenigen, die überdurchschnittlich viel Radio (und dabei eben auch die Mehrheitenprogramme) hören.

**Radiohören ist eine Funktion individueller Alltagsgewohnheiten.** Die meisten Menschen schalten »ihr« Radioprogramm zu relativ festen Zeiten bzw. bei gleichartigen Gelegenheiten ein (und aus). Die Verlaufskurve der durchschnittlichen Hörfunknutzung über den Werktag hinweg hat ihren höchsten Gipfel morgens zwischen 8 Uhr und 9 Uhr. Dann hören über 30% der Bundesbürger (ab 14 Jahre) Radio. Ein zweiter, schwächerer Nutzungsgipfel liegt in der Mittagszeit. Nach 13 Uhr sinkt die Kurve auf unter 20% Gesamtreichweite, nach 19 Uhr auf unter 10% und nach 20 Uhr auf unter 5%. Werktags wird mehr Radio gehört als samstags, und samstags mehr als sonntags. Vor Beginn des massenhaften Fernsehens war es umgekehrt: Sonntags wurde damals am meisten Radio gehört.

Der Hörfunk ist nicht mehr in erster Linie ein Freizeitmedium, sondern für die meisten Menschen *eine Nebenbeschäftigung* beim Aufstehen, Frühstücken, bei der Hausarbeit, beim Autofahren, im Beruf: *ein akustisches Hintergrundmedium,* das von allen Bevölkerungsgruppen überwiegend zu Hause genutzt wird, obgleich der Anteil des außerhäuslichen Radiohörens insgesamt zugenommen hat (gerade bei Berufstätigen).

Wenn heute Radio vor allem nebenher gehört wird, so heißt das nicht, daß die Hörer dem Medium immer nur sekundäre Bedeutung zumessen oder nicht aufmerksam sind. Vielmehr lassen viele Tätigkeiten im Alltag *zumindest punktuell konzentriertes Hören* zu, so etwa bei Nachrichten, zu festgelegten Tageszeiten, zumal dann, wenn Einzelinformationen für einen Hörer subjektiv bedeutsam sind, ihn »betreffen«, oder bei wohlvertrauten Moderatoren, bei Musik- und Wortsendungen, die auf eine entsprechende Erwartungshaltung treffen.

Zeitpunkt, Dauer und Intensität des Radiohörens sind eine Funktion der individuellen Lebensumstände und persönlicher Erfahrungen und Gewohnheiten. Die gravierendsten Unterschiede im Radiohören zeigen sich deshalb auch nicht innerhalb demographischer Untergliederungen (wie z. B. Alter: »je jünger, desto mehr Radio, je älter, desto mehr TV«), sondern in sogenannten *Hörertypologien,* in denen verschiedenartige Variablen berücksichtigt werden, die allgemeine Einstellungen, Gewohnheiten und Lebensstile beschreiben.

Tabelle und Grafiken stammen aus: Klaus Berg/Marie-Luise Kiefer, Massenkommunikation IV. Eine Langzeitstudie zur Mediennutzung und Medienbewertung 1964-1990 (Nomos-Verlag, Baden-Baden, 1992)

Hansjörg Bessler, Hörer- und Zuschauerforschung, Bd. 5 der Reihe: Rundfunk in Deutschland (Hrsg. Hans Bausch, dtv-Taschenbuchverlag, München, 1980)

Medienforschung für den Hörfunk

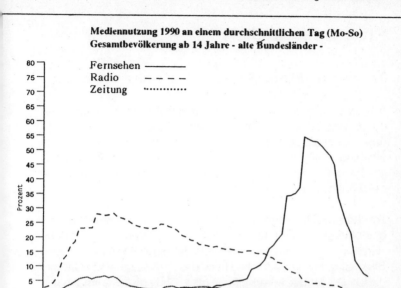

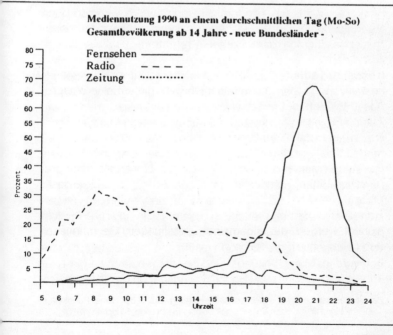

# Programmquellen

## Programm kostet Geld

Während sich die Privaten zu 100 Prozent aus Werbung finanzieren und damit ihr Programm eher am Massengeschmack orientieren müssen, sind die ARD-Sender mischfinanziert: Standen allerdings 1988 noch 80% Prozent Gebühreneinnahmen 20% Werbeeinnahmen gegenüber, so gibt die ARD dieses Verhältnis 1993 nur noch mit etwa 93:7 an.

**Die Einschaltquoten** bestimmen vor allem bei den Privaten den Umsatz und die für die Ausgaben zur Verfügung stehenden Mittel. Sinken die Quoten oder ist die Zielgruppe zu klein, dann ist die wirtschaftliche Basis des Privatsenders in Gefahr. Jeder Privatfunk-Mitarbeiter sollte diesen Zusammenhang kennen.
»Läuft« das Programm nicht, so muß gehandelt werden: Eine Umstellung des Programm-Formats ist notwendig (vom »Punk«-Rock zum »Schlager«-Programm beispielsweise, wenn dort eine Marktnische vorhanden ist). Auch Kooperationen mit anderen Stationen sind denkbar (»Mantel«-Programm).

**Kosten pro Minute:** Die ARD gibt in ihrem Jahrbuch '92 Selbstkosten von 111 Mark im Schnitt für ihre Hörfunkprogramme (inkl. Ausstrahlung) an. Landesweite private Hörfunkprogramme wie Radio FFH in Hessen kosten pro Minute etwa 45 Mark, entsprechend einem Jahresetat von 25 Millionen Mark. Das lokal operierende Münchner Radio Charivari nennt einen Selbstkostenpreis von sieben Mark pro Minute.
Personalkosten, machen in der Regel 30 bis 40 Prozent des Etats aus. GEMA und GVL (Gesellschaft zur Verwertung von Leistungsschutzrechten) verlangen zusammen knapp zehn Prozent der Netto-Werbeeinnahmen zur Abgeltung ihrer Rechte. Die Abschreibungen auf die Studio-Investitionen müssen berücksichtigt werden; Miete, Leitungs- und Sendergebühren an die Telekom schlagen ebenso zu Buche wie Ausgaben für die Eigenwerbung.

**Vor allem lokale Sender** müssen, bedingt durch ihr kleines Einzugsgebiet, sparsam agieren: 24 Stunden-Programme kosten bei gleichem Programmaufwand dasselbe, – ob sie nur in einer Stadt oder aber landesweit zu hören sind. Auf der Einnahmenseite indes ist der Unterschied zwischen einem kleinen und einem großen Sender immens.

## Programmaustausch

Die öffentlich-rechtlichen Rundfunkanstalten tauschen in beträchtlichem Umfang einzelne Beiträge, Sendungen und ganze Sendereihen untereinander aus. Dies senkt die Kosten und macht die Programme informativer und abwechslungsreicher. Für freie Mitarbeiter ergibt sich dadurch die Möglichkeit, ihre Beiträge über das Sendegebiet des eigenen Senders hinaus zu »vermarkten« und so selbst auch ARD-weit bekannt zu werden.

**Die Zusammenarbeit der Sender** geschieht auf verschiedene Art und Weise:
– Bei *Koproduktionen* wird vorher vereinbart, daß eine Sendung von einem Sender für einen oder mehrere andere produziert wird. Dazu verständigen sich die Redaktionen über Inhalt, Form, Besetzung und die Kostenaufteilung. Im Hörspiel und Feature ist dieses Verfahren üblich und oft der einzige Weg, aufwendige Produktionen überhaupt noch zu realisieren.
– Der *Austausch ganzer Programmreihen* ist z.B. im Schulfunk üblich. Ein großer Stoff wird dazu unter den beteiligten Sendern aufgeteilt, eine geschichtliche Epoche etwa in mehrere Zeitabschnitte. Alle Sendungen zu einem Zeitabschnitt produziert dann ein Sender, die übrigen Partner übernehmen sie. Für die Zusammenarbeit ist auch gemeinsame Planung nötig.
– Manche Radio-Programme werden über mehrere Stunden täglich von zwei oder mehreren Sendern *gemeinsam gestaltet*. Beispiele dafür sind die Kulturprogramme von SDR und SWF und die von HR und SR. Für eine bestimmte Zeit ist dann jeweils ein Sender »nehmend«, der andere »gebend«.
– Gemeinsame Programme bieten die Öffentlich-rechtlichen nachts an. Sie haben sich dabei darauf verständigt, daß jeweils an einem bestimmten Wochentag ein Sender »gebend«

ist, also das Programm gestaltet, das andere dann übernehmen. So entstehen gemeinsame *Nachtprogramme* in den Sparten E-Musik, U-Musik und Pop/Rock.
- Die *Auslandskorrespondenten* der Öffentlich-rechtlichen werden gemeinsam genutzt. Für jeden Korrespondentenplatz in der Welt ist ein Sender zuständig. Dieser Sender bietet dann die Beiträge allen anderen zur Übernahme an. Die Kosten für die Korrespondentenplätze werden nach einem bestimmten Schlüssel aufgeteilt.
- »*Pflichtbeiträge*« müssen von den aktuellen Abteilungen der gebietszuständigen Sender (meist Zeitfunk) vereinbarungsgemäß immer dann angeboten werden, wenn im Sendegebiet ein überregional interessantes Ereignis stattfindet. Diese Beiträge sind für den übernehmenden Sender kostenfrei.
- *Alle aktuellen Beiträge* werden über die Pflichtbeiträge hinaus zur Übernahme angeboten. Dazu werden routinemäßig die Themenpläne der Sendungen untereinander ausgetauscht. So wird auch in den Ressorts Politik, Wirtschaft, Aktuelle Kultur und vor allen Dingen Sport (schon bei der Vorplanung) verfahren. Auch die *nichtaktuellen* Ressorts informieren sich regelmäßig. Dieser Austausch von Programmen bedeutet für freie Mitarbeiter besonders in den aktuellen Abteilungen oft ein schönes Zubrot. Die übernehmenden Sender zahlen Übernahmehonorare. Für die organisatorische Seite fast aller Formen des Austauschs von Programmen ist die Abteilung »Programmaustausch« zuständig. Ihr Arbeitsgebiet gliedert sich in Programmhilfe und Produktionshilfe.

**Programmhilfe** ist die Bezeichnung für die Abwicklung des Austausches der Beiträge oder Sendungen von Rundfunkanstalt zu Rundfunkanstalt, national und international. Das Prinzip: Die inhaltlichen Absprachen laufen von Redaktion zu Redaktion, die Abwicklung des Austauschs dann von Programmaustausch zu Programmaustausch. Der Redakteur wendet sich also immer an den Programmaustausch in seinem eigenen Sender, wenn er von einer anderen Rundfunkanstalt einen Beitrag übermittelt bekommen möchte. Für die Abwicklung gibt es Formulare.[1] Nichtaktuelle Beiträge werden mit der Post geschickt, alle aktuellen und die direkt ins laufende Programm übernommenen (Direktübernahmen) werden überspielt, also von Sender zu Sender über Rundfunkleitungen ausgetauscht (vgl. »Übermittlungsarten«).

**Produktionshilfe** ist neben der Programmhilfe das zweite Arbeitsgebiet des Programmaustauschs. Darunter versteht man, daß die Rundfunkanstalten sich gegenseitig (national und international) kostenlos mit Studios, Ü-Wagen und technischem Material helfen. Der NDR-Redakteur, der in München eine Aufnahme machen will, kann also ein BR-Studio samt Personal als Produktionshilfe erbitten. Wenn derselbe NDR-Redakteur in Hamburg einen Beitrag für den BR produzieren will, bekommt er vom NDR dafür ein Studio – als Produktionshilfe für den BR.
Von dieser Möglichkeit machen auch viele freie Mitarbeiter Gebrauch, die für mehrere Sender arbeiten. Die Rundfunkanstalt an ihrem Wohnort (oder in der Nähe) leistet dann die Produktionshilfe, zu der auch das kostenlose Ausleihen von Tonbandgeräten oder Kassettenrecordern gehört.

**Die Spielregeln beachten.** Die Produktionshilfe muß immer von der Redaktion beantragt werden, die den Auftrag vergibt. Sie wendet sich an den Programmaustausch im eigenen Sender, der nimmt dann den Kontakt mit dem Programmaustausch des Senders auf, der Produktionshilfe leisten soll. Dies geschieht grundsätzlich schriftlich (Telex, Telefax oder Teletex, telefonische Absprachen müssen nachträglich bestätigt werden). Also: Nicht der Autor eines Beitrags kann die Produktionshilfe erbitten, sondern nur der auftraggebende Sender. Es ist sehr hilfreich, wenn man als Autor im Programmaustausch bekannt ist und schon vor der eigentlichen Bestellung durch den Sender erfragt, ob und wann Produktionszeiten zur Verfügung stehen.

[1] vgl. »Richtlinien für den Programmaustausch im Hörfunk« (gültig ab 1. Januar 1985). Dieses ARD-Papier kann man in den Redaktionen oder im Programmaustausch einsehen. Wer es durchliest, erspart sich so manchen unnötigen Ärger.

## Programm kaufen

Je mehr Wort – desto teurer ein Programm. Im Verhältnis zu reinen Musik-Sendungen kosten Programme mit Reporter-Berichten, Nachrichten und gebauten Beiträgen erheblich mehr. Alle Radio-Stationen sind deshalb auf Programm-Zulieferungen angewiesen, kleinere Stationen umso stärker (vgl. »Programm kostet Geld«).

**Die ARD** hat Hörfunkkorrespondenten an den wichtigsten Plätzen der Welt und Sonderberichterstatter für spezielle Ereignisse. Die ARD-Anstalten schöpfen aus diesem Reporter- und Korrespondenten-Pool (vgl. auch »Programmaustausch«).

**Für die privaten Sender** entstanden rasch Zulieferer mit unterschiedlichsten Angeboten. Von sprechfertig aufbereiteten Weltnachrichten bis hin zu kompletten Sendeprogrammen für ein (fast) automatisiertes Studio gibt es nahezu alles zu kaufen.

**Hörfunk-Agenturen** strebten als erste auf den Zulieferer-Markt. Etabliert hat sich die Bertelsmann-Tochter »Rufa« in Bonn (15 Auslands-Korrespondenten, große Redaktion für Bonner Ereignisse). Über Telefon, ISDN- oder Tonleitung nehmen die Kunden in der Regel zeitgleich Nachrichtenstücke und Korrespondenten-Berichte ab. Die Themen-Angebote kommen per Telefax oder ISDN-Datenkanal in die Redaktion. Die Abonnements kosten bis zu 19 000 Mark pro Monat für das komplette Inlands- und Auslandsangebot (die Preise orientieren sich auch an der Reichweite des Senders). Individuelle Einzel-Abrufe der Rufa-Korrespondenten sind über das Abo hinaus möglich. Die angeschlossenen Sender haben zudem die Möglichkeit, eigene Beiträge der Rufa anzubieten und so ihre Abonnements-Gebühren ein wenig zu reduzieren.
dpa bietet einen »Audiodienst« an, für den die dpa-Korrespondenten selbstgesprochene Reporter- und Korrespondentenberichte in die Hamburger Zentrale übermitteln. Dort können sich die Sender ähnlich wie bei der Rufa bedienen. Neben den normalen Agentur-Mitarbeitern setzt dpa auch spezielle Hörfunk-Korrespondenten ein.

**Austausch von Beiträgen:** In den ersten Jahren der Privatfunk-Entwicklung war dieser Austausch oft vom mehr oder weniger gut gefüllten Telefon-Notizbuch des jeweiligen Programmredakteurs abhängig. Bei Ereignissen im eigenen Sendegebiet »glühen« nach wie vor die Telefondrähte von Anfragen anderer Sender. Der Austausch gehört zum Redaktionsalltag.
Bei Groß-Ereignissen (Golf-Krise, Olympia etc.) bilden vor allem die landesweiten Sender oft Reporter-Pools, die gemeinsam entsandt werden – und simultan über Satellit oder eigens geschaltete Leitungen berichten. Ein Sender ist jeweils federführend und übernimmt Organisation, Kalkulation und Rechteklärung.
Darüber hinaus existieren Verträge mit Einzel-Korrespondenten in aller Welt. In Berlin unterhalten Radio FFH, radio ffn und Antenne Bayern gemeinsam ein Hauptstadt-Büro.

**Hörfunk-Nachrichtendienste:** Zentrale Redaktionen sortieren und schreiben das Material der Nachrichtenagenturen sprechfertig um. Stündlich kommen aktualisierte Nachrichten-Manuskripte den angeschlossenen Studios ins Haus (»dpa-Kurzdienst«). Eine Bewertung der Wichtigkeit der einzelnen Meldungen wird gleich mitgeliefert, teilweise auch Vorschläge für die Reihenfolge der Themen. Der Nachrichten-Mitarbeiter des Senders kann sich dann ganz auf die Präsentation am Mikrofon konzentrieren. Er kann die nationalen und internationalen Nachrichten um lokale oder regionale Informationen ergänzen.

**Gesprochene Hörfunk-Nachrichten:** Über Satellit, Tonleitung oder ISDN bieten diverse Anbieter stündliche Nachrichtensendungen zur direkten Übernahme an – exklusiv zusammengestellt und gelesen oder aber ein Standardpaket für viele. Anbieter sind u. a. die CLT-Tochter n.s.r. mit Sitz in Bonn. Die BLR Bayrische Lokalradio-Programme GmbH in München versorgt vor allem bayerische Lokalstationen, Radio NRW (Oberhausen) beliefert die nordrhein-westfälischen Lokalradios.

**Übernahme kompletter Programme:** Lebensfähige, eigenständige Sender gibt es um so eher, wenn die Stationen einen sogenannten Mantel geliefert bekommen (ähnlich wie bei den Zeitungen). Von Bundesland zu Bundesland unterschiedlich erlauben die Landesmedien-Anstalten solche Kooperationen. Mit der BLR z. B. entstand ein bayerischer Zulieferer für Nachrichten und ganze Programmteile.

Ein 24-Stunden-Lokalprogramm kann so durch wenige Mitarbeiter bestritten werden: Die überregionalen Zutaten wie Nachrichten, Moderation und Musik (Mantel) kommen per Leitung oder Satellit ins Sendestudio. Vor Ort fügen die Mitarbeiter nur noch lokale Informationen und lokale Werbung hinzu. Oft werden die wichtigsten Sendestunden des Tages (Morgen-Schiene) lokal bestritten, anschließend klinkt sich der Lokalsender wieder ins Mantel-Programm ein. Der Hörer bekommt ein attraktives und zudem lokalisiertes Hörfunk-Programm geboten – was ohne Zulieferungen von außen nicht finanzierbar wäre.

RTL bietet auch solche Programm-Übernahmen an. Radio NRW liefert den Mantel für 41 Lokalsender in Nordrhein-Westfalen. Finanziert wird er dort durch derzeit vier Minuten überregionale und durchgeschaltete Werbung.

Ähnlich funktionieren auch die zahlreichen amerikanischen Networks: Sie liefern Musik-Formate aller Art 24 Stunden am Tag; andere bieten Nachrichten, Talkshows, Konzert-Übertragungen. Der Sender vor Ort bedient sich (nach Vertragsabschluß) mit Hilfe der Satelliten-Antenne auf dem Studiodach. Kleine Stationen kommen so mit einem oder zwei Mitarbeitern aus, die morgens die Frühsendung moderieren und anschließend Kunden-Besuche unternehmen, um Werbezeit zu verkaufen. Der Lokalsender zahlt nicht »cash«: Er räumt dem Network-Anbieter Werbezeiten zur Nutzung an.

**Wie funktioniert ein Satelliten-Network?** Die Grafik zeigt eine mögliche *Sendeuhr*. Zur vollen Stunde strahlt das Network jeweils 2.30 Minuten lang nationale Nachrichten aus, gefolgt von einem überregionalen Werbespot von 30 Sekunden Länge. Jetzt übernimmt die Lokalstation das Programm – mit zwei Minuten lokalen Nachrichten, lokalen Wetterinformationen und einem Erkennungsjingle der Lokalstation. Punkt fünf Minuten nach der vollen Stunde folgt über den Satelliten der erste Musiktitel (I) des Networks. Insgesamt enthält die dargestellte Sendestunde 13 Musiktitel.

Programm kaufen

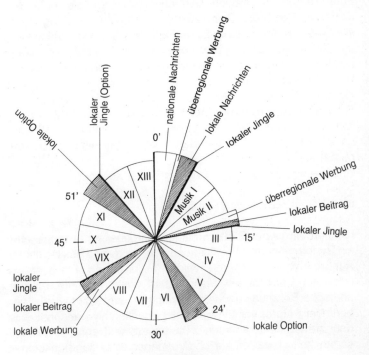

*Sendeuhr
Satelliten-Network*

**Der Ablauf ist auf die Sekunde getimed** und stets gleich: Das Radioteam der Lokalstation füllt die lokalen »Lücken« der Sendeuhr entweder live aus dem eigenen Studio. Oder aber die Zeiten sind in einen kleinen Rechner in der Lokalstation einprogrammiert, er steuert Cartridge- oder Bandmaschinen, die sekundengenau die vorproduzierten, lokalen Beiträge abfahren. Andere Möglichkeit für eine solche Zusammenarbeit: Das »Network« sendet über den Satelliten jeweils dann einen *unhörbaren Steuerton,* wenn die lokalen Beiträge (in vorher verabredeter Länge) starten sollen. Der Steuerton startet in den Lokalstudios die lokalen Werbespots, lokale Jingles oder Beiträge.

Möchte ein Lokalsender nicht alle lokalen Fenster des Network-Programms füllen, dann bleibt das Mischpult einfach auf Empfang geschaltet: 24 Minuten und 51 Minuten nach der vollen Stunde enthält die Network-Sendeuhr (in diesem Beispiel) lokale *Optionen*. Das heißt: Das Network unterbricht sein Programm nicht (wie bei den anderen Lokal-Fenstern), sondern strahlt weiter Musik aus, die exakt die Länge des Fensters hat. Der Lokalsender nutzt diese Option auf einen eigenen Beitrag, eine lokale Werbung – oder nicht.

**Programm-Übernahmen per Band** sind bei uns bisher wenig verbreitet: Hitparaden mit amerikanischen Discjockeys in Originalsprache werden hier und da eingesetzt (»American Top 40« mit Shadoe Stevens).

## Dokumentation und Archive

Ohne Archiv ist das Radio nicht denkbar; eher schon umgekehrt ein Rundfunkarchiv ohne Radioanstalt – wie etwa das Deutsche Rundfunkarchiv (DRA) in Frankfurt/M, das man sich auch als Einrichtung nur für die Wissenschaft denken könnte. Als der deutsche Rundfunk nach dem Krieg neu aufgebaut wurde, gehörten die Hörfunkarchive – meist Schallarchive genannt – zu den zuerst eingerichteten Arbeitsplätzen. Denn hier zuerst sammelte sich das eigentliche Vermögen einer Rundfunkanstalt an.

**Die Ton-Konserve.** Schon zu Beginn des Radios in den zwanziger Jahren kam zu den zwei selbstverständlichen Wesensmerkmalen dieses Mediums – Tonerzeugung und Tonausstrahlung – ein entscheidendes drittes hinzu: die Ton-Konservierung. Entscheidend deshalb, weil der auf Platten (seit ca. 1920) und später auf Magnetbändern (nach 1940) festgehaltene Ton von Anfang an eben nicht bloß *»Archivgut«*, sondern mehr noch *»Spielgut«* war, in unbeschränkter Wiederholung einsetzbar. Heute, da sich das anfängliche Verhältnis von 90 % Originalsendungen zu 10 % Sendungen ab Tonträger nahezu umgekehrt hat, kann man sagen, daß dieses »Dritte«, die in den Hörfunkarchiven jederzeit zugriffbereit gehaltene Ton-Konserve (vor allem Musik), eigentlich das ist, was das Radio zum Radio macht.

**Archivmaterial mit Repertoire-Charakter** sind einmal die Musik- und Wortaufnahmen, die die Rundfunkanstalten *selbst produzieren* – wenngleich es hier zunehmend auch ein über den Programmzweck, die Wiederholbarkeit, hinausgreifendes Aufbewahrungsinteresse aus wissenschaftlichen und zeithistorischen Gründen gibt. Von diesem Bestand zu wissen, den Zugang zu ihm zu kennen, ist jedenfalls unerläßliche Voraussetzung für jeden Hörfunk-Journalisten, der die Möglichkeiten seines Metiers ausschöpfen, *das Faszinosum der Reproduzierbarkeit von Tönen, Worten und Geräuschen* in seine Arbeit miteinbeziehen will.

Zum zweiten kommt auf die Rundfunkanstalten täglich ein großes Angebot von *Industrietonträgern* zu. Seit August 1978 wird die von der Schallplattenindustrie produzierte sog. L-(= Leichte) Musik – ca. 50 000 Titel jährlich – für alle ARD-Anstalten und das ZDF mit Hilfe der EDV zentral im Deutschen Rundfunkarchiv katalogisiert. Die Daten-Weitergabe an die einzelnen Schallarchive erfolgt im wöchentlichen Rhythmus.

**Dokumentation.** Katalogisierung, Datenübermittlung – schon daraus wird ersichtlich, daß der Archivgedanke des »Sammelns von Anfang an« allein keineswegs alle Dienstleistungen abdeckt, die heute von Archiven in Rundfunkanstalten für das Programm erbracht werden. Am ehesten trifft er noch die sogenannten *Historischen Archive,* die sich seit etwa 1961, seit der Rundfunkhistoriker Hans Bausch als ARD-Vorsitzender diese Einrichtungen propagierte, in einzelnen Häusern zur Pflege der eigenen Überlieferung und zum Nutzen der Rundfunkforschung entwickelten. Aber gerade sie haben im allgemeinen für die Arbeit des Rundfunkjournalisten, des Programm-Machers, die geringste Bedeutung.

Für diesen wird neben dem geordneten Zugriff auf *Materialien* mehr und mehr der Zugriff auf *Inhalte* wichtig. In einer Zeit, die mit staatlichen Förderungsprogrammen und weltweiten privaten Datenbank-Angeboten der Masse und der Komplexität von Einzelinformationen zu Leibe zu rücken versucht, kann gerade der Journalist, der Komplexitäten durchschaubar machen und einer datenbankbestückten Verwaltung und Industrie auf die Finger schauen soll, sich nicht mehr auf sein Gedächtnis oder seine Zettelkästen verlassen.

Um die Fluten von Informationen einzudämmen und zu kanalisieren, damit die eigentliche, die journalistisch relevante Information nicht verlorengeht, bedarf es in den Radio-Archiven einer Tätigkeit, die mehr umfaßt als Sammeln, Ordnen und Bereitstellen. Es bedarf der Dokumentation. Mittlerweile leistet sich jedes Hörfunkarchiv zumindest seine Dokumentationsreferate für Musik und Wort, in denen der Tonträgerbestand nach genau umrissenen, inzwischen ARD-einheitlichen Kriterien *erschlossen* und *sowohl in seinen Formaldaten als auch in seinen Inhalten nachgewiesen* wird.

Der Mitarbeiter im Hörfunk sollte wissen, daß ihm hier, in diesen Dokumentationsstellen, zuallererst und meist auch am zügigsten geholfen werden kann, wenn er über sein selbstproduziertes O-Ton-Material hinaus Originalaufnahmen sucht. Hier auch hat er die unmittelbare *Nahtstelle* seines Hauses *zum Deutschen Rundfunkarchiv*, das alle wichtigen Hörfunkproduktionen aller Rundfunkanstalten der Bundesrepublik mit einem jeweiligen Standortnachweis dokumentiert und über das auch der Zugriff auf historische Aufnahmen – bis zurück zu Edisons Phonographen – möglich ist.

**DRA-Veröffentlichungen:** Für jeden Rundfunkdokumentar, aber auch für jeden Programm-Gestalter als Recherche - wie als Inspirations-Quelle unverzichtbar sind die Veröffentlichungen des Deutschen Rundfunkarchivs. Hier die wichtigsten (Stand 1993):

*DRA-Hinweisdienst Wort.* Jahrestage, Geburts- und Todestage mit Nachweis der im DRA registrierten Wortaufnahmen (erscheint alle drei Monate).

*DRA-Hinweisdienst Musik.* Jahrestage, Geburts- und Todestage von Komponisten und Interpreten mit Nachweis der im DRA registrierten Musikaufnahmen (erscheint alle drei Monate).

*DRA-Hinweisdienst Gedenktage des Jahres.* Ohne Ton-Nachweis (erscheint jährlich).

*Bild- und Tonträger- Verzeichnisse:* Die vollständige Liste ist am Ende des Beitrags abgedruckt.

Außerdem erscheinen seit 1981 jährlich *Hörspielverzeichnisse*. Weitere Publikationen, die auch über den Buchhandel zu beziehen sind, betreffen »Materialien zur Rundfunkgeschichte« sowie Tondokument-Verzeichnisse zum *Parlamentarischen Rat 1948/ 1949* (1967), zu *Hermann Scherchen 1891-1966* (1991) und zur *Verfolgung und Vernichtung der europäischen Juden* (1991).

**Informationsvermittlung.** Schon bald nach oder auch gleichzeitig mit den Tonträger-Archiven entstanden in den Funkhäusern »Archive« bzw. Dokumentationsstellen, die sich nicht in erster Linie mit dem eigenen Programmvermögen beschäftigten, sondern den Zugriff auf fremde Dokumente und Informationsträger organisierten, also auf *Bücher,* auf *Zeitungen* und neuerdings auch zunehmend auf *externe Datenbanken.*
Die Entwicklung geht aber zu einer Archivabteilung, die das alles unter einem Dach verwaltet. Unabhängig von der Organisationsstruktur ist der Hörfunkmitarbeiter gut beraten, diese Einheit im Auge zu behalten, vollzieht er doch so bei seinen Recherchen um so rascher den Schritt von der einen zur anderen Informationsstelle und vergißt z. B. auch das hauseigene Fernseharchiv nicht – denn auch hier sind in der Regel wichtige Tondokumente nachgewiesen.

**Ein neuer Berufstyp.** Nicht nur die *Schallarchive* sind inzwischen allesamt mit elektronischen Nachweissystemen ausgestattet; auch in den noch herkömmlich mit Schere und Klebstoff arbeitenden *Presseausschnittarchiven* und in den teilweise über 100 000 Bände beherbergenden *Rundfunkbibliotheken* hat die Computer- und Mikrotechnik Einzug gehalten.
Auch was anderswo archiviert, dokumentiert und elektronisch gespeichert wurde, läßt sich über Disketten und Compact Discs (CD-ROM) beschaffen und in den eigenen Bestand integrieren. Dieser, sofern es sich um Papier-Bestand handelt, wird zunehmend durch physischen Verfall (»Säurefraß«) bedroht, was wiederum den Einsatz optischer Speichertechniken nahelegt.
Zur Bewältigung dieser Aufgaben sowie im Zusammenhang mit der Telekommunikation und modernen Vernetzungsmöglichkeiten sind Qualifikationsprofile gefragt, die auch in Rundfunkanstalten zu ganz neuen Ausbildungskonzeptionen geführt haben (in der Regel: Volontariat mit integrierter postgradualer Ausbildung zum »Wissenschaftlichen Dokumentar«). So ist der Archivar und Bibliothekar alter Schule in den Dokumentationsabteilungen längst durch einen neuen Berufstyp ersetzt worden, der den produzierenden Kollegen in den Programmredaktionen bei der Fährtensuche durch den heutigen Informationsdschungel sowohl als *Dokumentations-* und *Recherchejournalist* als auch als *Informationsmanager* im Sinne aktiver Partnerschaft zur Seite steht.

*Bild- und Tonträger-Verzeichnisse des DRA*: Nr. 1 Tonaufnahmen zur deutschen Rundfunkgeschichte 1924-1945 – Nr. 2 Magazinbeiträge im Deutschen Fernsehen, Band 1: 1960-1965 – Nr. 3 Tondokumente des deutschsprachigen Hörspiels 1928-1945 – Nr. 4 Tondokumente zur Zeitgeschichte 1939-1945 (vergriffen), – Nr. 5 Kulturmagazine der Dritten Fernsehprogramme 1964-1973 – Nr. 6 Magazinbeiträge im Deutschen Fernsehen, Band 2: 1966-1969 – Nr. 7 Auftragskompositionen im Rundfunk 1946-1975 – Nr. 8 Tondokumente zur Zeitgeschichte 1888-1932 – Nr. 9 Tondokumente zur Zeitgeschichte 1946-1950 – Nr. 10 Tondokumente zur Zeitgeschichte 1933-1938. – Nr. 11 Fernsehspiele in der ARD 1952-1972 (Band 1: Titel A-Z, Band 2: Register) – Nr. 12 Schulfernsehen in der ARD 1964-1974 – Nr. 13 Magazinbeiträge im Deutschen Fernsehen, Band 3: 1970-1973 – Nr. 14 Literatur, Kunst, Wissenschaft; Tondokumente 1880-1945 – Nr. 15 Fernsehspiele 1973-1977, Band 1 Titel A-Z, Band 2 Register – Nr. 16 Edison-Zylinder – Nr. 17 Hymnen, Fanfaren, Signale – Nr. 18 Tondokumente zur Zeitgeschichte 1939/1940 – Nr. 19 Lexikon des Musiktheaters im Fernsehen 1973-1987 – Nr. 20-Nr. 24 Lexikon der Fernsehspiele 1978-1991.

## Archive in kleineren Studios

Grundsätzlich unterscheidet sich die Archivierung in den kleineren Studios kaum von der in den größeren Funkhäusern – nur die für die Archivierung zur Verfügung stehenden Mittel sind viel geringer. Können sich die Regionalstudios der ARD oft noch der Hilfe und des Know-hows aus dem »Mutterhaus« versichern, sind die Privaten ganz auf sich gestellt.

**Das Musikarchiv:** Auf diesem Gebiet beginnen auch die kleineren Studios fast immer den Einstieg in die Archivierung. Ein gut und übersichtlich geführtes Musikarchiv ist nicht nur bei rund um die Uhr sendenden Stationen unabdingbar. Spätestens bei einem Bestand von über 2000 spielbaren Titeln auf fast ebensovielen Schallplatten, CDs und Bändern verliert der versierteste Musikredakteur die Übersicht – beispielsweise beim Einkauf neuer Titel: Haben wir das schon ...? Hörerwünsche sind nur mit einem wohl gepflegten Archiv zu erfüllen.

Ähnliches gilt für Studios, in denen nicht die Musikredakteure für jede einzelne Sendung die Musik aussuchen, sondern in denen sich der Musikablauf quasi automatisch nach der jeweils vorgegebenen Musikrotation ergibt.

Man kann die Musikrotation per Hand und Karteikarten bestükken. Günstiger ist hingegen der Einsatz eines Personal Computers (PC) mit Festspeicherplatte.

**Fertige Software für den Aufbau von Musikarchiven** ist auch in der Bundesrepublik dutzendfach erhältlich – vom einfachen System zum Kaufpreis unter 3000 Mark bis hin zum hoch entwikkelten, aus den USA importierten Musiksystem zum Mietpreis von ca. 2000 Mark pro Monat.

**In möglichst viele Kategorien** muß jeder Musiktitel rubriziert werden können. Es kommt nicht nur auf den *Interpreten* und den *Titel* an, es müssen auch *Länge, Archivnummer, Schallplatten- oder CD-Nummer, Komponist* und *Texter* des Stückes, der *LC (Label-Code)*, die *Schallplattenmarke* speicherbar sein.
Hinzu kommen *senderspezifische Bewertungen* des einzelnen Titels: Wie oft darf der Titel gespielt werden? Darf der Titel im Winter und im Sommer, zu welchen Tageszeiten eingesetzt werden? Gute Software-Pakete können pro Titel 15 und mehr solcher Kategorien speichern und verarbeiten. Welche das sind, sollten die Musikredakteure individuell bestimmen können.
Komfortablere Programme erstellen eine *automatische Musikrotation* nach vorgegebenen Kriterien. Der Moderator bekommt eine vom Rechner ausgespuckte Liste mit Musiktiteln (vgl. Beitrag »Musik-Computer«).

**Abrechnungen für GEMA und GVL** bewältigen selbst simple Software-Angebote im Handumdrehen. Der Moderator gibt die von ihm gespielten Titel *per Archivnummer* in den Rechner ein – und daraus wird die Abrechnung erstellt.

**Archivierung von Beiträgen:** Über kurz oder lang wollen auch kleinere Studios blitzschnell auf »historische« Originaltöne oder wichtige Interviews aus der Sender-Vergangenheit zurückgreifen können. Ähnlich wie beim Musikarchiv, bietet sich auch hier ein PC als Speicher- und Bearbeitungsmedium an. Die Beiträge werden entweder nach dem *Datum ihrer Herstellung* oder aber nach *Themen* (Stadtrat, Künstler-Porträts, Originaltöne von prominenten Zeigenossen etc.) auf Tonbändern oder Digital Audio Tapes (DAT) archiviert.
Im PC gespeichert sein sollten Angaben zu *Titel* und *Autor* des Beitrages, die *Länge,* der *Tag der Herstellung,* eine Zusammenfassung des *Inhalts* mit bestimmten Schlagworten. Nicht fehlen dürfen Hinweise auf im Beitrag enthaltene *Originaltöne*.

Wie beim Musikarchiv kann der Reporter dann durch die Verknüpfung verschiedenster Begriffe (zum Beispiel »Stadtrat«/ »SPD«) den Personal-Computer nach dem gewünschten Beitrag oder dem Originalton suchen lassen.
Eine Archivierung der Beiträge im Rechner selbst ist wegen der benötigten Speicherkapazität noch sehr teuer. In jedem Fall empfiehlt sich aber der Einsatz eines Datenreduktionsverfahrens (beispielsweise »Musicam«): Die Beiträge werden digitalisiert und so komprimiert, daß sie nur ein Siebtel des Original-Speichervolumens beanspruchen. Obwohl komprimiert, stehen die Beiträge anschließend wieder in Original-Tonqualität zur Verfügung. Vorsicht bei mehreren Datenreduzierungen nacheinander (»Kaskadierung«): Hier kann es zu hörbaren Veränderungen der Original-Beiträge kommen.

**Ein Presse- oder Ausschnittarchiv** zu wichtigen Themen werden sich Klein-Studios sicherlich nicht leisten können. Hier muß jeder Mitarbeiter die für ihn interessanten Informationen selber sammeln. Gute Dienste leisten aber auch öffentlich ausliegende Sammelbände, in denen jeweils die neuesten Ausgaben der örtlichen Tageszeitung(en), von Fachzeitschriften oder Nachrichtenmagazinen gesammelt werden – bei aktuellen Themen ein einfaches Nachschlagewerk, um sich Hintergrund für die Recherchen und den eigenen Beitrag zu verschaffen.

**Um Ausbau und Aktualisierung** des Archivs sollte sich kontinuierlich ein fest eingeteilter (freier?) Mitarbeiter kümmern. Schlecht geführte Archive sind nutzlos, gut geführte eine journalistische Goldgrube.

# Werbung

## Praxis der Hörfunkwerbung

Hörfunk-Werbung kann sehr rasch, relativ kostengünstig und regional gezielt eingesetzt werden. Die Produktionskosten für einen Hörfunk-Spot sind (im Verhältnis zum Fernsehen) gering. Der Hörfunk erreicht die Kunden in allen Lebenslagen – beim Frühstück, bei der Fahrt zur Arbeit, am Arbeitsplatz und in der Freizeit. Und mit einsetzender Spezialisierung (Formatierung) der Radio-Programme kann Werbung im Hörfunk noch zielgruppengerechter als in der Vergangenheit plaziert werden: beim reichweitenstarken Landessender, beim kurz genutzten Infokanal, im Begleitprogramm für ältere Hörer oder beim Hitradio für den Nachwuchs.
Für Kunden und Agenturen beginnt sich der unübersichtliche Radio-Dschungel mit mehreren hundert (statt früher knapp 50 Programmen) zu lichten:

**Nationale Werbung** von überregional tätigen Markenartiklern macht etwa 75 Prozent der Umsätze insgesamt aus. Nutznießer sind vor allem die landesweiten Sender (privat wie öffentlich-rechtlich), die einmal im Jahr ihre Hörer in der »Media-Analyse« der Arbeitsgemeinschaft Media-Analyse »durchleuchten« lassen. Verkauft wird auf der Basis der tatsächlich erreichten Hörerzahlen.

**Der Tausend-Kontakt-Preis (TKP)** signalisiert dem Kunden wie günstig oder ungünstig er Werbezeiten einkaufen kann: Der TKP ist das Verhältnis aus dem Preis für 30 Sekunden Werbung (Schnitt zwischen 6 und 18 Uhr) und der Zahl von Hörern in Tausend (pro Durchschnittsstunde 6-18 Uhr). TKPs zwischen drei und vier Mark sind die Regel.

**Werbe-Kombis** sind beliebtes Hilfsmittel beim Verkauf von Hörfunkwerbung. Die ARD bietet mit ihrem *Media-Marketing/ARD-Werbung* in Frankfurt ein Instrument zur übergreifenden Markt- und Mediaforschung an – eine Serviceabteilung aller Einzel-Werbegesellschaften.

## Werbung

Auf privater Seite dominiert die *Radio Marketing Service (RMS)* in Hamburg, die von Radio Hamburg, Radio ffn, Radio FFH, Radio Schleswig-Holstein, Antenne Bayern, Antenne Niedersachsen, der Radiokombi Baden-Württemberg, radio nrw und Radio RPR getragen wird. Hier gibt es die Möglichkeit, mit einer Buchung eine nationale Abdeckung zu erreichen. Die RMS koordiniert darüber hinaus Sonderwerbeformen und führt Marketing-Studien durch. Neben den Gesellschafter-Stationen werden weitere zehn Sender vermarktet.
Die Frankfurter *IPA* akquiriert für die RTL-Radios, Radio FFH (bis Ende 93) und auch für den öffentlich-rechtlichen NDR.
Von den Werbe-Einnahmen abgezogen werden müssen etwa 30 Prozent für Verkaufskosten (Provisionen/Rabatte/AE = Agentur-Einschaltung/Skonti). Bei einem Brutto-Umsatz von 30 Millionen Mark bleiben knapp 20 Millionen Mark netto für den Sender übrig.

**Lokale und regionale Werbung** ermöglicht mittleren und kleinen Kunden den Einstieg in den Hörfunk. Stärker als früher haben auch hier handfeste Hörerzahlen als bestes Verkaufsargument Einzug gehalten. Bayerische, badenwürttembergische und nordrhein-westfälische Regionalradios leben zum überwiegenden Teil von Einnahmen aus lokaler Werbung – die durch Werbe-Angebote aus der direkten Nachbarschaft zur »Nähe« des Programms beiträgt. Landesweite Sender erzielen etwa 20 Prozent ihrer Einnahmen aus regionaler Werbung – wobei die Privaten den Öffentlich-rechtlichen beim Aufbau eines eigenen Regional-Verkaufs in der Regel weit voraus sind.

**30-Sekunden-Spots** sind am häufigsten. Neben dieser klassischen Form des Werbespots können aber auch jedwede andere Längen eingesetzt werden. Abgerechnet wird nach Länge in Sekunden. Die Preise pro Sekunde schwanken in Abhängigkeit von der erreichten Hörerschaft: Spots am Morgen zwischen 7 und 9 Uhr sind die teuersten, am Abend und in der Nacht bieten die Sender oft Niedrigpreise. Letzteres gilt auch für die Wochenenden – an denen zwar viele Hörer zu verzeichnen sind, vor allem aber die nationalen Kunden (noch) sehr zurückhaltend buchen. Die Preise werden jeweils im Herbst für das kommende Jahr neu festgesetzt. Grundlage sind die jeweils im Sommer erscheinenden Ergebnisse der aktuellsten Media-Analyse.

**Bis zu 20 Prozent der Sendezeit** sind nach dem Rundfunkstaatsvertrag und den entsprechenden Medien-Gesetzen der Länder von den Privatradios als Werbezeit nutzbar (12 Minuten). Hier gilt es einen Kompromiß zu schließen zwischen Programm-Verträglichkeit einerseits und dem Füllen der Senderkasse andererseits. Viele Sender haben sich selbst eine Grenze von sieben bis acht Minuten Werbung pro Stunde auferlegt.

**Geschaltet** werden die Werbespots normalerweise in Blöcken: Es gibt die klassischen Werbeinseln vor den Nachrichten. Andere Sender streuen drei oder vier Werbepakete in den Ablauf einer Stunde. Das »Zapping« der Hörer, das Wegschalten eines Werbeblocks und das Springen zu einem anderen Sender ist im Hörfunk weit weniger ausgeprägt als im Fernsehen. Lediglich beim Autofahren ist dieses Phänomen zu konstatieren.

**Angeliefert** werden die Spots beim Sender zumeist auf Tonband, aber auch auf DAT-Kassetten. Der Produzent fügt Angaben über den Inhalt der Werbung (meist das Manuskript sowie die Motivbezeichnung) bei. Enthält die Werbung Musik, kommen Informationen zur Abrechnung mit der GEMA hinzu.

**Gesendet** werden die Spots bei den Öffentlich-rechtlichen Anstalten in der Regel als fertig produzierte Werbeblöcke. Das jeweilige Gesamt-Band wird dann zur Sendung gegeben.
Die privaten Sender spielen die Werbungen oft einzeln auf Cartridge-Kassetten um. Der Moderator stellt den Werbeblock dann je nach Sendeplan zusammen – indem er die einzelnen »Carts« live nacheinander abfährt. Gängig ist auch die digitale Speicherung der Spots im Werberechner. Dieser stellt dem Moderator einen fix und fertig zusammengestellten Werbeblock zur richtigen Zeit zur Verfügung. Knopfdruck genügt, und die Werbeinsel samt Werbe-Jingle ist »on air«.

**Produktion von Werbung.** Auch wenn es viele Leute nicht wahrhaben wollen: *Gut gemachte Werbung ist gutes Programm.* Sorgfältig produzierte, mit Witz und Charme präsentierte Werbung ist ihr Geld wert. Eine Vielzahl von Studios hat sich auf die Werbespot-Produktion spezialisiert, einige Sender verfügen über eigene Produktionsstudios. Immer gilt: Nicht der Aufwand an Effektgeräten oder technischen Mätzchen entscheidet über den Erfolg – sondern die Idee des kreativen Spot-Produzenten.

**Einfach produzierte Werbespots** (Sprecher mit untergelegter Musik von der Compact-Disc) sind schon für gut hundertfünfzig Mark zu haben. Nach oben gibt es kein Preis-Limit. Der Einsatz von 32-Spur-Aufnahmemaschinen, extra komponierte und eigens vom Orchester eingespielte Musiken sowie Starsprecher kosten eben Geld. Große Werbekunden haben ihre eigene Agentur, die über Aufwand und Layout der Funkspots entscheidet. Bei lokalen Kunden knüpft oft der Werbeverkäufer des Senders die Kontakte zu einem Produktionsstudio. Entwürfe und Demos entstehen, werden dem Auftraggeber präsentiert – ehe der endgültige Werbespot im Studio Formen annimmt.

**Der »Live-Reader«** ist eine von lokalen Privatsendern verwandte Form der Werbung: ein vom Moderator »trocken« (= ohne Musikbett) gelesener Werbetext. Kleinere Werbekunden nutzen diese Form, weil sie die Kosten für eine Spot-Produktion zunächst scheuen. Sie wollen mit einem Live-Reader das für sie neue Medium Hörfunk testen. Gern genutzt wird live gesprochene Werbung auch bei spontanen Verkaufsaktionen (`Frisch eingetroffen`...). Ein besonderer Vorteil des Live-Readers ist die intensivere Einbindung des Werbetextes in das gerade laufende Programm und eine gewisse Identifikation mit der Person des Moderators.
Um das Risiko von Versprechern auszuschalten, nehmen die Sender Live-Reader-Texte oft auf eigene Kosten mit einem anderen Moderator auf eine Cartridge-Kassette auf und schalten sie ähnlich wie die Normal-Spots.
Grundsätzlich werden vor allem kleinere Sender trotz der bekannten berufsethischen Bedenken von Journalisten nicht dar-

auf verzichten können, auf den Moderator als Werbesprecher zurückzugreifen.

**Sonderwerbeformen:** Interessierte Firmen können ganze Sendungen, einzelne Rubriken oder Beiträge sponsern, sich in Zusammenhang bringen mit Promotion-Aktionen des Senders. Aber: Der Werbekunde darf keinen Einfluß nehmen auf den Inhalt der entsprechenden Sendung, der Rubrik etc. Der Sponsor kann kurz und knapp genannt werden. Beispiel eines täglichen Verkehrsservice aus einem Hubschrauber über Hessen: – Die Verkehrs-Reportage. RADIO FFH und SHELL sagen Ihnen wo's staut –. Weitere qualifizierende Zusätze sind nicht erlaubt.

Vorteil für den Kunden: Seine Sponsor-Werbung steht nicht in der Werbeinsel, er kann sich mit positiv besetzten Programm-Elementen des Senders identifizieren. Für solche Sonderwerbeformen erheben die Sender oft Zuschläge zwischen 30 und 100 Prozent auf die regulären Werbepreise.

**Mit »Sendekosten-Zuschüssen«** versuchen Firmen, die Bestimmungen des Rundfunkstaatsvertrages zu umgehen. Sie bieten für werblich gehaltene, fertig produzierte Beiträge eine als »Sendekosten-Zuschuß« deklarierte Bezahlung an. Vor allem kleinere Sender sind sicher manchmal versucht, solchen Verlockungen zu erliegen. Aber: Man sollte den Hörer nicht unterschätzen, der sehr allergisch reagieren kann, wenn er merkt, daß sein Lieblingssender Beiträge und Informationen nicht nach journalistischen, sondern finanziellen Grundsätzen aufbereitet.

**Eine extreme Form des Sponsoring,** wie sie im Radio-Wunderland USA gelegentlich vorkommt: Firma XY kauft eine gesamte Sendestunde und präsentiert sich dem staunenden Publikum als Sponsor, der Ihnen eine Stunde ungestörten Hörgenuß ohne Werbung verspricht. Bis auf die dreimalige Nennung des Sponsors selbst ...

Werbung

# Recht der Rundfunkwerbung, Ausloben von Preisen, Sponsoring

Die Werbung stellt für private Rundfunkveranstalter die wichtigste Finanzierungsquelle dar. Im Rahmen der geltenden Mischfinanzierung sind die Einnahmen aus Rundfunkwerbung für den öffentlich-rechtlichen Rundfunk ebenfalls von Bedeutung. Allerdings wird der öffentlich-rechtliche Rundfunk schon von Verfassungs wegen auf die Rundfunkgebühr als vorrangige Finanzierungsquelle verwiesen, weil gerade von der Werbefinanzierung programm- und vielfaltsverengende Zwänge ausgehen, die nach Ansicht des Bundesverfassungsgerichts auch im privaten Rundfunk zu beobachten sind.[1]

**Definition von Werbung:** Wenn von Werbung als Finanzierungsquelle im Rundfunkstaatsvertrag die Rede ist, geht es um Wirtschaftswerbung. Auch der neue Rundfunkstaatsvertrag als Teil des Staatsvertrages über den Rundfunk im vereinten Deutschland, der am 1. Januar 1992 in Kraft getreten ist, definiert dabei den Begriff der Werbung nicht. Nach dem im Wettbewerbsrecht gültigen und auch für die Rundfunkwerbung zugrunde zu legenden Werbebegriff ist Werbung jede Äußerung in Ausübung von Handel, Gewerbe oder Beruf mit dem Zweck, den Absatz von Gütern oder Leistungen zu fördern.
Die Rundfunkfreiheit schützt grundsätzlich auch die Werbesendungen als einen Teil des Rundfunkprogramms. Insoweit gilt für sie dasselbe wie für den Anzeigenteil von Presseerzeugnissen.[2]

**Schranken für die Werbung** finden sich wie bei der Meinungs-, Rundfunk- und Pressefreiheit überhaupt zunächst in den allgemeinen Gesetzen entsprechend Art. 5 Abs. 2 GG. Zu den wichtigsten »allgemeinen Gesetzen«, die die Werbung beschränken, zählen:
- das Gesetz gegen den unlauteren Wettbewerb
- das Lebensmittel- und Bedarfsgegenständegesetz
- das Heilmittel-Werbegesetz
- das Gesetz gegen Wettbewerbsbeschränkungen
- das Strafgesetzbuch.

So ist etwa die Zigarettenwerbung im Rundfunk durch § 22 Abs. 1 des Lebensmittel- und Bedarfsgegenständegesetzes generell verboten.

**Die medienrechtlichen Werbebestimmungen** finden sich hauptsächlich im Rundfunkstaatsvertrag. Insoweit hat das Bundesverfassungsgericht klargestellt, daß die Rundfunkfreiheit in erster Linie eine sog. dienende Freiheit ist, die die Informationsfreiheit des Bürgers zu gewährleisten hat. Daher hat der Gesetzgeber sicherzustellen, daß das Rundfunkgesamtprogramm den Bürger umfassend und ausgewogen informiert. Daraus folgt auch das Recht und die Pflicht des Gesetzgebers, der Werbung nach Zeit, Dauer und Häufigkeit Grenzen zu setzen, also das Recht der Werbung auszugestalten, weil gerade von der Werbefinanzierung programm- und vielfaltsverengende Zwänge ausgehen.

**Trennungs- und Kennzeichnungsgebot.** Werbung ist gemäß § 6 Rundfunkstaatsvertrag vom übrigen Programm deutlich zu trennen und muß als solche klar erkennbar sein. Schon durch diese Verpflichtung soll Schleichwerbung ausgeschlossen werden. Der Hörfunk- oder Fernsehteilnehmer soll wissen, wann ihm eine Werbung oder Dienstleistung durch eine vom Hersteller bezahlte Werbesendung angeboten wird bzw. wann er von einem unabhängigen Redakteur durch das Medium über Produkte oder Dienstleistungen informiert wird.
Für die Kennzeichnung sind optische, und im Hörfunk akustische Mittel einzusetzen, die die Werbung von den übrigen Programmteilen eindeutig trennen. Demnach muß mindestens ein spezielles Werbejingle oder eine verbale Ankündigung vor Beginn und am Ende der Werbung verlangt werden.

**Schleichwerbung** ist für alle Rundfunkveranstalter verboten. Dabei enthält der Rundfunkstaatsvertrag in § 6 Abs. 5 Satz 2 eine allgemeine Definition der Schleichwerbung. U. a. zur Durchführung dieser Vorschrift haben die in der ARD zusammengeschlossenen Landesrundfunkanstalten, das ZDF und die Landesmedienanstalten Richtlinien erlassen. Danach sollte insbesondere folgendes beachtet werden:

**Bei der Auslobung von Geld- oder Sachpreisen** in Verbindung mit Gewinnspielen und Quizveranstaltungen, die in der redaktionellen Verantwortung des Rundfunkveranstalters liegen und die nicht als Werbung gekennzeichnet sind, ist allenfalls eine Nennung des Spenders zulässig. Weitere werbliche Hinweise auf positive Eigenschaften und Qualitäten des Preises stellen eine unzulässige Schleichwerbung dar.

**Die Entgegennahme von Entgelten** oder geldwerten Vorteilen für den Einsatz oder die Nennung von Produkten ist unzulässig. Eine Darstellung von gewerblichen Waren oder deren Herstellern, von Dienstleistungen oder deren Anbietern in Bild und Ton mit werblicher Wirkung außerhalb des Werbeprogramms ist grundsätzlich ausgeschlossen. Ausnahmen sind nur zulässig, wenn und soweit sie aus überwiegenden journalistischen oder künstlerischen Gründen erforderlich sind (Verbot des *product placements*).

**Erschlichene Werbung** bei Interviews oder Telefonaktionen durch Hinweise der Interviewpartner auf Produkte oder Dienstleistungen ist sofort zu unterbinden. Auf einen ggf. bereits eingetretenen Werbeeffekt hat der Moderator angemessen zu reagieren.
Auch das Herstellen einer inhaltlichen Verbindung durch den Moderator zur vorangegangenen oder nachfolgenden Werbesendung ist mit Ausnahme der Ankündigung der Werbesendung unzulässig.

**Hinweise auf Begleitmaterial**, das den Inhalt der Sendung vertieft oder nachbearbeitet, sind zulässig. Sie haben sich auf das Notwendige zu beschränken.

**Der öffentlich-rechtliche Rundfunk** unterliegt im Hinblick auf die Wirtschaftswerbung besonderen zeitlichen und inhaltlichen Beschränkungen, bei deren Gestaltung der Gesetzgeber nach Auffassung des Bundesverfassungsgerichts weitgehend frei ist.[3] So sind die Länder berechtigt, den Landesrundfunkanstalten bis zu 90 Minuten Werbung im Hörfunk werktäglich im Jahresdurchschnitt einzuräumen; allerdings kann ein am 1.1.1987 in den Ländern abweichender zeitlicher Umfang und ihrer tageszeitlichen Begrenzung im Hörfunk beibehalten werden.

**Das Sponsoring** ist nach dem neuen Rundfunkstaatsvertrag als eine *eigenständige Finanzierungsform* neben den Rundfunkge-

bühren und der Werbung anzusehen und wird in § 7 Rundfunkstaatsvertrag geregelt. Diese neue Finanzierungsform steht unter den gleichen Voraussetzungen sowohl dem öffentlich-rechtlichen Rundfunk als auch den privaten Rundfunkveranstaltern offen.
Dabei stellt sich der finanzielle Beitrag des Sponsors – anders als der Preis für eine Werbeschaltung – nicht allein als Gegenleistung für die kurze Nennung am Anfang und am Ende einer Sendung dar. Vielmehr soll er den Imagegewinn abgelten, der dem Sponsor an der allgemeinen Wertschätzung der von ihm gesponserten Sendung und des von ihm gesponserten Programms teilhaben läßt. Deshalb sollte sich der Sponsorbeitrag nicht allein an der für die Werbung maßgebenden Zeitdauer des Hinweises orientieren, sondern ist in seinem Wert höher anzusetzen.
Auf die Finanzierung durch den Sponsor muß zu Beginn und am Ende der jeweiligen Sendung in vertretbarer Kürze deutlich hingewiesen werden. Weitere qualifizierende Zusätze, z. B. über die Eigenschaften des Produktes, würden aus dem Sponsorhinweis aber eine Schleichwerbung machen und sind daher nicht gestattet.

**Inhalt und Programmplatz** einer gesponserten Sendung darf der Sponsor nicht in der Weise beeinflussen, daß die Verantwortung und die redaktionelle Unabhängigkeit des Rundfunkveranstalters beeinträchtigt werden. Darüber hinaus untersagt der Rundfunkstaatsvertrag das Sponsern von Nachrichtensendungen und Sendungen zum politischen Zeitgeschehen.
Da das Sponsoring nicht mit der Rundfunkwerbung gleichzusetzen ist, sondern eine eigenständige Finanzierungsquelle darstellt, gelten für dieses Mittel auch nicht die gesetzlichen Werbebeschränkungen. Insbesondere finden die besonderen Werberegelungen für die öffentlich-rechtlichen Rundfunkanstalten, z. B. das Werbeverbot nach 20.00 Uhr und das Werbeverbot an Sonn- und Feiertagen auf das Sponsoring keine Anwendung.

**Die Einzelheiten** werden entsprechend den Vorgaben des Rundfunkstaatsvertrages für die privaten Rundfunkveranstalter in den »Gemeinsamen Richtlinien der Landesmedienanstalten für die Werbung, zur Durchführung der Trennung von Werbung und Programm und für das Sponsoring im Fernsehen vom 26.01.1993 und im Hörfunk vom 26.01.1993« und für die öffentlich-rechtlichen Rundfunkanstalten in den »ARD-Richtlinien für die Werbung, zur Durchführung der Trennung von Werbung und Programm und für das Sponsoring vom 24.06.1992« geregelt.

[1] BVerfGE 83, 238, 311
[2] BVerfGE 64, 108, 114; 21, 271, 278 f.
[3] BVerfG, 1 BvR 1586/89 und 1 BvR 487/92, Beschluß vom 06.10.1992, amtlicher Umdruck S. 26

# Produktion und Technik

Die Bezeichung der Sende- oder Produktionsstudios und Cut-Räume, ihre Anzahl, Einrichtung und Zuordnung ist von Funkhaus zu Funkhaus unterschiedlich. In privaten Radio-Stationen gibt es überhaupt nur einen Teil davon. Der Neuling in einem Sender tut deshalb gut daran, sich zu Beginn seiner Tätigkeit erst einmal alles zeigen zu lassen. Dazu gehört auch eine Einführung in die Disposition (das Bestellen) der technischen Räume und (nach und nach) das Sich-Vorstellen bei den Kollegen von der Technik.

**Sendebetrieb mit Tontechniker.** Erste Möglichkeit: Der Techniker hinter der »Scheibe«, die das eigentliche Studio von der Tonregie trennt, bedient das Mischpult, fährt die Bänder ab, startet die Schallplattenspieler und CD-Player.
Zweite Möglichkeit: Der Moderator setzt sich im Sprecherstudio an ein *Discjockey-Pult*. Hier steuert er selbst das eigene Mikrofon und die Musik aus. Dem Technik-Kollegen hinter der »Scheibe« bleibt dann die Überwachung der Tonqualität. Zuspielungen, zum Beispiel vom Band, kommen manchmal ebenfalls aus der Tonregie. Diese Zwischenform zwischen Tontechnikerbetreuung und Selbstfahrer-Studio verschwindet langsam aber sicher.

**Sendebetrieb ohne Tontechniker.** Der eigentliche Sende- und Produktionsbetrieb läuft im Privatfunk fast immer ohne Techniker. Man spricht dann von Selbstfahrer-Studios.

**Selbstfahrer-Studios** (Discplätze, Einmann-Studios) setzen sich auch im öffentlich-rechtlichen Rundfunk immer mehr durch. Das Selbstfahren von Sendungen gehört damit immer häufiger zum Arbeitsgebiet auch von Radio-Journalisten.

## Das Selbstfahrer-Sendestudio

Der Moderator als Techniker: Damit die eigentliche Aufgabe am Mikrofon nicht zu kurz kommt, muß die Technik in ei-

nem Selbstfahrer-Studio speziell ausgewählt und angeordnet sein.
Wer selbst im Selbstfahrer-Sendestudio gearbeitet hat, weiß, wie wichtig auch die kleinste Vereinfachung in der Bedienung ist. Nur wenn sich der Moderator auf die Inhalte konzentrieren kann und sich nicht vor dem nächsten Handgriff fürchtet, kann Sinnvolles den Weg übers Mikrofon finden.

**Wer ein Selbstfahrer-Studio ausrüstet,** muß sich deshalb immer fragen: Sind die Einzelteile robust, bedienungsfreundlich und sinnvoll angeordnet? Für den täglichen Betrieb überflüssige Schalter und Reihen von Reglern verwirren. Winzige Schälterchen sind von Übel. Auch technische Laien müssen innerhalb weniger Wochen auf dem Instrument »Studio« professionell spielen können.

**Natürlich spart der Sender Geld** für zusätzliches Personal, wenn der Moderator als »Solist« im Selbstfahrer-Studio arbeitet. Das Selbstfahrer-Studio bietet aber auch Möglichkeiten, eine Sendung eng verzahnt und präzise mit sehr hoher Intensität fahren zu können – die Absprachen mit einem Techniker entfallen, moderne Zuspielgeräte und entsprechende Übung ermöglichen ein Feuerwerk an akustischen Einfällen und Effekten.

**Professionelle Hörfunkstudios** sind heute ab 100 000 Mark von der Stange erhältlich. Nach oben gibt's keine Grenzen. Nicht so sehr das angepriesene Dekor der Studiomöbel (»erhältlich in Mahagoni oder ...«) sollte den Kaufentscheid beeinflussen, sondern ganz allein die Überlegung, ob die Ausrüstung dem Zuschnitt und der Art des geplanten Programms dient.
Der Studiobauer sollte zudem seine Verläßlichkeit und Kompetenz bereits anderweitig ausgiebig bewiesen haben, Ersatzteile und Kundendienst sollten rasch verfügbar sein.
Und: Bei einem bevorstehenden Sendestart lieber auf bewährte Hörfunk-Technik setzen, statt die Moderatoren durch unausgegorene High-Tech-Innovationen zu verunsichern.

**Vermeintliche Details können entscheidend sein,** das zeigt folgendes Beispiel: Soll der Sender ein sehr »rockiges« Musik-Format mit sehr aggressiven Moderatoren fahren (wie die »Power-Format-Radios« in den USA), so empfiehlt es sich, das Misch-

Das Selbstfahrer-Sendestudio

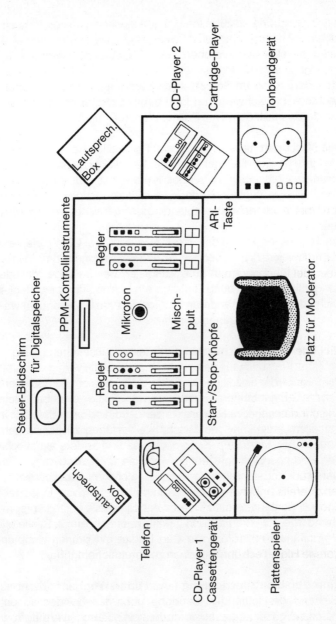

*Selbstfahrer-Studio*

pult in Stehhöhe einzubauen. Der Discjockey steht oder hockt auf einer Art Bar-Schemel, ist weniger eingeengt und kann sich dadurch viel besser austoben. Das spürt auch der Hörer.

**Die Ausrüstung im Selbstfahrer-Studio** ist auf einem Möbel-Rechteck in Reichweite rund um den Moderator gruppiert. Alle Geräte sind trotzdem vom Pult aus fernzusteuern.

**Das Mischpult** gibt es meistens in Form eines Bausatzes. Fast alle Firmen bieten Rahmen an, in die 12, 18 oder mehr Einschübe (»Kanäle«) hineinpassen. Jeder Kanal-Einschub verfügt über einen *Schieberegler* (»Fader«), mit dem die verschiedenen Tonquellen ein- oder ausgeblendet, also gemischt werden können.
Die Tonquellen sind in der Regel zwei oder drei CD-Spieler, ein Plattenspieler, bis zu sechs Cartridge-Maschinen, drei Mikrofone, ein Tonbandgerät zum Zuspielen der Beiträge, digitale Tonquellen (für Werbung/Beiträge etc.). Hinzu kommen Regler für Tonleitungen von anderen Studios und von Übertragungswagen, für Telefon-Eingänge usw.

**Die Schieberegler** müssen über einen ausreichend langen Schiebe-Weg und eine geeignete Charakteristik verfügen, damit der Pegel jeder einzelnen Quelle sorgfältig dosiert werden kann. *Fernstart*-Einrichtungen können *in den Regler* eingebaut sein (beim Aufziehen des Reglers startet das Band oder die Platte). Vor allem amerikanische Mischpulte verfügen zusätzlich zum Regler über *Start/Stop-Knöpfe:* Jingles und andere akustische Verpackungs-Elemente können präzise und rasch durch Tastendruck abgefahren werden. Der Regler steht dabei bereits offen.
Egal ob Regler oder/und Tasten: Alle Elemente sollten entsprechend ihrer Funktion farblich gekennzeichnet sein, z. B. alle Mikrofonkanäle mit roten, alle Cart-Regler mit grünen Knöpfen. Das schafft Übersichtlichkeit und vermeidet Fehlgriffe.

**Eine Umschalt-Vorrichtung (»Audition«-Weg)** ermöglicht es, während der laufenden Sendung über das Sendemischpult gleichzeitig Tonbandaufnahmen (beispielsweise mit Anrufern) zu machen, die erst später gesendet werden sollen. Das Pult dient

also zeitgleich sowohl als Sende- wie auch als Produktions-Mischpult.
Aber Vorsicht: Allzuleicht kann diese Doppelnutzung des Mischpultes zu Bedienungsfehlern – und damit zu Unterbrechungen der laufenden Sendung – führen. Wie immer gilt: Neues nicht gleich »auf Sendung« ausprobieren, sondern vorher in Ruhe und ohne Live-Stress!

**Das Ausgangssignal** (der Ton, der zum Sender geht) wird selbstverständlich nicht nach Gehör ausgesteuert: Als besonders praktisch und übersichtlich haben sich statt der Zeiger-Instrumente sogenannte *PPM-Meter* herausgestellt. Der Pegel des vom Mischpult ausgehenden Signales wird mit Hilfe von Lichtbalken angezeigt. Es handelt sich um einen Spitzenspannungsmesser; die Abkürzung PPM bedeutet Parts Per Million.

**Studiouhren** sollte es pro Studio möglichst zwei geben: Eine *digitale Uhr im Mischpult,* dazu eine große *Analog-Uhr an der Wand,* im Blickfeld des Moderators. Beide Uhren verfügen selbstverständlich über eine *Sekundenanzeige* (für Zeitansagen, präzise Umschaltungen oder auf die Sekunde genau verabredete Zuspielungen).
Gesteuert werden alle Studiouhren von der *»Mutteruhr«,* die ihren Takt wiederum drahtlos vom Zeit-Sender der Physikalisch-Technischen Bundesanstalt bezieht. Dieser Sender (bei Mainflingen, 25 Kilometer südöstlich von Frankfurt) steuert per Funk alle auf Empfang geschalteten Mutteruhren. Sein offizieller Name: Zeitsignal- und Normalfrequenz-Sender DCF 77.

**Digitale Stoppuhren** im Mischpult sind oft an die Start/Stop-Tasten der verschiedenen Kanal-Einschübe gekoppelt. Der Moderator kann damit die Länge seiner Interviews timen. Darüber hinaus dienen die Stoppuhren dem Discjockey dazu, den »Ramp« des nächsten Musiktitels auszunutzen: Er nutzt den *instrumentalen Anfang* (Ramp) des Titels für eine Moderation – bis der Interpret zu singen beginnt.

**Stumm-(»Mute«-)Schaltungen** gehören zum Mischpult-Standard: Wird ein Mikrofon-Kanal aufgezogen oder per Starttaste geöffnet, verstummt automatisch der Studiolautsprecher, damit

es zu keiner Rückkopplung kommt. Das Ausgangssignal ist dann nur per Kopfhörer zu verfolgen. An die »Mute«-Schaltung gekoppelt ist meistens das *Rotlicht* vor der Studiotüre (»Achtung Sendung«).
Auch der *Aircheck-Kassettenrekorder,* der nur die Moderation, nicht aber die Musik aufzeichnet, erhält sein Startsignal durch die »Mute«-Schaltung (vgl. »Qualitätskontrolle durch Aircheck«).

**In ein Mischpult gehören außerdem:** *Balanceregler* für Stereosignale, *Kompressoren* und *Noise Gates* für die Mikrofone, Kommando-Einrichtungen zum *Gegensprechen,* zum Beispiel ins Nachrichtenstudio.

**CD-Spieler:** Mindestens zwei gehören zur Ausrüstung des Sendestudios. Sie sollten nach der Wahl des zu spielenden »Cuts« automatisch auf den ersten Ton dieses Titel ein-cuen. Ein rasches Anhören von Anfang und Ende des nächsten Titels sollte möglich sein.
Außerdem muß der CD-Spieler automatisch nach dem Titel stoppen – und nicht weiterlaufen. Anzeigen der verbleibenden Zeit des Titels etc. gehören zum Standard.
Die Plazierung der CD-Spieler muß gut überlegt sein: Sie gehören zu den am häufigsten zu bedienenden Studioelementen. Um Verwechslungen zu vermeiden, steht ein CD-Spieler links, der andere rechts von der Mischpult-Mitte. Damit ist stets klar, welcher der beiden CD-Fader am Mischpult aufgezogen werden muß.

**Bespielbare CDs:** Mit Hilfe von CD-Recordern lassen sich CD-»Rohlinge« selbst bespielen. Dabei wird die Information mit Hilfe eines Lasers auf der Oberfläche der CD eingebrannt. Eine bespielte CD kann nicht mehr gelöscht werden.
Mit Hilfe bespielbarer CDs läßt sich das Musikarchiv komprimieren: Nur die tatsächlich gespielten Titel werden auf CDs gepreßt. Auch Jingles etc. lassen sich aufspielen – und in Digital-Qualität vom CD-Spieler widergeben (ersetzt Cartridge-Player).

**Plattenspieler** haben im CD-Zeitalter (fast) ausgedient: Zumeist bleibt einer von früher zwei Plattenspielern im Studio stehen, um Raritäten einspielen zu können.

Der *Plattenteller* sitzt direkt auf der Achse des antreibenden Motors, ist also direkt-angetrieben (im Gegensatz zum Riemen-Antrieb). Vorteil der *direkt-angetriebenen Plattenspieler:* Sie erreichen innerhalb kürzester Zeit die normale Abspielgeschwindigkeit, störende Programm-Pausen werden vermieden.

Vor dem Start muß jede Schallplatte einzeln *eingestellt* werden; man spricht auch von *ein-»cuen«*. Der Tonarm wird auf die Platte gesetzt und die Nadel läuft bis zum ersten Ton des gewünschten Titels vor.

Entweder hat der Plattenspieler einen eingebauten *Lautsprecher,* oder aber der Moderator drückt den *Vorhörknopf,* der jedem Mischpultregler zugeordnet ist.

Auf dem im Mischpult eingebauten Cue - oder Vorhörlautsprecher kann das Ein-cuen verfolgt werden: Ist der Startpunkt des Titels erreicht, wird der Plattenspieler gestoppt – und per Hand dreht der Moderator die Platte etwa eine Viertelumdrehung (je nach Gerät) zurück. Diese Vierteldrehung braucht das Gerät, um nach dem Start auf volle Touren zu kommen. Würde man gleich vom ersten Ton aus starten, wären die ersten Zehntel-Sekunden des Titels verjault – bedingt durch den Anlauf des Plattenspielers.

**Die Tonbandmaschine** hat meistens zwei Geschwindigkeiten (19 cm/s und 38 cm/s). Im Sendestudio dient sie einerseits zum *Abspielen* von Beiträgen, die aus der Redaktion fix und fertig samt Anmoderation in die Sendung gebracht werden. Andererseits kann der Moderator live gesendete Interviews oder Korrespondentenberichte *aufnehmen,* die dann später – geschnitten – als Nachrichten-O-Töne oder Beiträge für andere Sendungen verwendet werden. Die Maschinen müssen *fernsteuerbar* sein.

Der Moderator muß die zur Sendung bestimmten Beiträge unbedingt vorher anhören, zumindest aber Anfang und Ende. Es gibt dann keine Pannen bei der Einstellung der richtigen Geschwindigkeit. Zudem bekommt der Moderator vielleicht noch die eine oder andere Anregung für seine An- oder Abmoderation.

**Mit Cartridge-Maschinen** lassen sich Cartridge-Kassetten nicht nur *abspielen* (Cart-Player), sondern (bei entsprechender

Ausstattung) auch *aufnehmen* (Aufnahme-Cart und Player gekoppelt). Außerdem wird eine Löschmaschine (Carter-Eraser) benötigt.

**Die Cartridge-Kassette (Cart)** hat ungefähr die doppelte Abmessung einer handelsüblichen Tonband-Kassette. Im Kunststoffgehäuse verbirgt sich eine *Endlos-Tonbandschleife* mit einer Spieldauer zwischen 20 Sekunden und zehn Minuten. Preis pro Kassette: etwa 20 Mark. Die Kassetten werden mit jeweils *einem* Jingle, *einem* Werbespot, *einem* Beitrag bespielt.

Der Moderator schiebt die Kassette in den *Cart-Player* ein. Auf Knopfdruck (direkt am Player oder per Start/Stop-Knopf am Mischpult) und *praktisch ohne Verzögerung* ist der Ton da. Nach dem Ende des Spots oder des Jingles oder eines sonstigen Beitrags läuft das Tonband in wenigen Sekunden automatisch wieder auf den Startpunkt vor, ist also sofort wieder sendefähig, ohne daß man es zurückspulen und einrichten muß.

Die meisten Cartridge-Maschinen sind mit bis zu drei *Steuer-Tönen (Cue-Tönen)* ausgerüstet, die unhörbar und per Tastendruck auf dem Endlosband gespeichert werden können:

Der *erste* Cue-Ton (Primary) zeigt der Maschine, wo der gespeicherte Titel beginnt.

Der *zweite* (Secondary) läßt eine Kontroll-Lampe aufleuchten, wenn der Beitrag fast abgespielt ist *(»Achtung«)*, er steuert auch den *schnellen Vorlauf* auf den Anfang.

Vor allem bei Werbung hilfreich ist der *dritte* (Tertiary) Cue-Ton, der – richtig gesetzt – die *nächste* Cartridge-Maschine mit dem nächsten Werbespot *startet.*

Die Frontseite der Cartridge-Kassette kann mit einem kleinen *Schildchen* (Label) zur Kennzeichnung des Inhalts beklebt werden:

Wie heißt der gespeicherte Musiktitel oder Werbespot? Welche Länge hat er? Wie lautet das Ende (»outcue«) des Spots? Wichtige Informationen für den Moderator.

Wenn man die Einsatzmöglichkeiten der Cartridge-Kassette voll nutzt, kann man es im Sendebetrieb mit mehreren hundert Carts zu tun haben, die griffbereit verfügbar sein müssen. Sie werden in bequemer Reichweite des Moderators in *Cartridge-Karus-*

*sells* oder an die Wand geschraubten *Cartridge-Racks* verstaut.

Gewisse *Nachteile* sollen nicht verschwiegen werden: Abspielgeräte kosten zwischen 3000 und 7000 Mark, Aufnahmegeräte (die stets auch einen Abspielteil haben) sogar bis zu 14 000 Mark. Die Mechanik muß sorgfältig und regelmäßig gewartet werden. Manche Maschinen entwickeln eine starke Betriebswärme.

**Digital-Technik** hält Einzug in die Sendestudios. Nur selten finden sich bisher Komplett-Lösungen. Vielmehr ergänzen zahlreiche digitale Bausteine die analogen Geräte.

**Digitale Tonbandmaschinen** finden sich auch in Sendestudios, eher aber in Produktionsräumen für Jingles und auch Werbung. Der »Schnitt« wird mit Hilfe eines mitlaufenden Timecodes exakt eingestellt und durch Kopieren ausgeführt. »Schnitte« können zur Probe simuliert werden (vgl. »Bänder schneiden«).

**Digicarts** (oder Bernoulli-Discs) speichern Beiträge o. ä. bis zu 30 Minuten in Stereo und digitaler Qualität. Es ist aber keine Vernetzung mit Geräten in der Redaktion möglich. Die »Discs« müssen manuell ins Studio transportiert werden.

**Digitale Geräte mit Rechner-Harddiscs** speichern Werbung, Jingles und Wortbeiträge. Sie lösen teilweise die mechanischen, analogen Cartridge-Kassetten ab, haben digitale Tonqualität und ermöglichen einen raschen Zugriff auf die einzelnen Elemente. Wichtig auch hier: bedienerfreundliche Aufteilung der Steuer-Bildschirme im Studio, Sicherheit vor Rechner-»Abstürzen«, die ein digitales Studio komplett lahmlegen können.

**Digitaler Werbe-Rechner:** Alle Werbespots werden auf der Rechner-Harddisc gespeichert. Entsprechend dem Sendeplan (Vernetzung) stellt der Rechner dem Moderator den jeweils folgenden Werbeblock zusammen, der dann (und nur in dem dafür vorgesehenen Zeitfenster der Sendestunde) per Knopfdruck (am Mischpult) abgefahren werden kann. Früher mußte der Moderator bis zu acht verschiedene Cartridge-Kassetten pro Werbeinsel heraussuchen und einzeln starten. Überblendungen oder das Vergessen einzelner Spots sind mit der neuen Technik nicht mehr möglich.

**Studio-Automation:** Häufiger finden sich in Studios *Sende-Automaten*, die an Hand einer vorgegebenen Musikliste auf bespielbaren CDs gespeicherte Musiktitel automatisch zu einem Live-Programm zusammenfahren. Die CDs sind in sogenannten *CD-Wechslern* (Juke-Boxes) gespeichert. Damit sind dann beispielsweise vollautomatisierte Nachtprogramme erstellbar. Auch ruft ein solcher Automat entsprechende Werbeinseln, Jingles und vorproduzierte Ansagen aus seinem Speicher auf – und mischt diese mit der Musik.

**»Live assist«** heißt der Sendebetrieb mit einem solchen Automaten, wenn dieser zwar automatisch stets den nächsten Musiktitel oder das nächste Programmelement bereitstellt, der Moderator aber die Elemente am Mischpult selbst abruft und dazu moderiert.

**Mikrofone im Sendestudio:** Der Moderator hat *»sein« eigenes* Mikrofon, das an einem möglichst *flexiblen und strapazierfähigen* Arm über das Mischpult hinüber vor seinen Mund reicht. Nichts schlägt schneller auf die Laune des Moderators als dauernd rutschende Mikrofonarme.
Zusätzlich sind in der Regel seitwärts *zwei Gästemikrofone* montiert – so montiert, daß der Moderator ohne große Verrenkungen seine Gäste auch sehen kann. Je nach Beschaffenheit der Raumakustik wird das Mikrofon gewählt. Nachteilige räumliche Verhältnisse lassen sich durch die Mikrofonwahl weitgehend ausgleichen.

**Equalizer, Kompressor, Noise-Gate.** Zumindest im Mikrofon-Kanal des Mischpults, welcher für den *Moderator* vorgesehen ist, sollten diese drei wichtigen Dinge nicht fehlen. Der *Equalizer* kann die Stimme dadurch angenehmer klingen lassen, daß er Höhen bzw. Tiefen abschneidet oder verstärkt. Ein *Kompressor* dient dazu, die Stimme akustisch kompakter und »dicker« erscheinen zu lassen. Ein *Noise-Gate* kann die Empfindlichkeit des Mikrofons beeinflussen und so störende Umweltgeräusche verschwinden lassen.

Der Moderator sollte seine Stimme einmal richtig vom Fachmann einjustieren lassen: Entweder er merkt sich die Einstellung von Equalizer und Kompressor, komfortabler sind externe Geräte, die die Werte für jeden Moderator abrufbar speichern.

**Monitoring** nennen es die einen, »Abhören des laufenden Programms« die anderen: Wahlweise sollte der Moderator sowohl das *vom Mischpult* ausgehende Programm (Studio-Ausgang) wie auch das *vom Sender* ausgestrahlte Signal empfangen können. Hierzu sind ein *UKW-Empfänger (Tuner)*, ein Verstärker, ein Kopfhörer und zwei Lautsprecherboxen vonnöten.
Empfehlenswert ist das *kontinuierliche Abhören des Sendesignals* – das vom Studio über die Postleitung zum Sender gelangt ist, von dort abgestrahlt wurde und quasi ohne hörbare Verzögerung durch die Luft über den UKW-Empfänger zurück ins Studio kommt. Der Moderator bekommt (falls nur über einen Sender gesendet wird) gleich mit, ob es Störungen zwischen Studio und Sender gibt. Er kann bei Senderausfall als erster den Studiotechniker oder kompetente Kollegen alarmieren.

**Das Telefon** bringt Höreranrufe, Live-Berichte von Korrespondenten und Live-Interviews ins Programm. Ein von der Bundespost zugelassener *Telefon-Hybrid* verkoppelt das Telefonnetz mit dem Sendepult. Der Moderator kann bei aufgelegtem Telefonhörer *über das Mikrofon* in die Telefonleitung sprechen, indem er den entsprechenden Knopf seines Mischpultes drückt. Der Gesprächspartner am anderen Ende der Strippe bekommt das laufende Programm zu hören.
Wie bei allen anderen Tonquellen üblich, kann die Lautstärke des Gesprächspartners per Regler variiert werden. Stellt der Moderator eine Frage, so muß der Telefonregler etwas niedriger eingestellt werden – sonst klingt die Stimme des Moderators unter Umständen verhallt. Günstig sind Telefonapparate, bei denen der Moderator nacheinander verschiedene ankommende Telefonleitungen abfragen kann (»Makler-Anlage«).
Empfehlenswert ist *mindestens ein weiterer Telefonanschluß* im Sendestudio, dessen Nummer niemals dem Hörer mitgeteilt wird. Hierdurch bleibt der Moderator auch im Notfall für Korrespondenten und Kollegen stets erreichbar.

Verwendet man ein digitales 7 KHz *ISDN-Telefon*, so kann man damit nicht nur per ISDN ankommende Gespräche in die Sendung einkoppeln, sondern auch solche, die von herkömmlichen analogen Telefonapparaten eingehen.

**Kassettendeck:** Hiermit kann sich der Moderator seinen ganz persönlichen »Aircheck« (vgl. dort) der eigenen Sendung ziehen (läuft nur an, wenn Mikrofon geöffnet). Außerdem hilft das Kassettendeck für den Fall, daß ein Gast (ausnahmsweise) mit einem Hörbeispiel auf Kassette erscheint.

**Tonleitungen:** Je nach Größe des Senders verfügt das Studio über fest geschaltete Tonleitungen von anderen Studios, Außenstationen, Stadien etc. Diese Leitungen werden auf Knopfdruck ausgewählt und liegen dann auf einem Mischpult-Fader auf. Noch eleganter: Für alle einkommenden Leitungen stehen zwei verschiedene Fader zur Verfügung: Dann können auch diese Tonquellen miteinander gemischt bzw. von einer in die nächste überblendet werden.

**ARI-Taste:** Vor dem Verlesen einer Verkehrsmeldung gedrückt, aktiviert der ARI-Piepser (»Hinz-Triller«) entsprechende Geräte an den Sendern. Stumm geschaltete Autoradios werden während der Verkehrsinformation laut geschaltet. Nach der Verkehrsinformation muß die ARI-Taste im Studio erneut gedrückt werden – sonst leidet der Autofahrer unter dem Lärm des nächsten Musikstücks. Manchmal liegen auch Defekte an den ARI-Geräten am Sender vor, und die Lautstärkeanhebung läßt sich vom Studio aus nicht rückgängig machen. Dies geschieht erst nach Minuten durch eine automatische Abschalt-Einrichtung am Sender. ARI steht für Autofahrer-Rundfunk-Informationssystem.

**RDS (Radio-Daten-System)** ergänzt die ARI-Funktion. Auf dem Display entsprechend ausgerüsteter Radios erscheint der Sendername. Ein RDS-Radio schaltet beim Verlassen des Sendegebietes auf den nächsten Sender des gleichen Programms um. RDS sucht automatisch den jeweils passenden Sender mit der besten Empfangs-Qualität. Rechtliche Voraussetzung für die Ausstrahlung von ARI- und RDS-Kennungen ist der Anschluß des Studios an die Verkehrsleitzentrale der entsprechenden Landespolizeibehörde. Der Sender ist verpflichtet, rund um die Uhr Verkehrsmeldungen auszustrahlen und bei wichtigen Informationen auch laufende Musiktitel etc. zu unterbrechen.

## Die übrigen Studio-Räume

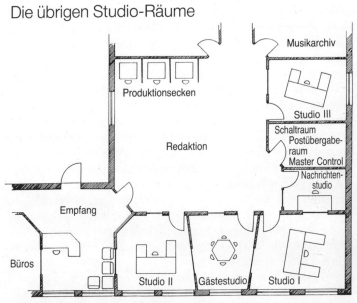

*Grundriß Radio Charivari/München*

**Das Sendestudio I** ist Kernstück des Studio-Komplexes. Durch eine Glasscheibe besteht Sichtverbindung zum *Nachrichtenstudio,* in dem auch Beiträge (auf)gesprochen und geschnitten werden können.

**Studio II** dient als *Vorproduktionsstudio* für das Programm (akustische Verpackungselemente wie Jingles, Interviews, einfache Werbeproduktion), die Einrichtung ist fast identisch mit der von Sendestudio I. Studio II muß als Ersatz herhalten, wenn Studio I ausfällt oder gründlich gewartet werden muß.

**Der Raum zwischen I und II** wird als *Besprechungsraum* und als *Gästestudio* (Gespräche mit mehr als zwei Teilnehmern) benutzt. Mikrofonanschlüsse bestehen wahlweise zu einem der benachbarten Studios, in denen die Mikrofone auch ausgesteuert werden.

**Das Studio III** ist Produktionsstudio (vgl. »Produktionsstudio ohne Technik«).

**Im Nachrichtenstudio** fährt der Nachrichtensprecher seine Sendung völlig selbständig. Der Ausgang seines kleinen Mischpultes liegt auf einem der Eingangskanäle des Sendestudios auf. Das Nachrichtenstudio verfügt über höchstens zwei Mikrofone. Hilfreich sind mehrere Cart- und/oder Tonband-Maschinen: Je nachdem, ob die Nachrichten des Senders mehr oder weniger akustische Verpackungselemente (Jingles) für das Wetter, den Sport, den Verkehrsfunk sowie O-Töne enthalten (vgl. »Nachrichten-Präsentation«).

Zwischen den einzelnen Nachrichtensendungen kann das Studio zur Bearbeitung von Beiträgen dienen.

Eine interessante Variante des Nachrichtenstudios: ein Studio auf Rollen. Es wird mit wenigen Handgriffen zusammengeklappt – und dient bei Außenübertragungen als Mobil-Studio. Derweil müssen die Nachrichten eben am Gäste-Mikrofon des Sendestudios gelesen werden.

**Im Schaltraum** (*Master control/Postübergaberaum*) laufen alle Leitungen aus den verschiedenen Studios zusammen. Von hier aus geht das Studiosignal auf die Postleitung zum Sender.

Die Bundespost fordert normalerweise einen abgeschlossenen Raum mit mindestens einer festen Ziegelsteinmauer: Dort richtet sie dann ihre *Postübergabepunkte* ein, weshalb man auch vom *Postübergeberaum* spricht. Das zum Sender abgehende Signal wird vom Studio an die Post(-Leitung) übergeben. Außenübertragungsleitungen kommen an und können hier in das gewünschte Studio verteilt werden.

Kernstück des Schaltraumes sind deshalb *Steckfelder,* an denen möglichst einfach und übersichtlich alle Studios und Leitungen je nach Notwendigkeit miteinander verkoppelt werden können. In kleineren Studios besteht der Schaltraum nur aus einem handelsüblichen, genormten, 19-Zoll breiten *Metallgestell,* in welches Steckfeld und alle anderen Elemente eingeschoben werden.

Weitere Elemente des Schaltraumes: *Leitungsverstärker,* um die Pegel der Post an die des Studios anzugleichen. Ein *Begrenzer* (Limiter) sorgt dafür, daß nur eine definierte Menge »Saft« auf die Leitung zum Sender kommt – wichtig vor allem in der Anfangsphase, wenn die Moderatoren noch sehr mit dem technischen Ablauf zu kämpfen haben und hier und da die Anzeige auf dem ins Mischpult eingebauten PPM-Meter sträflich mißachtet wird.

Im Schaltraum findet auch das *Audio-Processing* statt. Da lassen sich die Techniker nur ungern in die Karten schauen. Im Rahmen des postalisch Erlaubten wird mit unterschiedlichsten Apparaturen experimentiert – vom Kompressor bis zum Hall-Gerät. Gewünschter Effekt: Das Signal soll den Hörer möglichst *stark* erreichen.

Per *Audio-Processing* läßt sich beispielsweise das Lautstärke-Empfinden (Loudness) verbessern: Das Signal hört sich auch bei geringer Sendeleistung voll und »satt« an. Stationen, die vor allem sehr rockige, rhythmische Musik spielen, werden zu anderen Gerätschaften greifen als solche, die einen weicheren Klang bevorzugen.

Lokalsender verfügen oft nur über eine *Sendeleistung* zwischen 50 und 300 Watt, reichen damit (je nach Antennen-Standort und Gelände) maximal 35 Kilometer weit. Verschwindend gering gegen die öffentlich-rechtlichen oder landesweiten Sender mit 25 000 Watt und mehr. Dem Hörer ist es aber egal, wer mit wieviel Leistung sendet, Hauptsache die »Qualität« stimmt. Das macht das Audio-Processing so wertvoll.

**Kommunikationsgeräte:** Über eine Daten-Dauerleitung gelangen laufend aktuelle Meldungen zur Verkehrslage in die Redaktion. Oft steht der Verkehrsdrucker nahe der Nachrichtenredaktion zusammen mit den restlichen Kommunikations-Geräten: Telefax und Fernschreiber der abonnierten Nachrichten-Agentur. Vielfach empfängt der Sender die Agentur mit einer Satellitenschüssel und speist diese direkt in sein Nachrichten-System (Rechner) ein. Die Texte können am Bildschirm ausgewählt und bearbeitet werden. Künftig werden auch die Audio-Beiträge digitalisiert am Bildschirm erscheinen, dort abgehört und bearbeitet werden. Per Knopfdruck steht der Audiobeitrag dann im Nachrichten- oder Sendestudio zur Ausstrahlung bereit.

**Im Musikarchiv** sollte so viel Platz sein, daß der oder die Musikredakteure auch die Möglichkeit haben, Schallplatten, Tonbänder, Compact-Discs (CD), Tonband- und Cartridge-Kassetten abzuhören. Spielt der Sender viel Musik von der Cartridge-Kassette, so empfiehlt es sich, im Musikarchiv einen zusätzlichen *Überspielplatz* von Platte auf Cart und CD (bespielbar) einzurichten, um das Vorproduktionsstudio II freizuhalten für die Beiträge der Reporter.

**Produktionsecken** zur Herstellung aktueller Beiträge (Berichte mit O-Ton, Interviews etc.) runden die Studioausrüstung ab (vgl. »Produktionsplätze« im Beitrag »Produktionsstudio ohne Technik«).

**Was in keinem noch so kleinen Studio fehlen sollte:** ein weiteres *UKW-Empfangsgerät* im Schaltraum, um bei einem Störfall die Fehlersuche zu erleichtern (siehe auch »Monitoring«).
Vor allem wenn kein Techniker in der Nähe ist, müssen die Mitarbeiter rasch feststellen können: Geht das Signal noch auf die Leitung zur Post, liegt der Fehler also auf der Senderseite? Oder kommt schon im Schaltraum nichts mehr an? Ist das Sendestudio ausgefallen? Eine Liste mit den *Rufnummern der wichtigsten Ansprechpartner* bei der Post oder anderen Institutionen (Kabel-Gesellschaft etc.) sollte zur Grundausstattung des Schaltraums gehören.
Hilfreich ist auch ein *vorproduziertes Notband,* welches blitzschnell auf eine Tonbandmaschine gelegt wird, deren Signal direkt auf die abgehende Postleitung gesteckt werden kann. Danach kann man etwas entspannter an die Fehlersuche im Studiobereich herangehen.
Eine *Dokumentationsanlage* komplettiert den Schaltraum: Durch Gesetz sind alle Stationen verpflichtet, ihre Sendungen komplett mehrere Wochen lang aufzuzeichnen. Speziell angebotene, besonders langsam laufende Tonbandgeräte oder Videorecorder leisten diese Dienste; allenfalls einmal in 24 Stunden muß das Band gewechselt werden.
Praktisch ist die Installation eines einfachen *Kassettendecks* gleich nebenan: Falls Interviewpartner um einen Mitschnitt bitten usw.

**Ausbau:** Natürlich müssen die Studios *akustisch von den restlichen Arbeitsbereichen getrennt* sein. Dies läßt sich aber auch schon mit vernünftig verarbeiteten, doppelt beplankten *Rigips-Konstruktionen* erreichen. *Akustikmatten* verhelfen dem Raum zu günstigeren akustischen Verhältnissen. Stehen die Studio-Wände nicht im rechten Winkel zueinander, so werden *Schallreflexionen* vermieden.

Schallbrücken können vor allem an Fenstern und Türen entstehen. Deshalb ist hier auf besonders gute Planung und Verarbeitung zu achten: *Türen* sollten eine *doppelte Falz* haben, *Fenster doppelt verglast* sein. *Gegeneinander gekippte (schiefstehende) Glasflächen* verhindern Schall- und optische Reflexionen.

Ein *Doppelboden,* in dem die Kabel verschwinden, hat sich als äußerst hilfreich erwiesen. Licht- und Technik-Stromnetze sollten ebenso voneinander *getrennt* werden wie Telefonkabel und die eigentlichen Tonleitungen. Der Aufwand lohnt: Wählgeräusche des Telefons können nicht auf die Sendeleitung überspringen.

Auch eine wirksame und geräuschlose *Lüftung* sollte zu jedem Studio gehören: Die elektrischen Geräte entwickeln eine ganz schöne Hitze. Und wenn man dann das Studiofenster nicht öffnen kann – wegen des Lärms unten auf der Straße ...

## Produktionsstudio ohne Technik

In Privatradios gibt es in der Regel zwei Selbstfahrer-Studios. Beide sind weitgehend identisch ausgestattet. Eins davon dient als Sendestudio. Das andere Selbstfahrer-Studio wird im Normalfall zur Vorproduktion von Beiträgen und Sendungen genutzt. Fällt das eigentliche Sendestudio aus, wird die Sendung aus dem Vorproduktionsstudio gefahren. Die identische technische Auslegung ermöglicht einen reibungslosen Studio-Wechsel.

**Das Produktionsstudio** ist nicht für den Sendebetrieb ausgelegt, hier regiert der Produzent – und nur er und seine Mitarbeiter dürfen es benutzen. Das Mischpult ist wesentlich leistungsfähiger als die in den Studios I und II. Es dient der Produktion von technisch aufwendigeren Werbespots, Jingles und »Promos« im Mehrspur-Verfahren.

Eine Mehrspur-Tonbandmaschine mit acht, 16 oder 32 Spuren bildet das Herzstück der »Produktion«. Hinzu kommen Harmonizer, Vocoder, Sampler... kurzum jede Menge Effektgeräte. Mit ihnen können Sprache oder Musik verfremdet und bearbeitet werden. Oft genug sucht sich der Produzent die Hintergrund-Musiken für den Spot oder Jingle nicht von Platten oder aus speziellen Produktionsmusik-Paketen zusammen. Per Keyboard, Synthesizer und Mehrspur-Verfahren bildet er seine eigene »Band«. Kleine Radiostationen nutzen oft das Reserve-Sendestudio nach zusätzlicher Installation von Effektgeräten als Produktionsstudio.

Gespeichert werden die Produktionen auf konventionellen Mehrspur-Bandmaschinen, DAT-Bändern (Digital Audio Tape) oder »Magnetic Optical Discs« (MOD). Hierbei handelt es sich um löschbare »Discs« mit einer Kapazität von etwa 30 Minuten Stereo auf jeder der beiden Seiten.

**Produktionsplätze** zur Fertigstellung von Beiträgen helfen dem Mangel an Studio-Kapazität ab. Ausgerüstet sind die Produktionsplätze mit einem *Kassettendeck,* einem *PPM-Aussteuerungs-Instrument,* einem kleinen *Mischpult* oder *Steckfeld,* einer *Tonbandmaschine* zum Schnitt, einer *Aufnahme-Cart,* einem *Telefon-Hybrid* sowie einem *Kopfhörer.* Praktischerweise werden die Gerätschaften in einem rollbaren Gestell übereinander eingebaut.

Abgehört wird nur mit dem Kopfhörer. Das ermöglicht die Aufstellung sogar direkt im Redaktionsraum, ohne daß der Rest der Mannschaft qualvoll den Tonschnitt des Kollegen ertragen muß.

Für die Herstellung eines »gebauten Beitrages« (Bericht mit O-Ton) kommt der Reporter in der Regel mit einer Kassette ins Studio zurück. Am Produktionsplatz kann er sie in aller Ruhe anhören und wichtige Passagen auf Tonband kopieren. Dann erfolgt der Schnitt. Die Zwischentexte werden entweder in einem Studio oder am Produktionsplatz aufgenommen (vgl. »Bericht mit O-Ton«). Der Endschnitt, die Abnahme des Beitrages durch die Redaktion und gegebenenfalls das Umspielen auf eine Cartridge-Kassette finden ebenfalls am Produktionsplatz statt.

*Korrespondentenberichte* können via Telefon-Hybrid direkt in der Redaktion aufgenommen werden. Möglich ist auch eine

automatische Aufnahmeschaltung: Wenn der Korrespondent die nur ihm bekannte Telefonnummer wählt, läuft das Aufzeichnungstonband an.
An *digitalen* Elementen kann ein Produktionsplatz einen digitalen Schnittplatz enthalten, eine Digicart zur Speicherung der Beiträge (siehe Selbstfahrer-Studio). Auch kommen dann statt analoger Kassetten-Reportagegeräte digitale zum Einsatz.
Beim öffentlich-rechtlichen Rundfunk gibt es in manchen Funkhäusern sog. *Selbstbedienungsstudios*, in denen Journalisten einfachere technische Arbeitsvorgänge wie Cutten, Umschneiden und die Aufnahme kurzer Wortbeiträge oder von Telefon-Interviews selbst erledigen können.

## Produktionsstudio mit Technik

**Der kleine Studiokomplex** besteht aus einem Sprecherstudio und einem Technikraum. Im *Sprecherstudio* sind an wesentlichen technischen Einrichtungen ein oder mehrere Mikrofone, Kopfhörer, Lautsprecher zum Mithören, ein Kommandolautsprecher und optische Signalgeber installiert. Der *Technikraum* verfügt über Kontroll-Lautsprecher, ein Mischpult und meist drei Tonbandmaschinen, oft auch Plattenspieler, CD-Player, Kassettenrecorder, Leitungen von und zum Hauptschaltraum und Kommunikationsanbindungen (Telefon, Kommandoanlage, optische Signale) an das übrige Haus. In solchen Einheiten wird ein Großteil des täglichen Geschäftes aller Abteilungen abgewickelt. Akustisch differenzierte Aufnahmen sind darin aber nicht möglich, weil das Sprecherstudio meistens nur etwa 30 Quadratmeter groß ist.

**Die Cut-Räume** sind in jedem Fall mit einer oder mehreren Bandmaschinen ausgerüstet, auf denen die Tonbänder durch Schnitt bearbeitet, d. h. gecuttet werden können (vgl. »Bänder schneiden«). In der Regel kann man in diesen Räumen aber auch die Aufnahmen von den Reporter-Aufnahmegeräten (Tonbandgeräte oder Kassettenrecorder) auf die Studiomaschinen umschneiden. Sie werden bei diesem Arbeitsvorgang von Bändern oder Kassetten mit langsameren Laufgeschwindigkeiten auf die in den Studios üblichen schnelleren Bandgeschwindigkeiten

von 38 oder nur 19 Zentimetern pro Sekunde umkopiert. Dadurch sind sie auch besser zu cutten.
In vielen Sendern sind Cut-Räume auch mit kleinen Aufnahmestudios verbunden oder jedenfalls zusammenschaltbar.

**Das Hörspielstudio** (auch Großes Wortstudio genannt) verfügt zumeist über drei Räume mit unterschiedlicher Akustik.
*Der große Studioraum* (70-120m²) hat eine *neutrale Akustik* (ca. 0,6 Sek. Nachhall). Verschiebbare Stellwände erlauben Unterteilungen. Verschiebbare Fenster und Türen und eine Treppenkonstruktion mit Holz-, Stein- und Metallstufen gehören zur Einrichtung, auch verschiedenartige Bodenbeläge sind üblich. Manchmal stehen mit dem großen Studioraum auch noch mehrere Nebenräume mit diversen, festgelegten Akustiken in Verbindung.
*Der schallrückwurf-freie* (d. h. reflexionsarme) *Raum* wird auch schalltoter oder schallarmer Raum genannt. In ihm werden Aufnahmen gemacht, die Außenakustik haben sollen. Ein Kies- und Plattenweg ist darin immer vorhanden. Schließlich gehört zum Hörspiel-Komplex auch ein *Raum mit längerem Nachhall*.
In diesen drei Studios sind bei einigem Geschick des Toningenieurs alle denkbaren akustischen Situationen darstellbar.
Die zum Komplex gehörenden technischen Einrichtungen sind in der Regel sehr umfangreich. Im *Regieraum* stehen große Mischpulte mit allen dem heutigen Standard entsprechenden Bearbeitungsmöglichkeiten wie verschiedene Formen von Verhallung, Filter und manchmal auch Vocoder und Synthesizer. *Vocoder* verändern den Klang von Stimmen und Tönen, Synthesizer erzeugen künstlich Klänge und Töne.
Der *Bandbearbeitungsraum* hat bis zu zehn Tonbandgeräte, Plattenspieler, gelegentlich auch eine Mehrspurmaschine. Diese aufwendigen Studiokomplexe sind der großen Form, wie Hörspielen und akustisch besonders anspruchsvollen Features, vorbehalten.

## Sendestudio mit Technik

Die Sendestudios (auch Sendekomplexe genannt) sind die Studios, aus denen die Sendungen »gefahren« werden. In immer größerem Umfang geschieht das live. Die Sendungen werden also aus *Live-Teilen* (Ansagen, Moderationstexten, Live-Interviews, über Leitung, Telefon oder Funk zugelieferten Beiträgen usw.) und aus *vorproduzierten Teilen* (Band-Aufnahmen, Schallplatten) zusammengestellt (»gemischt«) und direkt ausgestrahlt. Durch die Entwickung hin zu den Begleitprogrammen hat die Zahl der Sendungen sehr abgenommen, bei denen in den Sendestudios hauptsächlich vorproduzierte Bänder abgespielt werden. Die Umrüstung auf digitale Technik und Teilautomatisierung ist im Gange.

**Ein Sendekomplex** setzt sich aus bis zu vier einzelnen Funktionsräumen zusammen:
- einem kleineren *Nachrichtenstudio* (in manchen Funkhäusern ist es für alle Programme in der Nähe der Nachrichtenredaktion untergebracht)
- einem größeren *Sendestudio* mit mehreren Sprecher- oder Moderatorenplätzen und zumeist auch einem Selbstfahrer-Platz (vgl. Selbstfahrer-Sendestudio).
Diese Sendestudios sind in manchen Anstalten so groß und technisch so gut ausgerüstet, daß auch Diskussionsrunden oder kleine Musikaufnahmen (Beispiel: ein Sänger, der sich selbst mit der Gitarre begleitet) möglich gemacht werden können.
- einem *Technik-Raum,* der zusammen mit der *Senderegie* in der Regel eine Einheit bildet. Im Technik-Raum stehen ein großes Mischpult, mehrere Bandmaschinen, CD-Player, Cartridge-Maschinen und Plattenspieler. Auch Jingle-Maschinen oder Kassetten-Abspielgeräte gehören dazu (sind aber auch Bestandteil des Selbstfahrer-Platzes). Eine Telefonanlage mit mehreren Amtsanschlüssen ist ebenso vorhanden wie Leitungsanschlüsse, über die Beiträge aus anderen Studios oder von außerhalb (über den Schaltraum des Senders) abgerufen werden können.
In der Senderegie sind von der Technik getrennte Arbeitsplätze für den verantwortlichen Redakteur bzw. Senderegisseur vorhanden. Dieser verfügt an seinem Arbeitsplatz auch über die nötigen Kommunikationseinrichtungen. Zu den Moderatoren im Studio besteht Sprechverbindung.
Die Techniker, der Senderegisseur (auch Aufnahmeleiter genannt), oft auch ein Musikredakteur in der Senderegie, und die Journalisten oder Sprecher im Sendestudio erstellen gemeinsam das Produkt Sendung.

Produktion und Technik

Alle diese Räume eines Sendekomplexes sind so angeordnet, daß man sich durch große Glas-Scheiben gegenseitig sehen kann.

Handbuch der Tonstudiotechnik, hrsg. von der Schule für Rundfunktechnik, (Verlag Dokumentation Saur KG, München, New York)
Ein Hinweis: Die Schule für Rundfunktechnik, Nürnberg, das Aus- und Fortbildungsinstitut der deutschen Rundfunk- und Fernsehanstalten, bietet auch einige Kurse speziell für Mitarbeiter außertechnischer Bereiche der Rundfunkanstalten, z. B. Redakteure. Programme erhält man über die Fortbildungsbeauftragten der Rundfunkanstalten oder direkt von der Schule für Rundfunktechnik, Wallensteinstr. 121, 8500 Nürnberg 80.
Selbstfahrer-Kurse bieten die ZFP und z. B. der Programmberater Ad Roland (Molenweg 14, NL-4112 NR Bensichem) an.

## Bänder schneiden

Von den Anfängen des Rundfunks bis zum Ende der 60er Jahre leitete ein Hörfunkreporter nahezu jede Bandaufnahme mit dem für die Kollegen Techniker bestimmten Kommando *»Bitte schneiden!«* ein. Diese Formulierung stammt aus Zeiten, als eine Schnittmöglichkeit in der Praxis gar nicht bestand, weil der *Ton auf Wachsplatten »mitgeschnitten«* wurde. Bei diesen Aufnahmen arbeitete der Reporter also unter den gleichen Bedingungen wie bei einer Direktsendung.
Erst Erfindung und Einführung des Magnettonbandes ermöglichten durch Schnitt gestaltete Reportagen, Hörfolgen oder Interviews.

**Radio-Journalisten sollten selbst schneiden können.** Beim Privatfunk gehört es in der Regel zu ihren Aufgaben, weil es dort gar kein besonderes Personal dafür gibt. Bei den Öffentlichrechtlichen steht dafür auch nicht immer ein(e) Techniker(in) zur Verfügung.
Beim Schneidevorgang wird die Schichtseite des Tonbandes (die magnetisierte) durch Drehen der Bandteller (oder Spulen) mit den Händen langsam am Wiedergabe-Tonkopf der Bandmaschine vorbeibewegt. Auf diese Weise sucht man die gewünschte Schnittstelle. Dabei hilft oft auch ein *ruckartiges Bewegen* des Bandes. Die Schnittstelle wird dann entweder mit einem eingebauten »Stempel« oder von Hand mit Filzstift auf der

Band-Rückseite (glänzend, oft mit Firmennamen bedruckt) *markiert*. Der Schnitt erfolgt mit der eingebauten Schere (dabei ist auf den Abstand zwischen Tonkopf und Schere zu achten) oder mit der antimagnetischen Cut-Schere manuell.

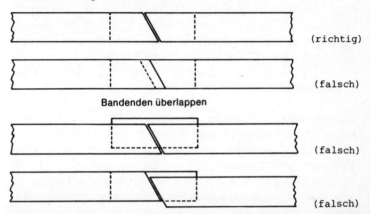

Bei manchen Maschinen ist eine Markierung nicht mehr nötig: Die Schere ist so nah am Wiedergabe-Tonkopf (schräg in Richtung auf diesen) eingebaut, daß man an der gesuchten Stelle direkt schneiden kann.

Der *Schnittwinkel soll 30 bis 45 Grad betragen*. Die beiden Enden werden auf einer Klebeschiene mit der Band-Rückseite nach oben aneinandergelegt und durch ein längs darübergeklebtes Klebeband miteinander verbunden. Das Klebeband darf an den Seiten nicht überstehen. Auf keinen Fall mit Tesafilm kleben.

Besonders bei komplizierten Schnitten: *herausgeschnittene Bandschnipsel aufheben* und erst nach Überprüfung der Schnittstelle durch Abhören wegwerfen. Manchmal benötigt man sie noch zu einem Korrektur-Schnitt. Ein Tip fürs Lernen: Erst einer Cutterin längere Zeit genau zusehen, sich diese theoretischen Hinweise in der Praxis zeigen lassen, dann mit Löschband (bespieltes Tonband, das zum Löschen freigegeben ist) an einer Maschine, die auch von Nicht-Technikern bedient werden darf, in Ruhe üben. Die Aufgaben stellt man sich dabei selbst: erst lange Passagen, dann einzelne Wörter, schließlich »ähs«, Räusperer und einzelne Buchstaben herausschneiden. Ergebnis einer Cutterin zur Begutachtung vorspielen.[1]

**Der Schnitt beginnt bei der Aufnahme.** Wer diesem Leitsatz folgt, der wird, während er noch Worte und Geräusche einfängt, Ohren- und Augenmerk bereits auf die spätere Bearbeitung richten. Der geübte Autor oder Reporter hat »Zeitgefühl«. Er weiß – oft auf die Sekunde genau –, wann die ihm für seinen Beitrag zur Verfügung stehende Zeit verstrichen ist. Er *merkt sich, welche Passagen zu welchen Zeiten der Aufnahme er bei der Bearbeitung verändern will.* Wer dieses Zeitgefühl, die daraus folgende Übersicht (noch) nicht hat, behilft sich bei der Bandaufnahme mit Stoppuhr und Notizblock.

**Auf die Hintergrundgeräusche achten.** Sie können in ungünstigen Fällen ganze Beiträge verderben. So sind zum Beispiel die Tonschwankungen, die entstehen, wenn die Automatik-Taste am Aufnahmegerät gedrückt ist, oft auch durch Schnitt nicht mehr zu beheben. Wenn im Vordergrund weniger zu hören ist, schlagen die Hintergrundgeräusche bei der Automatik-Einstellung voll durch. Wie auch bei einer während der Aufnahme *ständig wechselnden Haltung des Mikrofons,* ergeben sich hierdurch Mißtöne, die den Schnitt ungemein erschweren. Es ist dann besser, die Bandaufnahme ohne die scheinbar bequeme Automatik leidlich von Hand auszusteuern.

Ebenso störend kann *Musik als kräftiges Hintergrundgeräusch* bei Sprachaufnahmen empfunden werden. Wer hier ohne Rücksicht auf Terz und Takt an seinem Text schneiden will, erleidet akustischen Schiffbruch.

Akustische Brüche beim Aneinanderschneiden unterschiedlicher Hintergrundgeräusche kann man oft mit einer *Schnitt-Blende* abmildern. Die beiden Bandenden werden dann nicht im üblichen stumpfen, sondern in einem *spitzen Winkel* geschnitten. Man macht einen langen Schnitt, der die Geräusche einander überlappen läßt.

**Halbsätze wiederholen.** Versprecher oder unsauber gesprochene Wörter können herausgeschnitten werden. Voraussetzung ist, daß man sie bei der Aufnahme gleich korrekt wiederholt hat. Dabei gilt die Regel: *Nie einzelne Wörter, immer eine kurze Passage* (einen Halbsatz etwa) *wiederholen.* Das hat zwei Gründe. Erstens kommt man besser wieder in den ursprünglichen Sprachfluß und Tonfall. Zweitens stehen dann mehrere Schnittmöglichkeiten zur Wahl.

**Präzise Schnitt-Anweisungen** sind nötig, wenn im Cut-Raum ein(e) Tontechniker(in) auf Anweisung des Reporters bzw. Redakteurs schneidet. Für diese *Teamarbeit* ist wichtig, daß der Journalist den Technik-Kollegen vor Beginn erläutert, um welches Thema es sich handelt, und welches Arbeitsergebnis er sich vorstellt (z. B.: Kürzen, säubern, O-Ton-Einspielungen vorbereiten). Seine Hinweise für den Schnitt gibt er dann entschlossen und präzise.

Niemand will wohl zu den Journalisten zählen, die von der Technik als »Chaoten« gefürchtet werden. Das schließt gelegentlich formale und auch inhaltliche Diskussionen mit den Technik-Kollegen nicht aus. Im Gegenteil.

Zu den Grundregeln des sinnvollen Schneidens gehört, daß *nicht Einzelschnipsel, sondern Sinn- und Satzkomplexe herausgenommen* oder aneinandergefügt werden sollen. Das heißt jedoch nicht, daß ein doppeltes oder falsches Wort, ein störendes »Äh« oder eine unzumutbare Pause nicht entfernt werden.

**Ein Schnitt ist handwerklich dann gut,** wenn man ihn beim Abhören des Bandes nicht bemerkt. Der Schnitt fällt z. B. dann auf, wenn nach einem (herausgeschnittenen) Versprecher dieser Satzteil hastig wiederholt wird und damit vom ruhigeren Sprachfluß des Vorhergehenden abweicht. Oder: Wenn dem Sprechenden durch den Schnitt gewissermaßen die Rede abgeschnitten wird, er also nicht (wie am eigentlichen – weggeschnittenen – Ende) mit der Stimme abfällt, sondern »oben« ist.

**Wenn die Stimme »oben« ist** an einem Satzende, hilft ein »und«, mit dem der nachfolgende Satz beginnt oder das Einfügen eines mehr oder weniger kräftigen Atemzuges, den man an anderer Stelle herausnimmt. Beim Kürzen von Interviews und Gesprächen hilft man sich auch dadurch weiter, daß man den jeweils folgenden Sprecher sehr dicht heranschneidet, wenn die Passage davor mit »Stimme oben« endet. Dies klingt dann zwar so, als ob ein Sprecher dem anderen ins Wort fällt. Als »Schnitt« wird es aber nicht mehr bemerkt.

**Vor dem Wort schneiden** – ist die wichtigste Regel. Durch diese Technik bleibt grundsätzlich die Pause nach dem letzten verbleibenden Wort erhalten, die anzufügende Passage beginnt »hart« (also ohne Pause) mit dem Wort. *Auf diese Weise bleibt der Sprach-Rhythmus am besten gewahrt.*
Ein Beispiel. Der folgende Text soll sinnvoll geschnitten werden:
Der Bundeskanzler und die Bundesregierung und die Bundesländer
Nach dem Schnitt soll der Text lauten:
Der Bundeskanzler und die Bundesländer
Herausgeschnitten werden soll also die Passage:
... die Bundesregierung und ...
Nach der Regel »immer vor dem Wort schneiden« werden die beiden Schnitte so gemacht:
                    1. Schnitt
Der Bundeskanzler und |die Bundesregierung
                         Diese Pause bleibt
2. Schnitt
und |die Bundesländer
  Diese Pause und der Text davor bis zum 1. Schnitt entfallen

Bei unserem Beispiel folgen nach dem Schnitt also wieder *gleichklingende Konsonanten* aufeinander. Das d von und und das d von die (... und die ...). Falls erforderlich, könnte man noch ein d von den beiden entfernen. Das würde dann den Sprachfluß zusätzlich erhöhen. Das Gleiche gilt beim Aufeinandertreffen von d/t, oft bei b/p, v/w und ähnlichen Konsonantenpaaren. Ein Hilfsmittel, um Schnitte unhörbar zu machen.
*Zu Beginn eines Bandes* wird von fast allen Radio-Leuten der An-Atmer, das Luftholen also, weggeschnitten und hart mit dem ersten Wort begonnen. Einige allerdings bestehen mit dem Argument auf dem An-Atmer, daß man ja natürlicherweise Luft holen müsse und dies deshalb auch hörbar bleiben sollte. *Am Ende* nicht hart nach dem Wort schneiden, Nachklang oder Nachhall dürfen nicht abreißen.

**Anfangs-, Zwischen- und Schlußbänder** dienen zum Auffinden von Anfang und Ende beim Einstellen der Maschinen (oft automatisch). Die in den einzelnen Funkhäusern vorgeschriebene Länge der Kunststoffbänder muß beachtet werden. Unterschiedliche Farben der Bänder kennzeichnen unterschied-

## Bänder schneiden

*Genormte Bandgeschwindigkeiten*

| Geschwindigkeit | Anfangsband | | Zwischenband | | Schlussband | | Art der Produktion |
|---|---|---|---|---|---|---|---|
| | Mono | Stereo | Mono | Stereo | Mono | Stereo | |
| 15" Zoll = <br>→ 38,1 cm/s | rot | rot-weiss | gelb | gelb-weiss | gelb | gelb | Alle Studioproduktionen |
| 7½" <br>→ 19,05 cm/s | blau | blau-weiss | gelb | gelb-weiss | gelb | gelb | Ausnahmefall für Studioproduktionen |
| 3¾" <br>→ 9,5 cm/s <br>1⅞" <br>→ 4,75 cm/s | grün | grün-weiss | gelb | gelb-weiss | gelb | gelb | Diese beiden Geschwindigkeiten sind für Studiozwecke nicht geeignet. Aufnahmen müssen vor der Bearbeitung umkopiert werden. |

Entnommen aus: »Technik für Nichttechniker«, Hrsg. Radio- und Fernsehgesellschaft der deutschen und rätoromanischen Schweiz (DRS), Zürich, 1977 – ebenso die Illustration auf Seite 316.

liche Funktion, Bandgeschwindigkeiten und »Stereo« oder »Mono« (vgl. das Schema »Genormte Bandgeschwindigkeiten«).

**Digitaler Schnitt.** Das Tonband als Speichermedium wird zunehmend durch CDs, Festplatte und CD-Rom ersetzt. Auf diesen Datenträgern sind die Töne nicht mehr analog, sondern digital (Aufzeichnung nicht in Wellen sondern in ja/nein-Impulsen) gespeichert. Schneiden bedeutet beim digitalen Schnitt: Markieren der Teile, die man verwenden will, und Zusammenfügen in der gewünschten neuen Abfolge durch Kopieren.

**Die Bedienungselemente** für den digitalen Schnitt sind: ein Grafiktableau, ein (drahtloser) Programmierstift, der auf einem Monitor einen Cursor bewegt, und eine Computer-Tastatur. Beim »Digital-Audio-Editing« – werden die Teile eines Beitrages, die verwendet werden, mit dem Cursor markiert und durch Auslösen des Kopierkommandos aneinandergereiht.
Selbstverständlich können auch Teile aus verschiedenen Beiträgen zu einem neuen Produkt digital zusammenkopiert werden. Mit entsprechenden Such- und Sortierkommandos läßt sich alles schnell finden und ordnen. Eine große Hilfe beim Schnitt ist die sogenannte »Waveform« auf dem Monitor. Das ist die grafische Umsetzung der Töne auf dem Band, die auf einen Blick jedes Tonloch – also die beste Schnittstelle – kenntlich macht.

Die öffentlich-rechtlichen Sender verwenden digitale Schnittplätze zur Zeit meist erst für Sonderaufgaben (Musik, Jingles). Bei einigen privaten Radios gehören die »Soundstations« inzwischen zur unentbehrlichen Ausstattung.
Selbstverständlich ist die Gestaltung durch den Schnitt eine Form von Wirklichkeitsveränderung, von Manipulation. »Sinnvoll schneiden« muß deshalb immer heißen: dem Sinn und Informationsgehalt des jeweiligen Beitrages entsprechen.

[1] Michael Dickreiter von der Schule für Rundfunktechnik hat ein Arbeitsheft verfaßt, das nicht nur (vgl. Literaturhinweis) Schneiden und Kleben ausführlich erklärt, sondern auch auf ein Übungsband für lernende Journalisten aufmerksam macht. Man kann damit praktisch das Schneiden üben; viele Funkhäuser verfügen über eine Kopie.

Michael Dickreiter, Das Schneiden aktueller Wortbeiträge (Herausgegeben von der Schule für Rundfunktechnik, Nürnberg 1984)
Handbuch der Tonstudiotechnik, Hrsg. Schule für Rundfunktechnik, Nürnberg (SRT), (Verlag: Dokumentation Saur KG, München)
Technik für Nichttechniker, Hrsg. Radio- und Fernsehgesellschaft der deutschen und rätoromanischen Schweiz (DRS), Zürich, 1977
Dr. Heinrich Rindfleisch, Magnetbandtechnik, Hrsg. AGFA-GEVAERT AG Druckschriften-Abteilung, Leverkusen, 1971 (mit Fachwörter-Lexikon und Übersetzung in andere Sprachen).

## Mit dem Telefon arbeiten

»Ohne Telefon kein aktuelles Hörfunkmagazin«. Diese Behauptung untermauert Michael Heiks in seiner Doktor-Arbeit über das WDR-Morgenmagazin[1] mit Zahlen: Vier von fünf Themen (79%) realisierte die Redaktion in dem von ihm untersuchten Zeitraum über Telefon. Den Satz kann man getrost auf das gesamte Programm erweitern: Ohne Telefon kein modernes Radio.
Für die »Telefonitis« (so die Kritiker dieser Entwicklung) gibt es gute Gründe. Das Telefon verbindet schnell und kostengünstig mit Mitarbeitern und Interview-Partnern an nahezu jedem Ort der Welt. Das Telefon erlaubt durch die Einbeziehung der Hörer in die Programme ein unmittelbares Feedback (vgl. »Hörer am Studio-Telefon«).

**Telefon-Technik** ist in der Regel nicht Sache der Journalisten. Dennoch sollten sie wissen, daß es Geräte gibt, die die Qualität der im Rundfunk (Hörfunk und Fernsehen) übertragenen Tele-

fongespräche verbessern. Sie müssen in der Bundesrepublik von der Post zugelassen sein. Im Regie-Tisch sorgt ein *Telefon-Anschaltgerät (ANG)* – auch Hybrid oder Gabelverstärker genannt – für Verstärkung und Entzerrung.
Der Moderator muß beim Telefongespräch im Studio den Telefonhörer nicht in der Hand halten. Seinen Telefonpartner hört er über Kopfhörer. Was er selbst sagt, geht über das Mikrofon in die Telefonleitung. Über die Telefonleitung kann der Partner auch das gesamte Programm vor und nach dem Telefongespräch mithören.
Für Außenübertragungen gibt es ANGs auch als Koffergeräte.
Noch bessere Qualität erreicht man, wenn auch der Partner am anderen Ende der Leitung technisch nachhilft. In den USA z. B. klemmen die Radio-Reporter ihre Tonbandgeräte oder Kassetten-Recorder selbst ans Telefon an und sprechen dann über die Mikrofone dieser Geräte. Sie sind dem Mikrofon in der Sprechmuschel des Telefonhörers technisch überlegen. Auch kann man auf diese Weise etwas mehr »Saft« auf die Telefonleitung geben. Mit dieser Methode lassen sich auch Reportagen und Berichte, die man auf Band aufgezeichnet hat, in die Telefonleitung einspielen. Es gibt zudem die Möglichkeit, beides zu kombinieren: Reporter-Bericht über Mikrofon und dazwischen O-Ton vom Band eingespielt. In der Bundesrepublik sind solche eigenmächtigen – technisch nicht komplizierten – direkten Verbindungen von Telefonhörer und Reportage-Gerät durch die Vorschriften der Bundespost untersagt. Für Reporter, die aus dem Ausland berichten, stehen allerdings entsprechende Geräte in manchen deutschen Rundfunkanstalten zur Verfügung.
Auch von der deutschen Post zugelassen sind Zusatzgeräte, die zwei Telefonleitungen bündeln und damit die Übertragungsqualität wesentlich verbessern. Immer mehr setzen sich auch die digitalen ISDN-Telefonverbindungen durch, die die Qualität von Telefonübertragungen erheblich verbessern.

**Telefonier-Tips für Radio-Leute** können helfen, so manche Panne zu vermeiden:
– Stellen Sie *Telefonverbindungen rechtzeitig* her. Falls Sie eine schlechte Leitung erwischt haben, können Sie's noch einmal versuchen.

- Bitten Sie den Toningenieur, zur *Kontrolle* in die Leitung hineinzuhören. Über den Regie-Tisch kann er die Leitungsqualität besser beurteilen.
- Wenn der Gesprächspartner zu leise ist, geben Sie ihm den Rat, mit dem Mund *dichter an die Sprech-Muschel* zu gehen und diese mit der Hand gegen Nebengeräusche abzuschirmen. Das hilft meist mehr als lauteres Sprechen.
- Bleibt die Qualität sehr schlecht, versuchen Sie, aus einem geplanten Interview ein *Statement* oder einen *Bericht* zu machen. Eine Telefonleitung läßt sich technisch noch »hochziehen«, aber der ständige Wechsel zwischen Moderator im Studio und Gesprächspartner am Telefon bereitet bei sehr schlechten Leitungen große Aussteuerungsprobleme.
- Wenn telefonisch absolut kein Durchkommen ist oder ein Ferngespräch für eine bestimmte Zeit in der Sendung eingeplant ist, bitten Sie ruhig das »Fräulein vom Amt« um Hilfe. Die *Post-Kollegen* sind meist wirkliche Kollegen.
- Wenn's dringend ist, kann man ein Telefongespräch auch *als »dringend« anmelden*. Das ist teurer, wird aber bevorzugt vermittelt.
- Gelegentlich bricht mal ein Telefongespräch zusammen. Manche Partner halten dann treu und ausdauernd den Hörer in der Hand und damit ihr Telefon »besetzt«. Wenn Sie sich dagegen absichern wollen, bitten Sie Ihren Gesprächspartner im Vorgespräch, in einem solchen Fall *gleich aufzulegen*.
- *Heimlich mitgeschnittene Telefongespräche* könnten sehr lustig sein. Nur sind sie nicht gestattet und sogar strafbar. Telefongespräche dürfen nur aufgezeichnet oder ausgestrahlt werden, wenn der Partner vorher dazu seine Genehmigung gibt. Nachträgliche Zustimmung reicht juristisch nicht aus.
- Sagen Sie Ihrem Partner deshalb auch immer deutlich, wenn das *Vorgespräch* beendet ist und Sie mit der Aufzeichnung beginnen oder auf Sendung gehen wollen. Hört beim Vorgespräch ein Dritter zu, sollten Sie auch das sagen. Nicht jeder Interview-Partner kennt die technischen Möglichkeiten in einem Funkhaus.
- Denken Sie immer daran, was die Stunde geschlagen hat. Das ist nämlich von *Zeitzone* zu Zeitzone unterschiedlich. Manche

Korrespondenten und Partner haben wenig Verständnis dafür, wenn sie nachts um drei geweckt werden – wo doch fünf auch noch gereicht hätte.
- Wenn ein Partner zu einer bestimmten Zeit nicht zu Hause sein kann, muß das Live-Interview deshalb noch nicht platzen. *Es gibt mehr Telefone als Sie denken,* gute 23 Millionen Hauptanschlüsse in den alten Bundesländern. Telefonieren kann man aus Kneipen und Küchen, aus Autos und Zügen, von vor dem Bundestags-Plenarsaal und von hinter der Bühne.
- Manchmal möchte man zwei oder mehr Korrespondenten zu einem Thema befragen. Man kann sie nacheinander anrufen. Man kann aber bei der Post auch eine *Telefon-Konferenz* (Extragebühr) bestellen. Dann hat man alle zur selben Zeit an einer Strippe. Wenn die dann alle aber durcheinander reden, dann hätte man sie doch besser nacheinander angerufen.

1 Michael Heiks, Politik im Magazin (Haag + Herchen Verlag, Frankfurt 1982), S. 242

## Produktionsregie und Aufnahmeleitung

Die Regiearbeit im Radio-Alltag findet nicht im Hörspielstudio statt, sondern in den vielen kleineren Wortproduktionsstudios. Dort entstehen die halbe Stunde für den Schulfunk mit kleinen Szenen und Sprechertexten in sechs Stunden, das 20-Minuten-Porträt für den Kirchenfunk mit zwei Sprechern und Ausschnitten aus Reden des Jubilars in zwei Stunden, oder die Stundensendung mit Originaltönen, Musik, dem Autor am Mikrofon und zwei Sprechern für das Dritte Programm; Produktionszeit fünf Stunden.

**Handwerk, nicht Kunst** ist hier gefordert. Natürlich muß der Regisseur mit Sensibilität den Sprecher für die Literaturzitate führen. Er muß aber auch den Toningenieur anweisen, an welcher Stelle die Musik unter den Zitaten hörbar werden soll. Dem Autor muß er klarmachen, daß es zwar eine faszinierende Schreibtischidee sein mag, wenn aus dem linken Stereo-Kanal Handke zitiert wird und aus dem rechten Kanal elektronische Musik bei gleicher Aussteuerung tönen soll – so etwas aber leider gar nicht klingt.

Alles, was zwischen Redaktion und Autor theoretisch diskutiert wurde – in der Studioarbeit zerfällt es häufig in übersteuerten Originalton, eine kratzende Schallplatte (»zu Hause klang sie aber noch einwandfrei«) und schlecht fotokopierte, unleserlich redigierte Seiten für den Sprecher (Autoren, kauft euch bitte ein neues Farbband!)
Zum Bessermachen (und zum Machen überhaupt) das Produktionsbeispiel der oben genannten 60-Minuten-Sendung für das Dritte Programm; denn hier kommen viele formale Elemente zusammen:

**Besetzung.** Laut Sprecheraufteilung auf dem Titelblatt (bitte immer machen) sind ein Autor, ein 1. und ein 2. Sprecher zu besetzen. Der Redakteur möchte, daß der Autor selber spricht. Sonst würde der Regisseur diesen Sprecherpart, der vom Text her sehr persönlich und kommentierend ist, mit einem Schauspieler besetzen, der eher Erzähler als sachlicher Sprecher ist. Der 1. Sprecher hat überwiegend reportagehafte Schilderungen zu lesen; der Regisseur besetzt mit einer weicheren Stimme. Der 2. Sprecher ist für Zitate von Gesetzestexten und Zeitungsmeldungen vorgesehen und wird mit einer sachlichen Stimme besetzt. Den Sprechern werden die Manuskripte zugeschickt (vgl. »Zusammenarbeit mit Dispositions- und Besetzungsbüro«).

**Vorbereitung und Probe:** Wenn möglich, sollte sich der Regisseur die O-Töne vor der Produktion anhören und sich über- oder untersteuerte Stellen, schlechte Schnitte oder abreißende Take-Enden im Manuskript einzeichnen – alles Dinge, die im Studio zu verbessern sind. Da die Sendung viele kurze, zum Teil nur 15 Sekunden lange Takes enthält, bittet der Regisseur den Autor, während der Cut-Termine drei Einspielbänder herzustellen. Band eins: Musik, Band zwei: alle O-Töne mit geraden, Band drei: alle O-Töne mit ungeraden Nummern. Das ist für die Mischung gerade kurzer Passagen empfehlenswert, weil so jede Bandmaschine vor der nächsten Ein- oder Zuspielung wieder in Ruhe eingestellt werden kann.
Damit nicht kostbare Studiozeit verschenkt wird, findet die *Probe* eine Stunde *vor Produktionsbeginn* statt: mit Sprechern, Autor (und Redakteur). Textänderungen werden besprochen und eingetragen, Betonungen und Sprechtempo festgelegt.

**Vorbereitung im Studio:** Häufig werden die Sprechertexte zuerst separat aufgenommen, zu einem weiteren Einspielband gecuttet und dann mit O-Tönen und Musik zur fertigen Sendung gemischt. Das kostet Zeit. Mancher montiert die Sendung auch im Cutraum, klebt die aufgenommenen Sprechertexte zwischen die O-Töne. Das sollte aber nur im tagesaktuellen Ausnahmefall geschehen. Eine gleichmäßige Aussteuerung aller Einzeltakes muß dabei gewährleistet sein.
Bei unserem Beispiel entscheidet sich der Regisseur für einen chronologischen Ablauf. *Wenn die Sprecher während der Aufnahme die O-Töne hören, treffen sie* erfahrungsgemäß *den richtigen Ton sicherer und sind lockerer.* Nur die vorgesehene Musik wird zunächst ausgelassen, weil sie sich leichter kürzen oder verlängern läßt, um die genaue Sendezeit zu erreichen. Vor der Aufnahme hören Regie und Technik noch gemeinsam in die Einspielbänder rein, vor allem in Anfänge und Enden; der Toningenieur zeichnet sich im Manuskript ein, wo er die O-Töne verbessern kann.

**Aufnahme:** Der Autor und die Sprecher bekommen ihre *Mikrofon-Positionen;* der Autor als Hauptsprecher an einem Mikrofon, die beiden Sprecher entweder an einem gemeinsamen Mikro (ist für den Toningenieur leichter) oder sogar in akustisch verschiedenen Ebenen des Studios an getrennten Mikrofonen. In unserem Beispiel werden alle relativ präsent ohne Raumakustik aufgenommen, da O-Töne und Musik genügend Abwechslung und Farbe bieten.
*Ansprechen* – vor allem den Autor als Laiensprecher sich länger *an die Studioatmosphäre gewöhnen lassen.* Die ersten 5 Minuten der Sendung zunächst für den Papierkorb produzieren, um alle aneinander zu gewöhnen, weil sich ja von Produktion zu Produktion immer neue Teams zusammenfinden.
Die Aufnahme beginnt. Normale Unterbrechungen sind: Versprecher, falsch, zu laut oder zu leise eingespielte O-Töne. Alle anderen Gefühlssignale wie: »zu lahm, zu traurig, zu schnell, zu überdreht gesprochen« oder »diese Blende ist ganz gut, könnte aber noch besser sein« usw. sollte der Regisseur nach dem Grundsatz behandeln: *im Zweifel – nochmal.*

**Nach der Aufnahme** wird gecuttet (vgl. »Bänder schneiden«).

Das kostet Zeit, die beim Bestellen des Produktionstermins großzügig kalkuliert werden muß, weil statt zehn leicht vierzig Versprecher vorkommen können. Mit wachsender Erfahrung lernt man, den tatsächlichen *Bedarf an Cutzeit* richtig einzuschätzen, damit man nicht auf Kosten anderer Abteilungen mit der begehrten Produktionszeit aast.
Schließlich liegen 49 Minuten Sendung vor. Ideal, denn es soll ja noch *Musik* rein. Da hat sich der Autor an drei Positionen musikalische Ruhepunkte vorgestellt und einen Schlußtitel. Die drei Popmusiken werden mit ihren instrumentalen Vorspielen schon unter den Wort-Takes hörbar, um den Hörer so auf das Stilmittel Musik vorzubereiten. Bleibt am Ende noch eine knappe Minute für die Schlußmusik. Zeit für An- und Absage muß auch noch freigelassen werden.
Auch der *Zeitpunkt des Bandwechsels* soll überlegt werden, weil eine 60-Minuten-Sendung immer zwei Bänder ergibt. Ein guter Wechsel bei dieser Sendeform: Ende Band eins – Musik, Anfang Band zwei – Wort.
Im Normalfall ist die Aufnahme fast immer zu lang. *Wer kürzt?* Zuständig ist der Redakteur.
Der Regisseur hat die Sendung aber noch im Ohr und sollte gleich Kürzungsvorschläge machen.
Das, was die Handwerksarbeit des Regisseurs im Rundfunkalltag ausmacht, ist das Disponieren der verschiedenen Arbeitsschritte, die zu einer fertigen Sendung führen. Er muß organisieren, was sich Autoren und Redakteure ausdenken.

## Zusammenarbeit mit Dispositions- und Besetzungsbüro

Dispositions- und Besetzungsbüro dienen einem doppelten Zweck: Sie schaffen als zentrale Einrichtungen die Voraussetzungen für rationelle Betriebsabläufe in Produktion und Sendung und entlasten die produzierenden Redaktionen von notwendiger Abwicklungsarbeit. Hörfunk und Fernsehen haben meist ihr jeweils eigenes Dispositions- und Besetzungsbüro. In mehreren Rundfunkanstalten gibt es nicht nur eine zentrale Hörfunk-Dispositionsstelle, sondern verschiedene für die einzelnen Bereiche der Produktion.

**Das Dispositionsbüro** hat die Produktionskapazität mit dem Ziel zu disponieren, daß die Nutzung des Produktionspersonals und der Studios, Übertragungswagen, Werkstätten sowie des sonstigen Aufnahme-, Beleuchtungs-, Beschallungs- und anderen Produktionsgeräts zeitlich und kostenmäßig optimiert wird. Dazu muß von der Disposition die Nachfrage nach Produktionskapazität mit den Möglichkeiten kontinuierlich koordiniert werden.
*Produktionswünsche* sollte man deshalb *rechtzeitig und genau anmelden* und bei der Zusammenarbeit mit dem (den) Dispositionsbüro(s) einige wichtige Grundsätze beachten:
Die Produktionsanmeldungen sollen beim Dispositionsbüro so frühzeitig wie möglich eingehen. Je mehr Produktionszeit ein Vorhaben erfordert, desto frühzeitiger muß man es anmelden. Andernfalls werden kleinere Produktionsvorhaben durch das jeweilige Dispositionsbüro fest terminiert, und damit die größeren Vorhaben erschwert oder gar unmöglich gemacht. In den meisten Anstalten finden deshalb in Abständen Besprechungen über die Produktionsplanungen der Redaktionen statt, um diese Koordinierung zu ermöglichen.
Der *Produzent* eines Beitrags sollte sich möglichst frühzeitig über den *Bedarf an Produktionskapazität,* und zwar *in zeitlicher, quantitativer und qualitativer Hinsicht,* klar werden. Vielfach stehen dafür Formulare zur Verfügung, die es dem Redakteur erleichtern, die notwendigen Angaben zu machen.
*Vor festen Terminabsprachen* mit Mitwirkenden oder Veranstaltern muß die Disposition gefragt werden, damit zu den vorgesehenen Terminen auch die erforderliche Produktionskapazität zur Verfügung steht.
*Nicht benötigte Produktions*kapazität muß so früh wie möglich an das (die) Dispositionsbüro(s) *zurückgegeben* werden. Oft kann damit ein Engpaß an anderer Stelle beseitigt werden.

**Das Besetzungsbüro** hilft, Besetzungswünsche zu realisieren. Es hat die Aufgabe, für Produktionsvorhaben *Regisseure, Schauspieler, Darsteller und Sprecher zu verpflichten,* die Termine, zu welchen diese an den jeweiligen Produktionsorten sein müssen, zu koordinieren und nach Möglichkeit auch ihren Einsatz innerhalb der einzelnen Rundfunkanstalten bei verschiedenen Produktionsvorhaben zu kombinieren, um Kosten zu sparen.

Produktion und Technik

Das Besetzungsbüro hat für die Beratung der Produzenten zumeist Karteien mit Angaben über die Stimmcharakteristik der Schauspieler und Sprecher, außerdem mit Fotos, persönlichen Daten und Rollenangaben sowie Notizen darüber, ob sie am Ort oder im Funkhaus oder wo sonst gerade zu erreichen sind.
Für die Zusammenarbeit mit dem Besetzungsbüro gelten im wesentlichen folgende Spielregeln:
*Längerfristig geplante Produktionsvorhaben sollen frühzeitig* dem Besetzungsbüro *mitgeteilt werden,* damit es die gewünschten künstlerischen Kräfte frühzeitig engagieren kann. Voraussetzung dafür ist allerdings häufig, daß der Regisseur der jeweiligen Produktion feststeht, da er wegen seiner künstlerischen Verantwortung das Sagen hat, wie die Rollen besetzt werden sollen.
Dem Besetzungsbüro muß das jeweilige Text- oder Rollen-(Dreh-)Buch vorliegen, da es nur anhand dessen die notwendigen Verpflichtungen vornehmen kann.
Das Besetzungsbüro muß so präzise wie möglich über die *Produktionszeiten* und *-orte* sowie über den zur Verfügung stehenden *Finanzrahmen* orientiert werden.
Über auftretende Schwierigkeiten in der Zusammenarbeit mit einzelnen Mitwirkenden sollte das Besetzungsbüro informiert werden.

## Mit dem Mikrofon arbeiten

Irgendein Mikrofon zu nehmen ist meistens falsch. Oft ist auch das nicht das richtige, das dem Tonbandgerät gerade beigegeben ist. Man sollte deshalb in der Geräteausgabe recht klar beschreiben, was man eigentlich vorhat. Eine Umfrage auf der lauten Straße, ein Interview im stillen Büro, den Mitschnitt eines entfernt stehenden Redners?

**Mikrofon – Niere, Kugel oder Keule?** Das Mikrofon ist ein »Ohr« in der Hand des Reporters. Es »hört« nicht nur Sprache, Klänge, Geräusche, sondern auch den Raum, der den Schall durch Reflexion an den Wänden oder durch Dämpfung, etwa durch Vorhänge oder Teppiche, beeinflußt.
Wie das menschliche Ohr besitzen auch bestimmte Mikrofonty-

pen »Hörmuscheln«. Freilich kann man sie nicht sehen. Sie ergeben sich aus der technischen Konstruktion.
Der Techniker nennt diese »Hörmuscheln« natürlich anders. Er spricht von der Richtwirkung oder der *Richtcharakteristik.*
Mikrofone können eine nierenförmige, eine supernierenförmige, eine kugelförmige oder eine keulenförmige Richtcharakteristik aufweisen. Je nach Auslegung der Richtcharakteristik setzt man sie ein.
In der Praxis verwendet der Reporter hauptsächlich drei Mikrofonarten, das Kugel-, Nieren und das Keulenmikrofon.
Was aber ist besser, wie wirkt sich die Richtcharakteristik bei der Aufnahme aus? Zur Erklärung muß man die Vorstellungskraft bemühen.
Aus dem Raum dringen Schallwellen auf das Mikrofon ein. Sie können von allen Seiten kommen, also von vorn, von der Seite, von hinten. Einige Mikrofone nehmen *akustische Signale* auch *aus allen diesen Richtungen,* die zusammengenommen einen kugelförmigen Raum ergeben, auf. Sie sind allseitig empfindlich. Im Fachjargon nennt man sie kurz und bündig »*Kugeln*«.

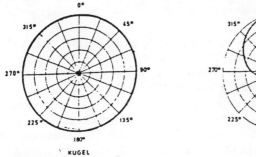
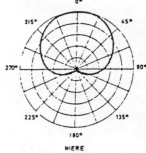

KUGEL    NIERE

Anders die »*Nieren*«. Sie sind für Schall, der von hinten kommt, weitgehend taub, *akustische Signale, die von vorne auftreffen,* werden dagegen sehr gut aufgenommen. Diese Mikrofone sind einseitig empfindlich. Würde man den Raum, auf den dieses Mikrofon akustisch reagiert, abbilden, hätte er eine nierenförmige Gestalt.
Auch die »*Keule*« ist einseitig empfindlich. Sie reagiert nur auf *Schallimpulse, die von vorn aus einem sehr schmalen, keulenförmigen Raumbereich eintreffen,* wirkt also wie eine akustische

Lupe. Nieren- und Keulenmikrofone nennt man *Richtmikrofone*.

**Mikrofone mit Kugelcharakteristik** setzt man ein *bei Diskussionen am runden Tisch, bei Gesprächen in ruhigen Räumen* und bei *der Aufnahme von Atmo*. Vorteil der »Kugel« bei Interviews: Man kann das Mikrofon senkrecht nach oben und *ohne Verdrehen* ruhig zwischen die Partner halten, jeweils etwa *30 cm vom Mund* entfernt. Das schafft äußere Ruhe, verwirrt die Interviewpartner weniger und verhindert, daß sich störende Handgeräusche auf das empfindliche Mikrofon übertragen.

**Mikrofone mit Nierencharakteristik** sind gut *für Wortaufnahmen im lauten Umfeld,* da sie ja jenen Teil des akustischen Geschehens ausblenden, der von hinten kommt. Weniger Störgeräusche, bessere Verständlichkeit. »Nieren« verwendet man bei *Umfragen,* bei *Reportagen aus einer intensiven Geräuschkulisse,* bei der Aufnahme von *Statements* oder bei Musikaufzeichnungen, wenn man einzelne Instrumente besonders herausheben möchte.

Auch »Nieren« sollte man aus *etwa 30 cm* Entfernung besprechen. *Bei lauten Nebengeräuschen* kann man allerdings *dichter herangehen.* Dadurch wird der Störschall noch stärker zurückgedrängt, die Wortverständlichkeit steigt. Allerdings sollte man in diesem Fall unbedingt einen *Windschutz* auf das Mikrofon stecken, *um das »Blubbern« zu vermeiden.* »Nieren« sollten möglichst exakt geführt werden. Sie nehmen jene Tonimpulse am schärfsten auf, die senkrecht auf die Mikrofonmembrane fallen. Folglich muß man Mikrofone mit Nierencharakteristik – anders als bei »Kugeln« – *immer zum Sprechenden hinwenden.*

Die »Superniere« beschneidet die Geräuschakustik noch stärker. Man kann sie *bei Wortaufnahmen* (Interviews, Statements) *in sehr lauter Umgebung* verwenden. Allerdings sollte man in diesem Fall bereits über einige Aufnahmeerfahrungen verfügen – oder über einen Tontechniker, der dieses Geschäft von Grund auf gelernt hat.

**Die »Keule«** schließlich ist das *akustische Teleobjektiv.* Man bedient sich dieses Mikrofons dann, wenn Sprechende zu weit entfernt sind, als daß man sie mit »Niere« oder »Kugel« erreicht. Die »Kanone«, wie das Richtmikrofon wegen seiner langgezogenen,

röhrenartigen Form auch genannt wird, *liefert brauchbare Ergebnisse über mehrere Meter hinweg.* Zu beachten ist, daß es den ganzen schmalen Keulenbereich akustisch abbildet. Unterhalten sich zum Beispiel Menschen in einiger Entfernung vor dem Redner, so werden auch ihre Gespräche laut aufs Band kommen.
Aufnahmen mit der »Kanone« muß man unbedingt während der Aufzeichnung *mit dem Kopfhörer abhören und kontrollieren.* Notfalls muß man durch besseres Anpeilen oder durch Nachsteuern am Aufnahmegerät ausgleichen.

**Für aktuelle Wortaufnahmen** verwendet man nahezu ausschließlich *Kassettenrecorder.* Statements, Interviews und Reportagen, die mit einem Kassettenrecorder bestimmter Mindestqualität aufgenommen werden, lassen sich im alltäglichen Radiobetrieb von Tonbandaufnahmen nicht mehr unterscheiden.

**Stabiles Laufwerk und gutes Mikrofon** entscheiden darüber, ob sich der Kassettenrecorder für den professionellen Einsatz eignet.

**Dem digitalen Kassettenrecorder** gehört die Zukunft; mit ihm kann man sogar Musikaufnahmen machen. Dieser DAT-Recorder (Digital Audio Tape) besitzt eine Elektronik, mit der einzelne Abschnitte auf der Kassette markiert werden können (ID-Takemarkierung). Der DAT-Recorder ermöglicht Hinter-Band-Kontrolle und zeigt optisch an, wenn das Band auf der Kassette zu Ende geht.

**Bei der Wahl der Kassette** kommt es nicht auf *Chromdioxid* oder *Ferrum* an, sondern darauf, daß es sich um keine Billigkassette handelt. Auch Markenhersteller liefern zuweilen Discount-Ware, die im Prüfverfahren wegen mechanischer Mängel ausgesondert werden mußte und dann verramscht wird. Wer hier spart, kann draufzahlen.

**Eine direkte Abhörkontrolle** während der Aufzeichnung ist bei den normalen Kassettenrecordern (z.B. Sony TDC 5 Pro) leider nicht möglich. Deshalb muß man, um sicher zu gehen, vor Beginn der eigentlichen Aufzeichnung ein paar Worte zur Probe aufsprechen, die Kassette zurücklaufen lassen und dann auf »Play« abhören.

**Das Vorlaufband**, das auf jeder Kassette dem beschichteten Aufnahmeband vorangesetzt ist, muß vor Beginn der Aufnahme durchgelaufen sein. Record-Taste drücken und erst zehn Sekunden danach mit der Aufzeichnung beginnen, – dann kann nichts schiefgehen.

**Die Aussteuerung** der Aufnahme beschränkt sich auf das (automatische) Begrenzen der Lautstärke. Während die nur noch selten anzutreffende »Automatik« (Compressor) nicht nur nach oben begrenzt, sondern auch zu leise Impulse automatisch anhebt, muß der Reporter heute anders vorgehen:
Der Aufnahmeregler wird beim Probesprechen so eingestellt, daß das Anzeigeinstrument bei lautem Ansprechen nur wenig in den roten Bereich geht. Danach schaltet man auf *Limiter* (Begrenzer). Nie ohne Begrenzer arbeiten!
Eine *Handaussteuerung* des Kassettenrecorders ist nur dann sinnvoll, wenn akustisch besonders anspruchsvolle Aufnahmen (z.B. Musik) gemacht werden sollen.
*Die »Automatik«-Aussteuerung*, wo sie noch vorhanden ist, hebt leise Signale an und dämpft sehr laute Schallimpulse zurück. Deshalb sollte sie nur bei Wortaufnahmen im leisen Umfeld eingeschaltet werden. In allen anderen Fällen mit lautem Hintergrund immer von Hand aussteuern. Andernfalls werden nämlich die Geräusche unnatürlich laut »hochgepumpt«. Die Automatikaussteuerung eignet sich nicht für Musikaufnahmen. Sie verzerrt das natürliche Klangbild, da sie z.B. Bässe und Schlagzeug besonders herausstellt. Tonspitzen werden gekappt.
*Musik immer von Hand aussteuern* und über Kopfhörer und Aussteuerungsmesser, der im Gerät eingebaut ist, kontrollieren. Wenn die Gelegenheit besteht, zuerst eine Aussteuerungsprobe durchführen.

**Dolby-Stellung** nicht vergessen! Um dann aber den Effekt der Rauschunterdrückung auch auf dem Sendeband zu haben, muß man beim Kopieren von Kassette auf Band im Kopiergerät wieder Dolby einschalten.

**Eine grobe Schnittliste** erleichtert und beschleunigt das Kopieren. Man markiert sich vor der Produktion mit Hilfe des Laufwerk-Zählers die Takes, die man kopieren will.

**Mit einem Bandgerät** wird heute fast nur noch im Studio und im Übertragungswagen gearbeitet. Die folgenden Hinweise beschränken sich deshalb auf jene Ausnahmefälle, in denen der Radiojournalist ein tragbares Band-Aufnahmegerät verwendet.
*Bandgerät immer rechtzeitig einschalten.* Es muß erst richtig anlaufen und die konstante Bandgeschwindigkeit erreichen. Sonst kann es passieren, daß die ersten Worte *anjaulen*.
*Keine Angst vor Bandverbrauch.* Pausen lassen sich beim Kopieren und beim Schnitt wieder verkürzen.
Vor jeder Aufzeichnung sich vergewissern, ob das Band richtig eingelegt ist. Die *beschichtete Seite* (in den meisten Fällen die matte Seite) des Bandes muß *zu den Tonköpfen* zeigen. Das Band muß unbedingt über die Tonrollen geführt werden. Sie sorgen für die nötige Bandspannung und den Gleichlauf. Immer zuerst einen kurzen *Probelauf durchführen.* Nichts darf haken. Vergewissern, daß das Band auch wirklich *unmittelbar am Tonkopf* anliegt, also nicht (z.B. durch eine Klappe oder Rolle) vom Tonkopf abgehalten wird. Mikrofonkabel muß gut im Steckkontakt sitzen.
Sollten – wider Erwarten und trotz aller Vorsichtsmaßnahmen – die Batterien »sauer« geworden sein, wodurch die Bandgeschwindigkeit *unter 19cm/sec absinkt oder schwankt*, nicht verzagen! Die Funkhäuser verfügen über Kopiergeräte, bei denen die Bandgeschwindigkeit über einen stufenlosen Regler gleitend eingestellt werden kann. Mit diesen »*Waschmaschinen*« (Fachjargon) lassen sich Geschwindigkeitsabweichungen im Notfall wieder *einigermaßen ausbügeln*. Ist die Aufnahmegeschwindigkeit allerdings völlig unstabil oder zu stark abgesunken, dann helfen auch keine technischen Tricks mehr.

**Die folgenden Tips und Tricks** gelten für Aufnahmen mit dem Kassettenrecorder und dem Bandgerät:
Vor Beginn jeder Aufnahme *Ladung der Batterien* mit dem eingebauten Kontrollgerät überprüfen. Bei Aufnahmen, die sich über längere Zeit hinziehen, unbedingt Ladegerät mitnehmen.
Aufnahmegerät möglichst weit vom Mikrofon entfernt aufstellen. Das Brummen der Gerätemotoren kann sich sonst akustisch über das Mikrofon auf das Band übertragen.
Aufnahme erst nach einem *kurzen Text* beginnen: Kurzes Probesprechen, um sich von der einwandfreien Funktion des Gerätes

zu überzeugen, dabei am Aussteuerungsmesser beobachten, ob Zeiger richtig ausschlägt. Anschließend *Testaufnahme abhören.*
Bei *Umfragen* darauf achten, daß die Befragten ganze Sätze sprechen. Für den fertigen Beitrag werden nämlich, um langweilige und zeitraubende Wiederholungen zu vermeiden, die Reporterfragen meistens wieder herausgeschnitten; die Antwort muß also für sich selbst stehen können.
Sich *nie das Reportermikrofon,* z. B. bei Interviews, *aus der Hand nehmen lassen.* Man ist seinem Gesprächspartner sonst hilflos ausgeliefert; wie anders könnte man schnell eine Zwischenfrage stellen oder das Gespräch durch Anmerkungen strukturieren, wenn der Gesprächspartner das Mikrofon okkupiert hat?
Vor Beginn der Aufnahme unbedingt *Ringe von den Fingern* der Hand nehmen, mit der man das Mikrofon hält. Das Reiben von Metall auf Metall überträgt sich durch den Mikrofonkörper als lautes Poltern auf das Band.

**Bei Außenaufnahmen** oder bei nahem Besprechen des Mikrofons immer *Windschutz* auf die Mikrofonkapsel stecken. Sonst verderben Windgeräusche oder Blubbern die Aufnahme. Der Windschutz beeinträchtigt die Qualität der Aufnahme nicht. Mikrofone mit Windschutz müssen nicht näher als üblich besprochen werden, ca. 30 cm. *Bei starkem Wind* kann aber auch der Windschutz nicht immer eine einwandfreie Aufnahme garantieren. Man sollte sich deshalb – wenn es geht – an einen *windgeschützten Ort* stellen. Sollte mal kein Windschutz zur Hand sein, um die Mikrofonkapsel *ein Taschentuch* wickeln. Es hält schwächeren Wind notdürftig ab. Vorher unbedingt Probeaufnahmen machen und das Ergebnis überprüfen.

**Bei Interviews in Räumen** sich auch mit den Ohren »umsehen«. *Hallige Räume möglichst meiden.* Sie beeinträchtigen die Verständlichkeit. Fenster schließen, wenn von draußen Störgeräusche eindringen. *Richtige Sitzposition* einnehmen: Wenn der Reporter, um seinen Gesprächspartner zu erreichen, lange Wege mit dem Arm zurücklegen muß, hemmt dies die Unterhaltung. Außerdem wächst die Gefahr, daß sich Handgeräusche dem Mikrofon mitteilen.
Interviews so gut vorbereiten, daß man sie nur einmal führen

muß. *Wiederholungen bringen meist keine Verbesserung.* Beim zweiten Versuch denken Reporter und Befragte oft an ihre Formulierungen vom ersten Mal, Inhaltliches aber wird manchmal vergessen. Sollten *Ergänzungen oder Verbesserungen* nötig sein, Aufnahme an der betreffenden Stelle abhören und als Nachtrag *am Ende der Aufzeichnung aufnehmen.* Im Funkhaus an der richtigen Stelle einfügen. Natürlich muß auch die Nachaufnahme in der gleichen akustischen Atmosphäre wie das Interview selbst gemacht werden. Sonst hört man den *Akustiksprung.*

**Mikrofon möglichst ruhig in der Hand halten,** nicht immer nachfassen oder nervös die Finger bewegen. Dem empfindsamen Gerät teilen sich diese Körpergeräusche sehr laut mit. Außerdem darauf achten, daß man eine *Schleife* macht: Das Zuleitungskabel in einer lockeren Schlinge um die Hand legen. Auf diese Weise entlastet man den Kabelanschluß am Mikrofon und vermeidet unschöne Knackgeräusche.

**Nach Beendigung der Aufnahme: unbedingt abhören.** Schon oft kam die Überraschung erst im Funkhaus, wenn nichts mehr zu reparieren ist. War es womöglich ein Bedienungsfehler, hatten die Batterien zu wenig Strom, ist das Gerät mechanisch defekt? Sollte keine Zeit für die eingehende Überprüfung der Aufnahme vor Ort und in Beisein der Gesprächspartner sein, wenigstens kurze Stichproben machen.

Michael Dickreiter, Mikrofon-Aufnahmetechnik. Aufnahmeraum, Schallquellen, Mikrofon-Aufnahme (S. Hirzel Verlag, Stuttgart 1984)

## Arbeitsplatz Ü-Wagen

Der Übertragungswagen ist ein fahrbares Hörfunkstudio, eine mobile Außenstelle des Studios. Er ist eingerichtet mit Mikrofonen, Bandmaschinen, Mischpult und sonstigem technischen Gerät. Fast alle Ü-Wagen verfügen z. B. über Autotelefon (= Funktelefon) bzw. einen eigenen Sender. Die meisten Ü-Wagen haben eigene Not-Stromversorgung und sind damit für beschränkte Zeit vom Netz unabhängig. Ü-Wagen sollten aus Kostengründen nur dann eingesetzt werden, wenn Telefon oder Reportergerät zur Erfüllung der journalistischen Aufgabe nicht ausreichen. Das gilt in erster Linie für größere Live-Berichterstattung oder für Aufnahmen, die – wie beispielsweise Musikfestivals, Parteitage, Kongresse oder Kundgebungen – erheblichen technischen Aufwand erfordern.

Welcher Ü-Wagen eingesetzt wird, hängt von der Auslastung der Ü-Technik am jeweiligen Tag ab, vor allem aber auch von der Aufgabe, die realisiert werden soll.

**Schnell- und Kleinreportagewagen:** Sie bestehen aus einem Kleinbus oder Pkw und sind zur Übertragung mit einem Autotelefon und/oder einem Reportage-Sender ausgestattet. Ausgerüstet mit einem kleinen Mischpult, diversen Mikrofonen und zwei Bandmaschinen zur Zuspielung (oder Aufnahme) eignet sich der Reportagewagen für *aktuelle Berichte* und *Live-Reportagen*. Größere Fahrzeuge werden sich private Hörfunksender kaum leisten können (oder wollen).

Möchte man auf einer Messe oder Ausstellung präsent sein und eine normale Sendung »fahren«, eignen sich in Reportagewagen eingebaute Plattenspieler, CD-Player und Cartmaschinen kaum: Der Messebesucher will ja auch etwas sehen . . . *Mobile Studiogeräte* sind da oft nützlicher. Man baut sie in sogenannte Flight-Cases ein, Transportkoffer aus Kunststoff mit Metallkanten und Rollen. Der Reportagewagen dient nur noch als schöne Kulisse und der Übertragung des Sendesignals zum Studio. Gerade für Präsentationen auf Messen oder Auftritte der Moderatoren bei Kaufhaus-Eröffnungen etc. empfiehlt sich die Bestückung der Ü-Wagen mit einer *Beschallungsanlage* (vgl. Absatz »Beschallung«)

**Die eigentlichen Ü-Wagen** unterscheiden sich vor allem durch die Zahl der eingebauten Bandmaschinen und der Anschlußmöglichkeiten für Mikrofone. Ein *kleiner Ü-Wagen* (Kosten: circa 1,5 Millionen Mark) hat in der Regel zwei bis drei Maschinen und bis zu 25 Mikrofoneingänge (Regler). Der *mittlere Ü-Wagen* (Kosten: etwa 2,5 Millionen Mark) verfügt über ca. 40 Mikro-Eingänge. Er ist damit gut geeignet, eine ganze Sendung mit mehreren Außenstellen und Live-Musikzuspielungen live »zu fahren«. Der *große Ü-Wagen* (Kosten: ungefähr 3 Millionen Mark) hat über

40 Regler und wird hauptsächlich für Musik-Mitschnitte und -Übertragungen eingesetzt. Bei Bedarf können an die Übertragungswagen *zusätzliche Geräte* wie eine Diskjockey-Anlage mit mehreren Plattenspielern und CD-Playern oder weitere Bandmaschinen und Cart-Player angeschlossen werden.

**Der tragbare Sender (»Reportage-Funk«)** erweitert den Aktionsraum des Journalisten. Ihn zu verwenden ist dann sinnvoll, wenn der Reporter beweglich bleiben und von Plätzen aus berichten soll, die etwas weiter vom Ü-Wagen entfernt sind. Der Bericht des Journalisten wird dann drahtlos über Funk zum Ü-Wagen transportiert. Es brauchen keine langen Mikrofonkabel gezogen und gesichert zu werden. Mit dem tragbaren Sender kann sich der Reporter bis zu 1000 Meter vom Ü-Wagen wegbewegen, wenn Sichtverbindung besteht und die Funkverbindung nicht durch feste Bauten oder Bodenwellen unterbrochen wird. In der Praxis ist allerdings eine gute technische Qualität der Übertragung eher garantiert, wenn das Reportermikrofon per Kabel (»Strippe«) mit dem Ü-Wagen verbunden ist; denn beim drahtlosen Sender sind Störungen durch andere Funkdienste möglich. Hinsichtlich Sprechdisziplin des Reporters vgl. »Übermittlungsarten«.

**Der richtige Standplatz** des Ü-Wagens ist eine entscheidende Voraussetzung für die journalistische Arbeit. Der Reporter ist dafür (mit-)zuständig. Journalistische, organisatorische und technische Gesichtspunkte sind zu berücksichtigen. Zum Beispiel: Wo ist der beste Platz zur Beobachtung des Ereignisses? Wo bekomme ich etwas von der Atmosphäre mit? Wo treffe ich auf Leute, die ich in die Sendung einbeziehen kann? Wo ist genug Raum für Publikum? Brauche ich ein Podium? Kann ich in Blickkontakt mit dem Toningenieur im Ü-Wagen bleiben, um während der Sendung Zeichen zu geben? Ist eine Genehmigung für den Standplatz notwendig? Ist die Zufahrt für den Ü-Wagen befahrbar? Erreicht der Ü-Wagen-Funk die Antennen des Funkhauses (Abschattung)? Um solche Fragen zu klären, kann es nötig sein, den Standplatz vor Ort – in der Regel zusammen mit einem Kollegen von der Ü-Technik – festzulegen (vgl. »Reportage«).

**Bei aufwendigeren Produktionen** empfiehlt es sich, einen oder mehrere Tage vorher zu besprechen, was vom Journalistischen her geplant ist, um sicherzustellen, daß vor Ort auch die entsprechende technische Ausrüstung vorhanden ist. Sonst genügt es, wenn *rechtzeitig* vor der Sendung geklärt wird, wieviele Sprechstellen, Mikrofone und Kopfhörer aufgebaut werden sollen oder ob Live-Musik vorgesehen ist usw.

**Beschallung:** Wird das Mithören des Programms am Ort der Reportage für ein größeres Publikum gewünscht, so muß dies ebenfalls längerfristig bei der Technik beantragt werden. In manchen Funkhäusern wird dann damit eine Privatfirma beauftragt. Die Beschallung macht bei Live-Übertragungen immer wieder Probleme, weil es zu einer *Rückkopplung* zwischen Mikro und Lautsprecher kommen kann. Dann »pfeift« oder »heult« es. Andererseits ist eine ausreichende Beschallung für den Journalisten manchmal unerläßlich, denn nur so können die Zuschauer die Sendung verfolgen und in sie einbezogen werden.

**Vor der Sendung** muß nicht nur der Reporter ausreichend Zeit für die Vorbereitung haben, auch das Ü-Team braucht Zeit für Aufbau und Probe. In der Regel ist ein erheblicher Teil der journalistischen Vorarbeiten bereits vor dem Einsatz vor Ort geschehen, jetzt kann die Recherche ergänzt oder ein Vorgespräch mit dem Interviewpartner geführt werden. Es ist zu überlegen, ob es sinnvoll ist, Teile der Reportage vorher aufzunehmen und zusammenzuschneiden. Sobald es geht, sollte der Journalist letzte Einzelheiten mit der Redaktion klären (Zahl und Dauer der Aufrufe, Stichworte, Einstieg usw.).

Mit dem Kollegen vom Ü-Wagen muß er den Ablauf absprechen und wenn irgend möglich, einen Laufplan anfertigen. Es schadet auch nicht, noch einmal nachzufragen, wie während der Sendung der Kontakt mit dem Toningenieur aufgenommen werden kann, ob über Rotlicht, über Handzeichen oder über Kopfhörer (nur einseitig vom Toningenieur aus).

Es ist für den Journalisten wichtig zu wissen, welches *Mikrofon* (Kugel, Niere, Nahbesprechungsmikrofon) er in der Hand hält und in welchem *Abstand* zu den Lautsprechern er sich im Fall einer Beschallung bewegen muß, um eine Rückkopplung zu vermeiden.

**Während der Sendung** sollte trotz aller Planung noch die Möglichkeit bleiben, spontan auf das zu reagieren, was vor Ort passiert, und zu improvisieren. Wer sich allerdings nicht an die Absprache mit dem Toningenieur hält, riskiert, daß es Pannen gibt. Bei Pannen gilt für den Reporter im Zweifelsfall: Weitermachen.

## Übermittlungsarten

**Das Telefon** ist für den Hörfunk-Journalisten häufig die schnellste und manchmal auch einzig verfügbare Übermittlungsart. Die Qualität der Übertragung ist zwar nach wie vor unbefriedigend, wird aber mit zunehmender Digitalisierung besser.

**Mobil- oder Auto-Telefone** haben längst Einzug gehalten in die Redaktionen. Die Telekom bietet drei verschiedene Netze an: das *B-Netz* (noch), hier muß der Anrufer genau wissen, in welchem Sendebereich sich sein Gesprächspartner mit Autotelefon befindet. Es muß jeweils eine Ortsnetzkennzahl vorgewählt werden.
Beim *C-Netz* ist das Telefon über die bundeseinheitliche Vorwahlnummer 0161 zu erreichen. C-Netz-Teilnehmer können während des Gesprächs im fahrenden Auto die Bereiche verschiedener, weiterleitender Sender durchfahren – ohne daß das Gespräch (im Normalfall) abgebrochen wird.
Neben dem *D 1-Netz* der Telekom (Vorwahl 0171) offeriert ein privates Konsortium unter Führung von Mannesmann das *D 2-Netz* (Vorwahl 0172). Die Tonqualität ist wesentlich besser, das Netz wird digital betrieben. Erst 1994/95 dürfte es allerdings flächendeckend zur Verfügung stehen. Künftig können D-Netz-Telefone auch in anderen europäischen Ländern verwendet werden.
Alle Hersteller bieten Autotelefone an, die mit wenigen Handgriffen vom Fahrzeug abgekoppelt werden können. Abgekoppelte Geräte und Mini-Handtelefone verfügen aber über eine geringere Sende-/Empfangsleistung.
Reporter, die D-Netz-Geräte für Liveschaltungen nutzen und gleichzeitig über einen Walkman (als Rückleitung) das Programm mithören, sollten sich nicht durch mögliche »Echo«-Effekte stören lassen. Mithören über den Telefon-Hörer vermeidet diesen irritierenden Effekt.

Produktion und Technik

**Weltweit einsetzbare Mobil-Telefone** (beispielsweise Inmar-Sat) dürften nur noch in extremen Einöden von Bedeutung sein. Eine dazugehörige kleine Satelliten-Antenne ermöglicht auch aus der Atacama-Wüste oder vom Himalaja-Gipfel die Einspeisung ins Telefonnetz. Vor das Telefonieren hat der Hersteller allerdings den Schweiß gesetzt: Telefon und Zubehör füllen einen ganzen Koffer.

**Bax-Geräte** nutzen zwei Telefonleitungen zur Verbesserung der Übertragungsqualität. Die Bax-Einheit besteht aus Sender und Empfänger (beide Geräte so groß wie ein Videorecorder). Zwei Leitungen werden eingepegelt, die Tonqualität liegt zwischen Telefon und Telekomleitung. Die Übertragungskosten: doppelte Telefongebühr, sehr viel billiger als die Leitung. Einige Sender ziehen Bax-Reportagen oder digitale Mobiltelefon-Qualität den hochwertigen Telekom-Leitungen vor: Die Beiträge klingen »liviger«.

**»Reportophone«** oder ähnliche Geräte verbinden den Reporter über Telefonleitung mit dem Studio. Mikrofon, Kopfhörer und Kassettenrecorder für Zuspielungen lassen sich bequem anschließen. Das Equipment ist leicht, läßt sich in jeder Tasche bequem verstauen. Die Tonqualität ist gegenüber der »normalen« Telefonleitung erheblich verbessert. Kleiner Haken: Die Telekom verweigert die offizielle Zulassung.

**Dauernd überlassene Tonleitungen** werden von der Telekom auf mindestens ein Jahr vermietet. In Stereo- oder Mono-Qualität befördern sie das Studiosignal zum Sender. Durch dauernd überlassene Tonleitungen werden beispielsweise Außenstudios mit dem Funkhaus verbunden. Sie sind, wie alle Telekom-Tonleitungen, gerichtet: Die Übertragung ist nur von A nach B möglich. In umgekehrter Richtung wird eine zusätzliche Leitung benötigt.

**Das Hörfunk-Dauerleitungsnetz der ARD** ist das Rückgrat aller Übertragungen zwischen den öffentlich-rechtlichen Anstalten und dem Studio Bonn mit dem *Sternpunkt in Frankfurt*.
In Frankfurt enden übrigens auch alle Auslandsleitungen, sie werden von dort in die einzelnen Funkhäuser geschaltet. Sämtli-

che Leitungen werden über einen *Prozeßrechner* vorbestellt, geschaltet, überprüft, abgeschaltet, gegebenenfalls verlängert und abgerechnet. In den angeschlossenen Funkhäusern befinden sich Fernschreiber zum direkten Verkehr mit dem Zentralrechner, *automatische Schalteinrichtungen* und *Datensichtgeräte* mit Angaben über die bestellten, geschalteten und in wenigen Minuten zu erwartenden In- und Auslandsleitungen (vgl. »Programmaustausch«).

Bandüberspielungen von einem Funkhaus ins andere sind soweit automatisiert, daß die abgebende Stelle die Bandaufzeichnungsmaschine der empfangenden Stelle automatisch starten und stoppen kann. Überspielungen können frühestens 7 Tage, spätestens 5 Minuten vor Überspielbeginn bestellt werden.

Große Flexibilität des Systems wird erreicht, wenn man, soweit möglich, Überspielungen als *»verschiebbar«* bestellt. Ein Beispiel: Versucht ein Redakteur, kurzfristig an einem Werktag nachmittags um 17.00 Uhr eine 10-minütige Überspielung durchzubringen, und schreibt dafür den Zeitraum zwischen 17.00 und 17.10 fest vor, so wird er mit großer Wahrscheinlichkeit vom zentralen Rechner in Frankfurt eine Absage bekommen. Zu diesem Zeitpunkt ist eben die notwendige Leitungskombination nicht mehr frei. Bestellt man jedoch für diese 10-minütige Überspielung einen möglichen Zeitraum zwischen 17.00 und 17.30 Uhr, dann kann der Rechner die notwendigen 10 Minuten mit Hilfe dieses Spielraums unter Umständen in eine vorhandene Lücke einbauen, und man erhält eine positive Quittierung. Also, Überspielungen immer verschiebbar bestellen, wenn dies möglich ist.

Nicht eben selten kommt es vor, daß sich der Moderator einer Magazinsendung mit dem Hinweis, der Computer habe abgeschaltet, entschuldigen muß, und zwar immer dann, wenn die Zeitdisposition einer Sendung nicht eingehalten werden konnte, der Computer aber *keine Verlängerung der Schaltzeit* akzeptierte, weil er ausgebucht war.

**Die »eigens geschaltete Tonleitung«** wird von allen Radiosendern genutzt: Will beispielsweise Radio Charivari in guter Tonqualität vom 16 Tage währenden Münchner Oktoberfest berichten – dann muß eine »vorübergehend überlassene Leitung« der Bundespost her. Egal ob der NDR vom Hamburger Hafenkonzert oder Charivari vom Oktoberfest übertragen möchte: Minde-

stens 72 Stunden vor der Sendung will die Post darüber informiert sein, um die notwendigen Vorbereitungen treffen zu können. Manchmal erfordert es die Aktualität, daß diese Frist nicht eingehalten werden kann. Das kostet dann allerdings extra.
Apropos *Kosten:* Sie sind *von der Entfernung* (Luftlinie) *und der Übertragungsdauer abhängig.* Hinzu kommen Grund- und Einrichtungsgebühren und eventuelle Aufwendungen der Post für die Installation an besonders ungünstig gelegenen Punkten. Ein deutlich teureres Vergnügen also als die Anmietung der Dauerleitung. Die Grund- und Einrichtungsgebühren lassen sich halbieren, wenn man eine *Dauer-Empfangsleitung zwischen Studio und nächstem Verstärkeramt* beantragt. Bei Außenübertragungen legt die Post die Leitung dann nur noch vom Übertragungsort zum Verstärkeramt. Schon bei einigen Außenübertragungen pro Jahr lohnt diese Dauerleitung.

**Die Programm-Rückleitung/Meldeleitung.** Wie verständigt sich der Reporter mit dem Kollegen im Studio? Wie hört er mit, ob er auf Sendung ist – oder nicht? Da die Postleitungen ja gerichtet sind, hört ihn zwar der Studio-Moderator, aber in umgekehrter Richtung ist da nichts zu machen. Reporter, die aus dem Sendebereich der eigenen Station übertragen, hören das Programm über ein *Walkman-Radio* mit. Die Verständigung mit dem Moderator erfolgt per Telefon.
Wenn sich der Reporter vor Ort aber nicht mehr im Sendebereich des eigenen Senders befindet, wird eine Programm-Rückleitung erforderlich. Die Bundespost bietet sogenannte *Meldeleitungen* an, die nicht Rundfunk- sondern Telefon-Qualität besitzen. Aber für die Verständigung sind sie ideal.

**ISDN** ist die Abkürzung für Integrated Services Digital Network. Es handelt sich hier um einen Datenkanal der Telekom, über den Informationen auf verschiedenste Art und Weise transportiert werden können. Der Kanal transportiert 64 kbit pro Sekunde – wahlweise oder parallel kann der Kanal für Telefonate, Telefaxe, die Übertragung von PC-Daten und auch für die Tonübertragung in guter Qualität (15 KHz) genutzt werden. Das Tonsignal (Beitrag/Live-Reportage) muß allerdings komprimiert und datenreduziert werden (vgl. »Archive in kleineren Studios«), um durch den Kanal zu passen.

Eine ISDN-Verbindung ist bei kürzeren Übertragungszeiten günstiger als die konventionelle Tonleitung. Beim 24-Stunden-Betrieb bietet dann wieder eine dauernd überlassene Tonleitung finanzielle Vorteile.

**Die Funkstrecke.** Um Leitungskosten zu senken und aktueller berichten zu können (ohne Anmeldefrist bei der Telekom) sind viele Wagen mit eigenen Sendern, und die dazugehörenden Funkhäuser bzw. Studios mit den dazugehörenden Empfangsanlagen ausgestattet. Falls in topographisch ungünstigem Gelände eine optimale Funkstrecke zwischen dem Übertragungsort und der nächstgelegenen Empfangsstation nicht zustandekommt, kann ein zweiter Ü-Wagen als Relaisstation eingesetzt werden.
Bei Funkstrecken, die in vielen Fällen mindestens von in der Nähe gelegenen UKW-Empfängern abgehört werden können, ist *besondere Sprechdisziplin* erforderlich. Private Gespräche sind nicht zu empfehlen, da sie praktisch »öffentlich« sind.
Der Reportagewagen muß mit einer möglichst hoch auszufahrenden Antenne ausgerüstet sein. Mit einer Leistung des Reportagesenders (dessen Frequenz von der Post zugeteilt werden muß) von bis zu 60 Watt lassen sich schon Entfernungen bis zu 30 Kilometer in Mono- und 15 Kilometern in Stereo-Qualität überbrücken. Die Übertragungsstrecke darf möglichst nicht durch hohe Häuser oder Berge unterbrochen sein. Eine drehbare Antenne auf dem Dache des Studiogebäudes fängt das Signal auf. Von hier aus wird es zum Sende-Mischpult weitergeleitet.

**Satelliten-Funkstrecken** gewinnen an Bedeutung: Mit mindestens 1,20 Meter im Durchmesser großen Satelliten-Schüsseln (montiert auf Reportagewagen) lassen sich Fernmelde-Satelliten erreichen. Über den Umweg durchs Weltall kommt das Signal wieder zurück zur Empfangsschüssel in Funkhausnähe. Vorteil: Funkstrecken können ohne Rücksicht auf die Topographie (siehe »Die Funkstrecke«) praktisch überall und problemlos aufgebaut werden.

Produktion und Technik

## Fachsprache im Studio

Radio-Leute haben – wie die Angehörigen anderer Berufe auch – ihren eigenen Jargon, eine »Insider«-Sprache, die für »Newcomer« oft eine »Sprach-Barriere« bedeutet.
Hier sind die wichtigsten Fachausdrücke erklärt, die bei Radio-Produktionen im Studio immer wieder gebraucht werden. Teilweise sind auch die dazugehörigen Arbeitsabläufe erläutert. Wer diesen Beitrag durcharbeitet, wird es bei seinen ersten Tätigkeiten im Studio leichter haben.
Was hier nicht erklärt ist, findet sich dort, wo der Ausdruck im Buch verwendet wird. Das ausführliche *Sachregister* hilft, ihn schnell zu finden.
Wo nötig, ist die *Übersetzung* des Ausdrucks, erst in die *englische* (Kursivschrift) und dann in die französische Sprache (Normalschrift), angefügt. Dies soll bei den gerade unter Radio-Leuten immer zahlreicheren internationalen Kontakten und Kooperationen hilfreich sein.
Im übrigen wird die Radio-Fachsprache sowieso englischer und damit internationaler. Das gilt sowohl für neue, vor allem aus den USA stammende Techniken der Radio-Produktion wie auch für erprobte Techniken mit deutschem Namen, die zunehmend mit dem englischen Begriff bezeichnet werden.
Einige dieser neuen Fachbegriffe finden sich auch in der folgenden Liste, z. B. Break, Call-in, Intro, Mod, Outro, Ramp, Station-ID, Voice-over.

| | |
|---|---|
| Abfahren | Bezeichnung für das Starten der Tonbandmaschine bzw. des Plattenspielers; auch als Startkommando üblich. *to start,* als Kommando: *go ahead;* lancer |
| Ablauf | Plan einer Sendung, den die Redaktion anfertigt. Er enthält Angaben über Autor, Beteiligte, Zeitdauer, Reihenfolge der Musiktitel und der Beiträge etc. Eine Kopie des Ablaufs (auch Sendefahrplan, Laufplan genannt) erhalten die unmittelbar an der Sendung Beteiligten: Moderator, Sendetechnik usw. Ein Exemplar wird archiviert. *running order;* conducteur (m) |
| Abspielen | Ein Tonband oder eine Schallplatte ablaufen lassen; *to play;* passer |

| | |
|---|---|
| Anheber | Das laufende Tonband wird beim Abhören an einer bestimmten Stelle manuell oder mechanisch etwas angehoben, um das Wiederfinden dieser Bandstelle bei späterem → Schneiden zu erleichtern. *tapelifter;* repère (m) |
| Atmo | Atmosphäre. Zusammenwirken von Umgebungsgeräuschen und akustischen Eigenschaften des Aufnahmeortes. *atmosphere*; ambiance (f) |
| Bandsalat | Ein meist schwer entwirrbares Tonbandknäuel, das entsteht, wenn das Tonband von der Spule springt und die Maschine nicht sofort gestoppt wird. Vorsicht vor allem beim schnellen Vor- bzw. Rücklauf. *tape rip-up;* toupie (f) |
| Blenden | Der → Regler wird bei der Aufnahme langsam (weiche Blende) auf- bzw. zugezogen, um so den Ton kontinuierlich lauter (einblenden) bzw. leiser (ausblenden) werden zu lassen. Bei rascher Reglerbewegung spricht man von einer harten Blende. Im Rundfunkalltag werden dafür auch die Kommandos hochziehen und runterziehen verwendet. *to fade;* shunter |
| Bobby | Runder Metallkern, um den das Tonband gespult wird. Umgedreht wird der Bobby in den meisten Funkhäusern auch als nicht genehmigter Aschenbecher verwendet. Als Flaschenöffner (Kronkorken) nicht geeignet, da er sich dabei verbiegt. *bobbin;* noyau (m) |
| Break | Unterbrechung des Musikprogramms durch eine → Mod oder einen Beitrag. Three-element-break: Mod mit drei Bestandteilen, z. B. Zeit, → Station-ID und Wetter. |
| Call-in | Telefon-Umfrage; Hörer werden aufgefordert, telefonisch ihre Meinung zu sagen, live (on air) oder als Aufzeichnung (off air). |
| Cart | Cartridge-Kassette. Kassette mit einer endlosen Tonband-Schleife. Läuft nach dem Abspielen auto- |

| | |
|---|---|
| | matisch wieder auf den Start-Punkt vor. Dadurch entfällt zeitraubendes Einstellen. Wegen der Bedienfreundlichkeit zunehmend besonders in → Selbstfahrer-Studios gebräuchlich. *cart, cartridge;* cartouche (f) |
| Cut | → Take; außerdem: der Einzeltitel auf einer Langspielplatte. Der Plattenspieler muß richtig auf diesen Titel (Cut) eingestellt werden, damit die Platte ohne An → jaulen mit den ersten Tönen korrekt anläuft. Diesen Vorgang nennt man auch eincuen. *cut;* plage (f) |
| Cutten | Schneiden (engl. to cut). Bespielte Tonbänder werden mit Hilfe einer Schere oder eines an der Bandmaschine fest installierten Messers geschnitten, um sie sendefertig zu machen. Dabei können Teile der Aufnahme oder Versprecher herausgeschnitten, Sätze oder auch einzelne Wörter umgestellt werden. Die Schnittstellen werden mit speziellem Klebeband wieder verbunden. *to edit;* monter |
| Eincuen | → cut |
| Einspielung | Der Teil (→ Take), der bei einer Produktion oder Live-Sendung vom Band zugespielt wird. *insert;* bobineau (m) |
| Einmann-Studio | → Selbstfahrer-Studio |
| Fahren | Eine Sendung ablaufen lassen, senden. *to put a programme on the air;* faire la diffusion; → abfahren |
| Feinschnitt | Ein bespieltes Tonband wird nach dem → Rohschnitt von allen nicht gewünschten akustischen Signalen gesäubert (→ cutten), d. h. unnötige Pausen, Versprecher, Räuspern, Stottern, Husten etc. werden herausgeschnitten. *final cut;* montage final (m) |
| Frischband | Fabrikneues Magnettonband; *new tape;* bande vierge (f) |

| | |
|---|---|
| Galgen | Großes Mikrofon-Bodenstativ mit beweglichem Arm; *microphone boom;* pied (m) |
| Gelbband | Wird an das Ende eines sendefertigen Bandes geklebt. Dies bedeutet: Maschine stoppen. Bei einem → Zuspielband werden die einzelnen → Takes ebenfalls mit kurzen Gelbbändern voneinander getrennt. *yellow tape;* jaune (m) |
| Geräusche | Einzelnen Schallquellen klar vom Hörer zuzuordnende Töne, die über den Verursacher Aufschluß geben, z.B. Wiehern eines Pferdes, Klingeln einer Straßenbahn. Davon zu unterscheiden sind bloße → Atmo und → O-Ton. |
| Hallraum | Raum, in dem besondere Schalleffekte erzielt werden können, die akustisch den Eindruck einer großen Halle (z. B. Kirche) erwecken. Der Hallraum ist verhältnismäßig klein, seine Wände sind glatt verputzt, damit kein Schall verschluckt wird. Im Hallraum befindet sich ein Lautsprecher und diesem gegenüber in bestimmter Entfernung ein Mikrofon. Sprache oder Musik gehen vom Mikrofon des Studios über den Regieraum in den Hallraum (Lautsprecher) und kommen von dort (Mikrofon) verhallt wieder in den Regieraum zurück. Der Halleffekt kann auch rein technisch ohne Hallraum erzeugt werden. *reverberation room;* cabine (f) à effets |
| Hochziehen | → Blenden; *to bring up (the music);* shunter |
| Indikativ | Feststehendes Erkennungssignal zu Beginn einer bestimmten Sendung. Meist Musik, über die der Titel der Sendung gesprochen wird. Auch Thema- oder Titelmusik genannt. *signature tune;* indicatif (m) |
| Intro | → Ramp |
| Jaulen | Bezeichnung für eine unsaubere Tonwiedergabe durch ein Tonband, das sich im Laufe der Zeit gedehnt hat. Jaulen tritt auch bei Stromschwankungen auf, wenn Tonbandmaschine oder Kassettenrecorder nicht mit der richtigen Geschwindigkeit laufen. *howling;* pleurer, pleurage (m) |

Produktion und Technik

| | |
|---|---|
| Kommando | Allgemein: Sprechverbindung zwischen verschiedenen Senderäumen, z.B. Nachrichtenstudio und Sendestudio. Speziell: Signal des Programm-Mitarbeiters an die Technik oder der Technik an den Programm-Mitarbeiter zur Verständigung über bestimmte Arbeitsabläufe. Bevor das Mikrofon von der Technik aufgemacht wird, warnt die Technik mit dem Kommando »Achtung« über die Gegensprechanlage. Wenn Programm-Mitarbeiter mit der Aufzeichnung (dem Aufnehmen) beginnen wollen, machen sie die Technik mit dem Hinweis aufmerksam: »(Achtung, Aufnahme) Bitte schneiden!«. *»Please record«;* »enregistrez s. v. p.« Wenn Programm-Mitarbeiter während einer Sprech-Aufnahme der Technik Hinweise z.B. für eine Zuspielung (→ Zuspielband) geben wollen, sind dafür Handzeichen üblich. Der hoch gehobene Arm bedeutet »Achtung«. Wird der Arm von der senkrechten Haltung schnell nach vorn in die Waagerechte bewegt, soll der gewünschte Arbeitsvorgang ausgeführt werden, wenn der Arm unten ist. |
| Konferenz-schaltung | Zusammenschaltung zweier oder mehrerer Gesprächspartner, die sich in Studios verschiedener Funkhäuser befinden, mittels → Ü-Leitungen und → Meldeleitungen. Für den Zuhörer am Rundfunkgerät ist die räumliche Distanz der Gesprächsteilnehmer akustisch nicht wahrnehmbar. *conference circuit;* duplex (m), zwei Gesprächspartner, multiplex (m), mehrere Gesprächspartner |
| Konserve | Vorproduzierte, auf Band aufgenommene Sendung. Fast jede Redaktion hat einige zeitlose Konserven vorbereitet, die eingesetzt werden, wenn eine geplante Sendung nicht zustande kommt (platzt). *can;* conserve (f) |
| Kopieren | Herstellen eines weiteren Tonträgers (Band, Kassette, Cartridge) anhand des auf einen ersten |

Tonträgers aufgenommenen Tonmaterials. Auch Umschneiden genannt. *to dub;* faire une copie

Kreuzblende  Zwei akustische Aufnahmen werden auf ein drittes Tonband so gemischt, daß die eine ausgeblendet (leiser) wird, während die andere gleichzeitig eingeblendet (lauter) wird. → mischen → blenden. Die beiden → Regler werden also gegeneinander gleichzeitig langsam auf- bzw. zugezogen. Beispiel: Während die Kirchenglocken langsam ausläuten, hört man bereits, zunächst leise und kaum verständlich, dann lauter werdend, den Pfarrer predigen. Dramaturgisch wird die Kreuzblende eingesetzt, um akustisch einen Orts- bzw. Zeitwechsel der Handlung deutlich zu machen, ohne dies im Text zu sagen. Man nennt den technischen Vorgang auch »überblenden«. *sound mixing;* enchaînement (m)

Label  Auf dem → Bobby, dem Bandkarton, der Plattenhülle, der → Cartridge-Kassette oder der Kassette angebrachte Beschriftung mit Angaben zum Inhalt. *label;* étiquette (f)

Live  Von der Tonquelle (Sprecher, Orchester etc.) direkt senden, also nicht zuerst auf Band aufnehmen. *live;* en direct, direct (m)

Löschen  Ein besprochenes oder bespieltes Tonband (oder Kassette oder Cartridge) wird gelöscht, indem es am Löschkopf der jeweiligen Maschine vorbeigeführt und dabei entmagnetisiert wird, d. h. wieder frei von Wort und Ton. *to erase;* effacer

Meldeleitung  Parallel zur → Ü-Leitung geschaltete Leitung, über die der Moderator im Funkhaus vor einem Beitrag mit dem Reporter vor Ort sprechen kann. Auf dieser Leitung kann der Reporter vor Ort oder in einem anderen Funkhaus auch das Programm der Sendung, also andere Beiträge oder Musik, bevor er an der Reihe ist, mithören. *control line;* ligne de conversation (f), gebräuchlicher: la »converse«

| | |
|---|---|
| Mischen | Eine Sendung wird aus verschiedenen Bestandteilen (Sprache original aus dem Studio, Geräusche vom Band, vorproduzierte → Takes, Musik von Schallplatten etc.) gemischt. Dies geschieht durch Betätigen der → Regler, die den verschiedenen Tonquellen (Bandmaschine, Plattenspieler, Mikrofone) zugeordnet sind. *to mix;* mixer, mixage (m) → Blenden, Kreuzblende |
| Mitschneiden Mitschnitt | Gleichzeitiges Aufnehmen einer Sendung während ihrer Ausstrahlung oder einer → Überspielung aus einem anderen Studio/Funkhaus per Ü-Leitung. Auch generell für das Aufnehmen von akustischen Signalen mit dem Tonbandgerät verwendet. *to record, recording;* enregistrer, enregistrement (m) |
| Mod | Moderation(stext): An- und Abmod = Moderation als An-/Absage eines Beitrags |
| Musikbett | Instrumentalmusik als Unterlage/Hintergrund für → Mods und andere Sprachbeiträge. *music bed* |
| O-Ton | Originalton. Wird vielfach als Sammelbezeichnung für alle original aufgenommenen (also authentischen) Tondokumente verwendet, also für: Wort-Aufnahmen, → Geräusche, → Atmo und Musik.<br>Bei einem präziseren Sprachgebrauch (auch in diesem Buch) versteht man unter *O-Ton* nur *Original-Aufnahmen von Wort* (z. B. Statements und Redeausschnitte). Entscheidend ist, daß sie dokumentarischen Charakter haben. Beispiel: Ein Reporter berichtet über eine Rede des Bundeskanzlers. Bei wichtigen Passagen läßt er den Redner selbst – im O-Ton – zu Wort kommen. *Original sound, actuality* (O-Ton Sprache); bobineau (m), extrait (m) = Rede-Ausschnitt |
| Outro | Instrumentale Schlußpassage eines Musiktitels → Intro |
| Ramp | Instrumentaler Anfang von Musiktiteln. Erst da- |

nach beginnt der Gesang. Wird von Diskjockeys/ Moderatoren als Hintergrund für Moderationen benutzt. Dafür ist die Ramp-Länge auf dem → Label vermerkt. Auf einer Uhr kann der Moderator sehen, wann der Gesang beginnt und die Moderation spätestens beendet sein muß. *ramp;* introduction (f)

Räuspertaste Taste am Sprecher- bzw. Moderatorentisch, mit der das vom → Regieraum aus geöffnete Mikrofon vorübergehend zum Husten, Räuspern etc. geschlossen werden kann. *cough key;* coupe-micro (m)

Regieraum
Regie
Dem Studio zugeordneter Raum, in dem sich Mischpult (Regietisch) und andere technische Einrichtungen befinden. Hier wird die Sendung technisch gefahren. In der Regie sitzen die Kollegen von der Sendetechnik und der Regisseur, der für den Ablauf der Sendung verantwortlich ist. *production cubicle;* régie (f) → Selbstfahrer-Studio

Regler Auch Schieberegler und Fader genannt. Schieber auf dem Mischpult im Regieraum bzw. Tonträger, mit dem die Lautstärke der Wiedergabe bzw. Aufnahme stufenlos reguliert werden kann. *fader;* curseur (m), gebräuchlicher: manette (f) → blenden

Rohschnitt Ein Band wird in groben Zügen gecuttet. Die einzelnen Passagen werden in die gewünschte Reihenfolge gebracht, einzelne Sätze bzw. Abschnitte herausgeschnitten, ohne dabei schon auf Feinheiten wie Versprecher etc. zu achten. *rough cut;* premier montage (m), ébauche (f)
Sendefertig ist das Band erst nach dem → Feinschnitt.

Rotband Wird an den Beginn eines sendefertigen Tonbandes geklebt. Achtung: Nur bei Mono-Betrieb und 38 cm/sec. Bandgeschwindigkeit. Zur Kennzeichnung anderer Betriebsarten und -geschwindigkeiten dienen andere Farben. *red tape;* rouge (m)

Rotlicht  Im Studio, häufig auch zusätzlich an den Mikrofonen angebrachtes Lichtsignal, das bei offenem Mikrofon leuchtet, *red light;* rouge-micro (m)

Runterziehen → Blenden; *to fade down;* shunter

Schalltoter Raum  Raum, in dem Szenen aufgenommen oder gesendet werden, die im Freien spielen. Die Wände des schalltoten Raumes sind mit schallschluckenden Stoffen so ausgekleidet, daß nicht die geringste Reflexion von Tönen auftritt. Wird vor allem für Hörspielproduktionen verwendet. *acoustically dead studio;* vide acoustique (m)

Scheibe  Glasscheibe, die schalldicht das Sprecherstudio von der Regie oder anderen Räumen trennt und gleichzeitig Sichtverbindung mit denen »hinter der Scheibe« ermöglicht. *studio window;* vitre (f)

Selbstfahrer-Studio  Auch Einmann-Studio. Studio, in dem der Moderator/Diskjockey neben seiner eigentlichen Tätigkeit auch alle technischen Arbeiten selbst ausführen kann. *studio, combination studio;* studio (m) d'auto-animation

Schneiden  kommt vom früher üblichen Einschneiden von Rillen in Wachsplatten zur Konservierung des Tons. Bedeutet heute die Aufzeichnung von Ton auf Tonband. → Kommando → mitschneiden. *to record;* enregistrer, enregistrement (m)
→ cutten

Schneideplan  Vom Autor vorgefertigter Plan für größere Produktionen, auf dem die einzelnen → Takes, Sprechertexte, → O-Töne etc. in ihrer gewünschten Reihenfolge mit genauer Zeitangabe aufgeführt sind. *editing plan;* plan (m) de montage

Sendeband  Das für die Ausstrahlung bestimmte fertig geschnittene Tonband. *transmission tape;* bande mixée (f)

| | |
|---|---|
| Sende-Fahrplan | → Ablauf |
| starten | → abfahren |
| Station-ID | Station identification, Stationsansage |
| Take | Die einzelnen durch → Gelbband voneinander getrennten Abschnitte eines → Zuspielbandes. In manchen Rundfunkanstalten auch »cut« genannt. *take;* élément (m) |
| Themamusik | → Indikativ |
| Titelmusik | → Indikativ |
| Tonträgerraum | Raum, in dem sich alle für die Produktion einer Sendung nötigen technischen Geräte befinden: Tonbandmaschinen, Plattenspieler, Mischpult. Im Tonträger wird aufgenommen, geschnitten und gemischt. In Kombination mit Studio und → Regie wird der Tonträgerraum auch für die Sendung eingesetzt. *recording studio;* Cabine technique (f) |
| trockene Moderation | Moderation, die nicht durch Geräusche oder Musik → unterlegt ist. Es ist nur die Stimme des Sprechers zu hören. »Trocken« bedeutet auch hallfrei, ohne Raumatmosphäre. *dry presentation;* présentation (f), animation (f), mit Musik: surimpression (f) |
| Türken | Etwas anderes vorgeben, als tatsächlich gesendet wird. Beispiel: Bei einer Umfrage, die nicht das vom Reporter erhoffte Ergebnis bringt, werden Kollegen oder Bekannte um die Äußerung einer bestimmten Meinung gebeten und in der Sendung als Passanten »verkauft«. Man sagt auch: Er hat einen Türken gebaut. Merke: Ein guter Journalist türkt nicht. *to fake (a scene);* tricher, monter un bateau. |
| Überblenden | → Kreuzblende |
| Überspielung | Übermittlung eines Beitrags, einer Sendung von einer Rundfunkanstalt (Studio) zu einer anderen |

| | |
|---|---|
| | per Leitung. Während die Sendung im Funkhaus A abgespielt wird, wird sie gleichzeitig im Funkhaus B aufgenommen (→ mitgeschnitten). *closed-circuit transmission;* envoi (f) d'une modulation |
| Überziehen | Die für eine Sendung im Programm festgelegte Zeit wird überschritten; *to overrun;* déborder |
| Ü-Leitung | Übertragungsleitung. Von der Post geschaltete Leitung, über die eine Sendung (live oder vom Band) übertragen wird. Beispiel: Vom → Ü-Wagen zum Funkhaus oder von einem Funkhaus zum anderen. *transmission line;* ligne (f) de transmission, gebräuchlicher: la »module« |
| Ü-Wagen Übertragungswagen | Fahrbares Studio. In einem Ü-Wagen befinden sich alle Einrichtungen und Geräte, die für die Produktion und Weiterleitung einer Sendung nötig sind. Ü-Wagen können mit dem Funkhaus per Leitung (die von der Post eigens geschaltet werden muß) oder drahtlos per Funkstrecke verbunden werden. *OB van (outside broadcast van);* car de reportage (m), voiture (f) HF (Abkürzung für: haute fréquence), voiture émettrice (f) |
| Umschneiden | → Kopieren |
| Unterlegen | Einer Aufnahme werden bestimmte akustische Signale (Geräusche oder Musik) beigemischt. Beispiel: Bei einem Feature über die Zukunft des Autos werden dem gesprochenen Text Verkehrsgeräusche unterlegt. *to dub sound-effects or music;* mixer |
| Verpackungselemente | Kurze akustische Akzente (Geräusche oder Musik meist mit Wort kombiniert), die Programmbestandteile ankündigen, abschließen, hervorheben, wiedererkennbar machen. Zusammengenommen bilden sie das akustische Lay-out eines Programms. |
| Verzerren | Die oberen oder die unteren Frequenzen ausschalten. Man kann hell verzerren: der Ton wird |

|  |  |
|---|---|
|  | scharf, spitz, kreischend. Man kann dunkel verzerren: der Ton wird stumpf, glanzlos. *to distort;* filtrer les aigus (die Spitzen); les graves (die Tiefen) |
| Voice-over | Übersetzung, die über einen → O-Ton gelegt (→ geblendet) wird. |
| Zentraler Überspieltonträgerraum (ZÜT) | Tonträgerraum, in dem sich mehrere (meist computergesteuerte) Tonbandmaschinen befinden. Hier werden Beiträge und Sendungen zu anderen Funkhäusern → überspielt und ankommende → Überspielungen aus anderen Funkhäusern mitgeschnitten. *central control room for reording and closed circuit transmission;* centre (m) distributeur de modulation, gebräuchlicher: C. D. M. |
| Zuspielband | Wenn sich in einer Sendung (live oder vorproduziert) → Moderator bzw. Sprecher mit → O-Tönen oder vorproduzierten → Takes abwechseln, werden die einzelnen → Takes in der gewünschten Reihenfolge durch → Gelbband getrennt auf einen → Bobby gespult und nacheinander zugespielt. Nimmt man für jeden Take einen eigenen Bobby, erhöht sich vor allem bei live-Sendungen die Gefahr, daß aus Versehen ein falscher Take zugespielt wird. *insert tape;* bobineau (m), élément enregistré (m) |

Herbert Tillmann (Hrsg. im Auftrag von ARD und ZDF), Fachwörterbuch Hörfunk und Fernsehen Deutsch-Englisch, Englisch-Deutsch (Verlag MC & D und VDE-Verlag, München und Berlin/Offenbach 1992, 4.,überarbeitete und erweiterte Auflage)

# Recht

## Medienrecht für Radioleute

Rechtliche Grundlage für jede publizistische Betätigung ist zunächst das Grundgesetz für die Bundesrepublik Deutschland (GG), das in Artikel 5 die Freiheit der Äußerung und Verbreitung von Meinungen, die Freiheit der Information sowie die *Freiheit von Presse, Film und Rundfunk* gewährleistet. Artikel 5 des Grundgesetzes lautet:

»(I) Jeder hat das Recht, seine Meinung in Wort, Schrift und Bild frei zu äußern und zu verbreiten und sich aus allgemein zugänglichen Quellen ungehindert zu unterrichten. Die Pressefreiheit und die Freiheit der Berichterstattung durch Rundfunk und Film werden gewährleistet. Eine Zensur findet nicht statt.

(II) Diese Rechte finden ihre Schranken in den Vorschriften der allgemeinen Gesetze, den gesetzlichen Bestimmungen zum Schutze der Jugend und in dem Recht der persönlichen Ehre.

(III) Kunst und Wissenschaft, Forschung und Lehre sind frei. Die Freiheit der Lehre entbindet nicht von der Treue zur Verfassung.«

Unter »Rundfunk« versteht das Grundgesetz natürlich gleichermaßen Hörfunk und Fernsehen; wie überhaupt das Medienrecht für *beide Funkmedien* grundsätzlich gleich ist, unbeschadet einiger medienspezifischer Besonderheiten, die – je nachdem – nur für den Hörfunk oder nur für Fernsehsendungen wichtig sind.

**Rundfunkfreiheit** bedeutet vor allem *Programmfreiheit.* Sie steht demgemäß in erster Linie dem Veranstalter des Programms zu. Dies ist aber nicht der einzelne Redakteur oder sonstige am Zustandekommen des Programms Beteiligte. Veranstalter des Programms ist das Rundfunkunternehmen. Der einzelne Mitarbeiter nimmt an der Rundfunkfreiheit nur soweit teil, als es seiner Rolle und seiner Aufgabe im Rahmen des Gesamtauftrags des Rundfunkunternehmens entspricht.

Nicht zu verwechseln mit der Rundfunkfreiheit ist die *persönliche* Meinungsfreiheit, die dem Rundfunkmitarbeiter zusteht wie jedermann, aber eben auch nur so. Der Dienstvertrag mit einem Rundfunkunternehmen verleiht, was die Äußerung der eigenen Meinung betrifft, rechtlich kein Privileg. Das heißt mit anderen

Worten zum Beispiel, daß natürlich kein Rundfunkmitarbeiter gezwungen werden kann, eine andere als seine eigene Meinung zu äußern. Er kann aber sehr wohl gehalten sein, seine eigene Meinung zurückzustellen, wenn dies erforderlich ist, um der Rundfunkfreiheit Rechnung zu tragen, die verlangt, daß die ganze gesellschaftliche Bandbreite unterschiedlicher Meinungen angemessen im Rundfunk zu Gehör gebracht wird.

Die Rundfunkfreiheit ist, wie die Pressefreiheit, *nicht schrankenlos*. Dies ist im Absatz 2 des Artikels 5 GG klar zum Ausdruck gebracht. Es hätte genügt, auf die allgemeinen, d. h. für jedermann geltenden Gesetze zu verweisen; das Recht der persönlichen Ehre gehört dazu ebenso wie der Jugendschutz.

**Kunstfreiheit.** Dies gilt nicht in gleicher Weise für die in Absatz 3 des Artikels 5 GG erwähnte Freiheit der Kunst. Sie steht nicht ausdrücklich unter dem Vorbehalt der allgemeinen Gesetze. Dennoch ist, wie das Bundesverfassungsgericht entschieden hat[1], *auch die Kunstfreiheit nicht schrankenlos*. Sie steht mindestens unter dem Vorbehalt, daß künstlerische Betätigung – die auch in der Gestaltung von Rundfunksendungen ihren Ausdruck finden kann – auf vorrangige Grundrechte des gleichen Grundgesetzes Rücksicht zu nehmen hat, zum Beispiel auf die Würde der menschlichen Persönlichkeit und die persönliche Ehre eines Menschen, sei er noch lebend oder schon verstorben.

Im Fall eines echten Konflikts zwischen der Freiheit künstlerischen Schaffens und der Betroffenheit eines Menschen oder gar so unbestimmter Rechtsbegriffe wie »verfassungsmäßige Ordnung« und »Sittengesetz«, die eine freie Entfaltung der Persönlichkeit gemäß Artikel 2 des Grundgesetzes und auch die Kunstfreiheit u. U. einschränken können, wird man eine Lösung nur durch *sorgfältiges Abwägen der verschiedenen betroffenen Rechtsgüter* finden können. Ein an der Wertordnung des Grundgesetzes orientiertes Abwägen wird letztlich im Zweifel für die Unantastbarkeit der Würde des Menschen und gegen eine in dieser Hinsicht schrankenlose Kunst entscheiden.

**Verfassungsrang der Rundfunkfreiheit.** Wie die Pressefreiheit ist die Rundfunkfreiheit von grundlegender Bedeutung für die Freiheitlichkeit unseres Staates und unserer Gesellschaft. Presse und Rundfunk dienen der Meinungs- und Informationsfreiheit aller. Sie ist für die freiheitlich-parlamentarische Demokratie »schlechthin konstituierend«[2]. Dieser hohe Verfassungsrang veranlaßte das Bundesverfassungsgericht festzustellen, daß die in Artikel 5 Absatz 2 GG als Schranke auch der Rundfunkfreiheit erwähnten »allgemeinen Gesetze« *ihrerseits im Lichte der Bedeutung dieses Grundrechts gesehen* und so interpretiert werden müssen,

»daß der besondere Wertgehalt dieses Rechts, der in der freiheitlichen Demokratie zu einer grundsätzlichen Vermutung für die Freiheit der Rede in allen Bereichen, namentlich aber im öffentlichen Leben, führen muß, auf jeden Fall erhalten bleibt.«[3]

Andererseits hat das Bundesverfassungsgericht im gleichen Urteil zu dieser Güterabwägung aber auch gesagt:

»Das Recht zur Meinungsäußerung muß zurücktreten, wenn schutzwürdige Interessen eines anderen *von höherem Rang* durch die Betätigung der Meinungsfreiheit verletzt würden.«[4]

Dies gilt es in Erinnerung zu behalten, wenn nun einige solcher Schranken der Rundfunkfreiheit dargestellt werden.

**Rundfunkfreiheit und Rundfunkgesetze.** Die Rundfunkgesetze ziehen den Rahmen für die Tätigkeit des Rundfunks. Ihre organisatorischen und programmbezogenen Vorschriften dienen dazu, die technischen und wirtschaftlichen Bedingungen für die Veranstaltung von Rundfunk in Einklang zu bringen mit der Informations- und Meinungsfreiheit aller.

Die *Programmrichtlinien* der Rundfunkgesetze und Rundfunkstaatsverträge sollen vor allem *Objektivität und Neutralität der Nachrichtenübermittlung* und *Ausgewogenheit des gesendeten Meinungsspektrums* gewährleisten. Diese Programmrichtlinien sind in den verschiedenen Gesetzen und Staatsverträgen nach Wortwahl und Umfang unterschiedlich formuliert; inhaltlich unterscheiden sie sich indes nicht. Man könnte sie im wesentlichen so zusammenfassen:

Die Sendungen sollen der Information, Bildung und Unterhaltung dienen. Sie sollen von freiheitlich-demokratischer Gesinnung, von kulturellem Verantwortungsbewußtsein, von Menschlichkeit und Toleranz getragen sein und die Grundrechte und Grundpflichten der Verfassung, die Menschenwürde sowie religiöse und weltanschauliche Überzeugungen achten.

In allen Angelegenheiten von öffentlichem Interesse sind die verschiedenen Auffassungen im Gesamtprogramm ausgewogen und angemessen zu berücksichtigen.
Die Programmgestaltung darf weder einseitig einer politischen Partei oder gesellschaftlichen Gruppe noch sonstigen Sonderinteressen, seien sie politischer, wirtschaftlicher, kultureller oder persönlicher Art, dienen.
Nachrichten und Berichte sind sachlich, umfassend, unparteiisch und wahrhaftig zu halten.
Kommentare und Kritik unterliegen dem Gebot sachlicher Sprache, journalistischer Sorgfalt und publizistischen Anstands.
Im Grunde fordern alle diese Richtlinien nichts, was sich nicht aus einem redlichen Verständnis journalistischer Sorgfalt ohnehin von selbst ergibt: *sorgfältige Recherche, präzise und sachliche Sprache, umfassende und vorurteilsfreie Darstellung, Wahrhaftigkeit und Toleranz.*

**Das allgemeine Persönlichkeitsrecht:** Alle Sendungen, die sich auf Menschen, ihr Denken, Reden, Handeln und Unterlassen beziehen, müssen das allgemeine Persönlichkeitsrecht dieser Betroffenen beachten, wie es von den Gerichten aus dem obersten Verfassungsgrundsatz abgeleitet wurde, dem Schutz der Würde der menschlichen Persönlichkeit. *Jeder Mensch hat einen persönlichen und privaten Bereich, der für jedermann unantastbar ist.* Das beginnt beim Namen eines Menschen und reicht bis zur Vertraulichkeit des nicht öffentlich gesprochenen Wortes und des Briefverkehrs, zur Intimität der Wohnung und des ganzen privaten Lebens.
Andererseits trägt jeder Mensch ein gewisses *Öffentlichkeitsrisiko*. In dem Maße, in dem er selbst in das Licht der Öffentlichkeit tritt, legitimiert er auch das Interesse der Öffentlichkeit und der öffentlichen Medien an seiner Person und seinem Tun. Wer beispielsweise ein öffentliches Amt anstrebt oder bekleidet, muß damit rechnen, daß in diesem Zusammenhang darüber berichtet wird und auch sein sonstiges Verhalten, seine Vorgeschichte und seine Lebensumstände in eine Beziehung zu seiner Eignung für dieses Amt gesetzt werden. Wer dagegen einen privaten Beruf ausübt, wird im allgemeinen nicht hinnehmen müssen, daß seine Verhältnisse öffentlich beleuchtet werden, es sei denn, er

wird im Einzelfall im Zusammenhang mit einem besonderen Ereignis (Verkehrsunfall, Gerichtsverfahren usw.) aus seinem privaten Alltag herausgezogen und erfährt dadurch, aber auch nur insoweit, berechtigtes öffentliches Interesse.
Diese Unterscheidung ist vergleichbar mit dem Begriff der »Person der Zeitgeschichte«, wie er gesetzlich vom *Recht am eigenen Bild* bekannt ist. Dort spricht man von der »absoluten« und »relativen« Person der Zeitgeschichte. Der Bundeskanzler ist eine absolute, d. h. mindestens während seiner Amtszeit in jeder Hinsicht der öffentlichen Betrachtung unterworfene Persönlichkeit, wohingegen der Zeuge eines Zugunglücks, der Angeklagte in einem Strafprozeß, das Opfer eines Überfalls nur relativ, d. h. nur soweit und solange im Licht der Öffentlichkeit stehen muß, als diese Anlässe seiner öffentlichen Bekanntheit dauern.
Die Rechtsprechung hat zum allgemeinen Persönlichkeitsrecht in zahlreichen Einzelfällen ein regelrechtes *Richterrecht* entwickelt. Hier können nur einige wenige Aspekte schlagwortartig behandelt werden.[5]

**Namensrecht:** Die Bedeutsamkeit des Anlasses wie der beteiligten Personen entscheidet auch über die Art der Berichterstattung. Während es bei »absoluten Personen der Zeitgeschichte« zulässig, ja notwendig sein kann, unter voller Namensnennung zu berichten, wird es sonst *in der Regel vom Anlaß nicht geboten und damit auch rechtlich nicht gestattet* sein, mehr oder weniger zufällig in ein öffentliches Ereignis geratene Personen durch Nennung ihres Namens, ihrer Wohnung oder sonstiger eindeutiger Merkmale für die breiteste Öffentlichkeit identifizierbar zu machen.
Dies gilt grundsätzlich auch für den Fall, daß der Betroffene durch eigenes Verschulden zu solch vorübergehendem öffentlichem Interesse gelangte. Gerade zum Beispiel bei straffällig Gewordenen ist auch an die Reintegration in ihre frühere Umwelt zu denken.
Das Bundesverfassungsgericht hat in einem solchen Fall seinem »Lebach-Urteil«[6] u. a. folgende Leitsätze vorangestellt:
» ... Im Einzelfall ist die Intensität des Eingriffs in den Persönlichkeitsbereich gegen das Informationsinteresse der Öffentlichkeit abzuwägen.
Für die aktuelle Berichterstattung über schwere Straftaten ver-

dient das Informationsinteresse der Öffentlichkeit im allgemeinen den Vorrang vor dem Persönlichkeitsschutz des Straftäters. Jedoch ist neben der Rücksicht auf den unantastbaren innersten Lebensbereich der *Grundsatz der Verhältnismäßigkeit* zu beachten; danach ist eine Namensnennung, Abbildung oder sonstige Identifikation des Täters nicht immer zulässig ... Eine Gefährdung der Resozialisierung ist regelmäßig anzunehmen, wenn eine den Täter identifizierende Sendung über eine schwere Straftat nach seiner Entlassung oder in zeitlicher Nähe zu der bevorstehenden Entlassung (aus der Strafhaft) ausgestrahlt wird.«

Umgekehrt darf durch eine *fiktive Namensgebung* nicht ein an sich unbeteiligter Träger dieses vom Berichterstatter beliebig gewählten Namens öffentlich auch nur scheinbar in einen Zusammenhang gezogen werden, mit dem er nichts zu tun hat. Dies gilt vor allem für seltene und besonders unterscheidungskräftige Namen. Träger von häufig vorkommenden Namen (Massennamen, Allerweltsnamen) werden in der Regel nicht dartun können, daß sie durch fiktive Verwendung eines solchen Namens in ihren Rechten verletzt sind, wenn nicht andere Umstände (Wohnung, Beruf usw.) eine Verwechslungsgefahr herbeiführen können.

**Briefgeheimnis:** Zur Privatsphäre, ja u. U. zum Geheim- oder gar Intimbereich eines Menschen[7] gehören auch schriftliche und sonstige technische Festlegungen von Gedankeninhalten jeglicher Art, die der Verfasser der Öffentlichkeit vorenthalten will. Das *unbefugte Eindringen in diesen persönlichen Bereich* ist nicht nur rechtswidrig, sondern auch *strafbar.* Nach § 202 des Strafgesetzbuches wird bestraft,
 »wer unbefugt,
 1. einen verschlossenen Brief oder ein anderes verschlossenes Schriftstück, die nicht zu seiner Kenntnis bestimmt sind, öffnet, oder
 2. sich vom Inhalt eines solchen Schriftstücks ohne Öffnung des Verschlusses unter Anwendung technischer Mittel Kenntnis verschafft.«

Das gleiche gilt, wenn jemand unbefugt Schriftstücke zur Kenntnis nimmt, die in Kassetten und dergleichen verschlossen waren, und die er dazu geöffnet hat.

*Schriftstücken gleichgestellt* sind alle sonstigen »zur Gedankenübermittlung bestimmte Träger« wie *Schallplatten, Ton- und Bildträger, Filme, Mikrofilme und Abbildungen.*

**Unbefugte Tonaufnahmen:** Auch Sprechen und Singen gehört zu den Äußerungen menschlicher Persönlichkeit, für die der sich Äußernde Vertraulichkeit beanspruchen kann, wenn er mit der Veröffentlichung nicht einverstanden ist. Diese »*Vertraulichkeit des Wortes*« schützt gegen nicht gestattete Weiterverbreitung, aber auch schon gegen die technische Festlegung der Äußerung. Tonaufnahmen sind daher in aller Regel nur mit Zustimmung des sich Äußernden zulässig, es sei denn, daß nach Lage der Dinge angenommen werden kann, daß der sich Äußernde das Öffentlichkeitsrisiko in Kauf genommen, also stillschweigend in die Aufnahme einwilligt, oder aufgrund der gegebenen Situation (öffentliche Veranstaltung, sichtbare Mikrofone) hinnehmen muß. Im Zweifel empfiehlt sich indes, die *Einwilligung zur Aufnahme* auch dann einzuholen, wenn das Aufnahmegerät bzw. das Mikrofon offen sichtbar ist, da das Inbetriebnehmen u. U. nicht wahrgenommen wird und der Sprechende nicht feststellen kann, wann und wie lange die Aufnahme läuft.
Schlechthin unzulässig ist die *heimliche* Tonaufnahme, bei der das Aufnahmegerät und das Mikrofon versteckt sind oder von dem sich Äußernden erkennbar sonstwie nicht wahrgenommen werden.
Nach § 201 des Strafgesetzbuches kann sogar *bestraft* werden, »wer unbefugt
1. das nicht öffentlich gesprochene Wort eines anderen auf einen Tonträger aufnimmt oder
2. eine so hergestellte Aufnahme gebraucht oder einem Dritten zugänglich macht.

Ebenso wird bestraft, wer unbefugt das nicht zu seiner Kenntnis bestimmte, nicht öffentlich gesprochene Wort eines anderen mit einem Abhörgerät abhört.«
*Nicht öffentlich gesprochen* ist das Wort – in der Sprache der Juristen – wenn es an sich »nicht über einen kleineren, durch persönliche oder sachliche Beziehungen abgegrenzten Personenkreis hinaus wahrnehmbar« ist[8]. Nicht öffentlich kann ein Gespräch auf der Straße sein, öffentlich eine Veranstaltung in einem geschlossenen Raum. Der Wille des sich Äußernden allein entscheidet nicht über die Vertraulichkeit des Anlasses; die näheren Um-

stände, z. B. Anlaß, Zweck, üblicher Ablauf usw. des Gesprächs spielen auch eine Rolle. Beliebig herumstehende, dem sich Äußernden unbekannte Zuhörer sind ein Indiz für nicht vorhandene Vertraulichkeit, aber nicht stets eine Rechtfertigung für eine Tonaufnahme, zumal, wenn der sich Äußernde diese nicht bemerkt.

Bei *Gerichtsverhandlungen,* auch wenn – wie in der Regel – die Sitzung öffentlich ist, sind Tonaufnahmen des Rundfunks und zu sonstiger öffentlicher Vorführung oder zur Veröffentlichung ihres Inhalts gemäß § 169 des Gerichtsverfassungsgesetzes unzulässig. Tonaufnahmen von *Parlamentssitzungen,* auch wenn diese öffentlich sind, bedürfen der Einwilligung des Parlamentspräsidenten, dem das Hausrecht zusteht.

**Urheberrecht:** Auch wenn eine Tonaufnahme persönlichkeitsrechtlich oder strafrechtlich zulässig war, ist damit noch nicht gesagt, daß sie auch *gesendet* werden darf. Handelt es sich nämlich um die Aufnahme eines Werks oder einer Darbietung, die urheberrechtlich geschützt ist, muß der Urheber bzw. der Leistungsschutzberechtigte seine *Einwilligung zur Sendung* geben, ohne diese darf ein Beitrag grundsätzlich nicht zur Sendung freigegeben werden.

Für die Arbeitnehmer der Rundfunkanstalt übertragen die Manteltarifverträge die zur Programmherstellung und Sendung benötigten Urheberrechte. Bei allen anderen Mitwirkenden muß dies durch Einzelvertrag geschehen, der in der Regel auf die sog. allgemeinen Honorarbedingungen Bezug nimmt (vgl. »Honorare und Honorarvertragsrecht«).

Fehlt eine solche Übertragung der nötigen urheberrechtlichen Nutzungsrechte, so kann dies im Einzelfall höchstens einmal bei einem ständigen Mitarbeiter vernachlässigt werden, bei dem aufgrund laufender Zusammenarbeit die Einräumung der notwendigen Rechte unterstellt werden kann; ansonsten aber fehlt es dann an der urheberrechtlichen Befugnis zur Sendung. Urheberrechtlich geschützt ist nicht jeder Beitrag, sondern nur eine *eigenständig-schöpferische Leistung von inhaltlichem Belang,* die freilich auch schon in einem Interview, einer Reportage, einem Diskussionsbeitrag erbracht werden kann.

Das Urheberrecht ist auch eine Ausprägung des allgemeinen Persönlichkeitsrechts, jedenfalls, soweit es dem Autor ein »*Ur-*

*heberpersönlichkeitsrecht«* gewährt, das in der praktischen Redakticnsarbeit bei der Bearbeitung von Beiträgen eine wichtige Rolle spielt. Die übliche redaktionelle Bearbeitung, einschließlich sendungsbedingter Kürzungen, ist abgedeckt durch die Urheberklauseln der Tarifverträge und der Honorarbedingungen. Eine Veränderung der vom Autor gewollten inhaltlichen Aussage, eine *Beeinträchtigung seines »Werks« im Wesenskern* ist dadurch aber nicht erlaubt. Jede dahingehende redaktionelle Änderung bedarf der vorherigen Zustimmung des Autors.

**Gegendarstellung:** Manche Redakteure reagieren darauf geradezu allergisch. Nach den Rundfunk- bzw. Pressegesetzen haben die von einer Sendung durch *Tatsachen*behauptungen unmittelbar betroffenen Personen oder Einrichtungen das Recht, in vergleichbarer Weise eine *Tatsachen*darstellung dagegen zu stellen. Da oft verkannt wird, daß es sich hierbei nicht um die Frage handelt, welche Tatsachenbehauptung richtig ist, sehen manche Redakteure allein in dem Wunsch auf Gegendarstellung einen Angriff auf ihre Berufsehre. Dies ist unbegründet.
Der Gesetzgeber wollte lediglich dem durch eine Sachverhaltsschilderung in einem Massenmedium Betroffenen eine *einigermaßen adäquate Reaktionsmöglichkeit* einräumen, ohne darauf abzustellen, ob die Gegendarstellung richtig oder falsch ist. Die Gegendarstellung ist von der Berichtigung oder gar von einem Widerrufsverlangen sorgsam zu unterscheiden.
Man sollte daher *Gegendarstellungsbegehren eher aufgeschlossen gegenüberstehen,* wenn sie rechtlich begründet sind. Ob sie das sind, ist allerdings im Einzelfall nur sehr schwer festzustellen, da häufig Tatsachenbehauptungen von Meinungsäusserungen oder Wertungen nicht leicht zu trennen sind. Auf Wertungen und Meinungsäußerungen gibt es kein Gegenäußerungsrecht. Enthält eine Gegendarstellung selbst eine Meinungsäußerung, so ist sie unzulässig, auch wenn die übrigen formalen Voraussetzungen – von der unmittelbaren Betroffenheit bis zur eigenhändigen Unterschrift des Betroffenen – erfüllt sind.
In aller Regel empfiehlt es sich, Gegendarstellungsverlangen von einem sachkundigen Juristen *prüfen* zu lassen. Diesen Rat kann man im übrigen getrost auch für alle sonstigen Rechtsfragen, die in der täglichen Redaktionsarbeit auftreten, geben.
Häufig kann der *Rat der Rechtsabteilung,* vor der Sendung ein-

geholt, nachträglichen Ärger ersparen, ohne dem Ziel der Sendung Abbruch zu tun.

[1] BVerfGE 30, 173 (»Mephisto«)
[2] BVerfGE 7, 198/208 (Lüth-Urteil)
[3] BVerfGE 7, 198/208 f.
[4] BVerfGE 7, 198/210
[5] vgl. hierzu die umfängliche und prägnante Darstellung bei Karl Egbert Wenzel, Das Recht der Wort- und Bildberichterstattung (Verlag Dr. Otto Schmidt KG. Köln 1986³)
[6] BVerfGE 35, 202 (Lebach-Urteil)
[7] Zur Unterscheidung von Privat-, Geheim- und Intimsphäre vgl. Wenzel aaO. S. 110 ff.
[8] vgl. Dreher-Tröndle, Kommentar zum Strafgesetzbuch, 41. Aufl., A. 2 zu 201

*Weitere Literatur*

Fromm/Nordemann, Urheberrecht (Verlag W. Kohlhammer, Stuttgart/Berlin/Köln/Mainz, 7. Aufl. 1988)
Löffler/Ricker, Handbuch des Presserechts (Verlag C. H. Beck, München, 2. Aufl. 1986)
Wolf-Dieter Ring, Medienrecht (Verlag für Verwaltungspraxis Franz Rehm München/Münster, Loseblatt-Sammlung)

## Das duale Rundfunksystem

Ob man von dualem Rundfunk*system* (Rundfunkstaatsvertrag[1]) oder dualer Rundfunk*ordnung* (Bundesverfassungsgericht) spricht – gemeint ist dasselbe: das Nebeneinander von *öffentlich-rechtlichem* und *privatem* Rundfunk.

**Dieses Nebeneinander** hat sich seit 1984 auf der Grundlage der Landesmediengesetze entwickelt.»Grundsätzlich und grundgesetzlich ist die Organisationsform des Rundfunks in der Bundesrepublik Deutschland nicht festgelegt«, so Ex-SDR-Intendant Professor Hans Bausch. Bayern hat sich in einem 1973 eingefügten Verfassungsartikel dafür entschieden, daß Rundfunk ausschließlich »in öffentlicher Verantwortung und in öffentlich-rechtlicher Trägerschaft betrieben« wird. Dementsprechend gilt die Bayerische Landeszentrale für neue Medien als *Veranstalter* aller Programme, die Privatstationen gelten dagegen nur als *Anbieter,* derer sich die Landesanstalt bedient.

Trotz vermehrter Frequenzen und neuer Verbreitungsmöglichkeiten (Kabel und Satellit) besteht nach den derzeitigen Gegebenheiten nicht für jedermann ein Grundrecht auf Zulassung als Rundfunkveranstalter. Das duale Rundfunksystem beruht demnach *nicht auf einem aus Artikel 5 Grundgesetz (Rundfunkfrei-*

*heit) folgenden Anspruch,* sondern *auf der politischen Entscheidung* des jeweiligen Landesgesetzgebers.

**Ausgewogenheit** in den Rundfunkprogrammen ist nach der ständigen Rechtsprechung des Bundesverfassungsgerichts eine Aufgabe, die unmittelbar der in Artikel 5 Grundgesetz gewährleisteten Rundfunkfreiheit entspringt. Vor allem muß der Gesetzgeber sicherstellen, »daß die Vielfalt der bestehenden Meinungen im Rundfunk in möglichster Breite und Vollständigkeit Ausdruck findet und daß auf diese Weise umfassende Information geboten wird«[2].

**Zwei gegensätzliche Modelle** stehen hierfür bereit: Entweder wird die Meinungsvielfalt *innerhalb* jedes Programms hergestellt *(»binnenplurale«* Vielfalt) oder sie ergibt sich aus der *Gesamtheit* aller jeweils empfangbaren privaten Programme *(»außenplurale«* Vielfalt).
»Bei einem ›außenpluralistischen‹ Modell obliegt den einzelnen Veranstaltern keine Ausgewogenheit; doch bleiben auch sie zu sachgemäßer, umfassender und wahrheitsgemäßer Information und einem Mindestmaß an gegenseitiger Achtung verpflichtet.« Außerdem hat der Gesetzgeber zu gewährleisten, daß das Gesamtangebot der Programme »der bestehenden Meinungsvielfalt auch tatsächlich im wesentlichen entspricht«.

**Der öffentlich-rechtliche Rundfunk** ist »binnenplural«, also so organisiert, »daß alle in Betracht kommenden Kräfte« in seinen Organen »Einfluß haben und im Gesamtprogramm zu Wort kommen können, und daß für den Inhalt des Gesamtprogramms Leitgrundsätze verbindlich sind, die ein Mindestmaß von inhaltlicher Ausgewogenheit, Sachlichkeit und gegenseitiger Achtung gewährleisten«.
Für den öffentlich-rechtlichen Rundfunk sind »*Bestand* und weitere *Entwicklung* zu gewährleisten«, verspricht der Rundfunkstaatsvertrag in seiner Präambel. »Dazu gehört seine Teilhabe an allen neuen technischen Möglichkeiten zur Verbreitung von Rundfunkprogrammen und die Erhaltung seiner finanziellen Grundlagen einschließlich des dazugehörigen Finanzausgleichs.«

**Die »Grundversorgung«** ist in der dualen Ordnung Sache der

öffentlich-rechtlichen Anstalten, »zu der sie imstande sind, weil ihre terrestrischen Programme nahezu die gesamte Bevölkerung erreichen und weil sie nicht in gleicher Weise wie private Veranstalter auf hohe Einschaltquoten angewiesen, mithin zu einem inhaltlich umfassenden Programmangebot in der Lage sind«.
Grundversorgung bedeutet »nicht eine Mindestversorgung, auf die der öffentlich-rechtliche Rundfunk beschränkt ist oder ohne Folgen für die an privaten Rundfunk zu stellenden Anforderungen reduziert werden könnte. Ebensowenig handelt es sich um eine Grenzziehung oder Aufgabenteilung zwischen öffentlich-rechtlichem und privatem Rundfunk, etwa in dem Sinne, daß Programme oder Sendungen, die der Grundversorgung zuzurechnen sind, dem öffentlich-rechtlichen, alle übrigen dem privaten Rundfunk vorbehalten sind oder vorbehalten werden könnten.«
Wesentlich für den Begriff »Grundversorgung« sind laut Bundesverfassungsgericht vielmehr drei Elemente:
– Eine *Übertragungstechnik,* »bei der ein Empfang der Sendungen für alle sichergestellt ist, bis auf weiteres mithin die herkömmliche terrestrische Technik«.
– Der *inhaltliche Standard* der Programme »im Sinne eines Angebots, das nach seinen Gegenständen und der Art ihrer Darbietung oder Behandlung dem ... Auftrag des Rundfunks nicht nur zu einem Teil, sondern voll entspricht«.
– Die »wirksame *Sicherung gleichgewichtiger Vielfalt* in der Darstellung der bestehenden Meinungsrichtungen durch organisatorische und verfahrensrechtliche Vorkehrungen«.
Grundversorgung setzt stets eine »Mehrzahl von Programmen« der einzelnen Rundfunkanstalten voraus. Zumindest der Bestand der im Zeitpunkt des Bundesverfassungsgerichtsurteils von 1986 terrestrisch verbreiteten öffentlich-rechtlichen Programme ist »der unerläßlichen Grundversorgung zuzurechnen«. Die von den öffentlich-rechtlichen Rundfunkanstalten geleistete Grundversorgung rechtfertigt es nach Ansicht der Verfassungsrichter hinzunehmen, daß für die Gesamtheit der sonst noch in einem Land empfangbaren (zum Teil grenzüberschreitenden) Programme *das Erfordernis gleichgewichtiger Informations- und Meinungsvielfalt nicht uneingeschränkt erfüllt* werden kann.

**Der »Grundstandard gleichgewichtiger Vielfalt«** im privaten Rundfunk verpflichtet nicht zur Herstellung »einer arithmetischen

Gleichheit von Meinungsrichtungen«. und verlangt »bei einzelnen Ungleichgewichtigkeiten von geringer Bedeutung noch kein Einschreiten«; er umfaßt aber »die *wesentlichen* Voraussetzungen von Meinungsvielfalt, die gegen konkrete und ernsthafte Gefährdungen zu schützen sind: die Möglichkeit für *alle* Meinungsrichtungen – auch diejenigen von Minderheiten –, im privaten Rundfunk zum Ausdruck zu gelangen, und den Ausschluß einseitigen, in hohem Maße ungleichgewichtigen Einflusses einzelner Veranstalter oder Programme auf die Bildung der öffentlichen Meinung, namentlich die Verhinderung des Entstehens vorherrschender Meinungsmacht«.

**Das Hinzutreten privater Veranstalter** in einem dualen Rundfunksystem kann nach Ansicht des Bundesverfassungsgerichts »nur dann einen Sinn haben«, wenn es »die Rundfunkversorgung insgesamt verbessert ... Eine solche Verbesserung hängt einmal davon ab, daß eine höhere Zahl von Programmen angeboten wird, weil sich damit die Chance eines *Mehr an inhaltlicher Vielfalt* erhöht. Zum anderen kommt es auf die *Konkurrenz* zwischen diesen Programmen an. Dem Nebeneinander von öffentlich-rechtlichem und privatem Rundfunk liegt (unter anderem) der Gedanke zugrunde, daß der publizistische Wettbewerb zwischen beiden sich anregend und belebend auf das inländische Gesamtangebot auswirken und Meinungsvielfalt auf diese Weise gestärkt und erweitert werde.«

Den privaten Veranstaltern sollen, so verspricht es die Präambel des Rundfunkstaatsvertrags, »der *Aufbau* und die *Fortentwicklung* eines privaten Rundfunksystems ermöglicht werden. Dazu sollen ihnen ausreichende Sendekapazitäten zur Verfügung gestellt und angemessene Einnahmequellen erschlossen werden.«

[1] Staatsvertrag über den Rundfunk im vereinten Deutschland vom 31.8.1991, abgedruckt im ARD-Jahrbuch 1991, Seite 437-457
[2] Nicht näher gekennzeichnete Zitate sind den von 1961 bis 1992 ergangenen sieben Rundfunkurteilen des Bundesverfassungsgerichts entnommen. Die hier am häufigsten zitierten Entscheidungen vom 24. März 1987 (zum Landesmediengesetz von Baden-Württemberg) und vom 4. November 1986 (zum Niedersächsischen Landesrundfunkgesetz) sind im ARD-Jahrbuch 87 in Auszügen abgedruckt. Der vollständige Wortlaut aller sieben Rundfunkurteile findet sich u.a. bei Ring, Medienrecht (Verlag für Verwaltungspraxis Franz Rehm, München/Münster, Loseblattsammlung).

*Weitere Literatur:*

Albrecht Hesse, Rundfunkrecht (Verlag Franz Vahlen, München 1990)

## Honorare und Honorarvertragsrecht

Für die Sendung eines Beitrages benötigt die Rundfunkanstalt die dafür erforderlichen *Nutzungsrechte*. Die Rechtseinräumung erfolgt beim Festangestellten durch den Arbeitsvertrag und entsprechende tarifliche Bestimmungen und ist mit dem Gehalt abgegolten, beim freien Mitarbeiter durch den Honorarvertrag. Dafür steht ihm ein *Anspruch auf angemessene Vergütung* zu *(Honorar)*.

**Honorarbedingungen im öffentlich-rechtlichen Rundfunk.** Bei der Vielzahl von gleichartigen Vorgängen der Rechtseinräumung und Honorierung, die die Rundfunkanstalten täglich für ihre Hörfunk- und Fernsehprogramme abzuwickeln haben, ist das Vertrags- und Abrechnungsverfahren weitgehend formalisiert und wird im Regelfall mit Hilfe der EDV erledigt. Zwar ist *Schriftform* mit genauer *Angabe des Verwendungszwecks* eines Beitrages nicht zwingend vorgeschrieben (im Zweifel »Zweckübertragungstheorie«), doch zu empfehlen und üblich. Die Rundfunkanstalten verwenden bereits vorgedruckte Vertragstexte, sogenannte *Honorarbedingungen*.

Diese allgemeinen Geschäftsbedingungen unterliegen nach dem Willen des Gesetzgebers besonderen Anforderungen und der Entwicklung der Rechtsprechung. Einige Rundfunkanstalten haben mit den Tarifpartnern zwischenzeitlich auch *Urhebertarifverträge* (für »arbeitnehmerähnliche Personen«) abgeschlossen, die eine recht weitgehende Rechteeinräumung vorsehen.

**Sie sollten diese Bedingungen kritisch lesen** und sich Unklarheiten erläutern lassen, wenn Ihnen die Bedingungen entweder in *Broschürenform* (Zusammenstellung aller Vertragstypen für Urheber und Mitwirkende Hörfunk und Fernsehen) oder als *Einzelvertrag* oder in Verbindung mit einem *Urhebertarifvertrag* von der Honorar- und Lizenzabteilung zugehen. Erst diese Bedingungen mit den aufgeführten Einzelangaben über Ihren Beitrag, die Sendung, die Honorarhöhe, ein Übernahme- bzw. Wiederholungshonorar, sind das Vertragsangebot, das Sie durch Ihre Unterschrift annehmen.

Mit der Redaktion geführte *Vorgespräche* können zwar wesentliche Punkte vorklären, im Regelfall sind jedoch die Redakteure nach der hausinternen Geschäftsverteilung zum Vertragsabschluß nicht berechtigt. Also sehen Sie darauf, daß getroffene Vorabsprachen alsbald durch Vertragsangebot und -abschluß der Honorar- und Lizenzabteilung bestätigt werden.

**Honorarvertrag.** Mit dem Abschluß eines Honorarvertrages Hörfunk räumen Sie der Rundfunkanstalt im Regelfall das ausschließliche, zeitlich und räumlich unbeschränkte Recht zur Nutzung Ihres Beitrages *im Hörfunk* mit dem Recht zur Weiterübertragung auf andere Sendeunternehmen ein. Die Nutzung zu Hörfunkzwecken umfaßt insbesondere die Sendung durch Tonrundfunk oder ähnliche technische Einrichtungen (auch Kabelsysteme und Satellit). Sie verstoßen gegen diese Vereinbarung, wenn Sie den gleichen Beitrag einer anderen Rundfunkanstalt nochmals anbieten und für Hörfunkzwecke verkaufen.

Hingegen ist eine *andere Nutzung* durchaus möglich, da das deutsche Urheberrecht keine Vollrechtsübertragung, sondern die Einräumung von Nutzungsrechten für die verschiedenen Nutzungsarten vorsieht (z. B. verbleiben Ihnen die Rechte zu Schmalfilm, Kinoverfilmung, zum Zeitungs- und Buchdruck, mit deren Ausübung Sie jedoch die berechtigten Interessen der Rundfunkanstalt nicht beeinträchtigen dürfen, es sei denn, ein Urhebertarifvertrag sieht eine umfängliche Rechteeinräumung vor).

Sie haben dafür einzustehen, daß es sich um Ihr *eigenes Werk* handelt und daß Sie über die eingeräumten Rechte *verfügungsberechtigt* sind. Bei *Änderungen und Bearbeitungen,* die teilweise sendungsbezogen erforderlich sind (z. B. Kürzung), hat die Rundfunkanstalt das Urheberpersönlichkeitsrecht zu beachten (vgl.»Medienrecht für Radioleute«). *Urhebernennung* erfolgt, soweit sie rundfunküblich ist, d. h. bei größeren Beiträgen, Berichten und Kommentaren in jedem Falle.

Nach den Honorarbedingungen ist die Rundfunkanstalt zur Sendung eines Beitrages nicht verpflichtet. Bei *Nichtsendung* können Sie jedoch nach angemessener Frist (z.B. sechs Monate für Werke mit überwiegend tagesaktuellem Charakter bis 15 Minuten Sendelänge, sonst drei Jahre) die Rechte zurückrufen.

**Honorarrahmen.** Viele Rundfunkanstalten verfügen über Honorarrahmen, in denen die vorkommenden Urheber- und Mitwir-

kendenleistungen in Hörfunk und Fernsehen aufgeführt sind. Diese Honorarrahmen sind *hausinterne Richtlinien* für die Redaktionen. Sie arbeiten – soweit es sich nicht um feste oder Pauschalsätze handelt – mit von/bis-Spannen.
In den meisten Häusern gibt es bereits *Vergütungstarifverträge,* die für bestimmte Leistungen Mindesthonorare, Regelhonorare oder jährliche Steigerungsraten der Honorare ähnlich den linearen Vergütungsanhebungen bei Festangestellten festschreiben.
Beim Vorschlag des Honorars haben die Redaktionen verschiedene Faktoren zu berücksichtigen, wie
– Dauer des Beitrages,
– Schwierigkeit der Materie,
– Umfang der Materialsammlung,
– Zeitaufwand bei der Vorbereitung,
– einmalige Abgeltung bzw. Vereinbarung von Wiederholungshonorar. Im tagesaktuellen Bereich ist die einmalige Abgeltung üblich.
Da den Programmbereichen pro Haushaltsjahr bestimmte Haushaltsmittel für die Erfüllung ihrer Aufgaben zugewiesen werden, dienen die Honorarrahmen dazu, zum einen eine *leistungsgerechte Verteilung der Honorare* zu gewährleisten, zum anderen *Überziehungen der Haushaltsansätze* zu vermeiden. Die Redaktionen würden oft gerne bessere Honorare vorschlagen, müssen sich jedoch im Rahmen der Mittelzuweisung halten. Für gleiche Leistung kann das *Honorarniveau* zwischen einer großen, finanzkräftigen und einer kleinen Rundfunkanstalt durchaus unterschiedlich sein.

**Honorarabrechnung.** Nahezu bei allen Rundfunkanstalten findet die Honorarabrechnung mit Rücksicht auf die Lohnsteuer-, Sozialversicherungspflicht, Beiträge zur Pensionskasse für freie Mitarbeiter bzw. zum Versorgungswerk der Presse, sowie zur Künstlersozialkasse, in bestimmten Zeiträumen, *gewöhnlich monatlich,* über EDV-Programm statt. Ihr Honorar wird auf ein von Ihnen anzugebendes Konto überwiesen. Falls Sie nach erbrachter und abgenommener Leistung oder Teilleistung dringend Geld benötigen, haben Sie die Möglichkeit, über Ihren zuständigen Redakteur eine *Abschlagszahlung* zu beantragen. Einige Rundfunkanstalten sind bereits zu turnusmäßigen Abschlagszahlungen übergegangen, um die monatlichen Abrechnungszeiträume zu verkürzen.

**Die Merkblätter der Honorar- und Lizenzabteilung** über die Lohnsteuer- und Sozialversicherungspflicht, die Möglichkeiten der Mitgliedschaft bei der Pensionskasse für freie Mitarbeiter bzw. beim Versorgungswerk der Presse sollten Sie sich in Ihrem eigenen Interesse möglichst rechtzeitig vor oder mit Ihrem ersten Tätigwerden für eine Rundfunkanstalt zusenden lassen.

## Beim Privatfunk arbeiten

Nicht für alle Beschäftigten des privaten Hörfunks gelten mittlerweile Tarifverträge. Zwar gelang es 1991 den Journalistengewerkschaften – neben dem Deutschen Journalisten-Verband (DJV) die Fachgruppe Journalismus in den IG Medien und die Berufsgruppe Kunst und Medien in der DAG – nach zweijährigen Verhandlungen einen Manteltarifvertrag mit dem Tarifverband privater Rundfunk (TPR) abzuschließen. Dieser gilt jedoch nur für die im TPR organisierten Unternehmen, zu denen neben den nationalen Fernsehanbietern RTL plus, SAT 1 und Pro 7 fast alle regionalen und landesweiten Hörfunkunternehmen gehören.

**Der Manteltarifvertrag mit dem TPR**, der am 1. Juli 1991 in Kraft trat, gilt für alle Beschäftigten dieser Unternehmen. Die Tarifparteien einigten sich auf Arbeitsbedingungen, die den Beschäftigten der im TPR organisierten Unternehmen zum ersten Mal eine Arbeitszeitregelung und Ansprüche auf Überstundenausgleich, die Zahlung einer Jahresleistung (Weihnachts- und Urlaubsgeld) sowie von Nacht-, Sonn- und Feiertagszuschlägen sichert. Vorgesehen ist zudem die stufenweise Einführung der 38-Stunden-Woche bis 1995 auf der Basis der Fünf-Tage-Woche. Der tarifliche Urlaubsanspruch beträgt 30 Tage.
Durch den Tarifvertrag wurden die Unternehmen zudem verpflichtet, für programmabhängige Bereiche Dienstpläne einzuführen. Dem berechtigten Interesse der Beschäftigten nach planbarer Freizeit wurde dadurch Rechnung getragen.
Seit Mitte 1991 wird zwischen den Tarifvertragsparteien zudem ein Gehaltstarifvertrag sowie ein Urheberrechtsvertrag verhandelt. Zu einem Abschluß ist es jedoch noch nicht gekommen.

**Mit der Arbeitsgemeinschaft Privater Rundfunk (APR)**, die circa 140 lokale und regionale Hörfunksender in Bayern, Baden-Württemberg und Nordrhein-Westfalen vertritt, wurde 1992 ein *Manteltarifvertrag* ausgehandelt. Im einzelnen sieht er die Einführung der 38-Stunden-Woche bis 1995 auf der Basis der Fünf-Tage-Woche vor. Alle Beschäftigten erhalten nach diesem MTV in Zukunft 30 Tage Urlaub pro Jahr. Neben Regelungen über Zuschläge für die Arbeit in der Nacht sowie an Sonn- und Feiertagen ist weiterhin die Zahlung einer tariflichen Jahresleistung (Urlaubs- und Weihnachtsgeld) vorgesehen. Diese Jahresleistung sollte sich nach einem Stufenplan von 1,2 Gehältern in 1992 auf 1,7 Gehälter in 1997 erhöhen.

Entsprechend einer vom DJV erhobenen Forderung kamen die Vertragsparteien jedoch überein, diesen Manteltarifvertrag erst dann zu unterzeichnen, wenn auch ein *Gehaltstarifvertrag* ausverhandelt ist. Damit soll sichergestellt werden, daß der Manteltarifvertrag bei seinem Inkrafttreten auch in vollem Umfang umgesetzt werden kann. Die Verhandlungen für einen Gehaltstarifvertrag wurden 1992 aufgenommen; 1993 wurde für die NRW-Lokalradios ein Mantel- und Gehaltstarifvertrag abgeschlossen.

**Arbeitsgesetze.** Soweit ein privater Hörfunkanbieter nicht in einem Arbeitgeberverband organisiert ist oder wie im Falle der APR der Manteltarifvertrag noch nicht in Kraft gesetzt worden ist, somit ein tarifloser Zustand besteht, bedeutet dies keineswegs, daß ein Mitarbeiter rechtlos ist. Einschlägig sind in diesen Fällen die Bestimmungen des deutschen Arbeitsrechtes.

Zwar enthalten die Arbeitsgesetze nur Grundanforderungen, gleichwohl kann sich jeder Mitarbeiter im Bereich des privaten Hörfunks auf sie berufen und sich gegen Verletzungen dieser Bestimmungen zur Wehr setzen.

Zu den einschlägigen Gesetzen gehören unter anderen das *Bürgerliche Gesetzbuch* (BGB), die *Reichsversicherungsordnung* (RVO), das *Lohnfortzahlungsgesetz* (LohnfortzG), das *Bundesurlaubsgesetz* (BUrlG), das *Kündigungsschutzgesetz* (KSchG), das *Arbeitsplatzschutzgesetz* (ArbPlSchG), die *Arbeitszeitordnung* (AZO), das *Mutterschutzgesetz* (MuSchG), das *Jugendarbeitsschutzgesetz* (JArbSchG), das *Schwerbehindertengesetz* (SchwbG), das *Berufsbildungsgesetz* (BBiG) und das *Betriebsverfassungsgesetz* (BetrVG).

**Betriebsräte.** Daß die genannten gesetzlichen Bestimmungen eingehalten werden, sollte in den Rundfunkunternehmen von Betriebsräten überwacht werden. Aus diesem Grund sollten die Mitarbeiter in ihren Betrieben darauf drängen, daß – soweit dies nicht bereits geschehen ist – Betriebsräte gebildet werden. Die Journalistengewerkschaften beantworten Fragen, die sich mit der Einleitung von Betriebsratswahlen beschäftigen (Deutscher Journalisten-Verband, Bennauerstraße 60, 5300 Bonn 1; IG Medien, Postfach 102451, 7000 Stuttgart 10).

**Für freie Mitarbeiter** stellt sich die Lage auf dem Arbeitsmarkt nach wie vor als sehr schlecht dar. Aufgrund ihrer schwachen Rechtsstellung werden sie von vielen Arbeitgebern in den unterschiedlichsten Funktionen teilweise nur projektbezogen oder befristet eingesetzt. Dabei übersehen viele freie Mitarbeiter, daß sie aufgrund ihrer längerfristigen oder auch unternehmensgebundenen Arbeitsverpflichtung oft bereits weitergehende Rechte erworben haben. Den Betroffenen wird empfohlen, sich über ihre Rechte genauestens zu informieren.

**Der schriftliche Anstellungsvertrag** ist bei allen privaten Rundfunkanbietern, die bisher nicht tariflich gebunden sind, von besonderer Bedeutung. In ihn sollten die Regelungen aufgenommen werden, die üblicherweise in den Tarifverträgen stehen. Ein Musteranstellungsvertrag, der über den DJV in Bonn bezogen werden kann, gibt hier weitere Anhaltspunkte.

**Inhalt des Anstellungsvertrages:** In einem Anstellungsvertrag für journalistische Programm-Mitarbeiter sollten Bestimmungen enthalten sein über
– die Probezeit,
– das Gehalt,
– den Auslagenersatz,
– die Dauer des Urlaubs und das Urlaubsgeld,
– die Altersversorgung,
– die Dauer der Arbeitszeit,
– die Weiterbildung,
– das Urheberrecht
– sowie über Zeugnis und Personalakte.
Eindeutig definiert sein sollten das *journalistische Aufgabenge-*

*biet,* die *Stellung* innerhalb des Unternehmens sowie der *Dienstort.*
Ein beispielhafter Vertrag, wie zum Beispiel der bereits oben erwähnte Musteranstellungsvertrag, sollte den journalistischen Mitarbeitern zumindest die Bedingungen sichern, die bereits mit dem TPR tariflich vereinbart worden sind.

**Urheberrechtliche Regelungen** gewinnen auch im Bereich des privaten Rundfunks zunehmend an Bedeutung. Denn im Hinblick auf den ständig wachsenden internationalen Medienmarkt ist es heute nicht mehr die Ausnahme, daß Medienunternehmen die Beiträge ihrer Mitarbeiter nicht nur national, sondern auch international vermarkten. An dieser weiteren Vermarktung ihrer Beiträge sollten auch die Urheber beteiligt werden. Aus diesem Grunde ist es von besonderer Bedeutung, daß die Mitarbeiter in ihrem Anstellungsvertrag keine pauschale Abtretung ihrer Urheberrechte vertraglich vereinbaren.

# Aus- und Fortbildung

## Ausbildung bei ARD und ZDF

Wie bei allen Medien gilt auch beim Radio trotz zunehmender Professionalisierung der Grundsatz des freien Zugangs zum journalistischen Beruf. Um seinen Auftrag erfüllen zu können, braucht der Hörfunk qualifizierte Mitarbeiter, die mit seinen spezifischen Eigenheiten und Anforderungen vertraut sind.
Das Schwergewicht einer externen, an verschiedenen Institutionen durchgeführten Ausbildung liegt in der Regel mehr beim allgemeinen Journalismus und bei der Theorie, während es in der anstaltsinternen Ausbildung primär um den praktischen Hörfunkjournalismus geht. Die Unterscheidung in extern-intern ist somit nicht als strenge Zweiteilung zu verstehen, sondern als Gliederung zweier einander ergänzender und aufeinander abzustimmender arbeitsteiliger Systeme.

**Ausbildungsstätten außerhalb der Rundfunkanstalten:** Neben dem *Studium der Publizistik- bzw. Kommunikationswissenschaft* an verschiedenen Hochschulen der Bundesrepublik gibt es *Diplom-Studiengänge Journalistik* in Dortmund, Eichstätt, Leipzig und München sowie viersemestrige *Aufbaustudiengänge Journalistik* in Bamberg, Hannover, Mainz, Marburg, Stuttgart-Hohenheim und Tübingen; als *Nebenfach* kann man Journalistik in Bamberg, Erlangen, Gießen, Hamburg und Köln studieren.
*Studienbegleitende Journalismuskurse* zum Einstieg ins Medium bieten insbesondere kirchliche Bildungseinrichtungen an. (vgl. Abschnitt »Journalistische und kirchliche Bildungseinrichtungen« im Beitrag »Radiokurse«).
*Journalistenschulen* gibt es in München (Deutsche Journalistenschule und Burda-Journalistenschule) und Berlin (Berliner Journalistenschule), in Hamburg (Henri-Nannen-Schule und Journalistenschule Axel Springer) und Düsseldorf (Georg-von-Holtzbrink-Schule).
Alle Einzelheiten, auch über hier nicht genannte Institute und Kurse, findet man im Buch von Walther von La Roche »Einführung in den praktischen Journalismus« (List Verlag München).

**Interne Ausbildung in den Rundfunkanstalten:** Bei jährlich steigender Tendenz hat sich die interne Ausbildung seit 1979 mehr als vervierfacht. Dabei sind drei Formen zu unterscheiden: *Praktikum, Hospitanz, Volontariat.* Dem Volontariat in modernisierter Fassung kommt als der »traditionellen« Form journalistischer Ausbildung bei weitem das größte Gewicht zu.

**Praktikum.** Zugang zu einem Praktikum haben Studierende der Studiengänge Journalistik oder Publizistik und anderer journalistischer Ausbildungsstätten, *deren Studienpläne den Nachweis eines Aufenthalts in Rundfunkanstalten vorschreiben.* Mehrere Rundfunkanstalten sind mit einigen in ihrem Einzugsgebiet ansässigen Hochschulen und journalistischen Ausbildungsstätten die Verpflichtung eingegangen, ein *bestimmtes Kontingent* an Ausbildungsplätzen zur Verfügung zu stellen. Soweit diese Vereinbarungen nicht bestehen, bewerben sich die Studierenden *direkt* um ein Praktikum.
Je nach Länge des Praktikums (sechs Wochen bis vier Monate) durchlaufen die Auszubildenden mehrere Stationen im Programmbereich. Für die Zeit des Praktikums wird meist eine Ausbildungsbeihilfe gezahlt, deren Höhe sich zum Teil nach Wohnsitz und Anzahl der Semester richtet.
Bei mehreren Rundfunkanstalten gibt es ein Volontärradio, das selbst Programme produziert. Auch am Messe-Radio der ZFP sind regelmäßig Volontäre beteiligt.

**Hospitanz.** Zur Orientierung über die Programmbereiche wird die Möglichkeit einer Hospitanz für Bewerber angeboten, die in einem auf Abschluß ausgerichteten Hochschulstudium (nach mindestens vier Semestern) stehen oder eine vergleichbare abgeschlossene Berufsausbildung haben und *ein berufsbezogenes Interesse glaubhaft machen.* Deshalb werden journalistische Grunderfahrungen vorausgesetzt. Die Hospitanz dauert für Studenten zwei bis drei Monate, meist während der Semesterferien. Die Hospitanten werden einzelnen Programmbereichen zugeordnet, wobei nach Möglichkeit Studienschwerpunkte berücksichtigt werden. Hospitanten erhalten meist die gleiche Ausbildungsbeihilfe wie Praktikanten.

**Volontariat.** Mit dem Festsetzen von *Zulassungskriterien* wur-

den die ersten Schritte zu einer einheitlich anwendbaren Regelung in den Rundfunkanstalten eingeleitet.
Volontär kann danach werden, wer die Voraussetzungen alternativ erfüllt:
- abgeschlossenes Hochschulstudium;
- abgeschlossenes Studium an einer Fachhochschule oder einem Fachinstitut;
- einschlägige mehrjährige Tätigkeit bei Zeitungen, Rundfunk, Presse-, Nachrichten- oder Fernsehagenturen, Verlagen, Bühnen oder in vergleichbaren Berufen.

Die Gesamtlänge des Volontariats beträgt in der Regel 18 Monate. Je nach Anstalt kann es auf 15 Monate verkürzt bzw. auf 24 Monate verlängert werden.

Ein *Rahmenkonzept für die interne Ausbildung* legt – ohne die Anstalten im einzelnen zu binden – die zeitliche Reihenfolge und eine inhaltliche Gliederung der einzelnen Ausbildungsstationen sowie die Verknüpfung mit zentralen Veranstaltungen fest. Die Ausbildung erfolgt mit dem Schwerpunkt Hörfunk bzw. Fernsehen oder wird bimedial vorgenommen. Seit 1987 werden in allen öffentlich-rechtlichen Rundfunkanstalten Volontäre ausgebildet.

Die Ausbildung erfolgt in den Häusern. Unterschieden werden Pflicht- und Wahlstationen, die aufeinander aufbauen und dem Volontär frühzeitig die Möglichkeit geben, selbst mitzuarbeiten und eigene Sendungen zu produzieren. Unter Pflichtstationen sind Aufenthalte im Programm- und Produktionsbereich zu verstehen, die alle Volontäre zur Sicherung einer breiten Ausbildung absolvieren müssen. In den Wahlstationen wird den Volontären eine Spezialisierung entsprechend ihren Interessen und Neigungen ermöglicht.

Die im Rahmenkonzept gegebene Empfehlung, Kompaktkurse für Volontäre durchzuführen, ist weitgehend hausintern realisiert worden. Zunehmend wird auch von dem Angebot Gebrauch gemacht, Volontäre zu ZFP-Seminaren zu entsenden, um ihnen dort das journalistische Handwerkszeug durch Training vermitteln zu lassen. Für zentrale Veranstaltungen sind bis zu 20 % der Ausbildung vorgesehen.

**Zur Praxis und Problematik der internen Ausbildung.** In jeder Rundfunkanstalt ist ein *Ausbildungsbeauftragter* eingesetzt, der

für die Planung und Durchführung aller Ausbildungsvorgänge verantwortlich ist und für Informationen über Ausbildungsfragen zur Verfügung steht.
Die *Aufnahmekapazität* für Praktikanten, Hospitanten und Volontäre ist in den einzelnen Funkhäusern verschieden. Trotz knapper Finanzmittel stehen bei ARD und ZDF derzeit rund 250 Volontärsplätze sowie über 3000 Plätze für Praktikanten und Hospitanten zur Verfügung. Wenngleich die Zahl der Interessenten und Bewerber ein Vielfaches der vorhandenen Ausbildungsstellen beträgt, wird auf lange Sicht nur mit einem geringfügig erweiterten Angebot zu rechnen sein. Schon jetzt zeichnet sich ab, daß berufsorientierende Hospitanzen bzw. Praktika für Studenten anderer als journalistischer Studiengänge kaum noch möglich erscheinen.
Der Vergabe von Volontariaten ist ein *Auswahlverfahren* vorgeschaltet, das sich nicht mehr allein auf die Beurteilung der eingereichten Bewerbungsunterlagen beschränkt. Bei einigen Rundfunkanstalten erfolgt die Vorauswahl aufgrund angeforderter Arbeitsproben zu vorgegebenen Themen, danach entscheiden ein Auswahltest sowie ein Vorstellungsgespräch über die Zulassung zum Volontariat. Auch ein Vorschaltpraktikum kann den Ausschlag geben.
Für die Ausbildungszeit gilt ein *Vertrag,* der mancherorts auch tariflich abgesichert ist. Eine Festanstellung nach Abschluß des Volontariats kann von den Rundfunkanstalten nicht garantiert werden. Dennoch besteht eine *Fürsorgepflicht* gegenüber den Volontären. Die Anstalten informieren sich gegenseitig, wenn nach Abschluß der Ausbildung keine Möglichkeit der Festanstellung im eigenen Haus (möglicherweise aber bei anderen Anstalten) besteht.
Im grundsätzlichen Einvernehmen darüber, daß der Ausbildung ein großer Stellenwert zukommt, sind ARD und ZDF bestrebt, ihr *internes Ausbildungssystem weiter auszubauen,* um selber mehr als bisher den journalistischen Nachwuchs auf die spezifischen Berufsanforderungen im Hörfunk und Fernsehen vorzubereiten.
Mit der Anwendung des »Rahmenkonzepts für die journalistische Ausbildung« bei ARD und ZDF ist ein beachtlicher Schritt in Richtung auf größere Einheitlichkeit und Systematik auf diesem Gebiet in den Funkhäusern getan. Trotzdem bleiben noch manche Fragen zu klären, manche Mängel abzustellen. Das gilt für

die personelle und finanzielle Ausstattung ebenso wie für die Ausbildung selbst.

So besteht zweifellos noch immer eine spürbare *Diskrepanz* zwischen den im Rahmenplan vorgesehenen *Maßnahmen* und der redaktionellen Wirklichkeit. Auch ist es oft schwierig, in den Anstalten Mitarbeiter zu finden, die bereit und in der Lage sind, als Tutoren die Auszubildenden zu betreuen. Unbefriedigend blieb bislang ferner die Abstimmung von Ausbildungskapazität und Personalplanung. Insgesamt gibt jedoch die Entwicklung Grund für einigermaßen optimistische Zukunftsperspektiven. Auch für die nächsten Jahre ist zu erwarten, daß die Ausbildung im wesentlichen unverändert auf dem hohen Stand weitergeführt werden kann.

## Ausbildung beim Privatfunk

Durch die immer größere Zahl privater Anbieter sind die Beschäftigungsmöglichkeiten für junge Journalisten stark angestiegen. Dies zeigt auch gerade die Tatsache, daß im Bereich des privaten Rundfunks überwiegend jüngere Journalisten tätig sind. Bisher gibt es noch keinen Ausbildungstarifvertrag mit den Arbeitgeberorganisationen. Die Qualität der Ausbildung ist von Sender zu Sender sehr unterschiedlich.

**Auskünfte** über Anzahl und Anschriften der Sender in den jeweiligen Bundesländern geben die zuständigen *Landesmedien*anstalten (vgl. »Anschriften«). Informationen darüber, welche Sender Volontariatsstellen zur Verfügung haben, erhält man bei den Arbeitgeber-Organisationen des Privatfunks, der Arbeitsgemeinschaft Privater Rundfunk (APR) und dem Tarifverband Privater Rundfunk (TPR); vgl. »Anschriften«.

**Art der Ausbildung:** Vor allem bei den kleinen Lokalsendern ist die Ausbildung in der Regel auf die besonderen Bedürfnisse des Betriebes zugeschnitten. Vermittelt wird das, was erforderlich ist, um eine Sendung zu machen. Dazu gehören neben Kenntnissen im Umgang mit der Technik die Fähigkeit, kurze und prägnante Beiträge zu produzieren. Eine wirkliche Ausbildung, wie sie zum Beispiel in den Printmedien üblich ist, findet jedoch nicht statt.

Selbst nicht alle größeren, in den meisten Fällen finanzstarken Anbieter bieten ihren Volontären einen Ausbildungsplan, Ausbildungsredakteur oder überbetriebliche Ausbildung. Dies hat zur Folge, daß eine theoretische Ausbildung in den Grundlagen journalistischer Arbeit oft zu kurz kommt. Es liegt somit an den Volontären, sich diese Grundlagen durch die Nutzung überbetrieblicher Ausbildungsangebote selbst anzueignen. Viermal pro Jahr nehmen je 15 Radio-Volontäre ein vierwöchiges überbetriebliches Ausbildungsangebot beim Rundfunk-Bildungszentrum in Dortmund wahr. Die Inhalte gleichen, entsprechend modifiziert, denen der Print-Volontärkurse.

**Der Ausbildungsalltag** im Privatfunk meint in der Regel »learning by doing«. Von einem Volontär in der Redaktion eines kleinen Privatsenders wird nicht nur erwartet, daß er vom ersten Tag an einen ausgebildeten Redakteur ersetzen kann. Hinzu kommen in der Regel eine Vielzahl an Überstunden, wenig Urlaub, schlechte Bezahlung sowie ein Mangel an sozialer Absicherung. Fraglich ist oftmals auch, ob die Ausbildung eine Qualifizierung für eine spätere journalistische Tätigkeit sein kann. Es wäre hier an der Zeit, durch einen Ausbildungstarifvertrag die Situation zu verbessern.

**Im schriftlichen Ausbildungsvertrag** sollte ausdrücklich die Ausbildung zum *Rundfunkredakteur* fixiert werden. Angaben sollten außerdem enthalten sein über:
– Art, sachliche und zeitliche *Gliederung* sowie das *Ziel* der Ausbildung,
– Anzahl und Art der *Ausbildungsstationen,*
– *Beginn* und *Dauer* der Ausbildung,
– vorgesehene *Ausbildungsmaßnahmen außerhalb des Senders,* z. B. in den überregionalen Redaktionen einer kooperierenden Zeitung oder eines Rahmenprogramms,
– Dauer der regelmäßigen *Wochenarbeitszeit,*
– *Dauer der Probezeit* (nicht länger als drei Monate),
– Zahlung und Höhe der *Ausbildungsvergütung,*
– Dauer des *Urlaubs,*
– rechtzeitige Mitteilung der *Übernahme* in ein Angestelltenverhältnis,
– Art und Umfang des auszustellenden *Zeugnisses.*

Der Deutsche Journalisten-Verband e. V. (DJV) bietet einen *Musterausbildungsvertrag* an, der sich im wesentlichen an den bei Printmedien üblichen Regelungen orientiert. Dieser kann bei der Bundesgeschäftsstelle des DJV angefordert werden.

## Radio-Kurse

Vier Arten von Radio-Kursen lassen sich unterscheiden:
- Mehrmonatige Kurse, unter ihnen solche, die arbeitslose Akademiker zum Programm-Mitarbeiter umschulen,
- Weiterbildung für bereits tätige Radio-Journalisten,
- Wochen- oder Wochenendkurse journalistischer und kirchlicher Bildungseinrichtungen
- Medienseminare für Radio-Fans.

**Mehrmonatige Kurse:** Ausbildungsziel ist (in unterschiedlicher Gewichtung) ein Radio-Profi, der nicht nur Programm machen kann, sondern auch die Technik beherrscht und eine Ahnung hat von Finanzen, Werbung und Management.
15 Monate dauern die Kurse des *Rundfunk-Bildungszentrums*, einer Schwester von »Haus Busch« in Hagen (Nollendorfplatz 2, 4600 Dortmund 16).
Bereits den sechsten 18-Monate-Kurs veranstaltet das *IFM* (Wörthstraße 7, 7520 Bruchsal). Ebenfalls ein privates Unternehmen ist die *TIP Medienpraxis* (Kaiserstraße 16, 8500 Nürnberg); der Kurs dauert 16 Monate. Die *Akademie für neue Medien* (Langheimer Amtshof, 8650 Kulmbach) veranstaltet »zur Vorbereitung auf ein Volontariat« viereinhalbmonatige Crash-Kurse, die »in der Regel auf das Volontariat angerechnet« werden.
In den Zeitangaben sind etwaige Praktika bereits enthalten. Die Kosten pro Monat betragen bei diesen Schulen im Schnitt 2000 bis 3000 Mark. Auch wer kein Fall fürs Arbeitsamt ist, findet einen Platz, wenn er sich das Schulgeld leisten kann.

**Weiterbildung**, vor allem für Privatfunk-Mitarbeiter, steht auf dem Programm des oben erwähnten *Runkfunk-Bildungszentrums* in Dortmund; jährlich werden mehr als 30 drei- bis fünftägige Kurse angeboten z. B. zum Interview, zum gebauten Beitrag, zu Selbstfahrer-Technik und Rhetorik.

**Journalistische und kirchliche Bildungseinrichtungen** haben auch Radio-Kurse im Programm. So kann man etwa bei der *Akademie für Publizistik* (Magdalenenstraße 64a, 2000 Hamburg 13) ein Fachseminar »Moderation im Hörfunk« buchen oder bei der *Akademie der Bayerischen Presse* (Arnulfstraße 44, 8000 München 2) eine fünftägige Einführung in die Hörfunkpraxis und einen zweiwöchigen Grundkurs Hörfunk.

Die *Evangelische Medienakademie/cpa* (Westerbachstraße 33-35, 6000 Frankfurt am Main 90) bietet eine Folge von sechs Wochenend-Seminaren (»Bausteine«) zu Technik und Arbeitsweise des Hörfunks. Einige weitere Angebote: Fürs Hören Arbeiten – Reportage und Feature in Presse, Hörfunk und Fernsehen – Workshop für das Mini-Feature – Hörfunk-Moderationstraining – Interviewtraining – Erzählen im Journalismus. 14 Tage am Stück dauert der »Grundkurs Hörfunk«.

Die Kirchen sind in den Privatfunk-Programmen mit eigenen Beiträgen vertreten. Die Produzenten solcher Sendungen schult die *Katholische Medienakademie*, eine Einrichtung des Instituts zur Förderung publizistischen Nachwuchses (Elisenstraße 3a, 8000 München 2), in Kursen mit einer Dauer von zwei Tagen bis zu einer Woche. »Lokalradio zum Mitmachen« – unter diesem Motto steht das Programm der *Medienwerkstatt Radio*, die zum Bildungswerk der Erzdiözese Köln gehört (Marzellenstraße 32, 5000 Köln 1). Da gibt es Produktionsprojekte, Radiotage, Radio-Stammtische bzw. Redaktionskonferenzen vor Ort, »alles Betätigungsfelder, in denen Sie Ihre Themen hörfunkgerecht und unter fachlicher Beratung umsetzen können«.

Getragen von der Badischen, der Bayerischen und der Württembergischen Landeskirche, arbeitet in Karlsruhe das *Ausbildungsprojekt »Lokaler Radiojournalismus für Kirche und Diakonie«* (Redaktion für Kirche und Diakonie, Hirschstraße 82, 7500 Karlsruhe).

Das *Film-Funk-Fernsehzentrum der Evangelischen Kirche im Rheinland* (Kaiserwerther Straße 450, 4000 Düsseldorf 30) hat u. a. eine »Manuskriptwerkstatt« und einen »Profikurs Studioproduktion« im Programm, dazu Kurse für Sprecherziehung, Interviewtechnik und Moderation.

Die *Christliche Medien-Akademie* (Postfach 1869, 6330 Wetzlar 1) ist »eine Medienschule der Konferenz Evangelikaler Publizisten (kep)«; sie veranstaltet Einführungs- und Fortbildungskurse von zwei bis drei Tagen Dauer nicht nur für hauptamtliche und freie Mitarbeiter, sondern auch »für junge Christen, die als Berufsziel den Journalismus vorgesehen haben«. Einschlägig: Einführung in die Hörfunkpraxis – Aktuelle Berichterstattung im Hörfunk – Warum der Versprecher, Herr Sprecher?

**Medienseminare** gehören seit langem zum Angebot vieler Einrichtungen der Erwachsenenbildung. Die Grenze zwischen Information *über* und Schulung *für* das Medium ist manchmal kaum zu markieren. Selbst bei einem Seminar »Darstellung der 3. Welt im Hörfunk«, wie es die *Hanns-Seidel-Stiftung* durch ihr Referat »Journalistische Nachwuchsförderung« (neben vielen praxisorientierten Kursen) anbot, lernt man etwas über Radio-Programmarbeit (Lazarettstraße 19, 8000 München 19).

Um die Idee des Bürgerfunks (Offener Kanal) zu fördern, veranstaltet das *Adolf-Grimme-Institut* (Projekt »Kooperative Modelle«, Eduard-Weitsch-Weg 25, 4370 Marl) Radio-Seminare, im Auftrag der Landesanstalt für Rundfunk NRW und in Zusammenarbeit mit lokalen und regionalen Partnern.

Einmal pro Woche trifft sich im Funkhaus Heidelberg des SDR die *Arbeitsgemeinschaft Funk der Universität Heidelberg* zum Gespräch mit Funk-Hierarchen und Radio-Praktikern; das kann überleiten zu Übungsproduktionen und einer Hospitanz beim SDR (Studio Heidelberg-Mannheim, Schloß-Wolfsbrunnen-Weg 33, 6900 Heidelberg 1).

## Ausbildung in Österreich

Wer in Österreich Radio lernen will, kann das praktisch nur im ORF. Privatradios gibt es noch keine, Universitäten und das Kuratorium für Journalistenausbildung bieten lediglich kurze Einführungen an. Im ORF ist die Radio-Ausbildung Teil des Journalistischen Grundkurses der Lehrredaktion. Diese Ausbildung wird nur Mitarbeitern angeboten (freien oder angestellten), die schon im ORF beschäftigt sind.

**Die Lehrredaktion** beruht auf dem dualen Prinzip: drei Wochen praktische Arbeit in der Stammredaktion, eine Woche Seminar. Zehn Seminar-Wochen werden angeboten, wobei alle Kandidaten bimedial ausgebildet werden. Der Grundkurs beginnt mit einem Einführungsseminar, in dem der ORF vogestellt wird, die rechtlichen Grundlagen vermittelt werden und über Publikumsforschung und Wahrnehmung referiert wird. Dann folgen: Recherche und Sprache, Nachrichten, Radio-Beiträge, Radio-Moderation, TV-Beiträge, TV-Dramaturgie, Interview, Rhetorik/Analyse, TV-Moderation. Alle Seminare werden von einer umfassenden Sprechausbildung begleitet.

Die 12 Kursteilnehmer kommen aus den Landesstudios und den Zentralredaktionen. Die Vortragenden sind zum überwiegenden Teil ORF-Mitarbeiter mit langjähriger fachlicher und didaktischer Erfahrung. Ausgewählt werden die Teilnehmer von ihren Vorgesetzten in Zusammenarbeit mit der Bildungsabteilung. Diese Grundausbildung ist vor allem für junge Journalisten ohne wesentliche Vorbildung gedacht.

**Für ausgebildete Journalisten**, die, zum Beispiel, von einer Zeitung zum Radio kommen, gibt es eine spezielle Ausbildung, in der sie mit den Besonderheiten des Mediums Radio vertraut gemacht werden. Auch für sie ist ein Einführungsseminar, in dem der ORF vorgestellt wird, verpflichtend.

**Bildungspaß:** Er dient der gezielten Personalentwicklung. Wird ein neuer Mitarbeiter aufgenommen, entscheidet der Vorgesetzte, welche Seminare besucht werden sollen. Diese Entscheidung fällt gemeinsam mit dem Redakteur in einem Gespräch, bei dem ein Mitglied der Bildungsabteilung beratend teilnehmen kann. Wurden die Seminare absolviert, gibt es ein weiteres Mitarbeitergespräch. In diesem Gespräch wird festgestellt, welche Techniken der Redakteur schon gut beherrscht und welche er noch trainieren muß.

**An bestimmten Testtagen im Jahr** werden alle Kandidaten, die sich beim ORF um eine journalistische Tätigkeit bewerben, einen Tag lang auf ihre fachliche, stimmliche und persönliche Eignung geprüft. Dadurch entsteht ein Pool von möglichen Kandidaten, auf die zurückgegriffen werden kann, wenn es eine Beschäftigungsmöglichkeit gibt.

*Adresse:* ORF/BAF, Würzburggasse 30, 1136 Wien, Tel.: (02 22) 8 78 78 / 22 96 oder 34 04

Aus- und Fortbildung

## Ausbildung in der Schweiz

Angehenden Radiojournalist/innen stehen verschiedene Wege für den Erwerb der notwendigen Ausbildung offen. Institutionalisierte Ausbildungsgänge, die speziell auf den Radiojournalismus ausgerichtet sind, existieren in der Schweiz allerdings nicht. Dies mag dem Anfänger die Übersicht und den Einstieg erschweren, gibt ihm dagegen die Möglichkeit, die Ausbildung auf seine individuellen Voraussetzungen, Bedürfnisse und Zielsetzungen hin auszurichten.

Ausbildungsmöglichkeiten bestehen bei der *Schweizerischen Radio- und Fernsehgesellschaft SRG* und bei den konzessionierten *privaten Lokalradios.* Von diesen sind allerdings nur wenige in der Lage, eine hinreichende journalistische Grundausbildung zu vermitteln. Das Schwergewicht in allen Ausbildungsangeboten liegt im starken Praxisbezug (learning by doing) und der weitgehend am Arbeitsplatz durchgeführten Ausbildung (training on the job).

Beim *Radio der deutschen und rätoromanischen Schweiz DRS* (Teil der SRG, der für die deutsche und rätoromanische Schweiz Radiogramme produziert) wird folgender Ausbildungsgang angestrebt:

**Hospitanz und Praktikum** dienen im weitesten Sinne der Nachwuchsförderung in den medienspezifischen Berufen, vermitteln erste Erfahrungen mit einem Medium und finden in den Redaktionen statt. Dauer: in der Regel ein Monat.

Die *Hospitanz* gibt es für Student/innen der Publizistik und Medienwissenschaft, die einen Aufenthalt bei einem Medium als Teil ihrer Ausbildung absolvieren müssen.

Das *Praktikum* ist für künftige freie Mitarbeiter/innen und Korrespondenten vorgesehen. Sie lernen dabei die Arbeitsweise einer Redaktion kennen und werden mit den journalistischen Anforderungen bei Schweizer Radio DRS vertraut gemacht. Den Redaktionsleitern bietet das Praktikum die Möglichkeit, die Kandidat/innen während einiger Zeit zu beobachten und ihre Eignung abzuklären.

**Stages.** Bei Schweizer Radio DRS werden *verschiedene Arten* von Stages (Volontariaten) unterschieden:

- Stages für Mitarbeiter/innen mit keiner oder nur geringer journalistischer Erfahrung,
- Stages für Mitarbeiter/innen mit ausgewiesener journalistischer Erfahrung in einem anderen Medium,
- Stages zur Vorbereitung auf einen radiospezifischen Beruf (z.B. im Bereich der Musik: Musikproduzent, Musikgestalter).

Ein Stage dauert in der Regel ein Jahr. Bei Radio DRS können jährlich höchstens drei Stagiaires aufgenommen werden.

**Die Grundausbildung der Stagiaires,** wie auch neuer Programm-Mitarbeiter/innen ist nach dem Baukastenprinzip aufgebaut. Dies erlaubt, eine differenzierte und zielgerichtete Ausbildung zu vermitteln, entsprechend der Vorbildung und Erfahrung der neuen Mitarbeiter/innen und den Anforderungen und Bedürfnissen von Schweizer Radio DRS.

Zum Ausbildungsangebot gehören Workshops und Kurse in den Bereichen *Journalistische Grundsätze* (Einführung in die Grundlagen und Theorien der Kommunikationsforschung sowie der Funktion der Massenmedien in der Gesellschaft), *Sprach- und Sprecherziehung* (Sprachsensibilisierung nach ganzheitlichem Ansatz mit Bewegung, Sprechen und Sprache), *Radiojournalistisches Handwerk* (Radiophone Gestaltungsmittel und Sendeformen, Einführung in die formalen, dramaturgischen und journalistischen Möglichkeiten, Programme attraktiv, hörer- und konzeptgerecht zu gestalten), *Werkstätten* zu den Themen Recherche, Nachrichten/Bericht, Reportage, Interview und Moderation, *Produktionstechnik*.

Die Grundausbildung ist so organisiert, daß eine starke Verzahnung von theoretischer und praktischer Ausbildung gewährleistet werden kann. Den Stagiaires steht während der ganzen Ausbildungszeit ein Tutor als Berater und Betreuer zur Seite.

**Ergänzt** werden diese radiointernen Ausbildungsangebote durch ein *Praktikum* in einer Agentur oder bei einem anderen Medium (Fernsehen, Presse) und mit *Kursen* am Medienausbildungszentrum (MAZ) Luzern. Das Medienausbildungszentrum bietet eine berufsbegleitende Grundausbildung für angehende Journalist/innen aller Medien. Was allen Medien gemeinsam ist und was sie unterscheidet, soll in den Kursen erprobt und erkannt werden. Voraussetzungen für die Zulassung zum Eignungstest sind das erfüllte 20. Altersjahr, Berufsabschluß und/ oder Mittelschulabschluß bzw. eine weitergehende Ausbildung sowie ein festes Arbeitsverhältnis oder ein mindestens 80%iges Auftragsverhältnis. (Postfach 77, 6047 Kastanienbaum). Weitere Auskünfte und Unterlagen sind erhältlich bei: Ausbildung Schweizer Radio DRS, Radio Studio Zürich, Postfach, 8042 Zürich, Tel. (01) 366 11 11

Informationen zur Journalistenausbildung in Österreich und der Schweiz bei: La Roche, Einführung in den praktischen Journalismus (List Journalistische Praxis)

## Fortbildung bei ARD und ZDF

Für nichts ist Fortbildung ein Allheilmittel. In keinem Fall aber ist Fortbildung überflüssig. Sie kann nie etwas anderes und immer soviel sein: Annäherung an besseres Programm.
Dazu gehört konkret: *Zuwachs an Sachwissen* (z. B. auf den Gebieten Wirtschaft, Ökologie, Sprachwissenschaft), *Überprüfung des journalistischen Handwerks* (z. B. Interviewen, Recherchieren, Moderieren), *Reflexion über Form und Inhalt von Sendungen* (incl. Programmauftrag und Selbstverständnis), *Vertrautwerden mit neuen Techniken* (z. B. Synthesizer oder Datenbanken), *Kenntnisse der Medienforschung* (von Ergebnissen wie Methoden).
Allerdings kann der beste Kurs kaum etwas ausrichten, wenn sich Fortbildung auf ihn beschränkt. *Fortbildung ist ein tägliches Geschäft:* Ein Redakteur, der sich nicht mit seinen Kollegen intensiv über einzelne Sendungen auseinandersetzt, über Programmauftrag, über Selbstverständnis des Journalisten, wird sich nicht ohne weiteres um Seminare kümmern. Ein Redakteur, der nicht »für sich« liest, wird schwer Zugang zum Vortrag eines Wissenschaftlers finden. Wer nicht Ungenügen empfinden kann, wird sich kaum nach Innovationen umsehen. Wer wehleidig ist, wird sich ungern der Kritik stellen. Wen das tägliche Pensum nicht belastet – sei es, weil er sich wenig Arbeit macht, sei es, weil er sich nicht genug davon aufladen kann – wird sich selten nach einer Zeit des Nachdenkens sehnen.
Fortbildung ist immer zugleich Lernen und daher ebenso abhängig von der persönlichen Einstellung wie vom Reiz, der von au-

ßen kommt. Beides ist kaum voneinander zu trennen, wirkt wechselseitig.
Rundfunkanstalten können sich das Geld für Fortbildung sparen, wenn ihre Mitarbeiter – aus welchen Gründen auch immer – die Lust am Programm verlieren. Andererseits brauchen Mitarbeiter sich nicht zu wundern, daß ihre Klagen (über Druck von oben und außen) als ungebührlich empfunden werden, wenn sie professionelle Kompetenz vermissen lassen. Insofern ist – das geht nicht zuletzt an die Adresse von politisch Engagierten – der *Verzicht auf Fortbildung unpolitisch.* Was nicht heißt, daß Spiel, Spaß oder auch Muße von der Fortbildung wegzudenken wären. Innovationen kommen nicht zuletzt daher.

**Die Rundfunkanstalten.** Jedes Haus hat einen *Beauftragten,* einen *Etat* und eine *Kommission* für Fortbildung. In den größeren und einigen mittleren Anstalten sind mehrere Mitarbeiter hauptamtlich mit Fortbildung befaßt. Diese Häuser erstellen auch ein eigenes Fortbildungsprogramm für Hörfunk und Fernsehen, das in Broschüren angekündigt wird. In anderen Anstalten ist der Fortbildungsbeauftragte nebenamtlich tätig, und es gibt meist – was gute Gründe haben kann allein im Hinblick auf die geringe Zahl der Mitarbeiter, die zum selben Termin entbehrlich sind, – nur sporadisch hauseigene Veranstaltungen.
*Fortbildung* wird in fast allen Anstalten von *Weiterbildung* unterschieden. Im ersten Fall liegt »die Maßnahme« vorwiegend im Interesse der Anstalt, im zweiten ist es beiderseitig. D. h. Weiterbildung muß sich, anders als Fortbildung, nicht unmittelbar auf das spezifische Arbeitsgebiet erstrecken. Fortbildung gilt als Arbeitszeit, wird voll bezahlt; für Weiterbildung kann eine zeitliche bzw. finanzielle Beteiligung des Mitarbeiters erwartet werden.

**Die Zentrale Fortbildung der Programmmitarbeiter ARD/ZDF (ZFP)** hat gemäß einer Verwaltungsvereinbarung zwischen ARD und ZDF folgende Aufgaben:
a) Zentrale Planung und Durchführung von Fortbildungsmaßnahmen für Programmitarbeiter,
b) Unterstützung einzelner Rundfunkanstalten bei der Vorbereitung und Durchführung von Fortbildungsmaßnahmen für Programmitarbeiter sowie ständiger Informationsaustausch

über derartige Fortbildungsmaßnahmen zwischen den einzelnen Rundfunkanstalten,
c) Informations- und Erfahrungsaustausch mit anderen einschlägigen Institutionen.

Schwerpunkt der Arbeit der ZFP sind also Seminare, Kurse, Informationen. Jährlich werden rund 200 Veranstaltungen durchgeführt, die im Schnitt jeweils drei bis vier Tage dauern. Mehr als 2000 Programmitarbeiter können daran teilnehmen.

**Das Angebot der ZFP** umfaßt u. a. die Kapitel:
- Journalistisches Handwerk
- Recherchieren und Produzieren
- Vor Mikrofon und Kamera
- Programm: Form und Inhalt
- Neue Entwicklungen
- Sachwissen

Mindestens viermal im Jahr, und üblicherweise mindestens ein halbes Jahr im voraus, werden die Veranstaltungen im Programmheft der ZFP (»Was Wann Wo«) angekündigt.

Die Teilnahme an ZFP-Seminaren ist für Angestellte von ARD und ZDF *kostenlos*, Reisekosten übernehmen – unter Umständen auch für freie Mitarbeiter – die entsendenden Anstalten. Die Anmeldung erfolgt in der Regel über die Fortbildungsbeauftragten der einzelnen Häuser. Auch für die ZFP-Seminare gilt: Die Teilnahme ist *freiwillig*. Eine feste Quote, wieviele Veranstaltungen ein Mitarbeiter in einem bestimmten Zeitraum besuchen darf oder sollte, gibt es zur Zeit nicht.

Die *Methoden* von ZFP-Seminaren richten sich nach der Thematik und der Zielsetzung. Sie reichen vom herkömmlichen Referat bis zum Rollen- und Planspiel, von moderner Moderationstechnik bis zum Einzelgespräch. Nahezu alle Seminare sind an der Praxis orientiert, sei es, daß ihre Themen von den Programmitarbeitern genannt wurden, sei es, daß sie sich mit Sendungsanalysen oder neuen Redaktions- und Produktionstechniken befassen.

Viele Veranstaltungen sind in einem System von ergänzenden und/oder aufbauenden Kursen konzipiert. *Trainer und Referenten* der Seminare kommen zu einem Teil aus den Anstalten, zum größeren Teil von außerhalb, z. B. aus der Wissenschaft, Wirtschaft.

Die ZFP operiert von ihren beiden Standorten *Hannover* und *Wiesbaden* aus. Sie unterhält dort jeweils ein Trainingszentrum, insbesondere für geräteintensive Seminare.
*Adresse:* Unter den Eichen, 6200 Wiesbaden, Tel. (06 11) 59 05 44

**Externe Fortbildungsangebote:** Mit journalistischen Themen beschäftigen sich Universitäten, Gesamthochschulen, Akademien, Bundes- und Landeszentralen für Politische Bildung, wissenschaftliche Gesellschaften und eingetragene Vereine. Um Fortbildung speziell von Fernseh- oder gar Hörfunkjournalisten kümmern sich nur wenige dieser Institutionen. Immer noch in den Anfängen stecken Bemühungen einiger Universitäten.

**Nutzung und Nutzen:** Was steht Fortbildung entgegen? Keine Zeit, kein Interesse sind die gängigsten Antworten.
*Zeit:* Es stimmt, daß viele Programmacher überlastet sind, daß sie auch zu einem bestimmten Zeitpunkt wegen eines Produktionstermins oder einer Sitzung nicht wegfahren können. *Es stimmt nicht, daß jemand nie Zeit hat. Interesse:* Manche Erwachsene tun sich hierzulande schwer mit dem Lernen. Es ist eine Sache für Kinder, Jugendliche, Studenten. Fortbildung wird oft in der Nähe von Schulbank gesehen. In der Tat kommt es immer wieder vor, daß jemand, der sich zu Seminaren meldet, von Kollegen oder Vorgesetzten mit der Floskel bedacht wird: Sie haben es wohl nötig.
Um keine falschen Vorstellungen im Hinblick auf einzelne Fortbildungsveranstaltungen aufkommen zu lassen, sei noch einmal betont: *Die tägliche Programmarbeit verlangt nicht nur, sie bringt Fortbildung mit sich.* Lesen zum Beispiel ist unerläßlich. Das Gespräch mit Autoren ergibt neue Aspekte.
Jeder, dem seine Programmarbeit lieb ist, sollte jedoch auf *zusätzlichen* Angeboten bestehen, die ihm ermöglichen:
– einige Tage aus dem Betrieb zu kommen,
– Erfahrungen mit Kollegen anderer Sender auszutauschen,
– Sachwissen zu überprüfen und zu vergrößern,
– Sinn für die Eigenart anderer Kollegen und ihrer Arbeitsgebiete zu entwickeln,
– in anderer als der täglichen Gruppierung (mit fremden Kolle-

gen, Wissenschaftlern, Fachleuten aus nichtjournalistischer Praxis) Probleme der täglichen Arbeit anzugehen,
- Verhalten, Gewohnheiten zu überprüfen und evtl. Änderungen zu überlegen,
- zu experimentieren.

Dieser Katalog ist in Verbindung zu sehen mit den anfangs genannten Fortbildungszielen. Zusammengenommen könnten sie das ergeben, was Teilnehmer eines Seminars in einem Bericht so nannten: »Lustvoller Streß«. Und wenn's »nur« Anregungen, Nachdenklichkeit, neues Wissen gebracht hätte, käme es dem Programm auch zugute. Erst recht, wenn es um die Konkurrenz mit kommerziellen Programmanbietern geht.

## Fortbildung in Österreich

Die Bildungsabteilung des ORF ist als Hauptabteilung direkt dem Generalintendanten unterstellt. Eingeteilt ist sie in die Unterabteilungen: Technik und Administration, Information (Lehrredaktion) Programm und Sprechausbildung (Chefsprecher).

Der Besuch der Seminare ist freiwillig. Die Berufsaus- und fortbildung (BAF) gibt zweimal im Jahr ein Kursbuch heraus, in dem die Seminare angeboten werden. Zur Teilnahme berechtigt sind alle ORF-Mitarbeiter (freie oder angestellte).

**Radio-Handwerk:** In diesen Seminaren wird aufgebaut, vertieft und erweitert auf der Basis der Grundausbildung. Dazu gehören Praxis-Seminare für Beitragsgestaltung, Moderation, Interview, Feature.

**Horizonterweiterung** bedeutet Blick über die Grenzen und Beobachtung neuer Entwicklungen: Präsentation von neuen Sendungsformen, Gast-Vortragende aus dem Ausland, Feature-Info-Tag etc.

**Reflexion und Zielsetzung:** Standortbestimmung und Festsetzung neuer Ziele ist wesentlich für die permanente Weiterentwicklung von Programmen. Dazu bietet die BAF moderierte Redaktionskonferenzen an. Das von der Gruppe entworfene Rohkonzept wird dann ausgearbeitet der jeweiligen Abteilung übergeben. Dazu gehört auch die Auseinandersetzung mit dem Urteil und den Wünschen des Zielpublikums, d. h. mit den Ergebnissen der ORF-internen Publikums- und Medienforschung.

**Technische Fortbildung** ist ein ganz wesentlicher Bestandteil des BAF-Programms. Dazu gehört die technische Einschulung bzw. Umschulung auf neue Geräte, aber auch das Vertrautmachen mit den Möglichkeiten bereits vorhandener Geräte.

**Sprechtraining:** Der Chefsprecher ist für die Mikrofontests und die Ausbildungsprogramme verantwortlich; und zwar sowohl für die Nachrichten- und Programmsprecher als auch für die Redakteure. In seine Kompetenz fällt auch die, für den gesamten ORF verbindliche, Aussprache-Regelung.

**Persönlichkeitsentwicklung:** Für den Erfolg eines Programmes sind ganz wesentlich unverwechselbare kreative Persönlichkeiten verantwortlich. Die zu entwickeln und zu fördern ist der Sinn von Seminaren wie: Kommunikationstraining, Fantasie- und Kreativitätsseminare, Sense Memory etc.

**Externe Seminare** dienen der Erweiterung des Horizonts, dem Erwerb von Fachwissen (EG-Seminar in Brüssel) und der Kontaktpflege mit Kollegen aus anderen Medien.

## Fortbildung in der Schweiz

Noch stärker als bei der Grundausbildung existiert auf dem Weiterbildungsmarkt ein weitgefächertes und qualitativ unterschiedliches Angebot. Gelegenheiten zur Weiterbildung in *allgemeinen journalistischen* Fragen bieten sich an Universitäten, am Medienausbildungszentrum (MAZ) Luzern, bei privaten Medienunternehmen und bei einzelnen journalistischen Berufsverbänden.
Im Bereich des *Radiojournalismus* bietet lediglich die SRG ihren Mitarbeiter/innen ein systematisches und kontinuierliches Kursangebot zur Weiterbildung an.

**Die Zielsetzungen** dieser Kurse, Seminare und Workshops sind:

Aus- und Fortbildung

- Vertiefung, Ergänzung und Erweiterung des in der Grundausbildung Gelernten,
- Reflexion der journalistischen Tätigkeit und des eigenen Standpunktes,
- Kritische Auseinandersetzung mit dem eigenen Produkt mit dem Ziel, sach- und hörergerechtere Sendungen zu machen,
- Entwicklung der eigenen Persönlichkeit,
- Verbesserung der Zusammenarbeit in den Teams sowie zwischen Männern und Frauen,
- Erweitern von Wissen, Kenntnissen und Fähigkeiten im Umfeld der journalistischen Tätigkeit.

**Das Kursangebot** wird jährlich zweimal in einer Broschüre bekanntgemacht. In einzelnen Bereichen bieten Schweizer Radio und Fernsehen DRS Kurse gemeinsam an, so daß der Erfahrungsaustausch und die Diskussionen über die Grenzen der einzelnen Medien hinweg möglich werden. Damit soll die Offenheit der Mitarbeiter für die Aspekte des andern Mediums gefördert und der Blick für Stärken und Schwächen der mediumsspezifischen Arbeit erweitert werden.
Zum Weiterbildungsangebot von Schweizer Radio DRS gehören die Bereiche:

**Radiojournalistisches Handwerk.** In Workshops werden folgende Themen reflektierend und vertiefend und möglichst praxisnah bearbeitet: Recherche, Reportage, Moderation, Interview, Diskussionsleitung, Gesprächsführung, Feature.

**Im Workshop »Journalistisches Selbstverständnis«** werden Sendungen, welche intern und/oder in der Öffentlichkeit zu Kontroversen oder Beschwerden führten, kritisch analysiert, diskutiert und beurteilt. Die Auseinandersetzung mit dem Produkt hat zum Ziel, den eigenen Standpunkt zu überprüfen und an den berufsethischen, programmlichen und rechtlichen Grundsätzen zu messen.

**Sprechen und Sprache:** Die rhetorische Weiterbildung geschieht weitgehend in *individuellen Trainings* zusammen mit den Sprecherzieher/innen in den einzelnen Radiostudios. In *Sprachwerkstätten* wird unter Anleitung von Schriftstellern versucht, verkrustete und durch die Routine abgeschliffene Sprachformen und Strukturen aufzubrechen und entsprechend den persönlichen Fähigkeiten und den redaktionellen Bedürfnissen weiterzuentwickeln.

**Produktionstechnik:** In verschiedenen Angeboten (Feature-Werkstatt, Experimentierstudio, Digitale Aufnahme etc.) wird den Programm-Mitarbeiter/innen Gelegenheit zur Auseinandersetzung mit *neuen produktionstechnischen Möglichkeiten* zur besseren formalen Gestaltung ihrer Beiträge geboten.

**Sendungs- und Konzeptanalysen:** In diesen werden zusammen mit Redaktionen Sendungen auf inhaltliche, gestalterische, sprachliche und rhetorische Aspekte im Hinblick auf *Wirkung und Rezeption* analysiert, gleichzeitig wird nach Verbesserungen und allenfalls nach neuen Konzepten gesucht.

**Fachseminare/Fachtagungen:** Um das Sach- und Fachwissen dem aktuellen Stand anzupassen, liefern *Fachleute* in Seminaren und Tagungen das dafür notwendige Wissen.

**Ergänzt werden kann die Fortbildung** entsprechend den individuellen Bedürfnissen durch den *Besuch externer Veranstaltungen* und *Kurse*. Wichtig für die Fortbildung sind *Bildungsurlaube* und der *Aufenthalt in anderen in- und ausländischen Rundfunkanstalten*. Allerdings können diese Möglichkeiten der knappen Kapazität wegen nur beschränkt genutzt werden.

## Tips für Auslandsaufenthalte

Radio-Programme aus dem benachbarten Ausland haben auch in der Bundesrepublik ihre Hörer, vorerst nur in den Grenzregionen. Deutsche Programme werden dort gehört. Die Satellitentechnik läßt diese räumlichen Beschränkungen ganz wegfallen. Der »gemeinsame Markt« für Radio-Programme ist in Hörweite. Der Wettbewerb auf dem nationalen und internationalen »Hör-Markt« wird zunehmend dafür sorgen, daß Ideen und Konzepte fürs Radio in eine unbegrenzte Konkurrenz miteinander treten. Für junge Radio-Journalisten werden Erfahrungen im Ausland deshalb immer wichtiger. Das Transistorradio als Begleiter in den Urlaub und der Wellen-Bummel über die Kurz- und Langwellen-Skala daheim – das sind die ersten Schritte. Einen längeren Auslandsaufenthalt können sie aber nicht ersetzen. Die folgenden Hinweise sollen die erforderliche Eigeninitiative unterstützen.

**Belgien.** Die Existenz der drei belgischen Bevölkerungsgruppen (Frankophone, Flamen und Deutschsprachige) spiegelt sich auch wider bei der Organisation des Radios, schreibt der frühere Chefredakteur für das deutschsprachige Radio, Peter Thomas. Und weiter: »Es gibt seit 1977 die *Radiodiffusion-Télévision Belge de la Communauté Française (RTBF)*, die *Belgische Radio en Televisie (BRT)* (niederländisch), beide mit Hauptsitz in Brüssel (und mit je mehreren Rundfunk- und TV-Programmen) sowie das *Belgische Rundfunk- und Fernsehzentrum der deutschsprachigen Gemeinschaft (BRF)* mit Sitz in Eupen und in Brüssel (je ein Radio- und ein Fernsehprogramm). Diese drei Institute sind völlig autonom.

Aus dieser Struktur ergibt sich, daß Anfragen auf Zulassung zum Praktikum an die Direktion des jeweiligen Instituts zu richten sind: RTBF, 52, Bd. Reyers, B-1040 Bruxelles; BRT, Reyerslaan 52, B-1040 Brussel; BRF, Hochstraße 91, B-4700 Eupen.

Während die RTBF keinerlei Vorbedingungen stellt, gilt für BRT und BRF, daß Bewerber im letzten Jahr eines Universitätsstudiums oder eines normalerweise zum Journalismus führenden Studiums immatrikuliert sein sollten. Niederländische und französische Sprachkenntnisse sind von Vorteil. Eine finanzielle Entschädigung seitens der Sendeinstitute ist möglich.«

**Frankreich.** Am leichtesten wird sich ein Auslandsaufenthalt in Frankreich arrangieren lassen, weil es dafür bereits erprobte Absprachen gibt. Der im Rahmen der ARD für die deutsch-französische Rundfunkzusammenarbeit zuständige Geschäftsführer, Dr. Peter Ziegler (SR), schreibt dazu:

»Schon seit mehreren Jahren bemüht sich die Deutsch-Französische Hörfunkkommission, in der die ARD-Anstalten und die französische Hörfunkprogrammgesellschaft *Radio France* zusammenarbeiten, um eine Intensivierung des Journalistenaustausches. Selbst Staatspräsidenten und Bundeskanzler haben sich anläßlich deutsch-französischer Gipfelgespräche mehrfach mit den Problemen befaßt und beschlossen, durch einen verstärkten Austausch die Kenntnisse junger angehender Journalisten über das jeweilige Partnerland zu fördern.

Das Deutsch-Französische Jugendwerk (DFJW) erkannte die Bedeutung und übernahm eine Art Patronatsrolle für den deutsch-französischen Journalistenaustausch. Seit 1979 wirbt das DFJW in verstärktem Maße für ein journalistisches Praktikum in Frankreich und vergibt Stipendien für den Besuch von vierwöchigen Intensivsprachkursen. Ein solches Stipendium deckt die Unterrichtskosten und enthält einen angemessenen Zuschuß zu den Kosten für Unterkunft und Verpflegung.

Die Reisekosten werden in Form eines Pauschalsatzes nach der Fahrtkostentabelle des DFJW erstattet.

Im Anschluß an den Sprachkurs oder zu einem späteren Zeitpunkt kann der Stipendiat ein entsprechendes Praktikum (höchstens vier Wochen) in einer französischen Hörfunk-Redaktion ableisten. Während dieser Zeit erhält er vom DFJW einen Tagessatz von zur Zeit 200 FF. Wer sich für ein solches Stipendium bewirbt, sollte als Journalist in einer deutschen Redaktion tätig sein und möglichst das Alter von 30 Jahren noch nicht überschritten haben. Das DFJW vermittelt den entsprechenden Redakteursplatz bei Radio France in Paris oder bei einer entsprechenden Regional- bzw. Lokalstation.

Radio France bietet dem Stipendiaten bei entsprechenden Sprachkenntnissen Programmitarbeit/Programmbeobachtung (ohne Honorar) bei France Inter, France Culture, France Musique oder einer Regional-/Lokalstation an. Ebenso ist der deutsche Dienst von Radio France Internationale an einer aktiven Mitarbeit des Praktikanten interessiert. Unproblematisch sind auch die Praktika im Rahmen von Senderpartnerschaften (soweit sie noch bestehen), weil vor Ort auch Sendungen für die Heimatredaktionen produziert werden können. Bei weitergehendem Interesse kann das DFJW ein entsprechendes Praktikum in der Redaktion einer anderen französischen Rundfunkanstalt bzw. einer Zeitungsredaktion vermitteln.

Wie geht man nun im eigenen Haus am besten vor? Eine Regellösung gibt es nicht; es kommt auf den Einzelfall an. Zunächst sollte mit den zuständigen Vorgesetzten ein Zeit- und Finanzplan für dieses Praktikum ausgearbeitet werden. Für den Festangestellten bietet sich an, den Sprachkurs während seines Urlaubs zu absolvieren oder sogar unbezahlten Urlaub zu beantragen.

Das Praktikum selbst muß von der entsprechenden Anstalt als bezahlte Weiter- bzw. Fortbildungsmaßnahme gewertet werden. Der freie Mitarbeiter sollte sich, abgesehen von den finanziellen Konditionen, in jedem Fall schriftlich zusichern lassen, daß er nach der Rückkehr in seiner Heimatredaktion wieder mitarbeiten kann. Den Interessenten ist weiter anzuraten, sich mit dem jeweiligen Direktor oder Mitarbeiter seines Hauses in Verbindung zu setzen, der seine Anstalt in der Deutsch-Französischen Hörfunkkommission vertritt.«

Gelegentlich veranstalten auch gemeinnützige Organisationen im Rahmen ihrer Jugendarbeit Ferienaufenthalte in Frankreich, bei denen gemeinsam mit jungen Franzosen an den Programmen französischer *Privatsender* mitgearbeitet wird. Für Auskünfte: Deutsch-Französisches Jugendwerk, Rhöndorfer Str. 23, 5340 Bad Honnef 1, Dr. Roland Kaehlbrandt.

**Großbritannien.** Der Deutsche Dienst der BBC beschäftigt keine Hospitanten oder Praktikanten, bietet aber sogenannte »work experience places« an. Wer als festangestellter Mitarbeiter im Team dieses Auslandsdienstes der British Broadcasting Corporation tätig werden möchte, muß über vorzügliche Englischkenntnisse und eine gute Stimme verfügen. Übersetzungsarbeiten gehören ebenso zu den Aufgaben wie das Schreiben, Erstellen und Sprechen eigener Beiträge.

Stellen werden regelmäßig in der überregionalen deutschen Presse ausgeschrieben. Wer darauf nicht warten will, kann sich auch zwischendurch schriftlich bewerben, müßte dann aber, falls erforderlich, bereit sein, auf eigene Kosten für einen Test nach London zu kommen. Arbeitsverträge werden nur befristet ausgestellt, in der Regel auf drei Jahre.

**Italien.** Das Regionalstudio der *RAI* für Südtirol (Radiotelevisione Italiana – Sender Bozen) sendet Hörfunkprogramme in den drei Sprachen dieses mehrsprachigen Grenzgebietes: Deutsch, Italienisch und Ladinisch. Die meisten Sendungen werden in deutscher Sprache ausgestrahlt. Der Chefredakteur, Dr. Hansjörg Kucera, schreibt über Ausbildung und Arbeitsmöglichkeiten dort:

»In begrenztem Umfang sind Praktikanten auch aus Deutschland und Österreich beim Sender Bozen willkommen. Leider

können diese Praktika nicht bezahlt werden. Die Honorierung einzelner Beiträge ist jedoch nicht ausgeschlossen. Wer beim Sender Bozen praktische Radio-Erfahrungen sammeln will, sollte über Italienischkenntnisse verfügen und sich vorher mit der Geschichte Südtirols vertraut machen. Vom Praktikum wird besonders profitieren, wer lernen will, wie Nachrichten geschrieben und Zeitfunkbeiträge gemacht werden.
Wer in Italien als Journalist arbeiten will, muß eine staatliche Journalistenprüfung ablegen. Dies gilt in der Regel auch für Ausländer.«

**Luxemburg.** *RTL* (Radio-Télé-Luxemburg) ist ein privatrechtliches Unternehmen, das sich aus Werbeeinnahmen finanziert, und gleichzeitig der offizielle Sender Luxemburgs mit staatlicher Lizenz. Hörfunkprogramme werden in sechs Sprachen ausgestrahlt und zielen (außer beim luxemburgischen Programm) hauptsächlich auf die Hörer im Ausland. Das deutsche Programm war lange Zeit das einzige kommerzielle Radio-Programm mit beträchtlichen Hörerzahlen in der Bundesrepublik. Beim deutschsprachigen Programm (RTL Radio) sind nach Auskunft von Programmleiter Stephan Halfpap Volontariate und Praktika möglich. Die Dauer wird von Fall zu Fall vereinbart; Bezahlung ist möglich.
Da RTL Radioprogramme oder Teile davon auch in der Bundesrepublik produziert (in Stuttgart und Berlin, Nachrichten und Sport in Bonn), ist schwer vorherzusagen, in welchem Umfang Praktikumsplätze in Luxemburg zur Verfügung stehen.

**Österreich.** Bei der Zentrale des Österreichischen Rundfunks in Wien und in den Regionalstudios in den Bundesländern werden Praktikanten und Hospitanten aus dem Ausland nicht angenommen.

**Schweiz**: Die Schweizerische Radio- und Fernsehgesellschaft (SRG) ist eine Dachorganisation, der vier sprachregionale Gesellschaften unterstehen (Deutsch, Französisch, Italienisch, Rätoromanisch). Das Schweizer Radio DRS produziert sein Radioprogramm in den drei Haupstudios Basel, Bern und Zürich sowie in drei Regionalstudios (Aarau, Luzern und St. Gallen). In den anderen Regionen gibt es Radiostudios in Lausanne, Genf

und Lugano. Dazu kommt »Schweizer Radio International«, der Kurzwellensender in Bern.
Grundsätzlich öffnen sich die Hauptstudios ausländischen Gästen für kurze *Informationsaufenthalte* von drei bis vier Tagen. Das ermöglicht, die Arbeit von anderen Kollegen (Organisation, Arbeitsabläufe, Gestaltungsfragen usw.) in einem Bereich kennenzulernen, in dem man selbst tätig ist oder tätig werden will.

**USA.** In Amerika sind die journalistischen Studiengänge sehr praxisbezogen. Häufig haben die Universitäten eigene Radio-Stationen. Alle erforderlichen Auskünfte über die Möglichkeit von Auslandssemestern in den USA bekommt man vom Deutschen Akademischen Austauschdienst, Kennedyallee 50, 5300 Bonn 2.
Für junge Journalisten gibt es auch USA-Stipendien. Für Informationen schreibt man an: Botschaft der Vereinigten Staaten von Amerika, Deichmanns Au 29, 5300 Bonn 2.
Die amerikanische Radio-Szene hat die deutsche Radio-Landschaft erheblich beeinflußt. Erfahrungen aus Amerika sind in einer Bewerbung hier deshalb häufig ein Vorteil.

**Weitere Angaben und Adressen** findet man im Internationalen Handbuch für Rundfunk und Fernsehen, herausgegeben vom Hans-Bredow-Institut (Nomos Verlagsgesellschaft Baden-Baden, zweijährlich).

## Fachzeitschriften und Informationsdienste

Die aktuelle medienpolitische, programmplanerische und medienwissenschaftliche Diskussion findet, soweit sie sich publizistisch niederschlägt, in den Fachzeitschriften statt. Quasi ein Pflichtlektüreprogramm bilden die beiden Publikationen des Gemeinschaftswerks der Evangelischen Publizistik e.V. Frankfurt »epd Kirche und Rundfunk« (2 x wöchentlich) und »Medium« (vierteljährlich). Der Erscheinungsweise entsprechend ist das redaktionelle Programm von »Kirche und Rundfunk« stärker an der rundfunk- und medienpolitischen Aktualität orientiert. »Medium« berichtet grundsätzlicher, das redaktionell abgedeckte Spektrum ist breiter.

Die »Funkkorrespondenz«, die Publikation des Katholischen Instituts für Medieninformation e.V. Köln (wöchentlich) hat ähnliche redaktionelle Schwerpunkte wie »Kirche und Rundfunk«. In diesen Informationsdiensten wird nicht nur das Fernseh-, sondern auch das Hörfunkprogramm in der Bundesrepublik mit Rezensionen kritisch begleitet.

Die regelmäßige Lektüre von »Rundfunk und Fernsehen«, der wissenschaftlichen Vierteljahreszeitschrift des Hans-Bredow-Instituts, Hamburg, vermittelt einen Überblick über den Stand der Diskussion in (Medien-)Wissenschaft und (Medien-)Forschung. Die Monatszeitschrift »Media Perspektiven«, herausgegeben im Auftrag der ARD-Werbung, Arbeitsgemeinschaft der ARD-Werbegesellschaften, (als einzige kostenlos erhältlich) verfolgt die aktuelle medienpolitische Diskussion, präsentiert die Forschung der Rundfunkanstalten und hat einen umfangreichen statistischen und dokumentarischen Teil.

Eine Zeitschrift unter kommerziellem Aspekt ist »Medien bulletin«, das Info-Magazin für Funk, Fernsehen, Neue Medien. Die Zeitschrift erscheint monatlich und berichtet in der Rubrik »Hörfunk und Fernsehen weltweit« aktuell und knapp im Magazinstil. Der wöchentliche Informationsdienst »Kabel & Satellit« befaßt sich schwerpunktmäßig mit der Entwicklung des Privatrundfunks in der Bundesrepublik Deutschland.

Lang, Rudolf: Hörfunk und Fernsehen. Aufsatznachweis aus Zeitschriften und Sammelwerken 1975ff. Köln: WDR 1977ff.

Ubbens, Wilbert: Jahresbibliographie Massenkommunikation 1974ff. Hrsg. Staats- und Universitätsbibliothek Bremen. Berlin: Spiess 1981ff.

# Anschriften

## Öffentlich-rechtliche Rundfunkanstalten

Die Sender der ARD haben auch in anderen Städten als dem Sitz der Anstalt Funkhäuser, Studios und Korrespondentenbüros. Alle Angaben darüber finden sich in den Jahrbüchern der ARD. Auskunft erteilen die Pressestellen der Sender.
*Bewerbungen* werden an die Personalabteilung am Sitz der Anstalt gerichtet.

Bayerischer Rundfunk (BR)
Rundfunkplatz 1, 8000 München 2
Telefon: (089) 59 00 01

Hessischer Rundfunk (HR)
Bertramstraße 8, 6000 Frankfurt (Main)
Telefon: (069) 15 51

Mitteldeutscher Rundfunk (MDR)
Springerstr. 22-24
O-7022 Leipzig
Telefon: (0341) 5 66 30

Norddeutscher Rundfunk (NDR)
Rothenbaumchaussee 132-134, 2000 Hamburg 54
Telefon: (040) 4 15 60

Ostdeutscher Rundfunk Brandenburg (ORB)
August-Bebel-Str. 26-53
O-1591 Potsdam-Babelsberg
Telefon: (0331) 72 36 00

Radio Bremen (RB)
Bürgermeister-Spitta-Allee 45, 2800 Bremen 33
Telefon: (0421) 24 60

Saarländischer Rundfunk (SR)
Funkhaus Halberg, 6600 Saarbrücken
Telefon: (0681) 60 20

Sender Freies Berlin (SFB)
Masurenallee 8-14, 1000 Berlin 19
Telefon: (030) 30 31 0

Süddeutscher Rundfunk (SDR)
Neckarstraße 230, 7000 Stuttgart 1
Telefon: (0711) 92 90

Südwestfunk (SWF)
Hans-Bredow-Straße, 7570 Baden-Baden
Telefon: (07221) 9 20

Westdeutscher Rundfunk (WDR)
Appellhofplatz 1, 5000 Köln 1
Telefon: (0221) 22 01

Deutsche Welle (DW)
Raderberggürtel 50, 5000 Köln 51
Telefon: (0221) 38 90

Deutschlandfunk (DLF)
Raderberggürtel 40, 5000 Köln 51
Telefon: (0221) 34 51

RIAS Berlin
Kufsteiner Straße 69, 1000 Berlin 62
Telefon: (030) 8 50 30

## Private Sender

Aufgeführt sind alle landesweiten Radioprogramme in den westdeutschen Bundesländern. Für Bayern und Baden-Württemberg sind die größeren Lokal- und Regionalsender in die Anschriftenliste aufgenommen. Alle Sender bilden auch aus, zu den Bedingungen vgl. »Ausbildung beim Privatfunk«.
Anschriften weiterer Lokal- und Regionalsender in Bayern, Baden-Württemberg und Nordrhein-Westfalen bekommt man über die Landesmedienanstalten (vgl. unter »Anschriften«). Ein Adressenverzeichnis findet sich auch im DLM-Jahrbuch (Jahrbuch der Direktorenkonferenz der Landesmedienanstalten, Neue Mediengesellschaft Ulm).

*Baden-Württemberg*

Radio Dreyeckland
Adlerstr. 12
7800 Freiburg
Telefon: (0761) 3 04 07

Radio Merkur
Kaiserstr. 50, 7550 Rastatt
Telefon: (07222) 3 96 29

Radio Regenbogen
Dudenstr. 12 - 26, 6800 Mannheim
Telefon: (0621) 3 37 50

Radio 7
Schaffnerstr. 30, 7900 Ulm
Telefon: (0731) 2 02-60
(mit Programmen auch in Aalen, Biberach, Göppingen/Geislingen, Leutkirch und Tuttlingen; Radio T.O.N. (Bad Mergentheim) und Radio Victoria (Baden-Baden) übernehmen Programmteile)

RTL Radio
Heusteigstr. 44, 7000 Stuttgart 1
Telefon: (0711) 60 10 60
(produziert ein Mantelprogramm, das in Baden-Württemberg auf Frequenzen in Geislingen, Göppingen, Mühlacker/Pforzheim und Reutlingen (ganz oder teilweise) übernommen wird)

Seefunk Radio Bodensee
Konzilstr. 1, 7750 Konstanz
Telefon: (07531) 28 65 23

## Anschriften

Welle Fidelitas
Lammstr. 1-5, 7500 Karlsruhe 1
Telefon: (0721) 16 06 -0

*Bayern*

Antenne Bayern
Münchner Str. 20, 8043 Unterföhring
Telefon: (089) 9 59 99-0

Bayerische Lokal-Radioprogramm GmbH & Co. KG (BLR)
Vogelweideplatz 10, 8000 München 80
Telefon: (089) 45 50 44-0

Radio Arabella
Paul-Heyse-Str. 2-4
8000 München 2
Telefon: (089) 5 30 99 50

Radio Charivari
Paul-Heyse-Str. 2-4, 8000 München 2
Telefon: (089) 51 41 00-0
(Radio Charivari gibt es auch in Nürnberg, Regensburg, Rosenheim und Würzburg)

Radio Gong 2000
Nordendstr. 64, 8000 München 40
Telefon: (089) 27 27 00
(Radio Gong gibt es auch in Nürnberg, Regensburg und Würzburg)

*Berlin*

Berliner Rundfunk
Nalepastraße 10-50
O-1160 Berlin
Telefon: (030) 55 16-56 00

104,6 RTL
Kurfürstendamm 207-208
Kudamm-Karree
1000 Berlin 15
Telefon: (030) 884 84 160/165

Hundert,6
Paulsborner Str. 44
1000 Berlin 33
Telefon: (030) 89 69 4-0

Radio Energy
Potsdamer Str. 131
1000 Berlin 30
Telefon: (030) 217 373-0

r.s.2
Voltastr. 5
1000 Berlin 65
Telefon: (030) 464 30 51

Anschriften

*Brandenburg*

Mindestens ein privates Landesprogramm ist vorgesehen.


*Hamburg*

Alster Radio
Rödingsmarkt 29
2000 Hamburg 11
Telefon: (040) 3 70 90 70

Klassik Radio
Brandswiete 4, 2000 Hamburg 11
Telefon: (040) 32 43 73

OK Radio
Spaldingstr. 218, 2000 Hamburg 1
Telefon: (040) 23 73 30

Radio Hamburg
Speersort 10, 2000 Hamburg 1
Telefon: (040) 3 39 71 40


*Hessen*

Radio FFH
Graf-Vollrath-Weg 6, 6 Frankfurt/M 90
Telefon: (069) 78 97 90


*Mecklenburg-Vorpommern*

Antenne Mecklenburg-Vorpommern
Postfach 152
0-2751 Schwerin
Telefon: (0385) 8 39 18


*Niedersachsen*

Antenne Niedersachsen
Gosenriede 9, 3 Hannover 1
Telefon: (0511) 9 11 80

radio ffn
Dorfstr. 2, 3004 Isernhagen
Telefon: (05139) 8 08 00

## Anschriften

*Nordrhein-Westfalen*

Radio NRW
Essener Str. 55, 4200 Oberhausen 1
Telefon: (0208) 2 04 25
(Radio NRW liefert das Mantelprogramm für viele selbständige Lokalradios, deren Anschriften man dort erfahren kann.)

Nachrichten und Sport Radioservice GmbH (NSR)
Oskar-Walzel-Straße 24, 5300 Bonn 1
Telefon: (0228) 22 40 12

*Rheinland-Pfalz*

Radioropa
Technicpark, 5568 Daun/Eifel
Telefon: (06592) 71 20

Radio RPR
Turmstr. 8, 6700 Ludwigshafen
Telefon: (0621) 59 00 00
(Regionalstudios in Kaiserslautern, Koblenz, Mainz und Trier,
Radio RPR strahlt als einziger Privatsender zwei Programme aus.)

*Saarland*

Radio Salü
Richard-Wagner-Str. 58 -60, 6600 Saarbrücken 1
Telefon: (0681) 3 91 27

*Sachsen*

Antenne Sachsen
Johannes-R.-Becher-Platz 3
O-8019 Dresden
Telefon: (0351) 4 59 50 90

Radio PSR
Delitzscher Str. 97
O-7021 Leipzig
Telefon: (0341) 56 65 60

*Sachsen-Anhalt*

Radio Brocken
Brachwitzer Str. 16
O-4050 Halle/Saale
Telefon: (0345) 34 93 92

Radio SAW
Große Diesdorfer Str. 64
O-3031 Magdeburg
Telefon: (0391) 7 31 17 68

*Schleswig-Holstein*

delta radio
Werftstr. 214
2300 Kiel 14
Telefon: (0431) 7 54 50

RSH Radio Schleswig-Holstein
Funkhaus Wittland
Postfach 36 09, 2300 Kiel
Telefon: (0431) 5 87 00

*Thüringen*

Antenne Thüringen
Belvederer Allee 25
0-5300 Weimar
Telefon: (03643) 50 28 20

# Landesmedienanstalten

Für Zulassung, Weiterverbreitung und Kontrolle der privaten Radios sind die Landesmedienanstalten zuständig. Diese öffentlich-rechtlich organisierten Institutionen gibt es in jedem Bundesland. Die Namen sind unterschiedlich. Bei den Pressestellen kann man Privatradio-Adressen aus dem jeweiligen Bundesland erfragen. Die Landesmedienanstalten haben zum Teil eigene Schriftenreihen mit oft aufschlußreichen Beiträgen zu Medienthemen. Gemeinsam geben sie (unregelmäßig) ein Jahrbuch heraus (vgl. »Private Sender«).

Landesanstalt für Kommunikation Baden-Württemberg (LFK)
Mörikestraße 21, 7000 Stuttgart 10
Telefon: (0711) 64 95 80

Bayerische Landeszentrale für neue Medien (BLM)
Fritz-Erler-Straße 30, 8000 München 83
Telefon: (089) 6 38 08-0

Medienanstalt Berlin-Brandenburg (MABB)
Europa-Center 14. OG 1000 Berlin 30
Telefon: (030) 2 61 15 21

Bremische Landesmedienanstalt
Am Wall 140, 2800 Bremen 1
Telefon: (0421) 1 42 82

Hamburgische Anstalt für neue Medien (HAM)
Schauenburgerstraße 47-49, 2000 Hamburg 1
Telefon: (040) 3 69 00 50

Landesanstalt für den privaten Rundfunk Hessen (LPR)
Leipziger Straße 35, 3500 Kassel
Telefon: (0561) 57 20 71

Anschriften

Landesrundfunkzentrale
Mecklenburg-Vorpommern (LRZ)
Schloßgartenallee 61
0-2786 Schwerin
Telefon: (0385) 581 21 29

Niedersächsischer Landesrundfunkausschuß
Arndtstraße 9, 3000 Hannover 1
Telefon: (0511) 32 75 08/09

Landesanstalt für Rundfunk Nordrhein-Westfalen (LfR)
Willi-Becker-Allee 10, 4000 Düsseldorf 1
Telefon: (0211) 7 70 07-0

Landeszentrale für private Rundfunkveranstalter Rheinland-Pfalz (LPR)
Rheinuferstraße 8, 6700 Ludwigshafen
Telefon: (0621) 5 20 20

Landesanstalt für das Rundfunkwesen Saarland (LAR)
Karcherstraße 4, 6600 Saarbrücken
Telefon: (0681) 3 94 28

Sächsische Landesanstalt für privaten
Rundfunk und neue Medien (SLM)
Carolinenstraße 1
0-8060 Dresden
Telefon: (0351) 5 51 61

Landesrundfunkausschuß
für Sachsen-Anhalt (LRA)
Brandenbergweg 23/Gebäude C
0-4050 Halle
Telefon: (0345) 66 01 45

Unabhängige Landesanstalt für das Rundfunkwesen
Schleswig-Holstein (ULR)
Hindenburgufer 85, 2300 Kiel 1
Telefon: (0431) 8 10 66

Thüringer Landesanstalt für privaten
Rundfunk (TLR)
Planesche Straße 20
05210 Arnstadt
Telefon: (03628) 7 81 88

Anschriften von und Informationen über Privatradios kann man auch bei folgenden Organisationen erhalten: Arbeitsgemeinschaft Privater Rundfunk (APR), Trogerstraße 40, 8000 München 80, Telefon: (089) 4 70 50 11; – Tarifverband Privater Rundfunk (TPR), Schwindstraße 3, 6000 Frankfurt am Main 1, Telefon: (069) 74 58 34.

# Offene Kanäle

Die Offenen Kanäle bieten interessierten Bürgern in Kabelnetzen Sendeplätze für private Radio-Produktionen. Dafür stellen sie kostengünstig Recorder und Studios zur Verfügung. Dort erfährt man auch, wer Einführungskurse in die Radio-Arbeit anbietet.

Anschriften

Dies sind keine Kurse, die auf die professionelle Arbeit eines Radio-Journalisten vorbereiten. Dennoch bekommt man dort viele Hinweise und Anregungen, die bei den ersten Schritten im Radio hilfreich sein können.

*Berlin*

Offener Kanal Berlin
Voltastraße 5, 1000 Berlin 65
Telefon: (030) 46 00 21 92

*Bremerhaven*

Offener Kanal Bremerhaven
Löningstraße 2, 2850 Bremerhaven 1
Telefon: (0471) 4 60 20

*Hamburg*

Offener Kanal Hamburg
Stresemannstraße 375, 2000 Hamburg 50
Telefon: (040) 89 81 51

*Kiel*

Offener Kanal Kiel
Lerchenstraße 22, 2300 Kiel
Telefon: (0431) 67 32 82

*Nordrhein-Westfalen*

Bürgerfunk in NRW
Anschriften über:
Landesanstalt für Rundfunk
Nordrhein-Westfalen (LfR)

Werkstatt Offener Kanal Nordrhein-Westfalen
Prinz-Friedrich-Karl-Straße 3, 4600 Dortmund 1
Telefon: (0231) 52 72 52

*Rheinland-Pfalz*

Werkstatt Offener Kanal Rheinland-Pfalz
Prinzregentenstraße 48, 6700 Ludwigshafen
Telefon: (0621) 52 40 65

*Saarland*

Offener Kanal
Eschbergerweg 65, 6600 Saarbrücken 3
Telefon: (0681) 81 20 26

Anschriften

Auch in anderen Städten gibt es Offene Kanäle. Auskünfte beim:
Bundesverband Offene Kanäle
Prinzregentenstraße 48, 6700 Ludwigshafen
Telefon: (0621) 52 20 15

## Ausländische Rundfunkanstalten

BRF Belgisches Rundfunk- und Fernsehzentrum der deutschsprachigen Gemeinschaft,
Studio Eupen, Hochstraße 91, 4700 Eupen, Belgien.

BBC British Broadcasting Corporation, Deutscher Transkriptionsdienst, Bush House, Strand, London WC2B 4 PH

ORF Österreichischer Rundfunk, A-1040 Wien, Argentinierstraße 30 a

Radio France-Société Nationale de Radiodiffusion 116, Avenue du Président Kennedy, F-75 786 Paris Cedex 16

Radio und Fernsehen der deutschen und räteromanischen Schweiz-DRS, CH-8052 Zürich-Oerlikon, Fernsehstraße 1-4

Société Nationale de Programme France Régions 3; 5, Avenue du Recteur Poincaré, F-75 782 Paris Cédex 16

RTL Radio-Télé Luxembourg Deutsches Programm R.C. Luxembourg B.6. 139, Postfach 1000

RAI Radiotelevisione Italiana, Studio Bozen, Mazzini-Platz 23, Bozen/Italien

Mehr Anschriften in- und ausländischer Sender mit zusätzlichen Informationen über das jeweilige Rundfunksystem finden sich in: Internationales Handbuch für Rundfunk und Fernsehen, (Nomos Verlagsgesellschaft Baden Baden, erscheint zweijährlich).

# Autoren

Jeder Autor wurde um fünf Zeilen Autobiografie gebeten. Wo uns längere Texte eingesandt wurden, haben wir jene Daten bevorzugt, die über den individuellen Weg zum Funk Auskunft geben.

CONRAD AHLERS *(Gegenstrategien des Interviewpartners)*, geb. 1922 in Hamburg, bis zu seinem Tod 1980 Intendant der Deutschen Welle. 1951 CvD Bundespresseamt, 1952-54 Presseref. i. d. Dienstst. Blank, u. a. stellv. Chefred. »Der Spiegel«, 1969-73 Staatssekr. BPA, bis Mai 1979 Chefred. »Hamburger Morgenpost«; 1972-80 MdB (SPD).
HANSJÖRG BESSLER, Dipl.-Kfm., Dr. rer. pol. *(Medienforschung für den Hörfunk)*, Hauptabteilungsleiter Öffentlichkeitsarbeit im SDR. Kaufm. Lehre, Studium der Wirtsch.- und Sozialwissenschaften in München, Erlangen-Nürnberg und Stanford (USA), 1970-78 Medienreferent des SDR. Zahlreiche Veröffentl. zur Medienpolitik und Medienforschung.
RUTH BLAES, Dr. phil. *(Frei formulieren)*, geb. 1949, Leiterin der Zentralen Fortbildung der Programmitarbeiter von ARD und ZDF (ZFP), Wiesbaden/Hannover. Studium der Sozial- und Kommunikationswissenschaften; während und nach dem Studium Mitarbeit bei Zeitungen, Hörfunk und Fernsehen; wissenschaftliche Mitarbeiterin am publizistischen Institut der Universität München, seit 1978 bei der ZFP.
MICHAEL BOLLINGER *(Trailer und Comic)*, geb 1944 in Heidenheim/Brz., Ressortleiter beim SWF. Volontariat u. Lokalred. »Heidenheimer Zeitung«, dann Bezirksausgaben »Kölner Stadt-Anzeiger«; seit 1971 beim SWF, bis 1975 Unterhaltung, Tagesaktuelle Inf. und Service-Magazine. Spezialist für unterhaltende Informationsformen.
AXEL BUCHHOLZ, (vgl. Inhaltsverzeichnis), siehe »Herausgeber« am Schluß.
RAINER M. CABANIS *(Strategien für lokales Radio)*, geb. 1946 in Rostock, seit 1986 Programmdirektor Radio Hamburg. Studium der Germanistik und Geschichte, Volontariat Berliner Morgenpost, dort Feuilleton-Redakteur, dann über Abendpost/ Nachtausgabe, Bild, Funk Uhr zum Radio, erst SR, dann SWF (Musikchef SWF 3)
DIETER DÖRR, Dr. jur., Prof. für Staats-, Verwaltungs- und Völkerrecht, *(Recht der Rundfunkwerbung, Ausloben von Preisen, Sponsoring)*, geb. 1952 in Tübingen, Justitiar des Saarländischen Rundfunks, Direktor des Instituts für Europäisches Medienrecht, zuvor Prof. am Institut für Internationale Angelegenheiten der Universität Hamburg. Studium und Promotion an der Universität des Saarlandes, Habilitation an der Universität zu Köln.
FRANK ELSTNER *(Radio-Aktionen)*, geb. 1942 in Linz/Österr., von 1972 bis Dez. 1982 Direktor des Deutschen Programms von RTL. 1952 bis 1960 Darsteller für Kinderrollen in sämtlichen Funkhäusern, 1963-65 Schauspielunterricht, 1963 Volontariat »Badische Neueste Nachrichten« Karlsruhe. Seit 1964 RTL Moderator, Chefsprecher, Direktionsass. Seit 1. 1. 1983 eigene Firma »Frank-Elstner-Produktion«. Fernseh-Moderator in ARD, ZDF und RTL plus.
HENNER FAEHNDRICH, Dipl.-Kfm. *(Zusammenarbeit mit Dispositions- und Besetzungsbüro)*. Jahrgang 1939, Sendeleiter HF beim SWF. Nach Studium d. Wirtschaftswissenschaften Ref. f. Sonderaufgaben u. später Organisationsref. d. SWF, 1977-78 Leiter d. HA Hörfunk-Produktion. Zahlreiche betriebswirtsch. Aufsätze in Fachzeitschriften
MARGIT FINDA, Dr. phil. *(Ausbildung in Österreich, Fortbildung in Österreich)* geb. 1941, Leiterin der Hauptabteilung Berufsaus- und fortbildung des ORF. 1968 als Aspirantin in der Chronikabteilung des ORF begonnen, dann Redakteurin im Ressort »Innenpolitik«; 1986-1992 Leiterin der Lehrredaktion.
MICHAEL FRANZKE, Dipl.-Volksw. *(Information ohne O-Ton)*, geb. 1938 in Wien, ARD-Korrespondent HF in Nairobi, vorher Leiter d. Programmgruppe Aktuelles/

Hörfunk im WDR. Während d. Studiums (Volkswirtschaft, Pol. Wissenschaft) freier Mitarbeiter beim WDR (Rep., Red., Mod.), 1971 Ressortleiter »Morgenmagazin«.

GEORG GAFRON *(Ideen für hörernahes Radio)*, geb. 1954 in Weimar/Thüringen, seit 1987 zuerst Chefredakteur, dann Programmdirektor Radio Hundert, 6 in Berlin. Gelernter Buchdrucker, Abitur, Freier bei DLF und Rias Berlin, zuletzt dort Leiter Sonderprogramme und Feature, 1985 Kurt-Magnus-Preis, 1987 Friedwart-Bruckhaus-Förderpreis der Hanns-Martin-Schleyer-Stiftung.

ROLF DIETER GANZ *(Übers Programm informieren)*, Jahrgang 1941, Leiter der Pressestelle des Saarländischen Rudfunks. Studium der Volkswirtschaftslehre, Praktikum beim »Trierischen Volksfreund«, freier Mitarbeiter bei verschiedenen in- und ausländischen Programmzeitschriften und Tageszeitungen.

MANFRED GRAPE *(Mit dem Mikrofon arbeiten)*, geb. 1935 in München, Leiter der HA Produktion Hörfunk beim BR. Studium der Nachrichtentechnik, längjährige Industrietätigkeit, von 1974 bis 1989 Leiter der Meß- und Wartungstechnik im BR.

MIKE HAAS, *(Jingle – die Feinheiten)* geb. 1955 in Fort Knox/USA, Programmdirektor »Antenne Bayern«. Sohn deutschstämmiger Eltern; Studium Journalistik, Radio-Fernsehen-Film, deutsche Kulturgeschichte University Wisconsin; Fernseh-Offizier AFN Europa, Frankfurt (1979-80); Studioleiter AFN Nürnberg und Stuttgart (1980-1986), danach Unternehmensberater für Hörfunk und Fernsehen.

ERHARD HAFNER *(Arbeitsplatz Studio)* Jahrgang 1930, Produktonsingenieur beim WDR. Studium bei Prof. Dr. ing. Trautwein in Düsseldorf, seit 1954 beim NWDR/WDR Köln: im 1. Jahr Studio für Elektronische Musik, dann fünf Jahre im Hörspiel als Tontechniker. Von 1960 ab, wiederum im Wortbereich, am Mischpult. Heute zustäzl. auch administrative Aufgaben.

KARIN HELWIG *(Umfrage)*, freie Journalistin. Abitur, rundfunktechn. Ausbildung, Tontechnikerin beim BR, zeitweise Arbeit in priv. Tonstudios. Seit ca. 1970 freie Mitarbeiterin beim BR: Reportagen, Interviews, Berichte, Glossen. Satiren für die Süddeutsche Zeitung.

WOLFGANG HEMPEL *(Dokumentation und Archive)*, geb. 1931 in Minden/Westfalen, Leiter des Fachbereichs Dokumentation und Archive beim SWF. Studium in Bonn und Münster: Germanistik, Geschichte, Wirtschafts- und Sozialgeschichte, Pädagogik. Dazwischen (1955-63) kaufm. Lehre und berufl. Tätigkeit als Stahlkaufmann. Seit 1967 Mitarbeiter des SWF.

BERNHARD HERMANN *(Fachsprache im Studio)*, Jahrgang 1949, ARD-Korrespondent in Peking, vorher Abteilungsleiter »Unterhaltende Magazine« beim SWF. Seit 1972 zunächst freier Mitarbeiter und später Redakteur für Politik und Gesellschaft beim SWF, eineinhalb Jahre Pressesprecher der CDU-Landtagsfraktion in Stuttgart.

ULRICH HERZOG *(Produktionsregie und Aufnahmeleitung)*, Jahrgang 1938, freier Mitarbeiter beim SFB. Nach Besuch der Max-Reinhardt-Schule seit 1961 Sprecher und Moderator im Zeit- und Jugendfunk (bis 1974 »s-f-beat«). Überwiegend Regisseur für die Kinder-, Jugend- und Feature-Redaktion. Veröffentl.: verschiedene Cassetten mit Kindergeschichten.

JOCHEN HEUER *(Mini-Feature, O-Ton-Collage)*, Jahrgang 1946, seit 1986 Leiter des Koordinationsbüros SDR 1. Während des Studiums der Volkswirtschaft an der Universität Erlangen/Nürnberg freier Mitarbeiter beim Erlanger Tagblatt, nach dem Examen Volontariat beim SDR, dann fester Freier beim SDR als Reporter, Autor, Moderator und Redakteur.

MARLES HESSE *(Ausbildung bei ARD und ZDF)*, Jahrgang 1935, Referentin in der Intendanz des DLF, bis 1988 Leiterin des Referats Aus- und Fortbildung, DLF. Nach Ausbildung zur Diplom-Bibliothekarin von 1961-1965 Leiterin der Bibliothek und Assistentin des Hans-Bredow-Instituts, 1965-1976 Redakteurin in der Presseabteilung des DLF, von 1976-1988 Referentin des federführenden Intendanten für die Aus- und Fortbildung der ARD, bis 1992 Redakteurin in der Programmdirektion.

# Autoren

HANS-DIETER HILLMOTH, (vgl. Inhaltsverzeichnis), geb. 1953 in Münster, Programmdirektor u. Geschäftsführer Radio FFH/Geschäftsführer RTL Hessen TV. Dipl.-Ing. für Nachrichtentechnik (TU), Redakteur Westfälische Nachrichten (Münster), Fernseh-Redakteur Hessischer Rundfunk (Kassel), Leiter Radio Charivari, München und Leiter HF Münchner Zeitungsverlag (1986-89).

FRANK JOHANNSEN *(Kulturberichte im Radio)*, Jahrgang 1950, seit 1982 »Aktuelle Kultur« beim SR. Studium der Germanistik, Geschichte, Visuellen Kommunikation, Staatsexamen, Zeitungsvolontariat, Redakteur bei der Hannoverschen Allgemeinen: Redaktionsleiter.

MARIE-LUISE KIEFER, Dr. rer. pol. *(Bücher und Fachzeitschriften)*, seit 1969 leitende Red. der im Auftrag der ARD-Werbung herausgegebenen Zeitschrift »Media Perspektiven«. Studium d. Volkswirtsch., 1966-68 Abt. Medienforschung DIVO-Inst. Frankfurt, Hrsg. (zus. m. Klaus Berg) »Massenkommunikation II« und »Massenkommunikation III«.

MICHAEL KLEHM, *(Beim Privatfunk arbeiten, Ausbildung beim Privatfunk)* Jahrgang 1956, Referent für Neue Medien beim Deutschen Journalisten-Verband (DJV), Studium der Rechtswissenschaft, Rechtsanwalt in Bonn.

PIT KLEIN *(Glosse)*, geb. 1940 in Köln, Kulturredakteur beim SWF. Vorher ARD-Korrespondent in Athen, Reporter/Redakteur beim SWF. Mittlere Reife, Meßdiener im Dom, Versicherungskaufmann, Pauschalist im SDR-Jugendfunk, DLF-Deutschlandecho, SWF, 1970 Korrespondent in Spanien. Viele Reisen und Glossen.

LOTHAR KNOCH, Dr. jur. *(Honorare und Honorarvertragsrecht)*, geb. 1936 in Coburg, Leiter d. HA Peronal, Honorare und Lizenzen des SR. Seit 1966 beim SR, dazw. eineinhalb Jahre bei Siemens, 1969-77 Leiter d. Abt. Honorare und Lizenzen, 1978-1980 Leiter der Personalabteilung.

JÜRGEN KÖSTER *(Radio-Spiele)*, geb. 1948 in Wuppertal, 1992 Programmdirektor FFN, zuvor seit 1988 Hörfunkchef NDR-Radio Niedersachsen. Jura-Studium, freier Mitarbeiter beim SR, Chef vom Dienst/Wortchef Radio Schleswig-Holstein (RSH).

ROBERT KRUKER, Dr.phil. *(Ausbildung in der Schweiz, Fortbildung in der Schweiz)*, geb. 1946 in Zürich, Leiter der Ausbildung von Schweizer Radio DRS seit 1989. Vorher während 5 Jahren Ressortleiter in der Abteilung Wort. Sozialwissenschaftler. 1978-1985 Lehrbeauftragter an der Universität Zürich.

EKKEHARD KÜHN *(Feature)*, Jahrgang 1934, freier Autor von Features und Dokumentationen zu Themen, die besonders »akustisch« interessant sind. Während des (Germanistik-)Studiums Studentenkabarett, danach Texter und Regisseur bei Profi-Kabarett. Das erwies sich als gute Vorbereitung für das Schreiben von Sprechtexten.

ALEXANDER KULPOK *(Bänder schneiden)*, Jahrgang 1938, Leiter der ARD/ZDF-Videotext-Redaktion. 1966-70 stellv. Leiter des SFB-Zeitfunks, bis Mai 1980 Leiter des Berliner Büros von »ARD aktuell«. Lehrbeauftr. am Publizistik-Institut der FU Berlin. Veröffentl.: (mit Axel Buchholz) »Revolution auf dem Bildschirm-Videotext/Bildschirmtext«.

ECKHARD LANGE *(Dokumentation und Archive)*, geb. 1941 in Schlochau/Pommern, Dokumentationsredakteur beim SWF. Studium der Germanistik und Philosophie in Tübingen, München, Freiburg, Redaktions-Volontariate »Regensburger Tagesanzeiger« und SWF, 1969 bis 1977 freier Autor und Berichterstatter für verschiedene Rundfunkanstalten.

WALTHER VON LA ROCHE (vgl. Inhaltsverzeichnis), siehe »Herausgeber« am Schluß.

GERTRAUD LINZ, Dr. phil. *(Fortbildung bei den ARD-Anstalten)*, Jahrgang 1936, Prof. f. Journalistik a. d. Univ. Leipzig, vorher Bereichsleiterin in der ZFP. Studium: Jura und Soziologie, Assistenz und Promotion bei Prof. Dahrendorf, Tübingen. Bis 1970 Redakteurin beim SWF, dann Leiterin der Abt. Öffentlichkeitsarbeit beim Bundesjustizministerium, 1974 Übernahme der Abt. Aus- und Fortbildung des SWF.

MARGOT LITTEN *(Das Manuskript)*, geb. 1950 in München, Redakteurin Hörbild und

## Autoren

Feature BR. Studium: Germanistik, Pädagogik, Psychologie; daneben seit 1970 freie Mitarbeiterin beim BR und anderen Sendern. 1978-1983 Redakteurin im BR-Kinderfunk.

ROLAND MACHATSCHKE *(Kompaktsendung)*, geb. 1940 in Wien, ltd. Redakteur mit dem Aufgabengeb. Außenpolitik im ORF. Studium d. Germ., 1965-68 Red. b. German Service d. BBC in London, seit 1969 i. D. HA Aktueller Dienst und Zeitgeschehen ORF, 1972-79 verantw. f. vier tägl. Umschau-Sendungen (»Journale«).

SANDRA MAISCHBERGER *(Eine Reportage als Beispiel)*, geb. 1966 in München, freie Moderatorin bei HF und FS. Schülerin der Deutschen Journalistenschule in München, nach dem Abitur Freie beim BR, bei der Münchner Stadtzeitung, beim Musik-Express/Sounds und bei SWF 3 und Tele 5; bei SAT 1.

HELGA MONTAG, Dr. phil. *(Arbeitsplatz Ü-Wagen)*, Jahrgang 1947, Redakteurin des Münchner Mittagsmagazins (BR-Hörfunk). Studium: Kommunikationswissenschaft, Politikwissenschaft, Anglistik. Deutsche Journalistenschule. Als Lehrbeauftragte in der Journalistenausbildung tätig. Seit 1977 beim BR.

SABINE NEU, *(Musik-Moderation, Musikcomputer)* geb. 1961 in Saarbrücken. Programmdirektorin bei einem landesw. Privatsender für Schleswig-Holstein, delta radio, Studium Germanistik und Anglistik, 1980-1985 freie Mitarbeiterin beim SR, 1985-1987 Redakteurin bei RSH, 1987-1989 Musikchefin bei RSH. 1989-1990 Musikchefin bei FFH. 1990-1992 stellv. Programmdirektorin bei FFH.

JOSEF OHLER *(Nachrichten)*, Jahrgang 1937, Leiter der Nachrichtenredaktion beim Saarländischen Rundfunk. Studium in Mainz, Köln und München: Geschichte und Germanistik. Freie Mitarbeit bei Zeitungen. Kurze Zeit Studienreferendar. Seit 1964 beim SR.

GERHARD PÖRTL *(Das Radio-Angebot planen)*, Jahrgang 1930, bis Mai 1993 komm. Sendeleiter BR, davor Leiter der Abt. Programmredaktion HF im BR. Musik. Studien u. a. am Brucknerkonserv. Linz, 1949-52 Leiter der Lokalred. »Eschenbacher Volkszeitung« (Oberpfalz), 1952-57 Studium der Geschichte, Germanistik und Anglistik in München, 1952-61 beim Münchner »8 Uhr Blatt« zunächst Rep., und Serienautor, später Kritiker und Feuilletonred.

HEINZ RUDOLF VON ROHR, Dr. phil. nat. *(Ausbildung in der Schweiz, Fortbildung in der Schweiz)*, geb. 1940, bis 1989 Leiter der Aus- und Weiterbildung bei Radio DRS in der SRG. Früher Tätigkeit als wissenschaftlicher Mitarbeiter am Institut für Verhaltenswissenschaft an der ETH Zürich, als Gymnasiallehrer und in der Lehrerfort- und -weiterbildung. Autor zahlreicher Filme für das Schulfernsehen und Schulfilmverleihe.

HANS ROSENTHAL *(Ressorts: Unterhaltung Wort)*, geb 1925 in Berlin, gest. 1987, bis 1980 Leiter der HA Unterhaltung beim RIAS. Besuch der Mittelschule, 1940-43 Zwangsarbeit, 1945 Volontär beim Berliner Rundfunk, dann Aufnahmeleiter, Regieassistent und Regisseur beim RIAS, Initiator und Quizmaster zahlreicher Unterhaltungssendungen in HF und FS. 1980 Gründung einer eigenen Produktionsfirma »Entertainment« in Berlin. Weiter tätig für RIAS (HF) und die ARD.

FRIEDRICH FRANZ SACKENHEIM *(Diskussion)*, geb. 1926 in Frankfurt am Main, bis 1991 Chefredakteur Hörfunk des HR. Nach Kriegsgefangenschaft 1946 Beginn freier Mitarbeit bei Jugendzeitschriften und Rundfunk, Zeitungsvolontär und Redakteur in Berlin, Rundfunkredakteur in Frankfurt ab 1957, Chef vom Dienst 1958, Nachrichtenchef und stellv. Chefredakteur bis 1971.

ALBERT SCHARF *(Medienrecht f. Radioleute)*, Jahrg. 1934, Intendant des BR, vorher Justitiar u. (seit 1973) Stellvertr. d. Intendanten des BR. RA, Lehrbeauftragter a. d. Univ. München u. Honorarprof. f. Medienrecht a. d. Hochschule f. Fernsehen u. Film. Präsident d. Union d. Europäischen Rundfunkanstalten.

AXEL SEIP *(Reportage)*, geboren 1950 in Köln, stellv. Leiter der ZFP. Vorher Chefreporter SWF Mainz; Studium: Germanistik, Geschichte, Soziologie in Köln und St. Louis, USA. Seit 1977 über DLF, WDR und SDR zu SWF: Reporter, Moderator, Redakteur. Fortbildung für die ZFP, Lehrauftrag am Journalistischen Seminar der Univ. Mainz.

## Autoren

CAROLA STERN *(Kommentar)*, bis 1985 Kommentatorin und Redakteurin im WDR. Studium der Soziologie und Pol. Wiss. an der FU Berlin, seit 1970 im WDR. Mehrere Buchveröffentlichungen, u. a. über Walter Ulbricht, Willy Brandt, Gustav Heinemann und Helmut Gollwitzer. Mitherausg. der Zeitschrift »L 76 Demokratie und Sozialismus«.

RÜDIGER STOLZE *(Mit dem Mikrofon arbeiten)*, Jahrgang 1939 Wellenchef Bayern 3, zuvor Leiter des ersten bundesdeutschen »Cityprogramms« (BR). Langjährige Reportererfahrung, Funk- und Fernsehmoderator, bildet Nachwuchs aus, Autor und Herausgeber von Jugendbüchern.

HERMANN STÜMPERT (vgl. Inhaltsverzeichnis), Jahrgang 1949, Radioberater (»Funk-Büro«), unter anderem Aufbau von Radio PSR, Leipzig, und Radio SAW, Magdeburg, 1985 bis 1992 (Geschäftsführer und) Programmdirektor von Radio Schleswig-Holstein, Kiel. Vorher beim Saarländischen Rundfunk (Aktuelles, Jugendfunk, Unterhaltungschef SR1).

DIETER THOMA *(Magazin und Magazin-Moderation)*, geb. 1927 in Paderborn, von 1978 bis 1991 Chefredakteur WDR Hörfunk. Studium: Germanistik, Zeitungswiss., Geschichte. 1952 Lokalredakteur »Aachener Volkszeitung«, 1956 Feuilleton-Chef, 1957 Chefreporter »Kölner Stadt-Anzeiger«, 1963 Leiter der Aktuellen Abt. WDR Hörfunk, 1971 stellv. Chefredakteur.

CARMEN THOMAS *(Das Publikum mitmachen lassen)*, Jahrgang 1946, Leiterin der WDR-Programmgruppe »Forum für Mitmach-Sendungen«, bis 1991 Redakteurin HA Politik WDR. Studium der Anglistik und Germanistik, seit 1968 beim WDR. Veröffentlichung (Hrsg.): »Die Hausfrauengruppe«, rororo aktuell. »Hallo Ü-Wagen« (List Journalistische Praxis).

DIETER TRAUPE *(Das eigene Manuskript sprechen)*, Jahrgang 1932, seit 1978 Leiter der Abteilungen Sendung und Programmdienst beim BR. Nach Schauspielstudium Sprecher beim Funk, bald auch red. Mitarbeiter, Autor und Moderator zahlreicher Sendungen und Sendereihen (Themen: Musik, Kultur, Unterhaltung), seit 1972 Chefsprecher des BR.

PETER ZIEGLER, Dr. phil. *(Tips für Auslandsaufenthalte/Frankreich)*, Leiter d. Abt. Kooperation und Programmwirtschaft i.d. Intendanz des Saarländischen Rundfunks. Jahrgang 1958. Davor mehr als 3 Jahre lang Redakteur und Chef vom Dienst beim Süddeutschen Rundfunk. Moderation einer medienkundlichen Sendung. Berufsstart 1985 als Redakteur beim Hessischen Rundfunk. Absolvierte die Deutsche Journalistenschule und ein Journalistikstudium. Promotion bei Prof. Langenbucher über das Thema »Die Hörfunk-Berichterstattung aus Bonn«.

WERNER ZIMMER *(Sportreportage)*, geb. 1936 in Schaffhausen/Saar, HA-Leiter Sport und Gesellschaft beim SR, stellv. FS-Programmdirektor. Vorher seit 1981 stellv. Chefredakteur des SR. Studium an der Universität des Saarlandes: Philosophie, Theologie, Geschichte, Leibesübungen, zahlreiche Saarland-Rekorde als Leichtathlet, seit 1964 bei allen Olympischen Spielen als Redakteur, Reporter und Moderator.

*Herausgeber*

AXEL BUCHHOLZ., geb. 1939 in Berlin, stellv. Chefredakteur HF beim SR, Wellenchef SR1 Europawelle Saar. Jurastudium in Berlin und Saarbrücken, Radio seit 1955, Reporter, Moderator und Redakteur. Co-Autor (mit Alexander Kulpok) »Revolution auf dem Bildschirm – Die neuen Medien Videotext und Bildschirmtext«, Mitherausgeber (mit Dr. Gerhard Schult) »Fernseh-Journalismus«, Lehrbeauftragter am Journalistischen Seminar der Universität Mainz, Dozent an der Deutschen Journalistenschule (München).

WALTHER VON LA ROCHE, geb. 1936 in München, Leiter der Nachrichtenredaktion HF des BR. Nach Besuch des Werner-Friedmann-Instituts Abschluß der jur. Ausbildung mit Assessor-Examen. Im BR zunächst freier Reporter und Diskjockey, danach Zeitfunk-, Bayern- und Feature-Redakteur, Leiter des Jugendfunks. Seit mehr als 25 Jahren Dozent in Journalistik-Kursen von Journalistenschulen, Universitäten und Organisationen; bis Ende 1985 Ausbildungsbeauftragter des BR.

# Register

A-cappella-Jingles 196, 201
Abendprogramme 231
Abendstudio 33
Abfahren 344
abhören 335
Ablauf 344
– plan 255
ablenken 66
Abmoderation 44
Absage 104
Abschlagszahlung 371
Abschlußbericht 161
Abschreibungen 268
Absicherung, soziale 373, 381
abspielen 344
Absprache 120
Abteilung 28
Abteilungsleiter 29
abtexten 108, 113
Abwechslung 61, 138, 222
AC (»Adult Contemporary«) 215;
  → Formate
Adjektive, Anhäufung 64
Adolf-Grimme-Institut 384
Änderungen 370
AFP 29; → Agence France Presse
Agenturen 29, 79
Agenturmaterial 189
Agenturmeldungen 123
Aircheck 53 f.
  – Kassettenrecorder 298
Akademie der Bayerischen Presse 383
Akademie für neue Medien 383
Akademie für Publizistik 383
Akademietagungen 120
Aktiv 67
Aktualität 185
Akustiksprung 335
Akustische Signale 203
Alster Radio 219, 405
Alternativfrage 126; → Entscheidungsfrage
Altersgruppen 211, 218, 223, 261
Altersversorgung 374
An-Atmer 318
Analyse 168
Anbieter 365
  – gemeinschaft 23
Anfang, instrumentaler 306
Anfangsbänder 318
Anfangswörter 70
Anführungszeichen 65

Angst 191
Anhängen von Ergänzungen 58 f.
Anheber 345
Anmoderation 47, 108, 308
Anrede 51
Anrufe 249 f.
Ansage 104, 107, 192
Anschlüsse 47
ansprechen 325
Anstecknadeln 240
Anstellungsvertrag 374 f.
Antenne Bayern 216, 273, 404
Antenne Mecklenburg-Vorpommern 405
Antenne Niedersachsen 405
Antenne Sachsen 406
Antenne Thüringen 407
antexten 110 f., 113
AOR (»Album-Oriented Rock«) 216;
  → Formate
AP → Associated Press 29
APA 29; → Agenturen
Arbeitsgemeinschaft
  – der öffentlich-rechtlichen Rundfunkanstalten → ARD
  – Funk 384
  – Privater Rundfunk (APR) 372, 380, 408
  → ARW
  – »Media-Analyse« 262, 285
Arbeitsgesetze 373
Arbeitszeit 374
  – höchstgrenze 372
Archiv 79, 123, 141, 167, 189, 276, 280, 282
  – leiter 222
  – nummer 281
ARD 20, 268, 272, 277, 283, 379, 385, 392; → Arbeitsgemeinschaft der öffentlich-rechtlichen Rundfunkanstalten
  – Ausbildung 376 f.
  – Fortbildung 388 f.
  – Grundsätze zur Trennung von Werbung und Programm 291
  – Nachtprogramme 270
  – -Werbung 262, 283, 401
ARI-Verkehrsfunksystem 304
Arnold, Bernd-Peter 96
Atem
  – einteilung 74
  – reserve 73
  – strom 74

417

## Register

– technik 73 f.
– volumen 74
Atmer 74
Atmo (Atmosphäre) 105, 117, 143, 152, 159, 174, 177, 181, 345
Atmosphäre 176; → Atmo
Audio
– beitrag 307
– dienst 272
Audio-Processing 307
Audition-Weg 296
»auf Punkt sprechen« 114
Aufbaustudiengänge Journalistik 376
Aufhänger 139
Aufkleber 240
Auflockerung 139
Aufmerksamkeit 50, 74, 77
Aufnahme 114, 325
– leitung 323
Aufnehmen, O-Ton 114
Auftaktschlag 197
Augen 55, 141
Ausbildung 376
– Österreich 384
– Privatfunk 380
– Schweiz 386
– überbetriebliche 381
Ausbildungs
– beauftragter 378
– plan 381
– projekt »Lokaler Radiojournalismus für Kirche und Diakonie« 383
– redakteur 381
– vertrag 381
Ausgangssignal 297
Ausgewogenheit 358, 366
Ausländerprogramm 27
Auslagenersatz 374
Auslands
– aufenthalte 395
– korrespondenten 167
Auslobung von Preisen 260, 289
Aussagenanalyse 261
Ausschnittarchiv 282
Ausschußsitzungen 119 f.
Außenakustik 294
Außenaufnahmen 334
Außenpolitik 32
Außenstudios 340
Aussteuerung 332
Ausweichen 135
Authentizität 106, 119, 138, 243
Autofahrermagazine 232
Automatikaussteuerung 332
Automatik-Taste 317

Autor 105, 168, 282, 323
Autotelefon 335, 339 f.

B 3 (Bayern 3) 234; → BR
Balanceregler 298
Ballettaufführungen 164
Band
– Beiträge 184
– bearbeitungsraum 312
– gerät 333 f.
– geschwindigkeiten 311, 319
– länge 70
– maschinen 313
– nummer 70
– salat 345
– schnipsel 315
– teller 314
– wechsel 326
Barwitz, Karl Wilhelm 32
Batterien, Laden 333
Bausch, Hans 365
Bax-Geräte 340
Bayerische Landeszentrale für neue Medien 365, 407
Bayerische Lokal-Radioprogramme GmbH 25, 273 f., 404; → BLR
Bayerischer Rundfunk 25 f., 47, 402; → BR
Bayern 2 Wort 218; → BR
Bayern 3 99; → BR
Bayern 4 Klassik 25, 28, 218;
Bayern 5 aktuell 217
BBC 398, 410; → British Broadcasting Corporation
Bearbeitungen 370
Befragter 122
Begleitprogramme 23 f., 26, 44, 210 f., 231, 295
– Formate 214 f.
Begrenzer 307, 332
Begriffe 62
– Hagel 62
– interpretierende 89
– Sachbegriffe 89
Begrüßung 92
Beifügung 61
Beitrag
– gebauter 105; → BME
– Länge 103
– Lebendigkeit 107
Bejahung 67
Belgische Radio en Televisie 396; → BRT
Belgisches Rundfunk- und Fernsehzentrum der deutschsprachigen Gemeinschaft 396, 410; → BRF

418

# Register

Beobachtung, teilnehmende 261
Bericht 94, 103, 120, 149, 359
 – kommentierender 119
 – Länge 107
 – mit Einblendungen (BME) 105
 – mit O-Ton 105
 – mit O-Ton live 118
 – ohne O-Ton 120
Berichtstext 105 f.
Berliner Rundfunk 404
Berufsaus- und -fortbildung (BAF) 392; → ORF
Berufs
 – ethik 168
 – gruppen 261
 – sprecher 70, 87, 92 f.
Beschallung 338
Beschallungsanlage 336
Bescheidenheit 191
Besetzung 324
Besetzungsbüro 326 f.
Besprechungsraum 305
Besucher-innen 244 f.
Beteiligungssendung 242
Betonung 55, 75, 324
Betriebs
 – gesellschaft 22
 – räte 374
Betroffenheit 238, 243
Bewertung 119, 128
Bezahlung 381
Beziehungsebene
 – emotionale 129
 – sachliche 129
Bildende Kunst 166
Bildträger-Verzeichnisse 278
Bildung 358
Bildungsgruppen 261
Blende 109, 117, 197, 345
Block-Sendungen 102; → Chronik, Umschau
Block-Werbung 233, 285
BLR 273; → Bayerische Lokalradio-Programme GmbH
BME 105; → Bericht mit Einblendungen
Bobby 345
Boulevard-Journalismus 184
BR 32, 35, 90, 218, 402; → Bayerischer Rundfunk
Brainstorming 230
Braun, Alfred 41 f., 145, 157
Break 44, 345
BRF 396, 410; → Belgisches Rundfunk- und Fernsehzentrum für deutschsprachige Sendungen

Bridge 195; → Brücken-Jingle
Briefgeheimnis 361
British Broadcasting Corporation 398, 410; → BBC
 – Deutscher Transkriptionsdienst 410
Bromberger, Ute 34
BRT 396; → Belgische Radio en Televisie
Brücken-Jingle 195
Buchrezensionen 167
Bücher 279
Bühnensprache 70; → Hochsprache
Bürgerbeteiligung 31
Büro Bonn 28; → HR
Bumper 204
Bundespost 321
Bundesrundfunkanstalten 20
Bundesverfassungsgericht 21, 288, 358, 360, 365, 367 f.
Burda-Journalistenschule 376

Call Outs 221
Cart 198, 300, 345; → Cartridge-Kassette
 – Eraser 300
 – Player 308
Cartridge
 – Karussell 300
 – Kassette 198, 300 f.; → Cart
 – Maschine 299
 – Rack 301
CD 37
 – bespielbare 298
 – Nummer 281
 – Spieler 298
Charme 234
Chef vom Dienst 28
Chefredakteur 28
CHR (»Contemporary Hit Radio«) 216; → Formate
Christliche Medienakademie 383
Chronik 102
Comic 205 f.
Compressor 332
Country 216; → Formate
Cue-Lautsprecher 299
Cue-Töne 300
Current based AC 216
Cut 346; → Take
Cut-Räume 311
Cuts 201; → Jingles
Cutten 346; → Schneiden
Cutzeit 326

DAB 25

419

Darsteller 327
Darstellung 359
– von Zusammenhängen 168
DAT 331; → Digital Audio Tape
– Recorder 331
Daten
– banken, externe 279
– reduktionsverfahren 282
– Dauerleitung 307
– übermittlung 277
Datumsangabe 92
Daypart 229
ddp 29; → Agenturen
Dees, Rick 274
Dehmel, Richard 49
dehnen 145
Delay-Maschine 251
delta radio 407
Demo-Kassette 16
Demographie 211
Demoskopie 221
Design 230
Deutsch-Französische Hörfunkkommission 396 f.
Deutsch-Französisches Jugendwerk (DFJW) 397
Deutsche Bundespost 321
Deutsche Journalistenschule 376
Deutsche Presseagentur 272 f.; → dpa
Deutsche Welle 20, 23, 403; → DW
Deutscher Akademischer Austauschdienst 400
Deutscher Journalisten-Verband 17, 372 ff., 380 f.; → DJV
Deutsches Rundfunkarchiv 276 ff.; → DRA
Deutschlandfunk 20, 403; → DLF
Deutscher Dienst der BBC 398
Dialekt 70
– färbung 46
Dienstort 374
Digital Audio Broadcasting (DAB) 25
Digital Audio Tape 311
Digitaler Schnitt 319
Digitales Satelliten-Radio (DSR) 25
Digitale Tonbandmaschinen 301
Digital-Technik 301
Diktion 121
Diplom-Studiengänge Journalistik 376
direkte Rede 66
Direktübernahme 270
»Disco« 215; → Formate
Discjockey 37, 39, 222
– Anlage 337
– plätze 293

– Pult 293
– Sendungen 45
Diskussion(s) 122
– mit Hörerbeteiligung, »meet the press«-Methode 171
– mit Publikum 171
– Vorgespräch 171
– Vorstellung der Teilnehmer 173
– leiter 172
– runden 296
– teilnehmer 172
Dispositionsbüro 325 f.
Distanz 168
distanzieren 189
DJV 372, 380 f.; → Deutscher Journalisten-Verband
DLF → Deutschlandfunk
Dokumentation(s) 174, 176, 275 f.
– anlage 301, 314
– journalist 279
Dolby 332
Doppel-Moderation 49
doppelte Verneinung 80
Doubletten 103
Dovifat, Emil 47
dpa → Deutsche Presseagentur
DRA 276 ff.; → Deutsches Rundfunkarchiv
– Hinweisdienst Wort 278
– Hinweisdienst Musik 278
– Hinweisdienst Gedenktage des Jahres 278
– Veröffentlichungen 278
Dramaturgie 84
Drive 48
Drop-ins 205
DRS 386, 394, 410; → Radio und Fernsehen der deutschen und rätoromanischen Schweiz
DS Kultur 20
duales System 21, 363 ff.
Durchhörbarkeit 231
Durchschnittshörer 264
Duzen 51
DW 403; → Deutsche Welle

Easy-Listening 217; → Formate
Egner, Fritz 195 ff.
EHR 216; → European Hit Radio
Eigen
– produktionen 38
– recherche 98
– werbung 268
eincuen 299, 346; → Cut
Eindringlichkeit 74

Einfügen, O-Ton 118
Eingangsfrage 111, 125
Eingangsmoderation 44
Einkommensgruppen 261
Einlader-innen 244
Einlesen 74
Einmann-Studio 293; → Selbstfahrer-Studio
Einschaltprogramme 24, 119, 209, 213
Einschaltquote 268
Einschub 57, 79
Einspielung 346
Einstieg, Reportage 156
Einzelheiten 78
Eitelkeit 191
Emotionen 142 f., 242
Empfangsqualität 265
Endlos-Tonbandschleife 300
Engagement 168
Entscheidungsfrage 126; → Alternativfrage
Equalizer 43, 302
Ereignisse 17
– inszenierte 84
Erfahrung 168, 242
Ergänzungsrecherchen 79
Ergebnisabrufe 31
Erläuterung 168
Erwachsenenbildung 33
Etikett 198
Europapolitik 32
Europawelle Saar 233, 258
European Hit Radio 216; → EHR
Evangelische Medienakademie/cpa 383
Exposé 37

Fach
– ausdrücke 142, 159
– gebiet 28
– gruppe Journalismus in der IG Medien 372
– sprache 344
– terminologie 142
– wörter 67
– zeitschriften 282, 400 f.
Fader 296; → Schieberegler
Fahndungsmeldungen 30
Fahren 346
Fakten 77
– dimensionierung 77
Familiensendungen 36
Fangfrage 126 f.
Feature 27, 34, 103, 173, 176 f., 210, 269, 294
Feedback 40 f., 320

Feinschnitt 346
Feldexperiment 261
Fernglas 148
Fernschreiber 307
Fernsehen 14, 31, 34, 56, 121, 138, 147, 160, 220, 261, 283, 356
Fernstart-Einrichtungen 296
Fernsteuerung 299
Festangestellte 369, 397
Feststell-Tasten 19
ffn 99
Film-Funk-Fernsehzentrum 384
Film-Musik 165
Filter 294
Firmennennung 291
Fithalten 190
Flight-Cases 336
Format-Radio 234
Formate 214 f.
– für Begleitprogramme 214
Formen, journalistische 97
– vielfalt 238
Fortbildung
– Angebote, externe 391
– ARD und ZDF 388
– Beauftragter 389
– Österreich 392
– Programm 390
– Schweiz 393
Frage
– einleitende 65
– geschlossene 125
– mit Balkon 127
– offene 125
– suggestive 126
– stunde 246
France Culture 393
France Inter 397
France Musique 397
Frauenfunk/Familienfunk 34
frei sprechen 14, 46, 49
freie Mitarbeiter 31, 269 ff., 374, 398
freie Rede 59
Fremdspracheninterview 190
Fremdwörter 67
Friedrichs, Hanns-Joachim 96
Frischband 346
Fröhlichkeit 52
Füllwörter 80
Funkmedien-Analysen 262
Funkstrecke 343
Funktion 113
Funky 229

Gabelverstärker 321

## Register

Gail, Otto Willi 50
Galgen 347
Gästemikrofon 302, 306
Gästestudio 305
Gebühreneinnahmen 268
Gegendarstellung 364
Gehalt(s) 374
  – tarifvertrag 373
Geiersberger, Erich 32
Geisterfahrer 30
Gelbband 347
Geltungsdrang 135
GEMA 227, 268, 281, 284
  – Meldung 166
Georg-von-Holtzbrink-Schule 376
Geräusche 96, 105, 117 f., 170, 177, 347
Gerichtssaal 150
Gerichtsverhandlungen 119, 363
Geschwätzigkeit 49
Geschmacksnuancen 222
Gesellschaft zur Verwertung von Leistungsschutzrechten 268; → GVL
Gespräch(s) 42, 122
  – mit Kollegen 123
  – leiter 171
  – partner 185
Gewinnspiele 288, 291
Gewohnheitshörer 212
Gipfel der Hörfunknutzung 266
Glaubwürdigkeit 53, 78, 289
Glosse 119, 169
Gottesdienste 35
Großes Wortstudio 312
Gründe-Frage 126
Grundgesetz 289, 356 f.
Grundversorgung 366 f.
Güterabwägung 357 f.
GVL 268, 281; → Gesellschaft zur Verwertung von Leistungsschutzrechten

Hahn, Walter 49
Hallgerät 307
Hallraum 347
Handaussteuerung 332
Handzeichen 338
Hanns-Seidel-Stiftung 384
Häppchen-Journalismus 26
Harmonizer 310
Hauptabteilungen 29
Hauptschaltraum 311
Hausfrauenmagazine 231
Hausfrauenprogramm 28
Haushalt 20

Hauszeitschriften 240
Heavy Rotation 224
Heiks, Michael 320
Henri-Nannen-Schule 376
Hess, Raimund 219
Hessischer Rundfunk 28, 96, 402; → HR
Heye, Max 40 f.
Hintergrund
  – inhaltlicher 17, 78, 167, 186
  – geräusche 96, 115, 317; → O-Ton
  – informationen 153 ff., 158
Hirsch, Eike Christian 35
Hit 192, 194, 228
Hitparaden 194
Hochsprache 70
Hochziehen 347
Hofberichterstattung 158
Honorar 369
  – abrechnung 371
  – bedingungen 363, 369
  – rahmen 370 f.
  – vertrag 369 f.
  – vertragsrecht 369
Höranreize 39, 98, 151
Hörbild 34; → Feature
Hördauer 26, 225
Hören 54
Hörer 40, 54, 56 f., 242
  – Abstimmungen 252
  – Aktionen 236
  – ansprache 39, 232
  – beteiligung 228, 248 f., 255
  – Bindung an Sender 39, 223, 288
  – Fragen 249
  – gespräche 263
  – Hitparade 221
  – kritik 187
  – Meinungen 249
  – pro Tag 264
  – Reaktionen 49
  – Sender-Beziehung 257
  – typologien 267
  – Umfragen 236
Hörfunk 356, 370
  – Agenturen 272
  – Comics 206
  – Dauerleitungsnetz 340
  – Nachrichtendienste 273
  – Werbung 283
Hörgewohnheiten 227
Hörspiel 27, 34, 210, 269, 295
  – studio 312
  – verzeichnisse 279
Hospitanz 377, 386
Hostnig, Heinz 34, 55

HR 402; → Hessischer Rundfunk
hr 3 234; → HR

Identifikation 98
Identität 161
ID-Takemarkierung 331
IFM 382
IG Medien 372 f.
Image-ID's 201, 203; → Image-Identifikationen
Image-Identifikationen 201
Indikativ 259, 347
indirekte Rede 66, 82
Industrietonträger 277
Inforadio Berlin 24
Information(en) 17, 26, 37, 62, 107, 112, 122, 183, 358
 – Aufteilung auf Text und O-Ton 112
 – eine pro Satz 63
 – lineare 57
 – ohne O-Ton 119 f.
Informations
 – anteile 215
 – dichte 63
 – dienste 400 f.
 – funktion 24
 – gespräche 119
 – ziel 123
informieren 39
Infotainer 15
Inhalt, Beitrag 282
Inhaltsangabe 102
Inmar-Sat 340
Innenpolitik 32
Institut für Rundfunktechnik 132
Institut zur Förderung publizistischen Nachwuchses 376
Instrumentalaufnahmen 223
Instrumentaltitel 45, 96
Intendant 20
Intensivinterviews 263
Intermittieren 145
Internationales Handbuch für Rundfunk und Fernsehen 400
Interpretation 78, 89, 153
Interpunktion 72 f.
Interview 39, 97, 103, 105, 114, 120 f., 138, 149, 162, 176
 – Fremdspracheninterview 190
 – in Räumen 334
 – live 130
 – Telefoninterview 98, 132
 – Überraschungsinterview 133
 – Unterbrechen 132

 – Verlauf 124
 – Vorbereitung 135
 – zur Person 123
 – zur Sache 123
 – gegner 131
 – partner 122, 124, 136
 – Gegenstrategien 135
Interviewer 122, 136 f.
Intro 45, 197, 347
Inversion 81
IPA 284
Ironie 235
Irrtümer 168
ISDN 272, 304, 321, 342 f.

Jameson, Egon 50
Jauch, Günther 13, 15, 17 f.
Jaulen 347
Jazzwelle 25; → Spartenprogramme
Jingle 47, 194, 199 ff., 203, 228
 – Maschinen 313
 – Paket 196, 200 f.
 – Träger 198
Jockey-Journalismus 26
Journale 102; → Kompaktsendung
Journalismus, investigativer 235
Journalismuskurse, studienbegleitende 376
Journalist 17
Journalistenschule Axel Springer 376
Journalistenschulen 376
Journalistik 376
Journalistisches Seminar der Universität Mainz 110
Jugendfunk 27
Jugendredaktion 34 f.
Jugendschutz 356
Jugendsendungen 231
Jugendwellen 35
Juke Box 302

kabarettistische Sendungen 36
Kabel, Rainer 33
Kabel-Gesellschaft 308
Kaehlbrandt, Roland 398
Käppeli, Heiner 63 f.
Kärtchen 160
Kampagne 284
Kanone 330 f.
Karteien 280, 328
Karteikarte 142
Kaskadierung 282
Kassetten 310, 331
 – Abspielgeräte 313
 – deck 304, 310

## Register

– recorder 15, 294, 331 f.
Kästchen 265
Kataloge 280
Katalogisierung 278
Katastrophen 188
Katholische Medienakademie 383
Kennzeichnungsgebot 289
Kern, der Nachricht 78
Kernsätze 106, 138
Keule 330
Keyboard 301
Kinderfunk 35
Kirchenfunk 35
Kirchensendungen 28
Kisch, Egon Erwin 150
Kisch-Methode 150
Klangkörper 38
Klassik Radio 25, 405
Klatsch 239
Klebeband 315
Klebeschiene 315
Kleinreportagewagen 336
Köhler, Anne 75, 96
Kollegen 67, 190, 222
– gespräch 120
Kölner Schule – Institut für Publizistik 376
Kölsch, Udo 32
Kommando 348
– Einrichtungen 298
– lautsprecher 311
Kommentar 80, 97, 103, 119, 122, 153, 158, 167, 359
– Aufbau 168
kommentieren 77, 89
Kommission für Fortbildung 389
Kommunalpolitik 27
Kommunikation(s)
– geräte 307
– nonverbale 130
– wissenschaft 376
Kommunikatorforschung 261
Kompakt-Sendungen 30, 102 ff.; → Chronik, Umschau
Kompaktkurse 378
Kompressor 43, 298, 302
Konferenzschaltung 161, 348
Konkurrenz
– Angebote 227
– druck 24, 28
Konserve 348
Kontroll-Lautsprecher 311
Konzertbericht 166
Kopfhörer 294, 314, 338
kopieren 348 f.

Koppelung 78
Korrespondenten 272 f.
– berichte 310
Kreuzblende 349
Krimis 36
Kritik 97, 359
– mit O-Ton 163
Kucera, Hansjörg 398
Kürze 97
Kürzung 370
Kugelcharakteristik 330
Kultur 27
– aktuelle 33
– und Gesellschaft 28
– berichte 163
– hoheit der Länder 20
Kurznachrichten 90
Kurzzeitgedächtnis 142

L-Musik 277
Label 349
– Code 281
Laiensprecher 70
Lampenfieber 50
Landes
– geschehen 27
– medienanstalten 21, 291, 380, 407 f.
– mediengesetze 365
– politik 32
– rundfunkanstalten 20; → ARD
Landfunk 28, 32
Laufplan 338, 345
lautes Lesen 71
Leadsatz 76, 83, 87 f.
– prinzip 75 f.
learning by doing 386
Lebach-Urteil 360
Lebendigkeit 106, 119
Lehrredaktion (ORF) 384 f.
Leiern 72
Leitungsgebühren 268
Lesen, laut 71
Lexikon, aktuelles 79
Limiter 307, 332; → Begrenzer
lineare Information 57
lineares Mitteilen 56, 59
Literaten 166
Literatur 34
live 15, 184, 349
– assist 302
– Berichterstattung 336
– Interview 130
– Reader 286 f.
– Reportagen 336

– Sendungen 193 f.
– sprechen 49
– Umfrage 139
Logik 168
Lokal
– berichterstattung 27
– bezug 236
– Informationen 236, 274
– Radio 31, 236
– redaktionen 31
– Sender 269
– Spiele 238
– station 273 f.
– Werbung 274
Lösch(en) 349
– band 315
– maschine 300
Lüge 135
Luftholen 73, 318

Magazin 27, 30, 39, 183, 185
– Autofahrermagazin 232
– Hausfrauenmagazin 232
– Information 183
– Musik 183, 187
– Länge 189, 192
– Vorbereitung 190
– Moderation 183
– Redaktion 30
Magnetic Optical Disc (MOD) 310
Makler-Anlage 303
Manipulation 125
Manöverkritik 188
Mantel 274
– programm 274
– tarifvertrag 372 f.
Manuskript 68 f., 70, 324
– besondere Angaben 70
– unverlangtes 36
– vollständiges 36
– Zuspielungen 70
– format 68 f.
Markt 221
Marquard, Günther 97
Maschen 48
Massenprogramme 210;
→ Begleitprogramme
Materialflut 29
McCullagh, Joseph Burbridge 132
MDR 20, 25; → Mitteldeutscher Rundfunk
Media-Analyse (MA) 227, 262, 283
Medienausbildungszentrum (MAZ) 387, 393
Medienforschung 261 ff.
Medienwerkstatt Radio 383

Medium Rotation 224
»meet the press«-Methode 171;
→ Diskussion
Mehrfachfrage 127
Mehrspur-Tonbandmaschine 310
Mehrspur-Verfahren 309 f.
Meinungen 17
Meinungs
– forschung, demoskopische 261
– freiheit 356
– interview 123
– umfrage 139
– vielfalt 367
Meldeleitung 342, 349
Meldung 46, 78, 97
– feste Form 78
– in einem Satz 91
Meyer, Werner 78
Mikrofon 14, 294, 317, 328 ff., 340
– Bodenstativ 347
– Positionen 325
Minderheitenprogramm 210, 265
Mindesthonorare 371
Mini-Feature 103, 177
Mini-Hörspiel 206
Mini-Zeitfunk 94
Mischen 350
Misch
– finanzierung 288
– pult 294, 296, 306, 313
Mitarbeiter, freie 374, 398
Mitmachen
– Anreiz zum 260
– nach Aufrufen 246
Mitmachsendung 242 f., 247
Mitschneiden 350
Mitschnitt 116, 350
– O-Ton 115
– Szenen 164
Mitteilen
– lineares 56, 59
– portioniertes 56
Mitteilungsblätter, hausinterne 241
Mitteldeutscher Rundfunk 20, 402; → MDR
Mixes 201; → Jingles
Mobile Studiogeräte 336
Mobiltelefone 339 f.
Mod 350
Moderation 39, 104
– Musik 192 ff.
– Stil 42 f.
– trockene 353
– Vorgaben 44

Register

Moderator 41 ff., 46, 48, 54, 103, 188, 232, 234, 251, 286, 299
– gespräche 104
Moderatoren-Training 54
Moderieren 40
Monitor 148
Monitoring 303
Morgenandachten 35
Morrison, Herbert 143
Multi-Effektgerät 312
Münchner Mittagsmagazin 23; → BR
Musicscan 229
Musik 26, 37 f., 96, 105, 181, 199, 219 f., 236
– akzent 95, 196
– ansagen 44
– archiv 280, 308
– aufnahmen 313
– bett 96, 350
– chef 222
– Computer 226 ff.
– Erfassung 227
– farbe 211
– Feature 177
– Format 231
– gruppen 223
– Magazin 183, 187
– Moderation 192 ff.
– in Nachrichtensendungen 96
– programm 49
– redakteur 280 f.
– richtung 223
– rotation 224 f., 280 f.
– Sendungen 193 f.
– system 281
– teppich 44
– titel 44 f., 70, 232
– uhr 228, 232
Muster-Ausbildungsvertrag 382
Mut zur Entschiedenheit 168
Mute-Schaltungen 297 f.; → Stumm-Schaltungen
Mutteruhr 306

Nacherzählen 16
Nachfragen 137
Nachhaken 128
Nachhall 312, 318
Nachklang 318
Nachklapp 81
Nachrichten 28 f., 39, 75 f., 103, 233, 237, 359
– in Schlagzeilen 90
– Sport 162
– block 103, 237

Nachrichtendienste/Hessenrundschau 28; → HR
Nachrichten
– präsentation 87
– quellen, primäre 99
– redakteur 87, 93
– redaktion 29 f.
Nachrichtensendungen 27, 84
– Anreichern mit Reaktionen 85
– Aufbau 84
– Bestandteile 92
– deutliche Schlüsse und Anfänge 88
– Dramaturgie 84
– fortschreiben 85
– Jingles 95
– Kurznachrichten 90
– O-Ton 94 f.
– Pausen 88
– Schwerpunktsendungen 85
– Sendezeiten 233
– Spitzenmeldungen 85
– Stundentakt 85
– Themenübersicht 92
– Wiederholungen 85
Nachrichten
– studio 306, 313
– wert 83
Nachrichten und Sport Radioservice GmbH (NSR) 273, 406
Nachrufe 167
Nacht
– moderator 232
– programm 231, 270, der ARD 270
– studio 33
Namen 110, 113
Namensnennung 360
Nase 141
Natürlichkeit 71
NDR 32, 34 ff., 255, 402; → Norddeutscher Rundfunk
NDR 2 23, 28, 233; → Massenprogramme
NDR-Radio Niedersachsen 255
Nebenbei-Hörer 23 f.
Nebenbeschäftigung 55
Nervosität 74
Network 274 ff.
Netzer, Hans Joachim 141, 149
Neutralität 358
News/Talk 217; → Formate
Nichtsendung 370
Niedersächsischer Landesrundfunkausschuß 408

Nierencharakteristik 330
Noise Gate 298, 302
Nominal-Stil 62 f.
nonverbale Kommunikation 130
Norddeutscher Rundfunk 402; → NDR
Notband, vorproduziertes 308
Notizen 51
n.s.r. Bonn 273
Nur-Wort-Sendungen 40
Nutzenforschung 261
Nutzungs
 – arten 370
 – dauer 397
 – rechte 369

O-Ton 94, 98, 103, 105, 108, 170, 324, 350
 – Abfolge von Text und – 107
 – Abnehmen 113; → Abtexten
 – Anteil 106
 – Antexten 110
 – Aufnehmen 114
 – Aussagekraft 106
 – Bearbeiten 109
 – Bericht ohne – 120
 – Bericht mit – live 118
 – dramaturgische Funktion 106
 – Einfügen 118
 – Feature 173, 177 f.
 – Film 165
 – Information ohne – 119 f.
 – Mitschnitte 115
 – Plazierung 107
 – redaktioneller 94
 – Reportage 152
 – Reporter-Frage 111
 – vor Hintergrundgeräuschen 115
 – Zusammenstellung 117
 – Zuspielen 117
 – Bericht 97
 – Collage 181
 – Liste 117 f.
 – Material 278
 – Musik 181
 – Nachrichten 94
 – Umfrage 181
Objektivität 358
 – Bemühen um 93
ÖDS (Öffentliche Durchsagen) 205
Öffentlichkeitsarbeit 240; → PR
Öffentlichkeitsrisiko 362
Österreichischer Rundfunk 399, 410; → ORF
Ohren 55, 141
Offene Kanäle 408 f.

OK-Radio 22, 405
Oldie based AC 216
»on air« 54
open-end-Diskussion 171
Oper 37, 164
Optionen 276
optische Signalgeber 311
ORB 20; → Ostdeutscher Rundfunk Brandenburg
ORF 384 f., 392 f., 410; → Österreichischer Rundfunk
Organogramme 29
Orientierung
 – räumliche 151
 – zeitliche 145
Original
 – aufnahmen 278
 – Reportage 148
 – Ton 282; → O-Ton
Ortsmarke 87 f.
Ostdeutscher Rundfunk Brandenburg 20, 402; → ORB
Outro 350

Pannen 194
Parlamentssitzungen 363
Partnerschaft mit anderen Medien 257
Passant-innen 244
Passiv 67
Patzer 74 f.
Pausen 73, 143
PC 281; → Personal Computer
Perfektion 93
Personen 80
 – der Zeitgeschichte 360
Personal Computer 281, 303; → PC
Personalakte 374
Personality Radio 234
Personalkosten 268
Persönlichkeit 234
Persönlichkeitsrecht, allgemeines 359
Perspektive, Veränderung 147; → Zoom
Pflichtstationen 378
Phonetik 70
Physikalisch-Technische Bundesanstalt 297
Planung(s)
 – kurzfristige 213
 – langfristige 208 f.
 – mittelfristige 212
 – tagesaktuelle 214
 – etappen 208
 – rhythmus 212
Platten
 – mit fertigen Jingles 196

## Register

- spieler 298 f., 311, 313
- titel 70
- verkauf 221

Playback-Singen 197
Playlist 223 f., 228
Podiumsdiskussionen 120
Politik 27
Politische Redaktion 31 f.
Polizei 30, 237 f.
Pop 37
Porträts 36
Post 246
- kartenspiele 255
- leitung 306 f., 311
- Tonleitungen 340 f.
- übergabe-Punkte 306
- übergaberaum 306, 311; → Schaltraum

Power-Format-Radio 294
PPM-Meter 297, 307
PR 240; → Öffentlichkeitsarbeit
- Betreuung 240

Praktikum 377, 386, 397
präpositionale Fügungen 63
Präsentation 215
Presse
- archiv 282
- ausschnittarchive 282
- konferenzen 105, 240
- mitteilungen 239
- stellen 239 f.

Previews 165
Private
- Hörfunk-Veranstalter 268
- Hörfunkprogramme, landesweit 268
- Radiostationen 27, 293
- Sender 269, 283 f.
- landesweit 27

Privatfunk 21, 231, 372
Probe 324, 338
- akustische 153
- beitrag 17
- zeit 374

Product Placement 290
Produktions
- betrieb 293
- ecken 308
- elemente 199
- hilfe 270
- kapazität 327
- orte 328
- plätze 310 f.
- regie 323
- studio 309 f.

- wünsche 327
- zeit 177, 327 f.

Professionalität 248
Profi-Sänger 197
Programm
- Begleitprogramm 209 ff.
- Einschaltprogramm 209 f.
- Format 27
- landesweites 22
- abteilung 27; → Ressorts
- analyse 261
- ausdruck 213
- austausch 269 ff.
- bereiche 29, 208
- direktion 208
- direktor 213, 222
- elemente 199
- entwurf 213
- fahnen 213
- freiheit 288, 356
- funktion 257
- gattungen 211
- gestalter 37
- gestaltung 20, 359
- gruppen 29
- hefte 29
- hilfe 270
- »Kästchen« 163
- kosten 26
- loyalität 264
- Mitarbeiter 230
- pläne 239
- planung 208 f., 231
- presse 239
- profil 209
- quelle 37
- raum 208
- redaktion 208, 213
- richtlinien 358
- Rückleitung 342
- schema 211
- schiene 209
- schwerpunkte 213
- sitzung 213
- struktur 209, 211 f.
- tausch 269
- übersichten 239
- uhr 223, 226
- vorschau 210, 241
- zeit 208
- zeitschriften 210, 213
- Zulieferungen 270

Promo 202, 205
Propaganda 82
Prospekte 240

Provozieren 189
Publikum(s) 242, 244 ff.
 – am Redaktionstelefon 246
 – vorbestelltes 245
 – vor Ort 244
 – diskussion 171
 – geschmack 220
Publizistik 376

Quellen 78
 – vergleich 79
Querhinweise 210
Quiz
 – sendungen 36
 – spiele 230
 – veranstaltungen 289

Radio, lokales 236
Radio
 – Aktionen 256
 – Angebot 208
 – Daten-System (RDS) 304
 – Deutsch 65
 – Journalist 13
 – Praxis 17
 – Rallye 238
 – Report 94, 97 ff.
 – sendungen, Wirkung 261
 – spiele 39, 252
Radio-Marketing-Service (RMS) 284
Radiostationen
 – Radio 100  22
 – Radio 2 Day 21
 – Radio Session Allgäu 21
 – Radio Arabella 219, 404
 – Radio Badenia 21
 – Radio Basilisk 232
 – Radio Bremen 402; → RB
 – Radio Brocken 406
 – Radio Charivari 217, 404
 – Radio Dreyeckland 403
 – Radio Energy 404
 – Radio F 220
 – Radio Fantasy 21
 – Radio France 410
 – Radio FFH 233, 268, 273, 405
 – Radio ffn 273, 405
 – Radio Gong Donauspatz 21
 – Radio Gong 2000  233, 404
 – Radio Hamburg 98, 405
 – Radio Hundert, 6  21 f., 235, 404
 – Radio KORAH 22
 – Radio Luxemburg 219
 – Radio Merkur 403
 – Radio NRW 23, 274, 406
 – Radio Primavera 21
 – Radio PSR 233, 406
 – Radio Regenbogen 21, 403
 – Radioropa 25, 217, 406
 – Radio RPR 406
 – Radio Salü 406
 – Radio SAW 406
 – Radio Schleswig-Holstein 218, 220, 231, 407
 – Radio 7  403
 – Radio Z 22
 – Radiodiffusion-Télévision Belge de la Communauté Française (RTBF) 396
 – Radiotelevisione Italiana, Studio Bozen 398, 410; → RAI
 – Radio-Télé-Luxembourg 399, 410; → RTL
 – Radio und Fernsehen der deutschen und rätoromanischen Schweiz 394, 399, 410; → DRS
raffen 145
Rahmenprogramme 25 f.
RAI 410; → Radiotelevisione Italiana, Studio Bozen
Ramp 45, 297, 350 f.; → Intros; → Anfang, instrumentaler
Räuspertaste 351
RB 402; → Radio Bremen
RDS (Radio-Daten-System) 304
Recherche 17, 121, 141, 338, 359
 – Interviews 123
 – journalist 279
Recht der persönlichen Ehre 356
Redakteur(e) 92, 222, 227, 326
 – am Mikrofon 93
 – im Wechsel 93
 – Vorstellung 92
 – zuständiger 29
Redaktion 29
redaktioneller O-Ton 94
Redaktionssitzungen 214
Reden 105, 189
Redundanz 62
Regelhonorare 371
Regie 351
 – Anweisungen 70
 – raum 313, 351
Regionalredaktionen 31 f.
Regionalstudios 280
Regionen 23
Regisseur 326 f.
Regler 351
Reichweiten, demoskopische 215, 231, 261, 285

Register

– forschung, demoskopische 261 f.
Reihe 259
Reiseberichte 36
Reiserufe 30
Reiter, Udo 25
Religiöse Sendungen 35
Repertoire 224
Report-Format 99
Reportage 97, 103, 140, 184
– Atmo 152
– Beispiel 151 ff.
– Dramaturgie 146
– Einstieg 146, 151
– Gerichtssaal 150
– geschriebene 149
– O-Ton 152
– Originalreportage 148
– Perspektive 147
– Sportreportage 157
– Standort 148
– verlauf, Struktur 146
– wagen 336
– zeitversetzt gesendet 149
– Ziel 146
Reporter 310
– Aufnahmegeräte 311
– Frage, O-Ton 111
Reportophon 340
Respektspersonen 190
Ressorts 27 ff.
Reuter 29; → Agenturen
Rezensionen
– Buch 166
– Theater 163
Rezipientenforschung 261
RIAS Berlin 20, 183, 403
RIAS 2  20, 233 → r.s.2
Richtcharakteristik 329
Rockmann, Herrmann 249, 252
Rohschnitt 351
Roland, Ad 45
Rollentausch 136
Rosenthal, Hans 35
Rotband 351
Rotlicht 298, 338, 352
RPR 2  219
RSH 233 ff.; → Radio Schleswig-Holstein
r.s.2  20, 233, 404
RTL 233, 272, 284, 404; → Radio-Télé-Luxembourg Deutsches Programm
RTL Berlin 104,6  233, 404
RTL Radio 403
Rückbezug 57
Rückblick 153, 158

Rückkopplung 338 f.
Rufa 272
Rundfunk
– Anstalten, öffentlich-rechtliche 268, 402 f.
– bibliotheken 279
– Bildungszentrum 381 f.
– freiheit 288, 356 ff.
– gebühren 20, 26, 268
– gesetze 358
– öffentlichrechtlicher 19, 21 f., 26, 210, 292, 365 f.
– ordnung, duale 365
– privater 365
– programm 288
– rat 19 f.
– sender, landesweit 372
– staatsvertrag der Länder 288 f., 358, 366
– system, duales 365, 368
– unternehmen 356
– veranstalter 366
– werbung, Recht 288 f.
Runterziehen 352
Rush-Hour-Zeit 232

Saarländischer Rundfunk 183, 258, 402; → SR
Sachlichkeit 93, 366
Satellit(en) 25, 340
– Funkstrecke 343
– Network 274 f.
– Schüssel 307
Schallarchive 276 f., 278
schallarmer Raum 312
Schallplatten 37
– marke 281
– Nummer 281
schalltoter Raum 312, 352
Schaltraum 306 f., 308
Schaltzeit 342
Schauspieler 324, 327
Scheibe 352
Schichtdienst 30
Schichtseite, Tonband 314
Schieberegler 296
Schildern 157
Schlagzeile 87, 89, 103
– Nachrichten 90
Schleichwerbung 289
Schleife 335
Schlemmer, Johannes 32, 62
Schluß
– Reportage 156
– bänder 319

430

– wörter 70
Schmeichelei 135
Schneiden 14 f., 346, 352
Schneideplan 352
Schneider, Wolf 47, 57, 63
Schnellreportagewagen 336
Schnitt 140, 314 f.
– anweisungen 317
– blende 316
– digitaler 319
– winkel 315
Schnitzeljagd 238
Schreibe 46
Schriftsprache 81
Schulbildung 211
Schulfunk 33, 269
Schulz, Klaus 33
Schweigen 188
Schweizer Radio DRS 386
Schweizer Radio International 400
Schweizerische Radio- und Fernsehgesellschaft 386, 399; → SRG
SDA 29; → Agenturen
SDR 365, 402; → Süddeutscher Rundfunk
Seefunk Radio Bodensee 403
Selbstbedienungsstudio 311
Selbstbeschränkung 122
Selbstfahrer-Studio 15, 293 ff, 352; → Einmann-Studio
Selbstironie 155
Selector 229
Sende
– automat 302
– band 352
– betrieb 293
– fahrplan 345, 353
– form 27
– gebühren 268
– komplex 313 f.
– kostenzuschüsse 287
– leistung 307
– minute (in Manuskriptzeilen) 68
– platz-Reservierung 212
Sender Freies Berlin 402; → SFB
Sender, tragbarer 337
Senderausfall 303
Senderegie 313
Senderketten 23
Sende
– studio 312 f.
– uhr 275
– zeit 55, 211 f., 231
– zeitgerüst 211
Sendung-Fahren 15

Sendungen mit telefonischer Hörerbeteiligung 248
Service 30 f., 235, 237 f.
– leistungen 291
– sendungen 291
SFB 33, 402; → Sender Freies Berlin
SFX 205; → Sound effects
Showopener 203; → Thema-Jingle
Sicherheitspolitik 32
Signalgeber 302
Signet-Charakter 96
Sitzposition 334
Skala-Frage 126
Skizzen 160
Sklar, Rick 98
Slogan 202
Société Nationale de Programme France Régions 3   410
Soft-AC 217
Sonderprogramm 212
Sonderwerbeformen 287
Sound 224
– effects 205; → SFX
– Track-Schallplatte 165
Sounder 203; → Akustische Signale
Sowohl-als-auch-Antwort 126
Sozialfunk 28
Sozialpolitik 32
Spaß 185
Spannungsbogen 155
Spartenprogramme 24, 28, 211, 218
Spätreaktlon 246
Spiecker, Rochus 169
Spiele mit Beteiligung vor Ort 255
Spielleiter 256
Spielregeln 247, 255
Spitzenspannungsmesser 297
SPK 29; → Agenturen
Sponsoring 250 ff.
Sport 27, 31, 84
– funk 13, 27
– Nachrichten 162
– redaktion 31
– reportage 157
Spot 202 f.
– Schaltung 285
– programmwerbung 210
Sprach
– analyse 261
– ästhetik 79
– ausdruck 72
– fehler 43
– gewandtheit 141
– melodie 72
– tempo 81

Register

Sprache 54, 56, 141, 223, 359
Spreche 46
Sprechen 54
Sprecher 70 f., 81, 92, 168, 197, 323, 327
 – Vorstellung 92
 – Einsätze 69
 – studio 311
Sprech
 – erzieher 43
 – erziehung 43
 – geschwindigkeit 55, 68
 – Rhythmus 74
 – Schlamperei 70
 – Stakkato 45
 – tempo 323
 – verhalten 41
 – weise 71
Spulen 315
SR 402; → Saarländischer Rundfunk
SR1 Europawelle Saar 254
SRG 386, 400; → Schweizerische Radio- und Fernsehgesellschaft
Staatsrundfunk 19
Stages 386 f.
Standort 148
Star Sat Radio 21
Start/Stop-Knöpfe 296
starten 353
Statement 79, 94, 105, 114, 138, 162
 – Telefonstatement 98
station-identification 44, 353
Stationen
 – lokale 22
 – regionale 22
Stationssprecher 37
Steckfeld 310
Stellungnahme 138
Sternpunkt Frankfurt 340
Steuerton 276 f., 300
Stewart, Bill 224
Stichworte 49, 87, 89, 104, 142
Stichwortzettel 51
Stimm
 – charakteristik 328
 – Check-Karte 43
Stimme 14, 16, 42, 56, 121, 170
Stimm
 – führung 72
 – Kontrast 140
 – Korrektur 43
 – skala 72
 – Umfang 72
Stinger 203
Stolper-Fallen 72

Stoppuhr 57
 – digitale 297
Storz, Todd 224
Stotterer 109
Straßenverkehr 235
Streuwerbung 233 f., 285
Studienabschluß 18; → Studium
Studio
 – automation 302
 – Bodenbeläge 312
 – diskussion 171
 – geschwindigkeit 117
 – komplex 311
 – lautsprecher 299
 – Musiker 197
 – Stellwände 312
 – tests 261, 263
 – uhren 297 f.
Studium
 – abgeschlossenes 32 f.
 – Kommunikationswissenschaft 376
 – Publizistik 376
Stumm-Schaltungen 297
Stundenraster 232
Sub-Cuts 201; → Jingles
Sub-Mixes 201; → Jingles
Subjektivität 93, 167
Subregionen 23
Substantive 62
 – Ballung 63
 – Stellung im Satz 58
Süddeutscher Rundfunk 402; → SDR
Südwestfunk 402; → SWF
Süffisanz 235
Suggestivfrage 126
Superniere 330
SWF 99, 402; → Südwestfunk
SWF 3  28, 218, 223; → Massenprogramme
Sympathiewert 260
Symphonie 37
Synonyme 156
Synthesizer 295
Szenenausschnitt 164
Szenenmitschnitt 164

T-Shirts 240
Tag der Herstellung, Beitrag 282
Tagebuchmethode 263
Tagespresse 239
Tageszeitung 24, 282
Take 346, 353
Tarifverband Privater Rundfunk (TPR) 372, 380, 408
Tarifvertrag 364, 372

## Register

Tastsinn 141
Tausend-Kontaktpreis (TKP) 283
Technikraum 311, 313
TED 252; → Tele-Dialog
Tele-Dialog 252; → TED
Telefax 307
Telefon 303, 320, 339
– anlage 313
– Anschaltgerät (ANG) 132, 321
– befragungen 263
– bericht 161
– gebühren 251
– gespräche, heimliches Mitschneiden 322
– Hybrid 303
– interview 98, 132
– Konferenz 323
– Postkarten-Spiele 254
– spiele 253
– statement 98
– umfrage 140
Telekom 340
Temperament 168
Tempo 222
– Brücken 200
– variationen 74
Termin(e) 186
– absprachen 327
– ankündigungen 84
– kalender 185, 187
– reservierung 212
Tern, Jürgen 169
Testaufnahme 334
Text
– Feature 177
– fremder 46
– geschriebener 14
– schreiben 116
– änderungen 324
Texter, Musiktitel 281
Text-O-Ton-Abfolge 107
Theater-Rezensionen 163
Thema-Jingle 95, 195, 203
Themamusik 204, 347, 353
Themen
– marke 89 f.
– überregionale 238
– übersicht 92
Thomas, Peter 396
Tiefeninterviews 263
Tip Medienpraxis 382
Titel 230
– Beitrag 282
– Musiktitel 281
– musik 347, 353

Toleranz 359
Tonaufnahmen
– heimliche 362
– unbefugte 362
Tonkonserve 276
Tonband 333
– gerät 15
– maschine 299, 310 f.
Ton
– fall 161
– ingenieur 323, 339
– Kopf 314 f.
– lage 121
– leitungen, dauernd überlassene 340, eigens geschaltete 341
– meister 197
– studio, professionelles 197
– techniker 293
Tonträger
– bestand 278
– raum 353
– Verzeichnisse 278
»Top-40«
– Format 224
– Stationen 220
Tracks 201; → Jingles
Trailer 205 f., 256, 259
training on the job 386
Trenn-Jingle 95, 195 f.
Trennungsgebot 289
Truger, Wolfgang 34
türken 353

U-Musik 219
UC (»Urban Contemporary«) 217; → Formate
Ü-Leitung 354
Ü-Wagen 148, 335 f., 354; → Übertragungswagen
– Standplatz 337
üben 71
Überblenden 353
Überheblichkeit 235
Überleitung 45, 110
Übernahme 270
– honorar 270, 369
Überraschungsinterview 133
überregionale Themen 238
Überschrift 90
Überspielung 341, 353 f.
Überstunden 381
Übertragungswagen 354
Überziehen 354
Umfrage 97, 139 f., 181, 238, 334
Umgangssprache 46, 67, 81, 170

433

# Register

Umschalt-Vorrichtung 296
Umschau 102
 – sendung 104
Umschneiden 354
Unabhängige Landesanstalt für das Rundfunkwesen 408
Unabhängigkeit 168
Ungezwungenheit als Masche 49
Unmittelbarkeit 183
Unparteilichkeit 93
Unterbrechen 132
unterhalten 39
Unterhaltung 24, 28, 186, 199, 236,
 – Wort 35 f.
Unterlagen, schriftliche 130
Unterlegen 354
Unterstellungsfrage 126
Urheber
 – nennung 370
 – recht 363, 370 f.
 – tarifvertrag 369
Urlaub(s) 381
 – dauer 374, 381
 – geld 374
Urteile 168

Varianz 60 f.
 – lexikalische 80
variieren 61
Veranstalter 365
 – privater 368
Verben 62
 – Stellung im Satz 58
Verbraucherinformationen 291
Verbreitungsfunktion 257
Vereinigte Staaten von Amerika, Botschaft 400
Vergütungstarifverträge 371
Verhallung 295
Verkaufskosten 284
Verkehr(s) 28
 – hinweise 236 f.
 – meldungen 44
 – drucker 307
 – übersicht 30
Verlage 261
Verlautbarungsstil 93
Vermarktung von Hörfunksendungen 292
Vermischtes 84
Verneinung 67
 – doppelte 80
Verpackungsformen 199
Verschnaufpausen 62
Versprecher 109

Verständlichkeit 63, 65, 68, 79, 140
 – Regeln 67
Vertiefung 167 f.
Vertrauen 115
Verweildauer 215
Verwertungsgesellschaft Wort 174
Verzerren 354
Vielfalt
 – außenplurale 366
 – binnenplurale 366
 – inhaltliche 368
Vielhörer 26
Vierspur-Aufnahmegerät 197
Viertelstunden-Reichweiten 262
Vocoder 295, 300
Voice-over 355
Volkstümliche Musik 37
Vollprogramme 218
Volontär 379 f.
 – radio 377 f.
Volontariat 18, 377 f.
Vorausschau 153
Vorbereitung 120, 123, 159, 190, 325
 – Interview 135
 – Live-Sendungen 194
 – Mitmachsendungen 247
 – Produktion 324
 – Studioproduktion 197
Vorgeschichte 78
Vorgespräch 129, 171, 322, 338
Vorhörknopf 299
Vorhörlautsprecher 299
Vorlaufband 332
Vorlesen 16
Vorplanung 247
Vorproduktionsstudio 305
Vorproduzieren 14
Vorschau 157
Vortrag 71, 73, 210
Vorurteile 168
Vorwegnahme 57

Wahlstationen 378
Wahrhaftigkeit 359
Walkman-Radio 342
Wallraff-Methode 150
Wandtafel 186
Warnungen 30
Waschmaschine 333
WDR 23, 46, 283, 402; → Westdeutscher Rundfunk
 – Morgenmagazin 320
WDR 4 219
Weiterbildung 374, 382, 389
Weitester Hörerkreis 264

Welle Fidelitas 404
Wellenchefs 28
Werbe
 – block 233, 285
 – einnahmen 21, 268
 – Kombis 283
Werbespot 197, 233 f., 284 f., 286
Werbung 283 ff.
 – Definition 288
 – erschlichene 290
 – Schranken 288
Wertung 78
Westdeutscher Rundfunk 183, 402;
 → WDR
Wettbewerb, publizistischer 368
Wetter 237
 – bericht 92
 – meldungen 44
Wichtigkeit 185
Wiedererkennbarkeit 224
Wiederholung 60 ff., 85, 109
Wiederholungshonorar 369
Windschutz 330, 334
Wirkungsforschung 261
Wirtschafts
 – funk 28
 – redaktion 32
 – themen 28
Wissen 168
Wissenschaftsredaktion 32
Wissensumfrage 139
Wittmann, Reinhard 34
Witze 52, 234
Wort 26
 – anteil 232
 – beiträge 232
 – format 218
 – Musik-Mischung 215
 – Passagen 105
 – schatz 141,
   aktiver 142
 – varianten 60
 – wahl 161
Wunschkonzert 194, 221
Würde des Menschen 357

Zahlen 80, 141

Zapping 233
ZDF 277, 379, 388
Zeit
 – angabe 154
 – ansage 44, 92, 104
 – druck 29, 74
Zeitfunk 28
 – Redaktion 30
zeitgleich 145
Zeitschriftenverlage 21
Zeitung(s) 13, 190, 213, 259, 279
 – verlage 21
Zentrale Fortbildung der Programmitarbeiter ARD/ZDF (ZFP) 389
Zentraler Überspieltonträgerraum 354;
 → ZÜT
Zeugnis 374
ZFP-Seminare 378
Zielgruppen 27, 231
 – programme 23
 – Spezialisierung 218
Zitat 153
 – wörtliches 83
 – einfügung 65
zitieren 65 f., 82
Zöller, Josef Otmar 30
Zoom 147
ZÜT 355; → Zentraler Überspieltonträgerraum
Zuhörer 24, 12
Zungenbrecher 81
Zurückrufen 250
zusammenfassen 65
Zusammenhänge 78, 168
Zusammensetzung 63
Zuspielband 117 f., 355
Zuspielung 70
 – von O-Ton 117
zuständiger Redakteur 29
Zuwendung 234
Zwei-Säulen-Prinzip 22
Zwischen
 – band 117, 318
 – fragen 111
 – informationen 103
 – moderationen 44

**List** Journalistische Praxis

Walther von La Roche

# Einführung in den praktischen Journalismus

Mit genauer Beschreibung aller Ausbildungswege
Deutschland, Österreich, Schweiz

252 Seiten, Paperback

........................................................

Die Tätigkeiten des Journalisten – Die Arbeitsfelder des Journalisten – Wie der Journalist zu seiner Story kommt – Informierende Darstellungsformen: Nachricht, Bericht, Reportage, Feature, Interview und Umfrage, Korrespondentenbericht und analysierender Beitrag – Meinungsäußernde Darstellungsformen: Kommentar, Glosse, Kritik und Rezension – Rechtsfragen der journalistischen Praxis – Pressekodex. Das Volontariat – Kurse für Volontäre – Studienbegleitende Journalistenausbildung – Journalistik als Nebenfach – Aufbaustudiengänge – Studiengänge Journalistik – Film- und Fernsehakademien – Publizistik- und Kommunikationswissenschaft – Sonstige Ausbildungsstätten – Journalistenausbildung, do it yourself – Österreich – Deutschsprachige Schweiz

»Ein Lehrbuch, das Volontären, Jungredakteuren und Ausbildern in den Redaktionen nachdrücklich empfohlen werden kann.«
*Journalist*

# List Verlag München · Leipzig

**List** Journalistische Praxis

Gerhard Schult/Axel Buchholz (Hrsg.)

# Fernseh-Journalismus

Ein Handbuch für Ausbildung und Praxis
440 Seiten, Paperback

---

Cornelia Bolesch (Hrsg.)

# Dokumentarisches Fernsehen

Ein Werkstattbericht in 48 Porträts
240 Seiten, Paperback

---

Syd Field, Peter Märthesheimer,
Wolfgang Längsfeld u. a.

# Drehbuchschreiben für Fernsehen und Film

Ein Handbuch für Ausbildung und Praxis
240 Seiten, Paperback

**List Verlag München · Leipzig**

**List** Journalistische Praxis

Michael Meissner

## Zeitungsgestaltung

Typografie, Satz und Druck, Layout und Umbruch
264 Seiten, Paperback

---

Wolf Schneider/Detlef Esslinger

## Die Überschrift

Sachzwänge – Fallstricke – Versuchungen – Rezepte
150 Seiten, Paperback

---

Beifuß/Evers/Rauch u. a.

## Bildjournalismus

Ein Handbuch für Ausbildung und Praxis
2., völlig neu bearbeitete Auflage 1994
Herausgegeben von Rolf Sachsse
ca. 248 Seiten, ca. 75 Abbildungen, Paperback

**List Verlag München · Leipzig**

# List Journalistische Praxis

Dieter Heß (Hrsg.)

# Kulturjournalismus

Ein Handbuch für Ausbildung und Praxis
236 Seiten, Paperback

---

Stephan Ruß-Mohl/Heinz D. Stuckmann (Hrsg.)

# Wirtschaftsjournalismus

Ein Handbuch für Ausbildung und Praxis
288 Seiten, Paperback

---

Stephan Ruß-Mohl (Hrsg.)

# Wissenschaftsjournalismus

Ein Handbuch für Ausbildung und Praxis
290 Seiten, Paperback

**List Verlag München · Leipzig**